"十四五"国家重点图书

汉水流域文明研究文丛之乡村文化自信

曲莫如汉

——汉水流域历史文明巡礼

潘世东 丛书总主编
杨 涛 丛书执行总主编
潘世东 著

武汉理工大学出版社

图书在版编目（CIP）数据

曲莫如汉：汉水流域历史文明巡礼/潘世东著. —武汉：武汉理工大学出版社，2021.12

（汉水流域文明研究文丛之乡村文化自信）

ISBN 978-7-5629-6379-0

Ⅰ.①曲… Ⅱ.①潘… Ⅲ.①汉水-流域-文化史-研究 Ⅳ.①K296

中国版本图书馆 CIP 数据核字（2021）第 001598 号

责任编辑：	胡璇小惠
责任校对：	赵星星
装帧设计：	艺欣纸语
排　　版：	武汉正风天下文化发展有限公司
出版发行：	武汉理工大学出版社
社　　址：	武汉市洪山区珞狮路 122 号
邮　　编：	430070
网　　址：	http://www.wutp.com.cn
经 销 者：	各地新华书店
印 刷 者：	武汉精一佳印刷有限公司
开　　本：	710×1000　1/16
印　　张：	30.75
字　　数：	787 千字
版　　次：	2021 年 12 月第 1 版
印　　次：	2021 年 12 月第 1 次印刷
定　　价：	246.00 元

凡购本书，如有缺页、倒页、脱页等印装质量问题，请向出版社发行部调换。
本社购书热线电话：027-87391631　027-87523148　027-87165708（传真）

·版权所有　盗版必究·

作者简介

潘世东,男,1962年3月出生,湖北省竹山县人,二级教授,政协十堰市副主席,民进十堰市委会主委,汉江师范学院校领导,《汉江师范学院学报》主编,汉江师范学院科协主席,湖北省新世纪高层次人才工程人选,十堰市社科联副主席,湖北省高校人文社科重点研究基地——汉水文化研究基地主任。曾担任郧阳师范高等专科学校副校长,政协湖北省第九、十、十二届委员会委员,湖北省孝文化研究会副会长,汉江师范学院第一届学术委员会主任委员,十堰市科协副主席,中国高校科技期刊研究会副理事长,全国高职高专学报研究会第五、六届理事长。主要著作有《写作人才学》《诗性的智慧——中国文化的自然观及其艺术表现》《汉水文化论纲》《汉水文化概论》《汉水文化研究论文集(2)》《汉江歌魂》《汉水流域文明暨中国古代文学学术研讨会论文集》《明代汉江文化史》等。主持国家社科基金资助项目"汉江流域民歌论纲"、国家出版基金项目"汉水流域文明研究文丛之乡村文化自信"、国家文化部全民共享文化工程"汉水文化"等四个项目,担任由湖北省委宣传部、湖北广播电视台等联合摄制的大型历史文化纪录片《汉江》的第一撰稿人和学术顾问,承担并主持湖北省委重大调研项目"乡村振兴战略下的秦巴山片区村级文旅产业发展研究——以湖北省板块为例"。在《中国文化研究》《文化研究》《武汉大学学报》《华中师范大学学报》《学术论坛》《宗教学研究》等重要期刊公开发表学术论文50余篇,多篇论文被中国人民大学复印报刊资料全文转载。

"汉水流域文明研究文丛之乡村文化自信"
顾问及编委会

顾　问：

王生铁　湖北省政协原主席　全国政协提案委员会原副主任
周洪宇　第十三届全国人大常务委员会常务委员　湖北省人大常委会副
　　　　主任　华中师范大学教授、博士生导师
喻立平　湖北省社会科学界联合会党组书记、常务副主席
尚永亮　长江学者　武汉大学文学院博士生导师
杨鲜兰　湖北第二师范学院党委书记、博士生导师
傅广典　中国地域文化研究会主任　湖北省民间文艺家协会主席
郑晓云　国际水历史学会原主席　法国水科学院院士
刘玉堂　湖北省社科院原副院长、博士生导师
刘守华　华中师范大学文学院博士生导师
张　硕　湖北省社科院研究员　湖北省荆楚文化研究会副会长

丛书编委会成员：

田　高	杨学忠	杨　涛	杨立志	喻　斌	杨洪林	程明安
彭东方	欧阳山	周进芳	聂在垠	饶咬成	罗耀松	王　进
王道国	郝文华	王洪军	宋　晶	夏红梅	徐永安	计毅波
梁中效	张西虎	戴承元	黄元英	郑先兴	杜汉华	梁小青
凌　崎	万由祥	黄有柱	朱运海	张　弢	李治和	李秀桦
陈心忠	王善国	李晓军	黄永昌	兰善清	李征康	陈人麟
殷满堂	冷遇春	冷小平	郭顺峰	曹　弋	曹　赟	赵崇璧
钟　俊	赵盛国	赵伯贤	王　艳	廖兆光	李　娜	夏书田
康　平	何道明	刘晓丽	邵文涛	陈德明	冷　静	潘龚凌子

丛书总主编： 潘世东
丛书执行总主编： 杨　涛

总　序

汉水文化是我国流域文化中具有典型意义的特殊文化范型，是国内外学术界特别关注的学术焦点。

早在1956年，赖家度撰写《明代郧阳农民起义》就从土地兼并和流民生计问题论证了流民起义的原因。20世纪90年代以来，关于该领域的研究异彩纷呈。王光德与杨立志著有《武当道教史略》，对中国道教在汉水中游的武当山异军突起作了全面且系统的梳理，这本书也成为研究汉水文化历史较早的史学专著。张国雄借助大量族谱资料完成名为《明清时期的两湖移民》的学术著作，对持续数百年的"江西填湖广""湖广填四川"作了初步梳理。牛建强的《明代人口流动与社会变迁》对汉水上游的地理、物产和人口概况作了详细的介绍，总结流民在该地区的活动以及朝廷由暴力镇压到安抚的策略变化过程，指出其作为内陆型移民代表的典型意义。葛剑雄主编、曹树基著的《中国移民史》（第五卷）按府级政区对汉水下游的洪武大移民和中上游的荆襄流民运动的过程与人口作了初步估算，可以看作是对20世纪该领域研究的系统总结。这一时期关于明代汉水流域经济开发的研究也已起步，具有代表性的文章是吕卓民的《明代陕南地区农业经济的开发》、张国雄的《江汉平原垸田的特征及其在明清时期的发展演变》等。21世纪以来，跨学科研究方法被广泛运用到该领域的研究中。受年鉴学派影响，武汉大学的一批学者不再把移民、经济、社会看成独立的研究单元，而是以长时段、多学科相结合的方式进行综合研究。2000年，鲁西奇的《区域历史地理研究：对象与方法——汉水流域的个案考察》出版，为区域历史地理创立了全新的研究范式。晏昌贵的《丹江口水库区域历史地理研究》将各个历史时期该地的政区、人口、聚落、经济研究结合起来，全面展示古代社会的生存状态。2007年，张建民的《明清长江流域山区资源开发与环境演变：以秦岭-大巴山区为中心》出版。潘世东的《汉水文化论纲》、刘清河的《汉水文化史》和柳长毅、匡裕从主编的《郧阳文化论纲》等著作则是从大文化史观的角度对汉水文化进行纵横梳理的务实探索。

此外，章开沅、张正明等主编的《湖北通史·晚清卷》，张正明著的《楚史》，蔡靖泉著的《楚文学史》，张正明、刘玉堂撰的《荆楚文化志》，潘世东、饶咬成、聂在垠主编的《汉水文化研究论文集（2）》，杨郧生编著的《汉水流域民俗文化》，李学勤、徐吉军主编的《长江文化史》，黄元英著的《商洛民俗文化述论》，左鹏著的《汉水》，鲁西奇著的《城墙内外：古代汉水流域城市的形态与空间结构》，陈良学著的《明清川陕大移民》，巫其祥著的《汉水流域的民居和民居风俗说略》，梁中效著的《汉水流域历史文化的和谐特色》，刘克勤主编的《文化襄樊》，王美英著的《明清长江中游地区的风俗与社会变迁》，周积明主编的《湖北文化史（上、下）》，王雄著的《汉水文化探源：一个河流守望者的文学手记》，徐少华著的《荆楚历史地理与考古探研》，刘玉堂、张硕著的《长江流域服饰文化》，夏日新著的《长江流域的岁时节令》，顾久幸著的《长江流域的婚俗》，姚伟钧著的《长江流域的饮食文化》，赵殿增、李明斌著的《长江上游的巴蜀文化》，刘韶军著的《楚地精魂——楚国的哲学》，曾小珊主编的《魅力汉中》，杨光才等编著的《南阳宗教文化》，赊店历史文化研究会编的《中国历史文化名镇——赊店》等，都有开一时风气之先的贡献。

汉江师范学院立足于文化历史学、文化社会学、文化哲学和文化地理学等学科背景，着眼于历史性、时代性、全面性、典型性、学术性和普及性等学术定位，运用现代学术规范，从全流域的角度，系统地梳理了汉水流域经济社会、历史文化发展的辉煌历程，汉水文化的形成和发展的古今概貌，揭示了汉水文化的基本内涵和特征，全面地描绘了汉水流域具有典型意义、异彩纷呈的文化事项和民风民俗，形成了"汉水流域文明研究文丛之乡村文化自信"这套独具特色的地域文化研究、流域与河流文化研究的丛书。

"汉水流域文明研究文丛之乡村文化自信"是一个涉及文化自信的建立、核心价值观的构筑和乡村振兴战略的实施等多个领域的综合性选题，是在特定时期（新时代）、特定区域（汉水流域），针对特定对象（乡村与基层），采用特定方式（乡村文化振兴）解决文化自信的建立、核心价值观的构筑和乡村振兴战略的实施问题，建设发展"产业兴旺、生态宜居、乡风文明、治理有效、生活富裕"的新农村，构筑"农业强大、农民富裕、农村美丽"的辉煌绚丽明天而提供的思考与讨论、启示与借鉴、思路与方案，以及目标任务和创造性举措。

"汉水流域文明研究文丛之乡村文化自信"将研究置于史论一体、宏微观结合的纵横坐标上，进行立体透视和系统把握，主要是采用史论结合，即历史与逻辑相结合、理论思辨与实证分析相结合、宏观研究与微观研究相结合的方法和比较研究方法，以及美学和心理学研究方法，采取思想发展逻辑与社会文化语境相统一、理论分析与田野调查相统一、真理诉求与价值评判相统一的视角和研究方向，融原典阐述和现代阐发于一体，讲求研究方法的科学性和实效性。本丛书由9本书构成，主要包括《曲莫如汉——汉水流域历史文明巡礼》《汉水风神——一条古河的历史文化魅力》《明代汉水——一条文化大江的峥嵘辉煌岁月》《岁时节令与风尚习气——汉水流域历史文化风习》《童心不泯——一条大江千年不歇的儿童歌谣》《东方莱茵河——一条大江的钟灵造化神韵》《人类的故乡——一座汉江府城的千古沧桑》《古盐道上的文化奇迹——一个汉江古镇的千年歌唱》《乡风乡韵——一个汉江游子的古镇乡愁传奇》。该丛书以汉水流域为着眼点，通过对流域内一条大江、一群人、一个村、一个镇、一个城、一组歌谣、一种文明形态、一种文化等个案的历史阐释，揭示一方山川大地富饶壮美、历史文化博大精深、社会经济富丽繁荣背后的文明涵养力、支撑力、规范力和推动力的深远根源。

大略统览上述9本书，我认为"汉水流域文明研究文丛之乡村文化自信"具有四个方面的实践与理论价值：其一，该丛书具有较高的政治与学术理论站位，聚焦乡村振兴战略中的乡村文化振兴，聚焦汉水流域乡村文化的本色、底色、成色和特色，围绕汉水流域乡村文明的传承、保护与创新，分别从乡村文化的实践与探索、乡村文化的温馨与浪漫、乡村文化的情怀与梦想、乡村文化的创新与发展、乡村文化的奇迹与贡献等，展现汉水流域乡村文明特有的博大精深、伟大辉煌，展现汉水流域乡村文化在历史发展变革中坚实而持久的润化滋养作用、规范约束作用、支撑推动作用、激励引领作用，凸显乡村文化的价值与力量，着眼重塑乡村文化自信，凸显核心价值观，助推文化小康和乡村文化振兴战略。

其二，研究主题重大而紧迫，不仅紧跟时代，贴近现实，而且直接关乎物质文明、政治文明、精神文明、社会文明、生态文明五大文明建设，属当前急需破题且强力推进的重大社会文化历史课题的主要内容。

其三，本丛书可以丰富汉水流域社会史、地方史研究内容，拓宽研究范围，纠正前人研究的部分偏见。本课题将在全面收集官方、民间资料的基础上，全面总结和思考已有研究成果，综合考察移民开发、国家治理、文化建树之间的关系，将汉水流域社会历史文化研究引向深入。

其四，本课题将汉水流域的"历史流域学"推向繁荣，将参与创设新的研究范式，推进人文社科重点研究基地建设。近年来以流域为研究对象的"历史流域学"方兴未艾，本课题将全面参与这种全新研究范式的创建，以汉水为例丰富"历史流域学"的理论与方法。此外，本课题的研究具有较为重要的学术价值和区域经济社会发展等方面的现实意义。

作为特异型的流域文化，汉水流域文化在自身的历史进程中处于南北文化激荡交锋的锋面，融合黄河文化和长江文化的优长，具有兼容会通的特色，独树一帜，别具一格，是得天独厚、不可代替的流域文化范型。对汉水流域文化的观照和审视，从某种意义上说，就是对中华文化的重心和节点的观照和审视。真正学术意义上的汉水流域文化研究依然任重而道远。关于汉水流域文化赋存资源现代转型的研究和开发，对于中西部地区的经济、政治、文化、社会和生态建设，对于流域文化、城市文化等文化学学科建设，对于进一步振兴中华民族文化，具有重要的理论意义和现实意义；对于全流域的文化资源优势转化为文化产业优势，对于推进文化强国建设和文化产业跨越式发展，对于鄂西生态文化旅游圈的开发和建设，都具有重要的参考借鉴与促进推动作用。

"好雨知时节，当春乃发生。""汉水流域文明研究文丛之乡村文化自信"是一套应节起舞、应运而生的地域历史文化丛书，我们诚挚地期待它能落地生根、开花结果，正如丛书主编潘世东教授的初衷设定："首次运用文化人类学方法、现代生态学和价值理论，立足哲学和社会学的理论背景，调查走访、科学论证和理论演绎并重，力求从理论和实践两个方面双管齐下，实现对汉水流域传统历史文化和经济社会发展模式的全面透视，解析汉水流域千年政治经济和社会文化和谐发展的成功奥秘，以达到总结历史经验教训、传播先进思想文化和科学技术、为决策者参考的目的。"

"不废江河万古流。"最后，我衷心祝愿汉水文化研究行稳致远、根深蒂固、生机勃勃！热切期待汉水文化研究基地成果丰硕、人才济济、兴旺发达！

汉江师范学院党委书记、博士生导师杨鲜兰
2020 年 9 月 19 日

序

在直面现实和追求真理的学者面前，学问的堆积和沉淀不是目的，个人的荣辱和毁誉恐怕也不会在他的视域之内。他只会一心向前，向着事实的真相和个人的兴趣所在，旁若无人，所向披靡，去追赶昔日辉煌的太阳。尽管这太阳因为前日、昨日的降落，已被世人漠视甚或淡忘，但他却始终无法忘却这太阳曾经的光热，并时时刻刻都感到被这太阳抚爱、普照过的山岗河流和至今仍郁郁葱葱的原野与山村的召唤，为此，他不惜像孤独的真理斗士一样，在昨日太阳扫过的大漠上，背对着健忘的世人，发出绝望苍凉的长啸，然后，将探究的深邃目光继续投向头顶群星闪耀的夜空……

这是我一气读完潘世东教授《曲莫如汉：汉水流域历史文明巡礼》的第一印象。相对主流学术界所关注的东西来说，在相当长的时间里，曾经一度辉煌、显赫无比的汉水文化的确被人淡忘了。有人以楚文化代而替之，有人以传统文化和中原文化的组成部分代而替之，有人将之作为省际文化的组成部分代而替之，有人干脆对之避而不谈。

多年以来，基本上只有陕西理工学院、汉江师范学院和安康学院等为数不多的几个地方院校的学者在为之摇旗呐喊，无论其声音和影响都显得势单力薄，以至于在当今汗牛充栋的图书馆里，在风靡全球的传媒网络里，我们很难看到几本有规模、有影响力的大书和超重量级、有超辐射力的学者在研究讨论汉水和汉水文化。正是在这种情况下，潘世东教授逆水行舟、迎难而上，伴随着20多年的学术积累，在多次徒步沿汉水之滨进行广泛的田野调查之后，于2003年在他所负责主编的《郧阳师范高等专科学校学报》上开辟了专栏"汉水文化研究",并分别在郧阳师范高等专科学校(现改名为汉江师范学院)中文系和政史系开设了选修课"汉水文化研究",编写了教材和专著《汉水文化概论》和《汉水文化论纲》,率先将汉水文化引进了大学课堂。他的初衷非常简单,就是想以自己的著述为生之、育之的汉水奉献出自己稚拙的歌唱和感恩戴德的崇奉,进而让世人、让子辈后人去了解汉水、认识汉水、热爱汉水、保护并开发建设汉水。文章千古事,且不说《曲莫如汉:汉水流域历史文明巡礼》在学术上的建树和贡献了,单是这种赤子般的情怀、探索跋涉的学术勇气与实干精神也足以令人感佩有加了。

《曲莫如汉:汉水流域历史文明巡礼》从以下六个层面对汉水文化着重进行宏观、系统的扫描和解剖。第一,从史的角度,揭示了汉水流域的"四古特性":古老的大江、古老的生命遗存、古老的人类与民族、古老的方国;第二,从文化类型的角度,描述了汉水文化的主要类型:民间文学、民风民俗、民间艺术、商旅交通文化、科技文化等;第三,从文化地理学的角度,着重探讨了汉水文化的代表性结丛:汉中文化、商洛文化、郧阳文化、南阳文化、襄阳文化、汉派文化;第四,从特色文化的角度,着重探讨并剖析了汉水流域最具代表性的流域文化:楚文化、三国文化、武当文化、孝文化;第五,从精神特质的角度,着重探讨剖析了汉水文化的特征、汉水文化的精神;第六,运用单点透视的方法,对汉水文化中具有典型意义的文化质点进行深入细致的研究和解剖。

《曲莫如汉:汉水流域历史文明巡礼》一书遍涉大文化所涵括的历史、地理、物产、风俗、政治、经济、军事、教育、哲学、文学、艺术和代表人物等方面,沿波逐流,钩沉披隐,学术视野既开放又雄阔。溯古及今，由点到面，且始终注意了点、线、面的结合，其内在逻辑勾连清晰紧密，既显出大开大合的学术思维，又不乏文化著作必需的质朴和厚实，在一定程度上，可以说实现了史的严谨和论的犀利水乳交融，诗的灵动和思的活泼相映成趣。

特别需要指出的是，汉水是古代"江河淮汉"四大名渎之一，地处承东启西、勾连南北的文化交锋区，在中国流域文化中，其文化的兼容性、开放性、固执性和创新性都非常典型。作者在本书中，涉及的文化内容之深厚，其知识面的广博，所采用的研究方法之众多，令我惊叹不已！面对这样复杂的研究对象，作者却做到了举重若轻，舒张自如，洒脱从容。作者自觉地融合了多学科的知识，多种研究方法，这就大大超越了传统的治学方式，在研究方法上，从单一走向了综合。这种博大的学术视野和学术上的大气，赢得了我由衷的尊敬，也给予我深刻的启示。

最后，我还要指出的是，《曲莫如汉：汉水流域历史文明巡礼》一书别有可观的，还是其内容的丰富多彩和迭出的新见逸闻，或者说，还是汉水文化本身的丰富生动、博大精深，不过，这些要留待读者阅读之后自我定夺了。我坚信，本书的出版，无论是对地域文化、河流与流域文化，还是对中国传统文化的研究都具有重要的启发、借鉴价值。

著名东方美学家、华中师范大学文学院博士生导师、教授　邱紫华

2017年5月20日

引　言

一、汉水文化研究的范围对象和基本问题

三千里汉水，从悠久绵长的五千多年历史深处流来，流出了灿烂辉煌的文化和文明、神话和历史、文艺和诗歌、精神和传统，同时也流出了科技与创新、开拓与奋斗、斗争与牺牲、和平与美丽，流成了一条奔腾不息、蕴藉深厚、泽被久远的文化之河和历史之河，流成了一条充满了奇迹和谜团的魅力之河。

长期以来，围绕着汉水，人们提出过并仍然在持续提出无数摄人魂魄、令人魂牵梦绕的疑问。著名文化散文家李韶六先生对此有一个综述，择其主要的问题就有几十个之多。每一个与"汉"字有关的人和生活在汉水流域的人恐怕都会对这些问题大感兴趣。为了引起研究者和学术界的注意，在这里，我们依然有必要择要而列之：为什么世界上人口最多的民族称为"汉族"？为什么中国文字要称为"汉语"？为什么习俗中要称男人为"汉子"？为什么天上的银河要被称为"天汉"？我们唱着《黄河颂》，其中有这样的歌词："五千年的古国文化，从你这儿发源。"可是，中国古老的文明只有五千年吗？中国古老的文明仅仅发源于黄河流域吗？在中国，有没有与黄河流域文明平行发展的文明？有没有比黄河流域文明更早的中国古老文明的发祥地？长江曾经西流，汉水的形成比长江和黄河要早七亿年，一度是神州大地上的第一大江，又有多少人知道呢？远古的长江不是向东流而是向西流，这究竟意味着什么？恐龙蛋化石群和郧阳猿人化石为何都出土于汉水流域？这是否意味着对非洲夏娃的假说提出了挑战？也就是说，人类的文明曙光有可能出现在

中国吗？有可能出现于长江流域和汉水流域吗？在世界不少古老的国度和地区相继发现史诗时，为什么唯独中国汉民族没有史诗？当人们以沮丧的心情认为汉民族肯定没有史诗时，为什么在汉水流域发现的《黑暗传》却被不少学者认为是汉民族的史诗？但学术界又有各种不同的说法，那么，它究竟是不是汉民族的史诗？如果《黑暗传》确实是汉民族的史诗，它为何在汉水流域的神农架被发现而不是在黄河流域被发现？假如最后证明汉民族确实没有史诗，连《黑暗传》也不是，那意味着什么？为什么在神农架出现那么多不解之谜？如野人之谜、动物白化之谜、动物红化之谜、跌成数段后又立即连接复原的脆蛇之谜、冬天变暖夏天结冰的冰洞之谜等，这是因为汉水流域在北纬三十度左右吗？东汉水、西汉水、玉带河，究竟哪条河才是汉水真正的源头呢？汉水源头的"禹碑"上的蝌蚪文为何至今无人能识？记录的是什么内容？比我们熟知的万里长城要早四百年的千里楚长城为何建在汉水流域？也就是说，有多少人知道中国的长城最早并不是万里秦长城，而是汉水流域的楚长城？楚国迅速强盛并创建了光辉灿烂的楚文化的原因何在？唯一由中国人创立的宗教——道教，为何诞生于汉水流域？伟大爱国主义诗人屈原与汉水流域、长江流域为何有那么深的关系？……这些问题有的似乎已经得到解答，有的似乎已经接近解密，有的似乎永远无法解答，有的似乎看上去不成问题无须解答，但笔者在这里要说明的是，这些问题无论是从文学创作的角度还是从学术研究的角度来看，都是很有高度、深度和广度的，它们不仅充分昭示了作者一腔深沉火热的故土人文情怀，而且也集中显示了一种犀利通达、洞穿历史的深邃目光，同时，更有一种专业的水准，不仅很有警醒引导的作用，而且具有巨大丰富的学术研究和科学研究价值，富有不可低估的文化历史意义。

其实，在汉水文化研究领域里，上述那些看似不成问题的问题，我们并没有给出一个真正清楚明白的答案。汉水文化研究目前还存在着许多局限，有些是观念性的，有些是机制性的，有些是出自研究者自身的认识和习惯，具体说来，有以下几个方面：第一，缺乏组织性、计划性和全局性的观念，着眼全局、系统性的研究少，大多都是单线深入，孤军作战，没有覆盖全流域的权威的学术组织，没有有保证的定期的学术会议，没有共同的攻关项目，没有共同认同的理论基础。第二，缺乏广泛的联系沟通和交流讨论。研究者之间大多仅限于信息交流、资源共享，在人员往来、互相切磋方面水平不高，所以，往往形成单兵作战、画地为牢、闭门造车、重复研究的不利局面。第三，缺乏文化产业化、市场化意识。纯理论、学术研究多，文化开发、服务应用研究少，总是从书本到书本，从理论到理论，研究成果除了在学术圈流传外，直接转化为生产力、科学技术和经济效益的很少，市场传播和社会影响有限。第四，缺乏具有现代意识的研究人才队伍和资金支持。第五，缺乏大文化建设和开发的政策、舆论宣传氛围，缺乏一个大的文化展示舞台。第六，缺乏有效的省际、区际合作机制。这些局限使汉水文化研究陷入了进退维谷的窘境。

纵览中国地域文化研究的现状，可以发现，在辽阔的中国西部，由第二级阶梯向第三级阶梯过渡时，形成了许多山间豁口与河谷川道，是历史时期西部高原通向中部盆地和东部平原的走廊，其中最著名的通道有五条：华北长城沿线隘口、渭河谷地、汉水谷地、长江三峡和珠江流域。这五条通道在中华文明的发展史上，都发挥了极为重要的作用，在其沿线均发现了古人类遗存，分别是"北京人""蓝田人""郧县人""巫山人"和"元谋人"等，同时也都保存了极其丰富的古代文化遗迹，但是研究的水平大不相同。华北有燕赵文化和长城学研究，渭河流域有周秦汉唐文化研究，长江三峡分属巴蜀文化与荆楚文化研究，珠江流域有滇桂文化与岭南文化研究，唯独汉水流域文化的研究始终被冷落。

要超越这个窘境，我们还必须回答汉水文化所面临的基本理论问题。归纳起来，这些问题主要涉及七个方面。一是汉水文化研究的地位问题：汉水文化在区域性文化中的地位、在中国传统文化中的地位、在世界文化历史长河中的地位，亦即它与楚文化的关系、与中华传统文化的关系、与世界文化的关系问题。二是汉水文化研究的历史问题：汉水文化起源、发展、演变的历史。三是汉水文化研究的价值问题：汉水文化的历史价值、文化价值、经济社会价值、文学艺术价值、科学研究价值等。四是汉水文化研究的学科背景问题，亦即理工农医文史哲管等多学科联合攻关、建立厚实的学术背景和世界文化视野的问题。五是汉水文化研究的界限问题：一者是区域界限，是以川鄂陕豫甘——汉水汇入所涉地域为界，还是以汉水文化圈——汉水文化所波及、影响的主要地域为界？二者是与相邻文化，即与荆楚文化、华夏文化、巴蜀文化、秦陇文化研究对象和范围交叉的问题，是敝帚自珍、画地为牢、固守一隅，还是各行其是、左引右连、纵横驰骋呢？六是汉水文化研究的当代焦点问题：汉水文化的产业化、市场化、文化开发和服务、科学技术和经济效益、市场传播和社会影响、人才队伍和资金支持、政策导向、舆论宣传氛围以及文化展示舞台等问题。七是汉水文化研究的基本对象、基本范畴和理论框架问题。只有全面、客观、理性、科学地探索并回答了这些问题，我们才有可能建立真正研究意义上的汉水文化研究。而对这些问题的解答，我们必须从最基础的工作做起，首先回答什么是汉水文化、汉水文化精神和汉水文化特征等基本问题。

二、汉水文化的研究现状及文化意义

放眼当今世界的文化大格局，流域文化的研究、开发和建设业已成为世界性潮流。世界上一些著名的河流文化，如亚马孙河、密西西比河、尼罗河、莱茵河、多瑙河、伏尔加河等大河流域文化，正日益引起世人的关注。就国内而言，学术界对长江、黄河、辽河、珠江、淮河等大河流域文化的研究也方兴未艾。然而，让人遗憾的是，尽管汉水流域浓缩了中国广大地域两千多年来的治乱兴衰，汉水流域的历史是中国历史发展的一个典型的地区缩影，但目前汉水文化研究尚未受到应有的重视，尚未达到应有的深度，这既与汉水在中国历史和现实中的地位极不相称，也与流域文化研究的现状和趋势极不相符。

汉水流域以两大平原（江汉平原和伊洛平原）和三大盆地

（汉中盆地、南阳盆地和古襄阳盆地）为地理环境条件，以四大文化（秦陇文化、巴蜀文化、荆楚文化和中原文化）为人文语境条件，形成上游、中游、下游三个区系，它是甘、陕、鄂、豫、川、渝交界地区，是承东启西、连接南北的枢纽地带，形成内陆性的文化走廊和黄金文化带。汉水文化是我国流域文化中具有典型意义的特殊文化范型，是国内外学术界特别关注的学术焦点。近几年来，关于汉水文化的研究，外围研究（史前考古、农业水利、经济开发、人口演变、历史地理、环境变迁等）的成果比较可观，为其本体研究打下了初步基础。但汉水文化的本体研究还处于起步阶段，起色不大，进展不快。可以说，真正学术意义上的汉水文化研究刚刚起步，现有的研究成果，从研究视角来看，局限于大文化视角和宏观性的浅层次研究；从成果内容来看，重心不突出，成果质量有待提升。

目前该领域的研究虽成果丰硕，但仍然存在一些问题。从史料收集上看，正史方志资料利用比较充分，但族谱、契约、文人笔记等民间史料的发掘不够。从研究对象上看，对移民分布、农业垦殖、经济发展的研究较多，对国家治理和官民互动的关注较少，不利于发挥社会历史学资政、教化功能。从经世功能看，对经济基础研究较多，而对教育、文化、宗教等上层建筑的研究较少，更没有深入揭示两者之间的关系。受现实因素的影响，有些观点明显有失偏颇。

针对上述不足，《曲莫如汉：汉水流域历史文明巡礼》旨在对汉水文化进行全方位、多向度的综合性的本体研究，力求在现有研究成果的基础上，进行多维度的探索和系统性研究，力求将此研究引向新的阶段，并获得相对突破性的发展。

系统地研究汉水文化的意义在于：

第一，研究汉水文化，就是对中华文化的重心和关节点的观照和审视。汉水文化是特异型的流域文化。汉水流域历史上基本形成了整体性的文化系统和文化结构，构成了相对独立的文化区；汉水流域的历史发展和文化变迁是中华文明历史演变的一个缩影。作为特异型的流域文化，汉水文化在自身的历史进程中处于南北文化激荡交锋的锋面，融合黄河文化和长江文化的优长，具有兼容并包的特色，独树一帜，别具一格，是得天独厚、不可代替的流域文化范型。因此，对汉水文化的观照和审视，从某种意义上说，就是对中华文化的重心和关节点的观照和审视。

第二，本研究具有较为重要的学术价值和历史价值。一是可以丰富汉水流域社会史、地方史研究内容，拓宽研究范围，纠正前人研究的部分偏见。本书将在全面收集官方、民间资料的基础上，全面总结和检讨已有研究成果，综合考察移民开发、国家治理、文化建树之间的关系，将汉水流域社会历史研究引向深入。二是总结历史经验教训，为推进国家治理能力现代化和"汉江生态经济带"建设提供借鉴。三是将汉水流域的"历史流域学"推向繁荣，参与创设新的研究范式，推进人文社科重点研究基地建设。近年来以流域为研究对象的"历史流域学"方兴未艾，本书将全面参与这种全新研究范式的创建，以汉水为例丰富"历史流域学"的理论与方法。

第三，本研究可以服务于国家建设汉江生态经济带发展战略。本书以汉水流域为单元，坚持历史观、整体观，注重流域的自然属性、人文轨迹、历史演化及其动态发展规律，挖掘汉水文化的时代内涵和现实价值,揭示汉水流域可持续发展的历史渊源和基本内涵,将为汉江生态经济带创新发展全域旅游、培育现代文化产业、开展文化传承与传播工程提供智力支持和研究范例,为建设"六个汉江"贡献力量。

生态文明是民族文化最古老的根须之一,为此,多个方面的研究都是有必要的。一是站在新的历史高度,采用新的研究体系和资料,重新梳理汉水流域生态文明发展的历程、经验和教训,以特异型、成熟型的汉水流域生态文明丰富流域生态文明理论的内涵。这对于流域生态文化、城市生态文化和生态文化学的学科建设,进一步振兴中华民族文化,都具有重要的理论意义。二是深入开展汉水流域生态文明史的研究,这也有助于生态文明史学科的繁荣与发展。三是深入开展流域生态文明史的研究,为建立有中国风范的生态文明学奠定坚实的基础。四是立足地域和流域,从历史深处发掘、丰富五大文明建设的理论内涵。

三、汉水文化研究的学术维度和研究方法

《曲莫如汉:汉水流域历史文明巡礼》将对汉水文化的研究置于史论一体、宏微观结合的纵横坐标上,进行立体透视和系统把握,研究内容主要分为四大板块。

1. 汉水文化的历史发展轨迹

《曲莫如汉:汉水流域历史文明巡礼》着意于从历时性的纵剖

面对汉水文化各个历史时期的演变线索、文化风貌等进行纵向梳理和宏观把握，具体对先秦时期、两汉至唐宋、元明清、近现当代四个历史时段的文化流变进行纵向剖析，即对四期——奠定期、繁盛期、复兴期、革新期的持续稳定发展及其阶段性特色进行深刻概括和详明分析，如奠定期的史前文化和方国文化，繁盛期的政治文化、科技文化、学术文化和军事文化，复兴期的宗教文化（武当道家文化）和移民文化，革新期的商贸文化、工业文化，突出文化流别的分流和合流、交汇与融合。这一维度没有专章展开，暗含在本书通篇布局之中。

2. 汉水文化的内容构成维度

《曲莫如汉：汉水流域历史文明巡礼》致力于从共时性的横切面对汉水文化进行类型分析和圈层分析。其基本类型包括语言文化（楚音、川声、秦腔、豫调及苗语、羌语）、民间文化（神话传说、民间文学、民间艺术、民间工艺等）、民俗文化（节庆习俗、祭祀习俗、婚嫁习俗、农耕习俗等）、商旅文化（水运和盐道）、山水文化（武当山、神农架与丹江、堵河等）、科技文化（天文、医药等）、智谋文化（鬼谷子、诸葛亮等）、学术文化（荆州学派、郡县官学、习凿齿史学）等。这些文化类型构成汉水文化丰富多样的禀赋内涵和文化体格。

其主要文化结丛（文化聚集区）包括汉中文化（兼涉秦陇文化某些部分）、商洛文化、郧阳文化、南阳文化、襄阳文化、汉派文化等。这些小文化圈多元一体,构成汉水文化浓墨重彩的地域特色和文化风韵。

其特色文化形态主要表现为楚文化、三国文化、武当文化、孝文化等,这些特色文化形态构成汉水文化博大精深的底蕴底色和文化标格。

3. 汉水文化的精神要素分析

《曲莫如汉:汉水流域历史文明巡礼》着重从汉水文化的本体建构进行理性层面的深层分析和深度阐发,具体分析其文化性格、文化心理和文化精神特质。

从其文化性格来看,主要表现为坚忍而刚毅、浑厚而精明、质实而空灵,以及清通而清逸、大气而有灵气(灵动、灵应、灵敏)、明智而睿智(大智慧与小智慧),具有相济相成、相得益彰的特点。

从其文化心理来看,主要表现为均平意识(经济上)、流聚意识(行为上)、生态意识(环境上)、兼容意识(文化上)、清美意识(审美上,以清为美)、尚智意识(思维上,以智为尚)、崇孝意识(伦理上)、重振再兴意识(价值上)等,以及特定的祖先崇拜、鬼神崇拜和水神崇拜,具有在吐纳中升华、在包容中超越的文化襟怀和人生境界。

从其文化精神特质来看,主要表现为敢为人先的首创首发精神、吞吐万方的兼容并包精神、独行独醒的主体自由精神、灵动洒脱的浪漫超越精神、注重孝道的道德至上精神、不断进取的与世推移精神。这些精神特质一体化地标示了汉水文化的内在风神,为汉水文化的精髓所在。

从汉水文化的内在关系来看,主要表现为崇德与崇智、尚清与尚通、尚义与尚利、从经与从权的相兼相制,表现出圆通而又圆融的文化气质。汉水文化在其历史发展中,表现为多样与一体、传统与新变、本合与用异的关系,即共殊关系、延异关系、体用关系,并且在特定的历史条件下,鲜明地展示出文化通变规律、文化势差规律、文化创新规律。

这些文化性格、文化心理和文化精神特质,与其流域内人民群众的生产方式、生活方式和思维方式密切相关;汉水文化本质上反映了人与河流的和谐相处。

4. 汉水文化的研究方法

《曲莫如汉:汉水流域历史文明巡礼》主要是采用史论结合的方法,即历史与逻辑相结合、理论思辨与实证分析相结合,以及宏观研究与微观研究相结合的方法、比较研究方法、美学和心理学研究方法,采取思想发展逻辑与社会文化语境相统一、理论分析与田野调查相统一、真理诉求与价值评判相统一的视角和研究路向,融原典阐述和现代阐发于一体,讲求研究方法的科学性和实效性。

具体而言,主要有以下几种方法:

第一,理论与历史相结合。理论与历史相结合是生态文明理论发展的生命力所在。贯穿这一法则,既要严格遵循历史学的研究规范,注重汉水文化资料的收集整理,力求论从史出,又要借鉴汉水文明理论的基本框架,分析汉水文明发展变迁的历史过程。在历史的观照中,要力求提炼出中国传统文明变迁的内在规律,既可以为中华文明理论增加新鲜的血液,丰富既有的传统文明理论内涵,又可以为中国当代的文明建设提供历史启示。

第二,定性分析和定量分析相结合。定性分析力求梳理汉水流域文明的发展线索,正确划分历史阶段,总结历史规律和提供历史启示;定量分析则重在用清晰的数量关系来展现汉水文明的发展过程、成就及汉水文明发展过程中的各种有机关系,进而摆脱纯粹历史学描述方法的局限。

第三,文献资料与实地调研相结合。在现有文献资料的基础上,本书更注重实地调研,将实地调研材料与文献资料有机结合起来,相互佐证,相互补充。

第四,描述性文明史和分析性文明史相结合。一方面要注重对汉水文明发展过程进行描述,另一方面又要对汉水文明发展过程背后的内在规律进行有效的揭示。

第五,概括总结与理论提炼相结合。本书既要关注现实,为现实寻找历史根据,总结概括历史经验教训,为决策部门关于汉水文明建设的政策制定和调整提供历史依据;同时,又要关注文明理论体系的恰当运用,并从汉水文明史中提炼出中国文明建设的理论,丰富现有的文明理论,实现汉水文明理论功能和现实功能的有效统一。

目 录

第一章 汉水流域古老的文明历史渊源 001
  第一节 古老的汉水与古老的生命源头 001
  第二节 汉水——古老的华夏民族起源地之一 023
  第三节 汉水流域古老民族的迁徙融合与古老的方国 029

第二章 汉水文化的类型 045
  第一节 汉水民间文学 045
  第二节 汉水民俗文化 084
  第三节 汉水民间艺术 123
  第四节 汉水商旅交通文化 154
  第五节 汉水科技文化 176

第三章 汉水文化结丛 192
  第一节 汉中文化 192
  第二节 商洛文化 212
  第三节 郧阳文化 234
  第四节 南阳文化 292
  第五节 襄阳文化 320
  第六节 汉派文化 344

第四章 汉水流域特色文化 357
  第一节 楚文化 357
  第二节 三国文化 366
  第三节 武当文化 380
  第四节 孝文化 393

第五章 汉水文化的精神要素分析　411
第一节 汉水文化的特征　412
第二节 汉水文化的精神　420

第六章 汉水文化个案解析　428
第一节 汉水流域水利文化精神再认识　428
第二节 武当山特性之文化历史解读　438
第三节 从文化根部激扬中国文化梦
——六集纪录片《汉江》学术顾问、第一撰稿人潘世东教授访谈录
　449

参考文献　458

后记　461

第一章
汉水流域古老的文明历史渊源

本章着意于从历时性的纵剖面对汉水文化各个历史时期的演变线索、文化风貌等进行纵向梳理和宏观把握,具体对先秦时期、两汉至唐宋、元明清、近现当代四个历史时段的文化流变进行纵向剖析,即对四期——奠定期、繁盛期、复兴期、革新期的持续稳定发展及其阶段性特色进行深刻概括和详明分析,如奠定期的史前文化和方国文化,繁盛期的政治文化、科技文化、学术文化和军事文化,复兴期的武当道家文化和移民文化,革新期的商贸文化、工业文化,突出文化流别的分流和合流、交汇与融合。但限于篇幅,本章仅从古老的汉水与古老的生命源头、汉水——古老的华夏民族源头地、汉水流域古老民族的迁徙融合与古老的方国等几个方面,揭示汉水流域古老的文明历史渊源。

第一节 古老的汉水与古老的生命源头

一、汉水是中国远古最大的江河

汉水,是中国远古的一条大江,又称汉江,古称天河、天汉、银汉、星汉,意即汉水直通云天,来自银河天汉。《华阳国志·汉中志》载:"汉沔彪炳,灵光上照。在天鉴为云汉,于地画为梁州。"[①]汉水壮丽辉煌,其四射的波光倒映在天上便是群星闪耀的银河,其奔腾不息的巨

---

① 常璩. 华阳国志 [M]. 唐春生, 何利华, 黄博, 等译. 重庆: 重庆出版社, 2008: 310.

流开辟出来的河道画出了辽阔无边的梁州。

汉水发源于我国陕西省宁强县秦岭南麓，它的干流有南源、北源和中源三个源头。南源名玉带河，出自陕西省宁强县境内箭竹岭上天柱峰的玉珠泉、云汉潭；北源名沮水，源自陕西省留坝县与凤县交界处的紫柏山南麓黄花坪；中源一说为五丁北峡水，但古来一直被视为汉水中源、也是正源的却是漾水，其源出嶓冢山石牛洞。嶓冢山石牛洞位于大巴山系宁强县的烈金坝乡江源村。在石牛洞口，有座钟乳石，壮如奔牛。牛的臀部有八个不可辨认的大字，传说是大禹治水成功后勒石记功的"禹书"。在牛的腹下有一线清水流出，这便是汉水的源头。传说在远古时候，嶓冢山（今称汉王山）森林茂密，高入云天，天河水就从嶓冢山腰一石洞中倾泻而出，直冲得巨石翻滚，波浪滔天，水声隆隆，惊天动地。当大禹勘察水灾，来到嶓冢山汉水之源，只见那由天河中涌下的水汹涌澎湃，势不可挡。水到之处，一片汪洋泽国。禹想要疏通，但两岸悬崖峭壁，无立足之地，东察西看也无着手之处。正在禹无计可施之际，忽然那奔波终生、为治水立下汗马功劳的老黄牛，哞地长鸣一声，飞身而起，越过深谷，一头扎入对面山崖岩洞之中，将汹涌的天河堵了回去，并张开大口，将水吞入腹中，只留一线清水由胯下流出。禹急忙率领民众掘开谷口，疏通河道。于是山下渐渐现出陆地供人们居住、耕种。日久天长，那堵水神牛也化为岩石。这个山洞就被人称为石牛洞。

汉水干流全长 1577 千米，干流流经陕西、湖北两省，于武汉市龟山以北汇入长江。流域北部以秦岭东段外方山及伏牛山与黄河流域分界；东北以伏牛山及桐柏山与淮河流域分界；西南以大巴山及荆山与嘉陵江、沮漳河流域分界；东南为江汉平原，无明显的天然分界线。流域地势西北高，东南低。地质构造大致以淅川—丹江口—南漳为界，西为褶皱隆起的中低山区，东以平原丘陵为主。流域面积约为15.9万平方千米，流水量与黄河近似。汉水发源于我国南北气候分界线的秦岭南麓，整个流域气候温暖、湿润，适宜人类居住、开发。在地理区划中，它属于东洋界华中区的西部山地高原亚区和东部丘陵亚区。汉水干流丹江口以上为上游，河谷狭窄，长约925千米；丹江口至钟祥为中游，河谷较宽，沙滩多，长约270千米；钟祥至汉口为下游，长约382千米，流经江汉平原，两岸筑有堤防，河道蜿蜒曲折，逐步缩小，泄洪能力愈往下游愈小。较大的支流有褒河、任河、旬河、夹河、堵河、丹江、南河和唐白河等。

生活在汉水两岸的人们，对于汉水可以说是再熟悉不过了。但是，对于历史上的汉水却未必有多少人真正知晓。

人们大多都认为最能显示汉水古老的是最早记载汉水的文字，即产生在大约3000年前的《诗经·大雅·旱麓》载："瞻彼旱麓，榛楛济济……鸢飞戾天，鱼跃于渊。"这里的"旱"是山名，因为古代"旱"与"汉"互通，所以旱山即汉山，即流来大水解除干旱的大山。因为有大水，所以山脚下榛树、楛树郁郁葱葱，天上鹰飞燕舞，水中鱼跃鳞闪，一派生机勃勃的景象。"汉"的出处由此而来。《诗经·国风·周南·汉广》对汉水的浩渺宽广也有确切的描绘："南有乔木，不可休思。汉有游女，不可求思。汉之广矣，不可泳思。江之永矣，不可方思。"另有《诗经·大雅·江汉》和屈原的《楚辞·九章·抽思》中都提到了汉水。也有人以为真正能够显示汉水古老的应该是《尚书·禹贡》，此书载："嶓冢导漾，东流为汉；又东，为沧浪之水；过三澨，至于大别，南入于江。"嶓冢即今陕西省宁强县境内的嶓冢山，漾水即今之漾家河，沧浪之水即今湖北丹江口至襄阳以西的汉水河段，三澨当在襄阳以东不远的汉水附近。可以与此互为印证的是大禹疏导治水的故事遍及汉水附近，它的源头有禹王祠，中游有禹王穴，下游有禹王碑，而在流域所及的府县都有禹王庙、禹王池、禹王台、禹迹亭等禹迹。

在人们的一般常识中，毫无疑问，长江、黄河当是中国的第一、第二长河，长江、黄河的历史也远远超过汉水，古代的江、河、淮、济"四渎"之说便是典型的代表观点。但地质和考古学界却有一种新说，在长江、黄河形成以前，汉水便在今日甘肃省的东南部和陕西省的西南部形成了，由叮咚之泉渐成潺潺之溪，继而发展成浩荡之水，终至形成气候，一泻千里地横贯中国南方大地，最后，携风带气、恣肆汪洋地流入东海。以当时的气候条件和江河流域辐射面积推论，汉水当属中国境内最古老的江河。当汉水形成之后，长江和黄河才逐渐形成。可以设想，在乾坤奠定之时，长江当是一条小溪，或者说长江远不是当今的规模和流向，甚至可能是汉水的一脉支流。

长江成为中国第一大河源于地质发生的强烈褶皱和对汉水古老河道的"袭夺"。

种种研究资料表明，现今的青藏高原曾是古地中海的一部分；现在长江流域的部分地区，在1.5亿年以前才从汪洋大海中隆起，渐渐成为陆地。原始的长江发源于三峡地区的山地，沿着东高西低的地形大势，经过四川、云南一带的盆地底部，滚滚西流，经云南西南部的南涧海峡流入古地中海。直到距今约5000万年，由于印度大陆板块向北运动，与亚欧大陆板块相挤压，使古地中海的东部逐步隆起，形成了原始的青藏高原，使原来东高西低的地势演变成西高东低地势，长江西流的通道被阻塞，不得不"另寻出路"。随着青藏高原的进一步抬升，终于形成了今日大江东去的态势。有青藏高原及雄峰巨峦的终年积雪为后盾，长江的水势自然超过源自嶓冢山和玉带河的汉水，因而袭夺成为主流。这种袭夺对汉水实行了"斩头去身"：在源头夺走了汉水的第一源头"西汉水",使汉水源头向东缩移至现在的嶓冢山,而在汉口以下夺走了辐射辽阔而悠远的中下游水道和水源,使汉水由横亘在中国南方大地的一条"巨龙"缩身为一条"小蛇"。

有学者认为,在地质时期三峡地区发生过强烈褶皱,此地区后成为华西与华东的分水岭,岭西三水皆向西藏。如果此说成立,那么秦岭以南的东流之水主要就是汉水了。而能够与此观点相互印证的是,1976年和1978年,长江流域规划办公室组织考察队对长江源头进行实地科学考察,也得出了早期长江曾有过西流历史的结论。

武仙竹在《汉水流域旧石器时期的远古居民与生态环境》一文中称,汉水河谷是在第四纪发育的。第四纪中更新世时,汉水上流河谷的北部秦岭和南部大巴山,都还在抬升期。在秦岭、大巴山的抬升过程中,汉水中上游河谷才逐渐形成。汉水下游河床(以湖北钟祥为界)在晚更新世以前,一直还没有固定的河道,在江汉盆地的基部漫游和流荡。晚更新世由汉水冲积、携带冲积物,在汉水下游沉积下30多米厚的沉积层。早更新世至中更新世,在汉水下游河道还未固定、汉水中上游河谷逐渐形成过程中,汉水地带就已经生存着古人类。1989年,湖北省郧县(今郧阳区)曲远河口学堂梁子发现的人类化石,代表着早更新世晚期至中更新世早期时,汉水流域生存着的古人类。继郧县学堂梁子地点的发现之后,陕西汉中地区、鄂西北地区、河南南阳盆地等,也都有发现较多的旧石器文化遗址和人类化石。[①]

汉水下游河道在旧石器时期,一直处在逐渐南移、变迁中,而且因其地势低洼、水泽渺漫,不适合人类居住,故而在汉水下游没有发现古

---

① 武仙竹. 汉水流域旧石器时期的远古居民与生态环境[J]. 文物世界,1997(3):23—26.

人类遗迹。汉水上游中更新世以前，江面很宽阔，两岸呈现出低丘宽谷壮年晚期的地貌景观。汉水中上游在旧石器时期，水道一直夹于秦岭、大巴山之间，泄水通道基本固定，河床两岸还存在宽阔、平坦的回旋空间。

中国古人第一次见到、并予命名的大水是汉水。汉水直至春秋时期都保持着第一大水的地位。我们不要见到"河汉""江汉"连言，就以为江、河大于汉。在这种构词结构中，"河""江"都是形容词，而"汉"为"大水"。当时的汉水比往北的渭河、黄河都大，至今仍是事实。

放眼中华大地，汉水地处我国内陆腹心之地，介于黄河、长江两大水系之间，既是联系中国南北与东西的地理纽带，更是关联天下、沟通四方的历史文化、政治经济、军事战略的纽带。汉水河谷自古以来就是沟通东西的走廊。流域内的汉中盆地、南阳盆地，又是我国西部和中部地区南北交往的通道，在它们周围是我国古代最著名的几个政治、经济和文化中心。西北是以长安（今西安）为中心的关中平原，东北是以洛阳为中心的伊洛平原，东南是以武汉为中心的江汉平原，西南是以成都为中心的成都平原。不仅如此，汉水还具有举足轻重的战略地位。历史上南北对立时期，双方的征伐攻守主要在黄河、长江之间的汉水、淮河流域进行，争夺的焦点是汉中、襄樊（今襄阳）、寿春、徐州。这四个城市分别位于中国古代北方与南方联系的四条主要交通干线上，是所谓"天关""地机""九州咽喉"。

汉水既是要地，更是一方人杰地灵、物华天宝的沃土。放眼全球文明的诞生繁育，汉水得尽天时地利、江山之助：在地球的版图上，有一条神秘的北纬30°线，许多古老的河流文明正是沿着这条纬线，开始了自己跨越千年的文明旅程。如密西西比河、尼罗河、幼发拉底河、长江等，均在北纬30°附近入海。在这一纬线上，奇观绝景比比皆是，自然谜团频频发生。汉水，正好处于这条黄金般的北纬30°线之上。汉水地域属北亚热带湿润季风气候区，秦岭是亚热带和暖温带气候的天然分界线，这里山清水秀、气候温和，古今学者以"生物资源宝库""天然物种基因库"赞许，是地球同一纬度生态环境最好区域。因而，这里既是中国地理的龙脉与南北气候分界线所在，也是中国自然之肾、内陆腹心所在，更是中国动植物与地道中药种子宝库所在。

综上所述，汉水行诗走歌、流金淌银，不仅是一条绿色生态之河、黄金商旅之河、神圣的文化大河、伟岸的历史大河和神秘的魅力大河，更是华夏文明的重要发源地和中华民族的母亲河，被世界文化学家誉为东方的"莱茵河"。

二、汉水流域早期的考古发现

宇宙起源、地球起源、生命起源和人类起源，素称世界四大起源之谜，至今全球学术界、科学界仍然没有得出一个统一的结论。为了最终揭示这个谜底，世界各国政府、科学家和学者正在结成空前的联盟，坚韧不拔地向着既定目标迈进。仅以我国围绕上述问题在汉水流域、以武当山为中心所展开的活动就可见出大概。据饶春球研究员、李峻副研究员的《武当山近50年考古新发现》和《汉江流域近百年考古新探》二文，自1928年至2000年，在汉水流域、武当山及其周边地区先后共进行过180余次较为重要的文物普查和考古发掘。考古成就证明，汉水流域贯穿着一条连贯、清晰的生命起源和人类起源，以及人类文明早期发展的足迹。这里，择其主要考古发现列举如下。

（一）汉水流域的古动物化石

1928年，李捷（原地质部总工程师）、朱森等在汉水上游跨越鄂豫边界的李官桥盆地发现哺乳类及龟类化石。20世纪30年代，中外考古学家德日进、巴尔博、卡美年等在上述地带考察皆有类似发现，收集了不少古动物化石标本。1960年，中国科学院古脊椎动物与古人类研究所（以下简称中科院古脊椎所）专家李传夔、童永生等在丹江口贾家寨发现一批古动物化石。20世纪70年代，中国考古地质学家在神农架发现7亿年前的球形藻类和微型古植物化石。1970—1976年，中科院古脊椎所、河南省地质局十二地质队先后在丹江口玉皇顶、大胡坡、大尖山、青塘岭、温家坪等地发现了恐龙蛋化石碎片和大批保存极为完好的第三纪间的古动物种群化石18种，其中宽臼兽（60多件头骨）、玉皇顶亚洲冠齿兽、淅川中原鸟、湖北先鼠等物种属世界稀有。1975年，中科院研究所在郧县梅铺发现大熊猫、剑齿象、牛、鹿、犀等20多种化石。1997年在郧县柳陂镇青龙山发现长3000米、宽50米的成窝的恐龙蛋化石群地带。1971—1973年，考古专家贾兰坡在汉水上游淅川红石岗发现孔雀、大熊猫、亚洲象、苏门犀等31种动物化石。20世纪80年代，中科院古脊椎所、武汉地质学院（今中国地质大学）、丹江口市博物馆又在上述玉皇顶、大尖山一带发现15个化石点。1983年9月，中外考古专家考察认定神农架为世界上最完整的上寒武纪（6亿年前）古地层。1984年在习家店、习家庄发掘了距今80万年、长3.24米的世界最大剑齿象门牙化石。1986年，考古人员发现化石山有藻类、三叶虫、直角石等化石。1986年5月，中科院古脊椎所黄万波先生等对武当山磨针井、太子坡、南岩的一种状如墨鱼之脊（俗称竹筒石）的化石进行了鉴定，确认为古生代（距今约 4.5 亿年）的海洋无脊椎动物——"直角石"。这是生命起源时代的一种与最早的无脊椎动物"三叶虫"等同时出现并存在的海生动物。专家推断"马氏螺"是距今 400 万年的一种浅海生物。这些动物化石的出土，证明武当山一带史前曾是海洋，之后经过沧海桑田之变迁而成为陆地。这一推断，与相关学科专家的考察论证十分吻合。1986 年，地理地质学家依据武当山地质岩层考察推断，武当山是从大海中升起的。大约在第三纪，武当山与荆山、川北大巴山、三峡等构成我国第二阶台地的东沿。后又由于地球上印度板块与亚欧大陆相撞，引起青藏高原的强烈隆起，武当山与三峡等亦随之上升，在地壳运动中，山越来越高，谷越来越深。

如果用专业的眼光来审视今天武当山的峰、岩、洞、壑、坡等各种特异地形地貌，其很像海底石林、岩礁因武当山的隆起、长期内外应力的剪切而形成的。现今峭峻峰岭拔地而起，天柱峰两侧峰林，东西向一字排开，形成群峰朝拜天柱（即七十二峰朝大顶）的地貌大势，奇峰、幽谷、峭岩、险洞星罗棋布，活像一个海底石林盆景。此外，华中师范大学景才瑞教授还于 1960 年首先发现武当山冰川侵蚀地貌的痕迹，并予以评论。他认为，武当山以正地貌的角峰、鱼脊峰等与负地貌的冰斗、冰蚀盆地、冰川 U 谷等最为显著。属于角峰地貌的有天柱、香炉、蜡烛、金童、玉女……由此推断，武当山是从海底上升为陆地的，并经历过第四纪冰川的侵蚀。

1987 年 7 月在丹江口习家店老庄发现浅海动物化石，送中科院研究所鉴定为百万年前的腹足类动物马氏螺化石和珊瑚化石。1997 年 7 月 25 日，在郧县梅铺李家河发现距今 1 亿—7000 万年的恐龙骨架。1999 年在丹江口市汉水南岸马湾发现恐龙骨架化石。

饶春球研究员、李峻副研究员调研分析认为，当地球还是火山岩浆状的火球时，宇宙中的尘埃逐渐把它包裹起来形成了地壳，地壳的凹处便成为古海洋。在阳光、温度、水土的作用下，有了蛋白质，由蛋白质产生单细胞、双细胞、多细胞动物。地球历经4000多亿年的变化终于进入了生命起源的元古代，这时武当山开始从古海洋中隆起。而在海洋中有许多藻类和无脊椎动物"直角石"等一类古生动物在这一带游弋、繁衍和生息。

又经过古生代的鱼类、昆虫、两栖类的繁盛期而进入了恐龙世界。各种恐龙占据着地球，大约兴盛了7000万年，可能是遇到一种突发事故，招致灭顶之灾。随后，鸟类和哺乳动物不断出现、活跃起来，武当山一带就有大如玉皇顶亚洲冠齿兽这种肉食动物，小的如宽白兽、湖北先鼠等动物18种。它们在山林、沼泽、水草丰盛的地方出没，其年代大约在距今7000万—3000万年。其时，虽武当山一带发生了地层大断裂，许多第三纪古动物遭到了灭顶之灾，但也有不少动物生存繁衍。

距今约300万年，人类祖先——猿人诞生于大地。

（二）汉水流域的古人类化石

20世纪70年代，汉水下游的汉阳发现了人类颅骨化石，为晚期智人（距今5万—1万年），称为汉阳人。1970—1975年在汉水上游郧县滔河岸水平溶洞中发现距今90万—80万年的人类祖先——猿人的牙齿4颗，定为我国第五猿人洞，称"郧阳人"。1976—1977年在汉水上游郧西神雾岭山麓发现距今80万年的猿人洞，出土猿人牙齿9颗，定为我国第六猿人洞。1982年在汉水中游钟祥、肖店龙子膀发现化石点4000平方米，深8米，出土距今约300万年的巨猿（猿人之祖）牙齿化石。1986年6月在汉水南岸房县樟脑洞发现万年前人类旧石器时代遗址。

1987年，考古人员在汉水上游北岸石鼓村张家营后山和毛家洼发现了人类旧石器时代（距今20万年）的遗址，出土旧石器2000余件，为当年全省之冠。1989—1990年在汉水上游郧县青曲镇曲远河口弥陀寺发掘出了完整的猿人头骨2件，为世界罕见的重大发现，是为我国第七猿人化石点。它早于早年发现的湖北"长阳人"。1994年，南水北调考古队在汉水上游丹江口市彭家河、均县镇、水牛坡、水牛洼、八腊庙、金陵六地发现距今80万—60万年的人类旧石器时代遗址10余处。汉水地带的人类旧石器遗址共达200多处，人类从直立人、早期智人到晚期智人三个发展阶段的化石齐全，为全国罕见。

根据古人类学家吴汝康把人类发展过程分为早期猿人、晚期猿人、早期智人、晚期智人四个阶段的理论，我们可以清晰地勾勒出汉水流域从猿到人的发展图景。

一是早期猿人阶段（距今300万—150万年）。这一阶段猿人脑量由于接近直立猿人而增大，能够制造简单的砾石工具。在汉水中游的钟祥就曾发现300万年的巨猿化石。

二是晚期猿人阶段（距今150万—30万年）。这一阶段人类的脑量因直立行走而继续增大，他们已能制造出较为进步的旧石器，如砍砸器、刮削器、尖状器等，并已开始利用山火。这一时期的猿人化石，先后在汉水上游郧县梅铺、曲远河口、郧西白龙洞等成系列地发现，距今约90万—35万年。

晚期猿人，平均脑量逐渐增到1059毫升，他们开始创造原始文化。其一，制造各种打制石器。其二，利用自然火种。火给人类以光明，照亮黑暗的洞穴，驱走猛兽，增加人类自卫和狩猎能力，扩展了人类的活动范围。其三，寻找居住的自然洞穴，避开猛兽袭击。其四，开始围猎，伏击野兽。将猎获的动物用火烤，然后分吃，并利用兽骨制造工具和装饰器。这一时期,人类祖先 20～30 人成群,多至 50 人一群,他们生活在灌木丛生、杂草蔽野、猛兽出没的环境中。但由于火的利用,人类得到温暖,可以克服气候的限制。晚期猿人不仅从汉水上游分布到中下游,而且在当时世界上已分布到亚、非、欧各洲的广大地区。

三是早期智人阶段(距今 30 万—5 万年)。这一阶段的人类已具有与现代人更接近的特征,已能制作几种样式不同的标准化的石器。如当斧头、锤子用的砍砸器,当刀使用的刮削器,当锥、钻用的尖状器和打野兽的石球等。不但使用天然火,人工取火也普遍了。在丹江口市石鼓张家营后山和毛家洼就发现改进的、用玛瑙制作的石器 2000 多件,以及他们猎获的犀牛、野鹿、虎、豹、鬣狗、野牛等动物的化石。

这一时期人类脑量已增至 1575 毫升。头脑发达,接近现代人水平,具有比猿人更高的智慧。石器有了很多改进,能够人工取火,或钻木,或敲击火石等,并且会编织制作衣服,再不像猿人赤身露体了。社会发展到了母系氏族社会,婚姻关系从族内婚演进到族外婚。同时开始形成埋葬死者的风俗。

四是晚期智人阶段(距今 5 万—1 万年)。这一时期的人类,除具有某些原始性质外,基本和现代人相似,他们除会制作各种石器外,已有雕刻绘画艺术,已会制作各样石、骨质装饰品。在汉水中上游房县和下游汉阳皆有晚期智人的化石和遗址。

汉水流域的汉阳有"汉阳人",还有上游的房县樟脑洞,也是新人遗址。晚期智人脑量更接近现代人,超过 1600 毫升(现代人脑量可达 2000 毫升)。由于大脑的进化,生产、生活有了更大的改进。他们已掌握磨光技能,如将鹿角磨尖当矛用,将鱼骨兽骨磨成针缝衣服(毛皮),将兽牙、贝壳、石珠、鱼骨穿孔做装饰品。埋葬死者时还在周围撒上红色赤铁矿粉末,并用石器和装饰品随葬。在生活饮食方面已会烹饪熟食，有的新人已会在洞穴石壁上刻画壁画。

房县樟脑洞新人制作的石器，除具有旧石器文化共性之外，小件精细，有原始细石特征，在长江中上游属首次发现。从化石中可见：当时他们捕获的动物有大熊猫、东方剑齿象、犀、鹿、牛、麂、羊等。当时的社会，男女已有明确分工：男人打猎捕鱼，女人采集果杂植物，管理氏族内务。妇女是氏族中心，晚辈们只知其母，不知其父。后来由于畜牧业、农业成为氏族主要生产活动，男人在劳动中占主要地位，母系氏族便由父氏族所代替。就这样汉水流域的人类从远古的猿人到早期智人（古人）、晚期智人（新人），直到现代人，不断地进化着，从深山老林走出，到丘陵荒野，到江汉平原。

（三）汉水流域的古文化遗址

文化的线索是随着人类的足迹而延伸的，有人类活动的地方，就可以发现人类文化的痕迹。考古发现，汉水流域的古文化遗址分布十分广泛。

首先，我们来看汉水流域的新石器时代的古文化遗址。初步统计，距今 8000—3500 年的遗址达 2000 多处。

1955 年在汉水中游湖北京山屈家岭发现具有地方特色的新石器时代遗址，定名为"屈家岭文化"（距今 4800 多年）。1955 年，天门石家河出土新石器时代文物珍品陶鼎、盂、豆、尖底器、刻花陶钵、刻花陶筒、陶鸟、石箭镞等数十件。1956 年在汉水中游天门县进行文物普查，发现了九真、湾坎、西龙珍珠坡、周李家坊、石家河等 12 处新石器时代遗址。1957 年 10 月，考古队调查了丹江口市浪河小店子遗址，其后地市博物馆于 1985 年复查采集 20 多件标本，经鉴定自龙山文化延至西周、春秋。1958年发掘了汉水上游丹江口等地遗址古墓1000余处，主要有均县朱家台、乱石滩、观青坪、郧县大寺、青龙泉，襄阳三步西道桥，等等。1958年11月—1959年4月，考古队对丹江口乱石滩新石器时代遗址进行了三次发掘，出土仰韶文化文物87件，专家们认为仰韶文化上层文化层可能是楚文化的先驱。1958年11月—1960年5月，长江流域规划办公室文物考古队对丹江口朱家台遗址进行了两次发掘，出土文物55件，还有房屋5座、墓葬4座。专家们认定此处有仰韶文化、乱石滩文化和龙山文化三个文化层。1958年考古队发掘了丹江口观音坪遗址，出土文物60多件。经鉴定，上层为西周，下层为屈家岭文化层。1971—1974年在汉水上游河南淅川下王岗，发现仰韶文化（距今6800多年）的新石器时代遗址。

1976年湖北省博物馆与武汉大学联合调查了房县羊鼻岭遗址，采集石器46件，陶器片2203件，认定下层为仰韶文化，中层为屈家岭文化，上层为龙山文化，直到西周。

20世纪80年代发现天门石家河城址，面积达120万平方米，是我国目前发现的面积最大、年代较早的新石器时代古城，而且周围有30多处遗址。1980年5月在汉水上游邓县公路两侧发现长80米、宽60米的新石器时代遗址，出土仰韶文化、屈家岭文化和龙山文化文物。1983年9月10日—11月30日发掘了随州西花园遗址500多平方米，下层出土石斧、石凿、陶鼎、豆、罐等14件屈家岭文化文物；中层出土红陶杯、长颈壶、陶纺轮、石斧、刀、凿30件龙山文化文物；上层出土鬲、豆等东周文物。1984年3月—1985年5月，汉水中下游荆州地区文物普查发现新石器时代遗址57处，其中有大溪文化（稍早于仰韶文化）、屈家岭文化和龙山文化遗址。1984年4月，武汉大学考古研究室外出调查南漳叶家湾、观上、罗家店文化遗址，采集标本81件，有仰韶文化、屈家岭文化、周代遗物。专家们认为，仰韶文化从南阳盆地越过汉水，波及汉南，影响长江沿岸。1989年5月又在京山发现屈家岭文化早期遗址，出土文物70多件。1989年秋，天门石家河发现屈家岭文化晚期和石家河文化的房基15处，灰坑200多个，墓葬3座，出土了最原始的砖，为江汉平原新石器时代晚期编年提供了宝贵资料。

其次，我们再看汉水流域新石器时代的文物。新石器时代与旧石器时代的显著区别是磨制石器与打制石器的区别。新石器时代的磨制石器要经过选料、制坯、琢成、磨光，有的还要穿孔，因而比打制石器规整、精致、灵巧、美观、锋利。生产工具除石器外，还有用角、骨、牙、木、竹、蚌、陶等质料制作的工具，种类大大增加，如斧、锛、凿、刀、镰、铲、耜、犁等。生活工具有磨盘、磨棒、杵、臼、纺轮、锥、针等，渔猎工具有矛、镞、球、鱼钩、叉、网坠等。特别是陶器的制作发明，解决了人类每天离不开的喝水、储水和运水问题，如缸、罐、壶、瓶、杯等。后来还发明蒸煮食物的釜、锅、鼎、甑、鬲等；酒器有瓠、杯等；还有盛藏食物的钵、盘、豆、盆、瓮等。磨制石器、农业、养畜业和制陶器是新石器时代四大特征。

汉水上游新石器时代早期仰韶文化，以淅川下王岗遗址最为丰富。下王岗西北与陕西相邻，西南与湖北丹江口市接壤，于1971—1974年发掘。出土石器有斧、铲、穿孔石斧、石刀、锯齿石镰、锛、磨盘、镞、网坠、球、弹丸等。骨器有锛、凿、锥、针、鱼镖、箭镞等。陶制工具有陶拍、陶锉。装饰品有石耳坠、骨笄、珠、管、牙饰、穿孔蚌饰、陶球、陶蚕蛹、陶鸟、陶蚌、陶蝉等。有当时的房屋遗址6座，一种为圆形半地穴式，一种为地面建筑。每座占地13~50平方米。周围发现土坑墓葬123座。整个遗址的遗存分一、二、三期。二期遗址还有淅川下集、镇平赵湾、郧县大寺、庹家洲、杨家嘴等。三期有丹江口市朱家台、黄栋、蒿坪、乱石滩等。

汉水中游屈家岭文化遗址晚于仰韶文化，遗址除京山屈家岭外，还有天门罗家柏岭、谭家岭、邓家湾，郧县青龙泉、大寺，丹江口观音坪、林家店等地。屈家岭文化的特征是，在陶器上以灰陶为主，黑陶次之，有少量红陶。部分陶器经慢轮修整和轮制。特别是薄如蛋壳的彩陶杯、碗，胎厚仅 0.5~2 毫米，彩绘有平行线、菱形方格、圆点、漩涡纹、方格加卵点，有的蛋壳黑陶已采用晕染法上彩，极具特色。

屈家岭文化的发现是汉水地区新石器时代考古的重大收获。它可分为三期：早期有京山、武昌等遗址，中期有郧县青龙泉、京山等遗址，晚期有京山、天门石家河、丹江口观音坪等遗址。早期生产工具有斧、锛、铲、刀、钻、敲砸器，陶器有纺轮、鼎、盘、豆、高领罐、锄等，说明 4000 年前汉水流域、长江中游已普遍种植水稻，以农业为主。而出土的石骨制箭镞、石矛、石球以及鹿骨等又说明，当时人们以狩猎为辅。网坠、鱼镖的发现，说明渔业也在发展。晚期陶动物中有狗、兔、鸡、羊等，反映出畜牧业也有了发展。而从纺轮的大量发现可见纺织业相当发达。陶祖（男生殖器模型）的发现，说明当时对男性的崇拜，也是人类从母系氏族社会进入父系氏族社会的一个标志。屈家岭文化陶器类别较仰韶文化陶器类别多，主要有圈足碗、钵、鼎、罐、豆、杯、盆、盘、三足碟、壶形器、盂形器、甑、缸等。

饶春球研究员、李峻副研究员认为，湖北龙山文化晚于屈家岭文化，以石家河文化为典型，生产工具石器磨制特别精细，种类有石斧、石锄、穿孔石铲、锛、石凿、长方石刀、月形穿孔石刀、石镰、石箭镞、矛、网坠、纺轮、骨鱼镖等，其中一处纺轮竟达 204 件。此外在红烧土中夹有大量稻壳和茎叶。郧县青龙泉遗址还出土许多猪、狗、羊等家畜骨骸。陶塑品中包罗万象，有人、禽、猪、羊、象、龟、豹、猴、鸡等艺术品。

乱石滩文化在丹江口市古均州城郊香炉碗坡上下。1958年11月—1959年4月，中国社会科学院考古研究所长江工作队先后进行了三次小规模发掘，开探沟11条，面积146平方米。发现遗址文化层厚约1.8米，先后交叠着仰韶文化、上层文化两类遗存。仰韶文化陶器出土79件，石器出土11件。上层文化（相当于我国夏代）陶鼎、鬲、碗、盆、盘、豆、簋形器、瓮、杯、纺轮、陶环等出土17件，石斧、凿、镰、梭形器等石器出土32件，锥、镞等骨器出土5件。还有墓葬4座，陶器等出土8件。陶器上的花纹有绳纹、线纹、附加堆纹、凸弦纹、斜方格纹、波浪纹、圆窝纹、菱形纹、双十字点纹等。考古研究所的专家认为其很可能是楚文化的先驱。

整个新石器时代的画面就是：在汉水流域的深山老林，有三五成群的男人拿着石制、骨制的矛、箭、石球等在追捕野兽或放牧牛羊；在丘陵坡地上，妇女背篓、提篮在摘采水果、野菜；在汉江里，男人握着鱼叉、鱼镖，撒开渔网在捕鱼；在江汉平原沃野上，他们用石犁、石铲、石斧等在耕作，在有燧石、玛瑙的石料场，他们在选料、打坯、磨制各种石器；在茅屋前的场地上，妇女们有的用骨梭织网，有的用纺轮纺麻，用骨锥、骨针织麻布；在窑场上，他们用陶柏、陶轮等制作各种陶器。他们的生活已经稳定下来，有各自的茅草房。游猎、打鱼、耕种的人们在夜幕降临时都可以回到自己的家，有妻儿老小做好饭菜等候他们。

再次，我们看夏、商、周的青铜器时代的文物。夏、商、周三代，不仅有大量的文化遗存，有许多重要人物活动传说，也有大量的青铜器出土。

汉水流域龙山文化遗址（相当于夏代，距今约4000年）先后发掘的有郧县青龙泉（上层）、房县七里河、均县朱家台、浪河小店子、江陵张家山（下层）、淅川下王岗（晚期）、天门石家河。

三、恐龙蛋与汉水流域早期的生命演进

20世纪90年代，美国和英国科学家利用基因技术，各自得出一个结论：人类可能源于同一祖先；现今的人类可能是4万~20万年前由非洲一原始部落所繁衍而迁徙至世界各地的。由于分析女性的基因比较容易，而分析男性基因要复杂得多，所以英国和美国的研究人员都把突破口选在男性独有的Y染色体上。美国研究人员用计算机分析了8位现代非洲男性、2位澳大利亚男性、3位日本男性和2位欧洲男性，以及4只大猩猩的基因，结果发现，从基因角度来看，世界各地的现代男性源于同一副染色体。由此得出结论，18.8万年前非洲一个部落的Y染色体是现代男性Y染色体的共同祖先。英国的研究人员分析的结果是，现代男性的共同祖先生活在3.7万~4.9万年之前。这个结论由英国《自然》杂志发表出来。如果这个结论是正确的，那么说明400万~600万年前从猿分化出来的原始人类，大都没有留下后代，只有非洲的一个部落生存下来，然后向世界各地迁徙繁衍，形成现代人类。

这个结论受到了空前的挑战。德国科学家几乎同时表示，他们在欧洲发现了保存非常完好的40万年前的木矛。这些木矛比以前发现的任何类似工具都早得多。德国科学家艾洛甚至认为，投掷木矛的应该是类似早期人类的某种动物。但令人质疑和遗憾的是，作为拥有5000多年文明史，并占世界人口五分之一的中国人的基因没有被纳入研究对象。这与其说是缺乏严谨性，毋宁说是真正地缺乏客观态度和科学求实精神。

人类和人类文明的起源，说到底是一个生命的生存环境问题。只有

最适宜生命生存发展的地方，才有可能是生命起源的地方，也才有可能是人类文明的摇篮。而恐龙生存和发展得最具规模、最为密集、最为旺盛和最为壮观的地方可能就是这种地方。这地方就在现今中国河南省的西峡县和湖北省的郧阳地区，就在汉水流域。

西峡县和郧县那令全世界目瞪口呆的密集而大量的恐龙蛋化石的发现多少具有几分荒诞色彩。对此，著名的文化散文家李绍六先生曾有生动的描述：西峡县在紧挨丹江口水库并为水库奉献了大片土地的淅川县正北方约 25 千米处，西有公路与陕西省的商南县、丹凤县和商县（今商州区）相连，东与河南省历史文化名城南阳相通，地处伏牛山区，是汉水流域一座看似普通的山城。这里一向出产一种名叫石胆的中药材，而石胆这种极普通的、光溜溜的、扁圆似胆的、有黑有红的石头，其实就是极为珍贵的恐龙蛋。1993 年以前，当人们并不知道它的价值时，它是极便宜的。刚开始认为它是恐龙蛋化石时，这种唾手可得的石头曾卖过 0.5 元一枚。

直到 1993 年初，"石胆"就是恐龙蛋化石的说法才不胫而走，并在伏牛山区大量出土，这才引起国内外专家的极大关注和兴趣。截至 1993 年 8 月，国家和当地政府才确认西峡县 4 个乡镇 16 个行政村有恐龙蛋化石点，是一个标准的化石群。不仅如此，在西峡县恐龙蛋化石群分布的中心地带阳城乡虎头山、黄龙庙等四个地方还先后发现了恐龙骨骼化石。紧接着，在湖北省郧县青龙山和郧西县，也同样发现了大量的恐龙蛋化石。在丹江口市的建筑工地上，发现了恐龙骨骼，这些地方与西峡县几乎在同一个地区，当然，都在汉水流域。真正值得提出来的是，除了汉水流域，目前已知，在新疆、宁夏和四川等地，也先后发现了恐龙蛋化石和恐龙骨骼化石。在人类历史上，恐龙蛋化石群和恐龙骨骼化石如此大规模、如此集中地被发现，这还是第一次。须知，在此之前，全世界仅有恐龙蛋化石 500 枚。

汉水流域恐龙蛋化石群和恐龙骨骼化石的发现,是目前我国乃至世界上地质古生物学的一次重大发现,具有不可估量的学术意义和科研价值。1995 年 3 月 14 日,北京大学生命科学学院的一批青年科学家成功地从一枚特殊的恐龙蛋化石中获得了恐龙基因片段。这是人类首次从来自河南省西峡县的晚白垩纪时期的 C 型恐龙蛋化石中获得恐龙的遗传物质,人类还从未从任何其他的恐龙蛋化石中获得过这类物质。在恐龙蛋化石中,居然还存在着 6500 万年前早已灭绝的恐龙的生物活性物质,令科学家们惊喜不已。这一发现,对人类了解恐龙和它的生存环境、物种的起源和生物的进化,具有重大的意义。

试想,6500 万年前,整个汉水流域之所以恐龙密集,一定是水草丰盛、气候适宜,适于生物的生长繁衍。李韶六先生甚至推论,作为一种生物,人类的史前形态,同样具有在水草丰盛、气候适宜地区生存繁衍的本性,与以素食为主的恐龙,可能杂居或若即若离,因为这是一块广袤的生物乐园。如果真如此,汉水流域就是最早的人类的起源地和人类文明的摇篮之一。

我们甚至可以断言,在 6500 万年前已经有如此壮观、辉煌生命奇迹出现的地方,在恐龙时代之后,必将迎来人类文明的曙光!因为这不仅是自然逻辑演绎的必然结论,更是汉水流域历史文化考古正在一步步接近和厘清的事实。

四、"郧县人"与中国文化的发祥地

1989 年的一天,郧县博物馆的王正华和当时郧县的文物干部集中到郧县青曲镇曲远河口弥陀寺村化石点调查。该村村民曹钰介绍,在村学堂梁子过去农田改造时挖出过不少"龙骨",现在偶尔还能挖出"龙骨"。王正华听说后,随之来到学堂梁子,只见一片开阔的拱形坡地,汉水在一旁静静地流淌着。曹钰指着一个圆土坨子说:"这是不是你们要找的东西?"王正华将地界界桩刨起来一看,确实是一个圆土坨子的化石,其中一面有明显的牙齿。有谁能想到,就是这一刨,竟揭开了"郧县人"的面纱,改变了人类发祥地一元论的传统论断。

世界著名古人类专家和考古学家贾兰坡曾经在20世纪30年代主持了"北京猿人"的发掘工作,当他看到"郧县人"头骨化石时,惊呼:"国宝啊!国宝啊!"他认为,这一发现的意义与北京猿人第一颗头骨的发现同样重要,并把头骨的年代定于距今100万年左右。

在古人类的考古发掘史上,汉水流域郧县古人类遗址群的发现几乎让人惊心动魄。这里是东方世界距今100万—5万年的古人类演变完整链条化石群的所在地。1989年,汉水之滨出土的"郧县人"化石大致距今100万—80万年,距今约75万年的是郧县梅铺猿人牙齿化石,郧县白龙洞猿人距今20万—10万年,而郧西县黄龙洞猿人则距今约5万年。在古人类的发现上,中国有几大古人类遗址,但是其他地方的猿人发现都是孤例,唯独"郧县人"遗址群则在方圆不足200平方千米的区域构成了由猿到人最重要阶段的100万年之间的一个完整链条。汉水流域古人类演变完整链条化石群的发现,彻底改写了人类起源于非洲的一元论历史,使汉水流域成为人类当之无愧的摇篮之一。

需要申明的是:长期以来,人们拘于《史记》,将黄帝尊为人文始祖,作为中国古代史的开端。实际上,司马迁写的《史记》虽从黄帝开篇,却并没有说中华文明的源头从黄帝开始。一部《史记》影响造就了中华文明和中国历史的一元论:一个始祖——黄帝,一条母亲河——黄河,一块发源地——中原地区。20世纪以来,随着历史科学研究的深入,尤其是大量文物的出土,学术界开始认识到,中国在东西南北都有早期文明的生长点,中华文明的起源和发展很难说是一元的、直线的,很可能呈"多元一体"状态,并相应出现了"黄河流域说""中原说""西南说"和"巴域说"四家学说。

　　就黄河流域和长江流域而言,事实上,敏感而聪慧的学者已经开始将目光移向长江流域和汉水流域。将汉水流域和长江流域放大来看,其实可以说是指中国的南方;将汉水流域和长江流域说成是中国文明的起源地,是与中国传统看法认为中国文明起源于黄河流域、起源于北方的说法相对应的。北方,以黄河文明为依托;南方,以长江、汉水流域为主干。近些年,南方有越来越多的重大发现,涉及人类起源的有郧县猿人,涉及文明起源的除与人类起源密不可分的郧县猿人外,尚有四川省广汉市三星堆和江西省新干县大洋洲镇的商代时期的墓葬,后面这两处出土的器物都有比殷墟还早的文字符号,且江西出土的陶器上已经发现不少文字。当然还需要用进一步的考古新发现的材料作为依据。笔者同时还认为,中华文明和人类文明的起源,可能是一个难以得出最终结论的问题。人类的历史,人类的文明史,也许从一开始就是多元的;华夏文明之源也可能是多元的,或者可以肯定地说是多元的。但有一点要说明的是,人类的文明是与河流相伴而生的,远古人类离不开水,如同现代的人类离不开水一样,所以,任何远古人类,都是选择离水很近、地势较高、不受水患的地方发展其文明。由于这种文明能以河流为形式载体发展,因此,文明所表现出来的最大特征之一就是流动性,沿河流而流动,而发展,而攀升,达至一个又一个新的高度!

第二节　汉水——古老的华夏民族起源地之一

汉水上游是古代盛地，因为汉水发源于秦岭南麓，从这里有道路通往渭河流域、北面的关中地区和西南面的四川地区。因此，在中国的整个历史上，汉水流域是长江流域和上述几个地区之间的著名通道。这很符合汉水流域实际，这个汉水地域圈，事实上就是古老华夏民族的起源地之一。

一、"华夏"之名的由来及其与汉民族的关系

"华夏"之名，如何得来？古往今来，众说纷纭。

从文字学的角度看，"华"和"花"在古文字中都是"花"的意思，只是"花"是盛开在草本植物上的，而"华"是盛开在木本植物上的，因而"华"字有美丽的含义；"夏"字是"大"的意思，但又非一般意义上的大，而是"大中之大，比大还大"，所以"夏"有盛大的意义。将"华夏"连在一起，就是"盛美、大美"的意思，的确是个美好的称谓。

"华夏"一词见于《左传·襄公二十六年》"楚失华夏"。唐孔颖达疏："华夏为中国也。"大约从春秋时期起，我国古籍上开始将"华"与"夏"连用，合称"华夏"。"华夏"所指即为中原诸侯，也是汉族前身的称谓，因为汉族是中华民族的主体，所以"华夏"曾为中国的别称。

为什么要将中国称为华夏呢？中国有礼仪之大，故称夏；有服章之美，谓之华。此其一。有历史资料记载，"华夏"中的"华"字是指华胥氏，她是中华民族共同的始祖，足以将"华"视为中华民族的共姓。而据传，早在公元前4000年，河西走廊和黄土高原北部居住着以黄帝为代表的夏族，晋南关中一带居住着以炎帝为代表的华族，淮河以南和汉水流域居住着蚩尤的先人。公元前2700年，夏族领袖黄帝东进，战胜华族领袖炎帝，两族达成联盟并将蚩尤灭掉，占据整个中原，华夏二族逐渐融合成华夏族。所以炎黄的后代都为华夏子孙。此其二。

也有人从历史和逻辑两个方面进行演绎和考证，认为从约公元前7000年起，当今汉族主体的一部分巴人、楚人在长江流域发展。公元前5000年左右，一部分部落在黄河流域起源并开始逐渐发展，进入了新石器时期，并先后经历了母系和父系氏族公社阶段。公元前2700年，活动于陕西中部地区的一个姬姓部落，首领是黄帝，其南面还有一个以炎帝为首的姜姓部落，双方经常发生摩擦。之后两大部落终于爆发了阪泉之战，黄帝打败了炎帝，两个部落结为联盟，并攻占了周边各个部落，华夏族的前身由此产生。

约公元前2070年，启建立了夏朝。公元前1600年，商朝建立。公元前1046年，周朝建立。从西周开始，境内各个民族与部落不断融合，形成了黄河流域的华夏族以及淮河、泗水、长江和汉水流域的楚族。在此期间，华夏族和楚族逐步扩大，成为现代汉民族的前身，并以此区别于夷、蛮、戎、狄等诸多民族，但此时华夷的划分尚不十分严格。

春秋时期，华夏族同周边民族进一步融合，华夏族和楚族、秦族之间也逐渐融合。到了战国时期，华夏各诸侯国之间相互征战，陆续进入中原地区的夷、蛮、戎、狄也逐渐与华夏族融合，从而形成较为稳定的族体。此时，华夏族的活动地域也扩展到了辽河中下游、洮河流域、四川盆地、长江以南等地区。

秦灭六国，一统华夏。仅仅十余年，秦朝灭亡。随后刘邦和项羽争夺最高统治权，刘邦胜出，建立汉朝，并统治中国400余年。该时期中国版图空前扩大，并以先秦时期的楚族和华夏族为核心，融合了羌、匈奴的部分部落，形成了汉族。此时汉族人口仍主要分布在黄河、淮河流域。从西晋末年起，汉族人口逐渐向长江、珠江及中国东南部大规模迁徙，到明、清时，统治阶层的民族政策间接导致南方汉族人口超过了北方。自明朝起汉族开始零星向东南亚移民，从19世纪起又有汉族向欧洲、北美等地移民。

二、华夏民族与汉水的关系

作为中国远古最大、最古老的江河，汉水流域地处我国中部，介于黄河、长江两大水系之间，秦岭耸立于北，巴山绵亘于南，汉水横贯其中，形成两山夹一川的壮美地形。汉水河谷自古以来就是沟通东西的走廊。流域内的汉中盆地、南阳盆地又是我国中部地区南北交往的通道。历史上南北对立时期，双方的征伐攻守主要在黄河、长江之间的汉水、淮河流域进行，争夺的焦点是汉中、襄阳、寿春和徐州。这四个城市分别位于古代中国北方与南方联系的四条主要交通干线上，是所谓"天关""地机""九州咽喉"。就山川形势的险要来说，汉水流域的汉中、襄阳自然在寿春、徐州之上。那么，在华夏民族起源和发展过程中，汉水流域是否也处在所谓的"天关""地机""九州咽喉"的关键地位呢？

汉水之南段又称夏水，汉水注入长江的地方今称汉口，古代被称为夏口。有学者认为，"华夏"是民族的名称。我国古代以"夏"为族名。"夏"则由"夏水"而得。通常认为，华夏族定居在华山之周、夏水之旁，故而得名。华夏也可能是历史上夏族的一个分支。古老的夏族曾生活在甘肃、河南、山西一带，后来这个民族不断向四处迁徙，逐渐形成"东夏""西夏""大夏"三部分，后来大夏变为夏族的总称，也是夏族的美称。

中国民族之本干，在春秋时代的人口里，常称为诸华或诸夏，华与夏在那时人的观念里，似乎没有很大的分别。据有些学者的意见，华与夏很可能本是指其居住的地名。

章太炎先生在《訄书》中说："汉之左右，谓之夏、楚。"意思是汉水两岸是夏和楚两大古老民族的发祥地。

诚然如此。汉水流域突出的文化历史地位和深厚的人文底蕴，足以为上述学术观点提供强有力的文化资源支撑。"抟土作人"的人类始祖女娲，四五千年前就在汉水上游的安康市平利县和十堰市竹山县留下了有关抟土造人、炼石补天的传说和遗迹；炎帝神农部族在汉水流域的厉山始用木制耒耜以耕田，在神农架架木为屋，日尝百草，神农氏因而闻名于世；千秋传颂的帝舜，在安康、房县、淅川和随州，留下了大量传说和直接的遗迹；世界最大的恐龙蛋化石群在这里问世，亚洲最古老久远的人类头盖骨"郧县人"在这里被发现，还有李家村与龙岗等仰韶文化遗存。从诡秘的神话传说，到至今尚存的文化遗存，都提醒我们：汉水流域是华夏文明的古老源头之一。

今天，能够说成是发祥地的地方应该有四大标准：一是发生得久远，二是延续得久远，三是幅员的广大，四是刻在历史进程中的印记不可磨灭。汉水流域恰恰有四个方面够得上这个标准，即：第一，汉水流域是地球古老生命的重要发祥地；第二，汉水流域是人类的重要发祥地；第三，汉水流域是中华民族的重要发祥地；第四，汉水流域是中华文明的重要发祥地。

从公元前 206 年到公元 263 年，在这长达 469 年的历史进程中，汉水流域曾是西汉、东汉、蜀汉王朝的发祥地和战略要地，经济发达，文化灿烂，人才辈出，孕育了以张骞、张衡、李固、张仲景、诸葛亮为代表的一大批杰出人才。汉水、汉朝、汉族、汉学、汉文化，一脉相承；刘邦、刘秀、张骞、蔡伦、诸葛亮，群英荟萃。汉水不仅是两汉王朝的发祥地，促进了民族融合与汉族共同体的最终形成，使汉族与汉文化的美名源于斯，而且两汉三国的杰出人物在汉水流域竞风流，成为东方文化的人格榜样，受到千秋敬仰。

三汉（西汉、东汉、蜀汉）政权的产生均脱离不了汉水流域，可以说汉水流域孕育彰显了汉文化。汉朝凭汉水而雄，汉水因三汉而名。汉水文化是汉水流域的人们在长期的社会历史实践中创造的一切物质财富和精神财富的总和。汉文化是以三汉政权为载体，以江、河、淮、汉流域为核心，以儒道互补哲学为价值体系，以多元一体格局为主要文化形态，以汉字系统与汉族共同体形成为重要标志的文化体系。它奠定了中华及东亚文化圈的基础，形成了与罗马帝国东西辉映的世界文明灯塔，照亮了东西方文明前进的航向，在人类历史上产生了深远的影响。

正是因为如此，中国历史文化对"汉"字就特别一往情深，认为它是汉家发祥地，汉族的美称。"汉"是一个美好而吉祥的称谓，其意有四:一曰吉祥。"汉,水祥也。"① 二曰美好。"语曰'天汉',其称甚美。"② 三曰精华。"河精,上为天汉。"③ 四曰盛大。"瀁言其微,汉言其盛也。"④

可以说,汉水是汉水文化的摇篮,汉水文化则是汉文化的摇篮,而汉文化则是中华文化的摇篮;没有汉水,没有汉水文化,中华文化的源远流长、博大深厚、兴旺发达就会大打折扣。也正因为如此,从历史溯源的视角来审视汉水,可以说,汉水是一条神圣与崇高的大江,是中华文明发展的重要高地和圣地。

对此,长期对汉水文化和巴蜀文化情有独钟的一位老人——华中科技大学张良皋教授,经过三次长时间、大范围、近距离的实地田野探察,在他出版的《巴史别观》一书中,提出了类似观点:(在汉水流域的)鄂湘川黔交界地区即古代巴域,是华夏文明发源地,中心就在汉水中游的郧阳竹山一带。张良皋称,甲骨文、古代精美的青铜器及古文化中的五行、八卦等,都是在巴域最早出现的。比如"五行"中,"金"表示西方盛产金银铜铁锡,"木"表示东方的荆山,"水"表示北方的汉水,"火"表示南方的炎热,"土"代表汉水中游郧阳出产的一种黄土。

人类文明依河流而兴,同时又沿着河流而扩散。同理,一个古老民族的起源和发展,也必定和一条古老的江河血肉相连、息息相关。而在

---

① 《左传·昭公十七年》云:"冬,有星孛于大辰,西及汉。""星孛及汉,汉,水祥也。"这是古文献中对"汉"字具有美意的最早解释,由于《左传》在中国历史上的地位,此一说法影响深远。
② 《汉书·萧何传》中萧何曾劝刘邦说:"语曰'天汉',其称甚美。"唐颜师古注:"孟康曰:'语,古语也。言地之有汉,若天之有河汉,名号休美。'臣瓒曰:'流俗语云"天汉",其言常以汉配天,此美名也。'"
③ 《河图括地象》曰:"河精,上为天汉。"
④ 《说文解字注》载:"汉,瀁也。《尚书》某氏传曰:'泉始出山为瀁。'按,瀁言其微,汉言其盛也。"

神州大地上，这条最古老的河流就是汉水，这个最古老的民族就是华夏民族。一部华夏民族的形成发展史，应该就是中华古典文明由汉水流域走向黄河、长江流域乃至世界的历史。由此可以看出，"华夏"之名与汉水有着密不可分的联系。由此我们也有更多理由认为，华夏起源于汉水，汉水流域是古老华夏族崛起的地方。

第三节　汉水流域古老民族的迁徙融合与古老的方国

一、先秦时期汉水中上游古老民族的迁徙融合

先秦时期汉水中上游的移民，可以上溯到远古时代。汉水历史悠久，据考古发现和出土文物证实：早在60万年前，人类的祖先就在汉水两岸肥沃的阶地上繁衍生息了，辛勤地从事原始农业和渔猎生产，使用简陋的石制和骨制生产工具，与大自然和野兽进行搏斗，过着举步维艰的生活，创造了丰富的物质财富和精神财富，并形成了自己的特点，在伟大民族的文明史上写下了光辉的一页。

《尚书·禹贡》云："华阳、黑水惟梁州。"梁州之名因古梁部族的一支迁居于此而得。汉水初名漾水，后因帝尧长子监明（字汉）的汉部族（以其字命名）封迁于此，故改"漾水"为"汉水"。又因监明子刘式（本为姬姓，因居刘地而改姓刘）在此建立部落大汉国，其族人部分南迁至蜀（广汉、汉源等名均因汉族而得），汉水上游的大汉国地居中央，故又称"汉中"或"汉川"。黄帝后裔勉部族的一支迁居汉水上游后，又称"汉水"为"沔水"（"沔"与"勉"同音），称其居地为

"勉"（今勉县）。禹治水时，其部族的一支褒人随往，后留居勉人之地，又称居地为"褒"，水为"褒水"。可见"勉""褒"之名均因氏族名而来。舜帝后裔商均的一支和尧后裔丹朱的一支结合，因居于苍野（今商州）而称"苍梧族"。他们的一支迁至汉水的中、下游一带，和良人（良人因居汉水旁故又称"浪人"）结合称"苍浪族"，故汉水又有"苍浪水"之称。夏代建立后，汉中的禹之后裔褒国人又称为"夏人"，且因褒国吞并了附近一些小部落古国，地域较广，所以又称汉水为"夏水"。《尚书·禹贡》所说的"沔水"，郑玄说的"汉阳西""汉水""汉嘉县"等，均因汉人古氏族而名，且很古老。

据《山海经·海内经》记载："西南有巴国。大皞生咸鸟，咸鸟生乘釐，乘釐生后照，后照是始为巴人。"[①] 又据《世本》和《后汉书·南蛮西南夷列传》记载，在今湖北省长阳土家族自治县西北七十八里的武落钟离山生活着巴氏、樊氏、瞫氏、相氏、郑氏五姓部落。巴氏子务相聪明精干，造土船能浮于清江，被五姓推为首领——廪君。廪君就是巴人的祖先。他率领五姓部落，乘独木舟沿清江至长阳，然后散布在鄂西山区漏穴居住。巴人在鄂西山区一代接一代繁衍壮大，自然向人烟罕见的西南山区和汉水流域进军。在当时的条件下，独木舟是不可能溯长江闯越三峡天险、抗衡峡中惊涛骇浪的。于是，巴人便经清悠的夷水，再向四川东部进发。散居于鄂西山区的巴人便乘独木舟溯汉水而上，定居于汉水两岸，建立自己的巴国。殷墟出土的甲骨中有"巴方"一名。"巴方"应在殷西北，约当陕南汉水流域，而绝非在今重庆。《中国历史地图集》将"巴方"之名暂置于汉水上游黄金峡地段而未加肯定。假如图的位置大体无误，那么这个巴方是与四川地区相连的。"巴方"之名，

---

① 滕昕，刘美伶. 山海经［M］. 成都：四川人民出版社，2019：330.

在殷卜辞中出现，可知在公元前 13 世纪时，已有"巴方"的记载。据《华阳国志·巴志》中的记载和考古工作者在汉水上游发掘出土的大量巴族遗物，证明汉水上游在从前曾为巴人活动定居之区无疑，这说明巴源自清江流域，后散居鄂西山区，又一代一代向汉水流域中上游迁徙之说是可信的。

从历史文献看，汉水上游汉中地区的宁强和南郑，就是历史早期的两个移民侨置县，且以移民而取县名。宁强县原为宁羌县，就是古羌族聚居之地。远在舜时，便有人类群体由南方迁徙到汉水上游。据《后汉书·西羌传》载，远古时，氏族羌人的祖先为三苗，他们原来居住在湖南衡山一带，因抗拒南下的黄帝后裔而获罪于舜，被迫迁移到青海东部和陕、甘、川交界地等广大地区定居下来，称"西羌"。《夏商周考古学论文集》记述，公元前 16 世纪至前 14 世纪，商汤无夏，十一征而无敌于天下，氐羌共享（氐居陕、甘、川交界处，羌居陕西大部分地区）。此时一部分羌人在迁徙途中，就近在汉水上游定居下来。又据有关文献史料记载，古时的汉中，特别是宁羌、略阳一带，是殷商时巴人和之后羌人聚居之地。《括地志》云："岷洮等州以西为古羌国。"明嘉靖刻本《略阳县志》载，略阳在"春秋为氐羌所居"。当今略阳县城附近的古庙中，仍有身着羌服的木刻画。宁强县其名，原为"宁羌"，为氐羌据地，1942 年始改为宁强。

西周末，周幽王十一年（公元前 771 年），居住在我国西北的犬戎部落攻打周朝，周诸侯国郑国（当时居今华县）国君郑桓公被杀。郑国之民外逃，一部分东奔至河南境内定居，称为新郑；一部分南越秦岭迁至汉水上游古褒国一带，称为南郑。

巴人、羌人和南郑部落人，带来了南方中原地区和关中先进的农业耕作技术和手工业技术，加速了汉水中上游的发展。到战国时期，汉水上游已成为一个著名经济区,并使汉水成为兵家所关注的要津。《战国策·燕策》记苏代对燕王说:"汉中之甲,乘舟出于巴,乘夏水而下汉,四日而至五渚。"苏秦对秦惠王说:"大王之国,西有巴蜀、汉中之利……"把汉中与巴蜀并提,显示出汉水上游经济已发展到相当高的水平,为秦国统一大业和秦汉时大发展打下了基础。

二、汉水流域古方国的类型

所谓方国,是指相对固定在某一区域、受封于中央王国或相对独立于中央王国的地方性国家。这些地方性国家一般统治区域范围不大,大国地方百里,次国地方七十里,小国地方五十里。相传唐尧时期已有方国。据康安宇先生考证,在甲骨卜辞中就记载了关于方国的三种情形。一是记载方国征伐其他小国的情况,如"方征于寻""方征于吕微"等。二是记载方侯受商王的牵制,奉王命行事的情况。三是记载方侯与商王室矛盾冲突的情况。"方",即方国也。在这里,通过甲骨卜辞的简略记载,我们可以看到方国在商代的活跃情形以及方国与王国关系的复杂程度。

三千里汉水自古就是人类文明的发祥地之一,早在 100 万年以前就有人类活动。从尧舜禹传说时代到夏商时代,这里已有方国跑马圈地、开疆扩土。

房国,产生于陶唐氏帝尧时代,祁姓,子爵,历经尧舜禹,到夏商周,直到春秋末被楚国灭亡为止,其方国历史延续了近 2000 年。据《竹书纪年》记载:"(帝尧)一百年,帝陟于陶。帝子丹朱避舜于房陵。舜让,不克。朱遂封于房,为虞宾。"类似的叙述在司马迁的《史记》、宋代王象之的《舆地纪胜》、宋代郑樵的《通志》等书中均有记录。《汉书·地理志》云:"房陵县属汉中郡,在益州部……"唐人李泰等的《括地志》注云:"房陵即今房州房陵县(今湖北省房县),古楚汉中郡地也,是巴蜀之境。"《古今图书集成》《明一统志》都一致认同。此外,尧子垭、丹朱墓等地名和遗址,依然可以找到,如尧子垭在房县县城西北四十里处,相传是尧子丹朱居住地。帝尧时丹朱或其后代被流放于丹水,在今河南省淅川县一带,其国名为丹朱国或丹国。帝舜时丹朱国从丹水转徙至房,在今房县、保康县一带,国名从此就称为房国。帝禹时又改封到唐河流域,在今河南省唐河县。直到周代,房国才迁出汉水流域。

夏在汉水上游分封的褒国应是夏王朝在秦岭以南的第一个诸侯国,这个褒国一直延续到西周末期。20世纪80年代以来,在陕南汉水支流湑水沿岸城固县、洋县一带连续发现大量精美的商代青铜器,时间大约在武丁前后,打破了商文化西南不逾秦岭的定论,从而把商文化西南波及范围推到汉水上游,目前已为国内外商周史界所认可。

麇国,嬴姓,有说祁姓、芈姓和麇姓的,笔者持芈姓说。麇国是商代就已存在的方国,地处商之西南,位于汉水流域中上游湖北十堰与陕西安康交界处一带。从生存时期与所处地理方位看,麇国很有可能就是起源于有夏时期在此生存的三苗部落。

另据著名学者李伯谦等研究,商末巴、蜀等方国均在汉水上游的城固、南郑一带,后来才迁徙到大巴山以南的川东、川西定居下来。此外,商末之际楚国也最早发祥于今陕南商洛丹水之阳。

商代汉水流域著名的方国是"西土八国",也有人称"巴师八国"。公元前1106年,周武王率众5万伐纣,以庸为首的蜀、羌、髳、微、卢、彭、濮八国诸侯,带领本国部队随之前往。最后,商朝灭亡,纣王自焚而死。这些参战侯国,有说在与鄂西北毗邻的豫、陕、渝三省市,但根据考证发现,全部都在汉水流域:蜀、羌、髳在今汉中以西,一直到安康地区，微、卢、彭、濮在今房县彭水和南河一线，庸国则位于今竹山县。《帝王世纪》载："纣有亿兆夷人，起师自容间至浦水，与同恶诸侯五十国，凡十七万人，距周于商郊之牧野，封师皆倒戈而战。"张良皋先生对这段话作了敏锐的分析，认为商纣王的同恶诸侯虽多，但每国平均出兵只有3400人。比之巴师八国出兵的平均人数，不到十分之一。由此可见，当时西夷国家发展水平远远高出东夷。诚然如此。当时商周两大军事联盟中参战的诸侯国必定非常之多，历史却将之完全忽略，而独独抽出巴师八国，足见巴师八国当时的分量，以及在王朝更迭中所发挥的巨大作用。

西周至春秋战国时期，这里方国林立，是周代封国最为集中的地区。春秋早期，沿汉水及其丹江、堵河、南河、唐河、白河、涢水几大支流，大大小小共分布着约18个方国，汉水中上游的有巴、庸、麇、绞、郡、谷、邓、卢、鄢、罗、吕、申12个方国，汉水下游支流涢水流域分布着唐、厉、曾（随）、贰、郧、轸6个方国。对上述18个方国，根据其自身属性和地域分布，大致可将其分为三类：以庸、巴为代表的、土生土长的原生部落方国，即土著方国；以唐、曾、鄢、轸为代表的周代中央王国所封建的姬姓方国，即封建方国；以麇、罗为代表的楚系芈姓封国和迁徙国，即迁徙方国。

在汉水流域，最古老的原生部落方国大多在汉水上游，即上文所提到的以庸国为代表的巴师八国，他们全部处汉水上游，其中卢又称卢戎，沿微水（南河支流）而居。濮人一直是松散的部落，没有形成统一的国家。巴国与以上国家有别，巴国本是巴人的聚居地，在川陕交界一带，后周武王灭殷后以其宗亲封于巴地称子爵之国，其国君是周朝姬姓宗亲，其子民却是巴族百姓，这种构成与以上国家是不同的，但就其构成类型来说，庸、卢、濮、巴都是原生部落方国。

汉水流域地势平缓、水土肥沃的地区，以中下游平原为主，周王为了扩其南土，将北方姬姓宗亲封于此地，称"汉阳诸姬"，同时也分封了中原的其他庶姓，形成了一系列大大小小的方国。周初，这一地区是封国最为密集的地区，其中，姬姓国如随、唐、贰，姜姓国如厉、吕、申，偃姓国如轸，允姓国如郐，嬴姓国如鄋，曼姓国如邓。"汉阳诸姬"的南下，将中原文化带到南方地区，中原文化与南方文化互相交融。不同民族杂居，十分有利于文化的交流和传播，于是形成了与北方中原文化既有联系又有区别的特色文化形态。

早在商时，楚国就迫于商的压力，从中原南迁至汉水，周成王时定都丹阳，早期楚国与周王朝的建立有着十分紧密的联系。相传，楚先祖鬻熊是周文王之师，为了营救西伯，他把纣王所求珍宝献给纣王，从而使周文王得以获释。可见周文王立国与楚联系紧密。鬻熊后第三代孙熊绎在周成王时受封于楚蛮，号为子男五十里，居丹阳。此时楚国比较弱小，为了扩展势力，楚国向南方汉水下游发展。为了守住汉水上游地区，楚封同姓宗亲于故地，麇国即楚国的同姓之国，在汉水上游，鄂西北郧县西部。熊姓罗国也是楚国的同姓国，位于襄阳宜城。楚文王时，楚迁都于郢，罗亦随楚迁至枝江。从楚国同姓国的分布和迁徙状况也能很明显地看出楚国从汉水上游向汉水下游发展的历史轨迹。

以上三种类型从大的方面说明了汉水流域古方国的构成情况，从中我们可以发现，汉水文化构成的核心内容，大体上也包含了这三种文化因素，即楚文化因素、中原文化因素，以及汉水以南原生部落方国的文化因素。从这一分析我们可以得知汉水文化从先秦开始就是多元文化融合的结果。

三、汉水流域古方国分布概况

以西周为界，考察汉水流域方国的分布，可以发现，汉水流域古方国的分布很有规律。西周以前，汉水流域古方国主要分布在汉水中上游；而西周以后，则以汉水为界，汉水以北是"汉阳诸姬"及众多中原方国的地盘，汉水以南为南方原生部落和楚国所占据。这种地理格局最终为楚国的自由发展提供了有利条件，汉水成为其天然屏障，楚国利用这一屏障，创造了独立发展的机会，最终由不过百里的小邦，发展成为地方五千里的大国。

汉水以北的"汉阳诸姬"中，随国在今湖北随州，唐国在今湖北随州西北，枣阳市东南五十里，贰国在今湖北应山，厉国在今湖北随州厉山，申国在今河南南阳，吕国在今河南南阳西，轸国在今湖北应城西，鄀国在今湖北宜城西，郧国在今湖北安陆，邓国在今湖北襄阳北。这些中原封国均在汉水以北，可以看出周朝封国是以汉水为界的，汉水以北是早期周王朝的势力范围。

汉水南岸的原生部落方国中，庸国在今湖北竹山，巴国在今川陕交界，汉水与长江之间，国都位置尚不清晰，有人认为其国都在陕西安康，有人认为在今重庆（古称江州巴县）。庸国和巴国至少在商代以前就在汉水流域繁衍生息了，是原生的土著部落，历史悠久，具有十分重要的民族学研究价值。庸国和巴国都曾随周武王伐纣，是周重要的诸侯国。在春秋早期，这两个方国实力较为强大，楚国强盛以后，首先进攻的就是庸国，这说明庸国的雄厚实力已经对楚国构成了严重威胁。另外，百濮部落也是一个很有特色的原生部落，濮是很古老的一个民族，商周时分布在汉水以南的地区，濮人是商朝奴仆的主要来源，他们分散成许多小部落，没有形成统一国家，故称百濮。

四、几个有典型代表意义的汉水方国

汉水流域方国林立，具体数目有说18个，也有说20多个，还有说30个左右，总之历来没有统一说法，这里，仅就若干具有代表意义、在史籍中多次被提及、实力强大且有很重要历史价值的方国，如巴、庸、麇、曾、申等，从它们与周王朝及楚国都有重大而紧密的联系的角度，进行一番轮廓式的梳理。

除楚国之外，在先秦汉水流域最强大、疆域最辽阔、科技最进步、影响最强的古方国，就数庸国了。庸国是一个非常古老的国家。因为书后有专门论析，因而此处毋庸赘述。

与庸国相邻的麇国属芈姓国，与楚同宗。早期楚人在汉北发展时，麇国与楚国属同姓之国，有亲属关系，比邻而居，互为唇齿，后楚都南迁至郢都后，两国关系日益疏远。麇国在汉水上游影响较大，成为百濮的首领，由于古麇国部族众多，疆域广大，所以在春秋早期，麇国是秦、楚、巴、庸等部落中实力较为强大的方国。楚南迁后，定都于郢，占据了沃野千里的江陵地区，楚人的生产生活条件有了很大改善，楚国发展迅速，已远远超过了远在鄂西北山区的麇国。此时的麇国与楚国也早已脱离了亲属关系，为了谋求扩张，楚对汉水上游的庸国、麇国发动了进攻，麇被迫屈从于楚的意志，成为楚的附属国。

公元前617年，楚穆王为了图谋霸业，在厥貉（今河南项西县）召集陈、蔡、庸、麇等方国会盟，相约联兵伐宋。麇国国君不愿为楚国势力北进而被牺牲，在会盟中途脱逃。这引起了楚穆王的强烈不满，公元前616年，楚穆王派大将成心伐麇，败麇师于防渚，后来又派楚将潘崇再次伐麇，至于锡穴。楚军攻入麇国都城锡穴，但并未灭掉麇国。公元前611年，楚国发生大饥荒，饿殍遍野，戎人乘机伐楚。在楚国内忧外患之际，麇国认为报仇雪恨、反扑楚国的机会来了。庸、麇、戎、夷、百濮结盟而伐楚，对楚构成了巨大威胁，楚国几乎迁都避难。但由于联盟内部各自为政，缺乏统一领导，再加上楚国的全力还击，楚庄王亲征鄂西，联络秦国、巴国，将百濮部落联盟各个击破，经过交战，先灭了庸国，麇国孤立无援，随后也被灭掉。这次阴谋造反使麇国最终走向了灭亡。

巴国是周朝南土的封国，国君为姬姓。春秋时期，巴与相邻的楚有较多往来，且曾通婚。周武王伐纣，巴国也是力量之一。巴原本较强大，楚武王时，楚巴联合打败了邓国；楚庄王时，巴人帮助楚国消灭了汉水上游实力强大的庸国；到战国中期，还曾与蜀联合伐楚，此后逐渐衰弱，连长期作为其政治中心的今重庆一带都放弃了，退居到今四川阆中。巴国与相邻的蜀国世为敌国，连年交战，两国实力损失很大，秦国趁这个机会，进攻巴、蜀，巴国于公元前316年秦惠文王时被秦灭国。

申国在今河南南阳，申为姜姓国，是伯夷之后，与周太王之妃太姜有姻亲关系，所以得封。西周初期已有申国存在，但其始封地并不在南阳而在陕西。西周晚年时，申伯是周宣王之舅。宣王十分信赖他，把他封到谢邑（即南阳），让他防守周朝的南大门，并控制南方。宣王为此给以隆重的赏赐，并亲自饯行。这件事是宣王中兴巩固周朝统治的一件大事。而这一招确实有一定效果，楚国的势力在西周末年、春秋初年，确实受到了抑制。但好景并不长，宣王之子幽王娶申侯（申伯之子）之女，但幽王却极宠爱美人褒姒，于是废了申后及其所生太子宜臼，改立褒姒生的伯服为太子，宜臼投奔申国。

由于申与鄫国（又称缯国）及西戎交好，且实力强盛，幽王伐申，申与鄫国、西戎联合伐周，导致了西周的覆亡。申侯与其他诸侯拥立原太子宜臼为周平王。由此可见，历史上申在两周之际起过特殊作用，从某种程度上讲它主导了两周的交替，因此它有着特殊的价值。申国在东周很快衰落下去，由于周的衰落，申也失去了周的王权支持，很快被向北扩张的楚国所灭。其灭亡约在公元前687年至前677年之间，此后申成为楚的北方重镇。

曾国也称随国，在今湖北随州。随国在春秋时期比较强盛，公元前706年，楚武王熊通侵随，随侯做了准备，未能得逞。公元前704年，楚再次伐随，虽然取胜，但未能占领随国，只结盟而还。公元前690年，楚武王第三次伐随，死于军中。楚武王为何要急切地进攻随国？首先，随是周朝分封的"汉阳诸姬"中实力最强大的方国之一，降服了随，就可以威慑他国，为楚国势力向汉水以东推进铺平道路。其次，战胜了随国，楚可以通过随国向周王室请求晋封爵号。所以楚武王在世时三次伐随。结果，周王朝并未给楚国加封爵位，于是楚武王僭号称王，楚王称王由此而始。由于随国实力强大，随楚多次交战中，楚始终得不到实质性的胜利，而汉东诸国经春秋之世不亡的，唯有随国，可见随之强盛。随对楚也采取臣服依附的低姿态，取得生存空间，而在吴人入郢，楚昭王出奔，楚国险些灭亡的关键时期，随国并没有对楚落井下石。

吴王派人到随国索要昭王，随人回复吴王，"昭王亡，不在随"，吴人要求搜查，被随国拒绝，吴人只好离去。由于随国的藏匿保护，楚昭王的性命得以保全，楚得以复国，楚人念及随国的恩德，与随国交好，并承认随的诸侯地位。也可以说汉水流域唯一未被楚灭国的也只有随国。

五、汉水文化与楚文化的关系

汉水流域的考古发掘中，商代以前的文物遗存数量极少，但周代文物遗存则相当丰富，无论从数量还是从考古价值上说都有重要的意义。这些文物大多是与汉水流域诸方国相联系的，可见周对南土的经营主要在这一地区，通过汉水，从上游不断推进，分封了"汉阳诸姬"，把中原文化带入了汉水流域。在楚国强大以后，分布在汉水流域的小方国，被楚蚕食或侵吞，逐渐依附于楚，或被楚灭国，楚文化逐渐占据了这一地区，成为主导。楚文化的发展是与中原文化相区别的，也是相对独立的，在不断发展演变的过程中形成了自己的特质，具有鲜明的南方地域色彩。楚人尚奇丽，尚灵秀，楚文化以其鲜明独特的文化特色为后人所敬仰，是我国古代文明中的一朵奇葩。

要研究楚文化就不得不提楚文化的构成，这种文化构成对楚文化的形成十分关键。楚国早在商代就开始在汉水流域活动，早期在汉水以北，丹水之阳，春秋早期，楚文王迁都于郢，楚人从此主要在汉水以南活动。楚国地域迁移可以说明，在西周时期，楚在汉水以北，受中原文化影响较大。而春秋战国时期，楚文化已经相对独立，开始自由演变了。这种变迁不仅体现在地域迁移上，从楚国与周朝的历史关系中也可得到证明。楚先祖鬻熊是周朝的开国功臣，到第三代楚王才正式获得子爵封号，这对楚是不公平的，楚族人已经开始不满。随着楚国的不断强大，楚人的自尊心也越趋强烈，多次提请周王晋封爵号。周王不听，于是，楚武王自立为王，为了避免周朝的讨伐报复，楚武王的儿子楚文王迁都于郢，楚与周王朝的距离终于彻底拉开。这两种迹象都表明，楚国在春秋早期就已经与北方中原文化有了很大距离，楚文化已经开始独立发展。

楚人南迁先与庸人、濮人、巴人接触，所以早在春秋时期，楚人的文化构成中就融入了庸人、濮人、巴人的文化元素。后来楚灭"汉阳诸姬"，又将汉水以北的中原方国文化吸收到楚文化当中，所以楚文化的构成向来是多元的。庸人、濮人、巴人是汉水流域原生的土著部落，他们更先于楚在汉水活动，因此他们自身的文化应具有鲜明的南方特色和古老的原始特征。楚在南下的过程中不断与庸人、濮人、巴人接触，逐渐融合吸收了这些文化特征，并把它们与楚文化自身相统一起来。可以说这种影响具有十分重要的意义，与楚文化自身特色的形成有很直接的联系。在巴蜀文化遗存的发掘中，青铜器中的礼器形制、纹饰多与楚器相似；而在楚文化的发掘中，荆门曾发现巴式铜戈，淅川下寺楚墓亦见有巴式柳叶形剑。1959年，湖南发现的"楚公秉戈"从文字看应为楚戈，但其形制却与巴式铜戈相同。在很多地区，巴式文物与楚文物是共存的。这体现出楚文化与巴蜀文化相互影响的过程。因此汉水流域原生部落的土著文化是有其独特价值的，无论是从民族学还是从文化学角度上说，它都具有原始而深刻的意义。

楚国在汉水南岸发展是先向北后向东扩张的，它先控制了汉水上游的原生部落方国，东渡汉水，开始了对"汉阳诸姬"的争夺，在对北方中原方国的不断兼并过程中，楚既把楚文化带到这一地区，也从这一地区吸收了中原的先进文化，并且把它们融入到自身的文化体系当中。楚文化的这种内部结构特征其实说明楚国文化是一种善于包容、学习、借鉴的文化体系，这样就保证了楚文化自身的先进性，这是中原诸侯所不及的，楚文化以其鲜明的特色和先进的技艺被中原诸侯所仰视，从而对中原诸侯国产生了很大影响，所以说楚文化虽然发源于中原，但却在南方独立发展，广泛吸收，兼容并包，形成了自身特色，最终又影响到了中原文明。这种文化的发展形态对于我们当今的文化建设也有重要的借鉴意义，多元文化的进步性是被历史经验所证明的，它有着无可比拟的先进性，也是文化发展的必然趋势。楚文化的多元构成是大家所公认的，但要真正分析清楚各个构成元素，必须从楚与各古方国之间的关系入手，当那些小方国的性质得以明了后，楚文化的整个体系也就能分析清楚了。

  对这个问题，有学者作了专门的研究，认为楚人的始祖为祝融，黄德馨先生在《楚国史话》中论述，经祝融、吴回、陆终之世，形成"祝融八姓"，其中，陆终的第六个儿子季连，姓芈，从此楚人的后代都以芈为姓。季连开始以芈为姓，标志着楚族开始形成。如果我们以此作为古楚及其族群起点的话，他们活动的范围在哪里呢？祝融居郑（今河南新郑），其许多宗族居住在以郑为中心的附近地区，到季连时，祝融八姓分别独立活动，其分布地区北到黄河中游，南到今湖北北部，中心还是郑。张正明先生所著的《楚文化史》中更细致地论证了夏朝时，祝融部落集团处在夏人与三苗之间，但楚文化的主源绝非三苗文化。商代，祝融诸部分布在商朝的南境，所以《诗经·商颂·殷武》载："维女（汝）荆楚，居国南乡。"南乡即大别山、桐柏山以北和伏牛山以东的中原南部。由于殷人的武力打击，他们的部落逐渐离散了。随着殷人不断南下，楚人残部就不断往南迁移。商末周初，楚人的残部主要是季连的芈姓后人，已迁至丹水与淅水一带，以丹阳为中心，有酋长名芈熊。芈熊作为周朝开国功臣，直到周成王时，其曾孙熊绎才被封为子爵，楚国才第一次成为得到中原天子正式封号承认的国家。而早在周武王伐纣时，《尚书·牧誓》中武王提到的"西土八族"中的"庸、蜀、羌、髳、微、卢、彭、濮"，在汉水流域的就有庸、微、卢、濮等。从武王特意提及他们可见，这些方国和部族的势力与重要性远非同时期的楚人可比的。因此，汉水流域在楚人入主之前，已有三苗、庸、濮、微、卢、蛮等部族，甚至上游有巴、蜀的一部分，他们在楚人之前创造了汉水流域的早期文化。楚文化作为后来者，尽管形成了汉水文化历史上的一个辉煌时期，但对汉水上游的影响是很短暂的。加之楚又是在汉水之后出现的一个族属国家概念，那么在汉水流域发现的古人类遗址和各类旧石器、新石器文化遗址，只能归入以地域概念为主的汉水文化，而不应归入以族属、国家概念为主的楚文化。又因为汉水文化没有明显的时间上限，才使得它的过去是一个延续开放的时间序列。这样看来，楚文化是无法从时间和地域上涵盖汉水文化的。

　　汉水文化也无法包揽、涵盖楚文化。虽然楚文化的中心处于汉水流域的江汉平原一带，但中心却非全体。历史事实是，随着楚国的武力扩张，其国土面积迅速扩大。在其鼎盛时期，势力西至长江三峡的巫山、汉水上游的汉中，南到广西东北部，北到中原一带，东北到山东南部。后来也曾舟师推进至东海之滨，车骑出入于齐鲁之野，南下洞庭，直到五岭；庄蹻入滇，楚文化溯江而上，泽及巴蜀。其鼎盛时期的文化遗存，主要是在今荆州一带和今长沙一带发现的。依靠军事和政治的强制力并随着时间的渗透，楚文化得到广泛传播，其影响范围远远越出汉水流域。在战国后期，楚国国力衰败，军事和政治都连遭挫败，面对西部强秦的巨大压力，多次向东迁都，先后迁都陈（今河南睢阳）、钜阳（今安徽阜阳北）、寿春（今安徽寿县）。楚国政治中心转移到安徽境内，其文化气象已呈颓势。尽管如此，楚至将亡，其文化却又从湘江流域到赣江流域，从岭北到岭南，已深入百越地区。因此，如果笼统地说楚文化属于汉水文化或者说楚文化研究的区域空间是汉水流域都是不准确的。

　　从文化类型的角度看，汉水文化属于第一类文化，而楚文化属于第二类文化。明确楚文化的时间延伸、空间存在和文化主体变化,是区分两种文化类型的关键:一是以产生某一文化的地域命名的文化,其空间有不可移性,是相对稳定的,其在时间上从过去到现在到未来,可以是延续的开放的时间序列。二是以活动着的人——创造某一特质文化的族群命名的文化,作为文化的载体,族群的移动性决定了这种文化的变动游移性,随着这个特定族群或民族的消失,或与其他民族融合逐渐失去原有文化特质,从而在时间上具有一个相对明确的下限。作为河流文化的汉水文化同黄河文化、长江文化一样属于第一类,而楚文化属于第二类。

徐永安先生指出,国家的存在使得一种民族文化有明确的地理界限,经济生产方式是决定文化性质的前提和基础,社会政治制度和军事力量是维持和传播文化的外在手段。随着秦灭六国、统一全国,楚文化失去了这种外在保护机制,秦始皇随后推行的书同文、车同轨、度同制、行同伦、地同域的全面文化改革,削弱了不同地域文化的质的差异,加上人群的频繁迁徙流动,促进了异质文化的相互吸收融合。当然,文化的这种变迁是一个缓慢的历史过程,秦朝的结束远比文化的变迁快得多,于是"汉承秦制",楚文化的余脉仍然延续。

汉水文化与楚文化究竟是一种什么关系呢?汉水流域是楚文化的发源地,以江汉平原为中心的楚文化是汉水文化的重要组成部分,并对汉文化有独特的贡献。

第二章
汉水文化的类型

汉水文化的基本类型包括语言文化（楚音、川声、秦腔、豫调及苗语、羌语等）、民间文化（神话传说、民间文学、民间艺术、民间工艺等）、民俗文化（节庆习俗、衣食住行习俗、婚嫁习俗等）、商旅交通文化（水运、蜀道和盐道）、山水文化（武当山、神农架与丹江、堵河等）、科技文化（天文、医药等）、智谋文化（鬼谷子、诸葛亮等）、学术文化（荆州学派、郡县官学、习凿齿史学）等。本章仅致力于从共时性的横切面对汉水文化中的民间文学、民俗文化、民间艺术、商旅交通文化、科技文化等进行分析。这些文化类型构成了汉水文化丰富多样的禀赋内涵和文化体格。

第一节 汉水民间文学

一、汉水流域有代表性的神话

要认识一个民族和一个民族文化的真正本性，最好从它的神话开始。因为，在神话中，不仅隐藏着一个民族的原型写照，更深埋着有关一个民族来龙去脉的最为古老久远的文化根须。汉水流域作为古老华夏族崛起的地方最为有力的证据，恐怕要从神话传说开始搜寻。

（一）女娲神话

悠久的历史是从传说中的三皇五帝开始的，女娲氏时代属史前时期，是我国史前史的一个组成部分。据考古发掘研究及楚墓、汉墓、帛书记载，战国时期女娲传说很流行，且深入民心。作为母系氏族的神话代表人物，从逻辑上说，女娲是我们人类的始祖，她代表着人类的起源，不仅是中华民族的共同人文始祖，同时是中华民族伟大的母亲。

女娲神话源远流长，博大精深，是史前文明和中华民族优秀的传统文化，也是已经开展的中国史前文明探源的重要研究对象。《楚辞·天问》《礼记》《史记》《山海经·大荒西经》《淮南子·览冥训》等史料中都有关于女娲的记载。

女娲之所以备受世人尊崇，关键在于她一生创立的九大丰功伟绩：一是造人。二是补天。三是发明笙簧。四是建立了人类的嫁娶婚姻制度。五是造化世上生灵万物。《太平御览》中有记载，女娲在造人之前，于正月初一创造鸡，初二创造狗，初三创造羊，初四创造猪，初五创造牛，初六创造马，初七这一天，女娲用黄土和水，仿照自己的样子造出了一个个小泥人，她造了一批又一批，觉得太慢，于是用一根藤条，沾满泥浆，挥舞起来，一点一点的泥浆洒在地上，都变成了人。六是设姓氏使部落管理有序。七是造符号，促进了文字产生。八是除水患，是造坝防洪的第一人。九是兴建筑，使人类走出洞穴。

女娲神话之宝贵，在于其中所蕴含的女娲精神内核。一是以天下为己任、以人民利益为出发点、勇于战胜困难的大无畏英雄气概。二是勇于开拓、富于创造、敢为天下先的创新精神。三是修复自然生态的缺失、维护自然生态的完整、实现人与自然和谐的可持续发展意识。四是慈母胸怀和以民为本的博爱精神。

但正如笔者在一篇文章中所指出的，当前，由于在市场经济条件下的文化资源已由一种软性资源变成了一种紧俏的硬性战略资源，因此，较之从前，文化名人的资源价值已身价百倍。对女娲所有权的争夺就是如此。据统计，在全国各民族、各省份中，明确有女娲出现的神话和故事有247个，几乎遍及全国各地和各个民族，甚至世界上多个民族对女娲都有认识和了解。可以说，无论什么时代，无论处于什么社会制度中，无论持什么政治观点的人都对她充满了钦佩和仰慕之情，女娲得到了普遍而广泛的认同和尊重。目前全国有六地对女娲所有权诉求的呼声很高：一是河北省涉县。他们声称相传上古时期，始祖女娲就是在涉县的古中皇山上抟土造人、炼石补天的，长期以来形成了脍炙人口、流传广泛的女娲文化。二是陕西省平利县，他们声称陕西省安康市平利县应是女娲文化的发祥地，这个县的女娲山就是传说中的"女娲治所"。三是河南省周口市女娲城，相关部门根据民间传说和史书记载，经过长期勘探，发掘了该古城城址。该城址呈正方形，分内外两层，城墙多为分层夯筑而成，今残存城墙最高点高3米，宽8米，从中挖掘出大量釜、罐、鬲、瓮、瓦等春秋时期遗物，可见当时城池壮伟，居民殷盛。这一珍贵的古文化遗址，被列为省级重点文物保护单位。四是山西省赵城镇侯村。有3000～5000年历史的猴头柏做证的女娲陵庙在山西省侯村。此外，这里还有规模庞大的女娲庙。女娲庙又称"娲皇圣母庙"。庙的东西宽度约120米，南北长度达300米，总占地面积达36000平方米左右。庙周围约五里许，可见这座女娲庙的规模之大。五是甘肃省天水市女娲庙。地处天水市秦安县城北约50千米的陇城镇，相传为女娲出生地。据《水经注》记载，秦安县城北面，北有女娲洞，此地有风沟、风谷、风台、风莹等地名，还有娲皇、凤尾、龙泉等。传说女娲生于风沟，长于风台，葬于风莹。在风沟悬崖上至今还有一处深不见底的女娲洞，城北门外有一口大井，也称龙泉，据传是女娲抟土造人用水之泉。镇南门有一座气宇轩昂、雕梁画栋的女娲庙，大殿正中有女娲氏塑像，生动地再现了女娲"炼石补天、抟土造人"的情景。现陇城镇女娲庙为海内外华人"寻根访祖"旅游线上的重要景点之一。六是山西省泽州县金村镇女娲遗址。此遗址在泽州县金村镇东南浮山。据《泽州府志·山川》载,县东南三十五里,插入云汉,高若云浮,形象谓为天马。上有伏羲庙,北谷有娲皇窟,中虚如囊。

纵览各地女娲神话和各地的诉求理由,客观地说,就属留存在汉水流域的女娲文化和女娲文化遗迹最古老久远,最具实物史证,最翔实典范,也最为风俗化、通俗化和生活化,因而,也就最为鲜活生动、深入人心。这些特色充分说明了汉水流域的女娲文化遗存极其深厚的传统和极其独特而重要的地位,同时,也就充分显现出汉水流域女娲圣地建造女娲公园、振兴地方旅游经济的充足理据。这里,随意选出几则流传在汉水流域的女娲神话,供大家品味。

1. 女娲造人

女娲是一位蛇身人首的神女,是一位化育万物的神。盘古开天辟地之后,尽管大地上已经有了山川草木,有了鸟兽虫鱼,但仍然显得死气沉沉的,因为大地上没有人类。一天,女娲行走在荒寂的大地上,心中感到十分孤独,她觉得应该给天地之间增添些更有生气的东西。

女娲想了想,便来到一个水塘边蹲下身子,在塘边掘出一些黄泥,用塘水和好,仿照水中自己的影子,用揉好的泥团捏出了一个黄泥人。她刚把小泥人放在地上,那小东西竟活了,欢天喜地地跳着。女娲便叫他"人"。

人的身体虽然很小,但因为是女娲神亲手造的,所以,他与飞鸟走兽都不同。他集天地之精华,是万物的灵长,有管理大地的气概。女娲看到人活了,对她自己的创造非常满意,便更加努力地工作起来。她打水、和泥，又有许许多多的小泥人在她的手中诞生了。他们一落地就围着女娲欢呼、跳跃，然后或单独或成群地离去了。

看到那些离去的人们，女娲的心中感到无比欣慰。她继续着自己的工作，于是随时都有活生生的人从她的手中来到地上。随时听到周围人们的笑声，看见大地充满了生机，她再也不感到寂寞和孤独了，因为宇宙间已经有了她创造的儿女。

她想让这些机灵的小生灵布满大地，但大地毕竟太大了。她工作了很久，还是差得很远很远。已经十分疲劳的女娲于是想出了一种办法：她找到一根绳子，把它放到水塘中，然后把水塘搅浑，使绳子沾满了泥，她拉出绳子用力一甩，泥点落到地上，便变成了一群群的小人儿。女娲高兴了，她不停地甩着绳子，不久，大地上便布满了人类的踪迹。

大地上有了人类，女娲神的工作似乎就可以停止了。但她又有了新的考虑：怎样才能使人很好地生存下去呢？人总是会死亡的，死去一批，再造一批，那就太麻烦了。于是，女娲神就把男人和女人配成对，叫他们自己去繁殖后代，担负养育后代的责任。人类就这样繁衍绵延下来，而且一天天地增加着。

女娲因为替人类建立了婚姻制度，使男人和女人成双成对，于是她便成了人类最早的媒人，所以后世的人们便把她奉为神媒，也就是现在人们所说的婚姻之神。

为了祭祀她，人们在郊野修建了庙宇，筑起了神坛，每年到了农历的二月，就在神庙附近举行盛会和非常隆重的典礼。这时，男女青年们都聚拢到这里，他们欢歌曼舞，只要双方都玩得情投意合，就可以结婚。

他们以星月交辉的天空作帐子，把绿草如茵的大地作床褥，所以人们常常称美满的婚姻为"天作之合"。因为女娲是神，她代表天，她的规定自然也就是天意了。

2. 女娲惩罚商纣王

商纣王到女娲庙降香时，看到女娲神像的美丽风姿，便邪心大发，题诗调情。女娲神大怒，便调遣九尾妖狐充当妲己来祸乱朝纲，致使昏君国破身亡。而唐代的女政治家武则天以女娲自比，一跃登上千古独尊的女皇宝座。她将自己的儿子李显贬往房州（今湖北省房县）为庐陵王。有人参奏庐陵王在房州招兵选将，以图谋反。于是，她亲自到房州巡视，途经平利县，投宿女娲庙时，首先到大殿瞻仰了女娲的仙容，焚香礼拜，更激发了她励精图治的雄心，朝拜后，她寻问众僧女娲的功绩，众僧皆回答不上一二，女皇大为愤怒。最后一位侍役小僧才华横溢，对答如流，使女皇欢欣悦意，便收此僧为子，赠送佛珠、袈裟，并赐宝剑一把，叫他以后到长安以此为凭见驾。不幸此僧福薄命浅，不久病故，葬于庙东侧，故称太子坟。御赐宝剑也成了他的殉葬品。女皇朝拜后，女娲山声名大震，各州府县、绅士百姓，纷纷捐资扩建女娲庙宇。唐初开国大将尉迟恭奉旨监造女娲庙时，还遗留头盔一顶，为镔铁连环而成，后来被毁。在清乾隆元年，由知县古沣奉旨又大规模整修，拥有大殿四重，禅房百楹，僧人数十，香火鼎盛空前，成为平利县最大的寺院。

3. 女娲补天另解

女娲"炼五色石，以补苍天"之"天"，按照今人的理解，应该是指人们头顶上云雾缥缈的广阔蓝天。但是从逻辑推理，"女娲补天"之

"天"很可能指原始人类穴居野处所住山洞的洞顶。《说文解字》曰："天，颠也。至高无上。从一、大。"意指人的头部以上的广大空间。不过，在远古时期原始人类的认识当中，可能只有上者为天、下者为地的概念，天的含义可能很宽泛，并不如后来的古人和今人，把天的范围仅仅理解为日、月、星辰存在的宇宙空间。所以，女娲补天之"天"，应该是指原始人类所居住山洞的洞顶。由于当时发生了规模空前的巨大地震，引起山崩地裂、洪水泛滥，人类所栖身的山洞的洞顶崩裂、坍塌，才引发了天柱折、地维绝、天倾西北的巨大恐慌，才产生了女娲氏炼五色石以补苍天的伟大创举。当然，女娲氏在进行"补天"活动之前很可能举行了隆重的"祭天祈祷"仪式，以祈祷神秘的上苍保佑"补天"顺利成功，并祈求类似的灾难不要再次发生。在当时还没有文字记载的情况下，原始人类把以上应该分开的活动内容合二而一，形成了女娲补天的神话传说。此其一。

据实地考察，汉水流域上游，不少地方都是"五颜六色"的火成岩、花岗岩地质构造。这些地质构造有的地方裸露地表，有的地方深埋地下，但其"五色"特征，却是其他地方的地质构造所没有的。尤其是产生在这里的绿松石，五彩缤纷，晶莹剔透，如同琉璃一般，被人们自然而然地联想为女娲冶炼的五色补天石。还有产生在郧西县一带的米黄玉，有的晶莹灿烂，如同天边的云霞，也很容易让人们联想成补天石。因此，在广大的汉水流域一带，留下多处"女娲山""补天石""娲皇山""娲皇庙"等遗迹。从上述神话传说所表述的内容来看，"女娲补天"的史实是绝对不会发生在广袤无垠的中原地区和开阔的东南平原地区的。汉水流域是"女娲补天"史实的"原发地"，其他华北、东南、中南、西南地区各地的所谓"补天"的传说和遗迹，不过是女娲崇拜的"衍生物"而已。此其二。

女娲氏又有"断鳌足以立四极"之举。据《论衡·谈天》载:"鳌,古之大兽也……"又《一切经音义》载:"鳌,海中大龟也。力负蓬(莱)、瀛(州)、壶(方丈)三山。"因为这种巨鳌长有四只巨足支撑身体,并且具有巨大的神力,所以古人就以为女娲氏是用砍断神鳌四只巨足的办法立起四极,支撑天顶。其实这种"望文生义"的解释是错误的。原意是说:女娲氏面对人类所赖以栖身的洞穴遭受地震坍塌的灾难,造成人类伤亡,她便从巨鳌以四足支撑身体的现象受到启发,创造了用树木立四柱以搭建茅棚、遮蔽风雨的原始建造方法,从而使人类的生活、居住条件产生了巨大的飞跃。从这一点看,女娲也是世界上第一个伟大的建筑发明家。此其三。

既然以上几点"女娲神话"的关键之谜已经豁然洞明,"积芦灰以止淫水"的含义也就可以迎刃而解。据考,古代汉水流域并不是今天这样遍地秃岭荒山,植被稀少,而是到处森林覆盖,气候湿润,四季分明,各种作物生长繁茂。这里高山、盆地交错纵横,具有防寒、防暑、防旱、防涝的天然优越条件,是原始人类理想的生存、居住环境。但是因为发生了规模空前的地震、森林大火和洪水灾难,人类的生命遭受到巨大的威胁。女娲氏在实行"断鳌足以立四极""杀黑龙以济冀州"等抗灾措施的同时,又采取了利用森林火灾产生的灰烬、焦土,填塞沟壑、堵止洪水等防洪措施,大大减少了人类面临的死亡威胁。从这一点看,女娲氏也是人类社会最早的开创治水办法的发明家。

(二) 炎帝神农

炎帝与神农,究竟是同一个人,还是两个完全不同的人?在古籍中,有关炎帝神农氏的记载大致有三种情况:一是在一段文字中同时提到神农和炎帝，虽说未言明二者关系，但在用词含义中似非一人，如《史记·封禅书》《荆楚岁时记》《括地志》等；二是在一段文字中只提炎帝或只提神农，对炎帝与神农的关系则避而不谈，如《周易·系辞下》《庄子·盗跖》《商君书·画策》《国语·晋语》《新书·制不定》《淮南子·兵略训》《礼记·祭法》《史记·三皇本纪》；三是将炎帝、神农与烈山氏（或曰厉山氏）视为一人，如《世本·帝系》《礼记·祭法》《左传·昭公二十九年》《国语·晋语》和《帝王世纪》等。那么，炎帝、神农及烈山氏究竟是否为同一个人？我们认为对此很难笼统作出肯定或否定回答，其主要原因恐怕是一个"历时性"的问题。

众所周知，任何原始民族都有自己的神话和传说，这些神话和传说记录着他们祖先的业绩，总结了他们对自然和社会的认识，寄托着他们的期望和理想，情节虽离奇，然而具有不可忽视的科学价值和不可抗拒的艺术魅力。血统相近和居处相邻的若干原始民族，往往有某些相似甚至相同的神话和传说，异源的原始民族的融合，必然伴随着异源的神话和传说的融合。任何神话和传说都不是一成不变的，都有空间上的移徙与分歧、时间上的演进与变异。因此，对古代的神话和传说，不可拘泥于一地之言、一时之见，而必须作多向的、动态的考察和研究，也就是我们前面所说的历时性的问题。

在先秦时期的文献中，炎帝就是炎帝，神农就是神农，彼此不相关联，神农氏始见于《周易》。

在《周易·系辞下》中，神农氏是继包牺氏之后出现的以始作农具而闻名的远古农业氏族或部落的首领："古者包牺氏之王天下也，仰则观象于天，俯则观法于地，观鸟兽之文与地之宜，近取诸身，远取诸物，于是始作八卦，以通神明之德，以类万物之情。作结绳而为罔罟，以佃以渔，盖取诸离。包牺氏没，神农氏作。斫木为耜，揉木为耒，耒耨之利，以教天下，盖取诸益。日中为市，致天下之民，聚天下之货，交易而退，各得其所，盖取诸噬嗑。神农氏没，黄帝、尧、舜氏作，通其变，使民不倦，神而化之，使民宜之。"

《庄子·盗跖》交代了神农所处的时代及社会生活特点："神农之世，卧则居居，起则于于，民知其母，不知其父，与麋鹿共处，耕而食，织而衣，无有相害之心，此至德之隆也。""耕而食，织而衣"是"神农之世"社会生活的突出特点；"民知其母，不知其父"，则直接指明了当时尚处于母系氏族时期。

《商君书·画策》也说："神农之世，男耕而食，妇织而衣；刑政不用而治，甲兵不起而王。"

此外，《管子》和《吕氏春秋》等先秦文献也都说到神农。这位神农不用刑政，不起甲兵，显然不是那位曾与黄帝大战以致"血流漂杵"的炎帝。同时提到神农与炎帝，并将神农置于炎帝之前的文献材料，只有《史记·封禅书》所引管子的一段话，是这样的："齐桓公既霸，会诸侯于葵丘，而欲封禅。管仲曰：'古者封泰山禅梁父者七十二家，而夷吾所记者十有二焉。昔无怀氏封泰山，禅云云；虙羲封泰山，禅云云；神农封泰山，禅云云；炎帝封泰山，禅云云；黄帝封泰山，禅亭亭……"

虽然在一段文字中同时提到神农与炎帝，并排出二者先后顺序的文献仅此一处，但这则材料毕竟为我们探讨神农与炎帝的关系提供了主要证据。此外，这为前面提到过的文献记载神农、炎帝三种情况的另外两种情况也提供了佐证。因为如果神农与炎帝从来都是一人，为何先秦典籍毫无所载，而所载者皆为汉魏以来学者的注疏？

由此可知，神农和炎帝首先是两个各不相同的人，而且神农早于炎帝。

只有汉魏以来不少学者将神农与炎帝视为一人。出现这种情况,自然是空穴来风。其中既有主观原因,同时也有客观原因。从主观方面看,神农与炎帝都同农耕有关,他们既是氏族或部落的名称,又是其首领的名号。神农氏的主要贡献在于"耒耨之利,以教天下",即开创农耕。而远古时期农耕对天文历象的依赖性非常大,作为"以火名官"的炎帝,在天文历象方面显然要高出一筹。加之炎帝部落广泛散居于黄河中游和汉水流域,地广人众,虽较神农部落晚起,却后来居上,最终形成了包括神农部落于其中的部落联盟,炎帝也因而成为这个部落联盟的"身号"。但神农部落毕竟兴起较早,对农业的贡献较大,因而成为这个部落联盟的"代号"或"世号"。"神农-炎帝"或"炎帝神农氏"在世人的心目中不仅融为一体,而且成为世袭性称号。从民族学角度上说,氏族、部落首领称号的世袭性是自然的或普遍的。例如从亚洲华北平原迁徙到美洲的印第安人的一支——易洛魁人部落联盟内,每一个首领职位的名号也就成了充任该职者在任期内的个人名字,凡继任者即袭用其前任者之名。即新任首领就职之后,他原来的名字就"取消"了,换上该首领所用的名号,从此,他就以这个名号见知于人。

从客观方面看,炎帝与神农合二为一的过程,大致经历了共处、同尊、合并三个阶段。两汉时期,五行学说大盛。五行与五方、五色相配,有关的古帝不得不按五行学说各就各位。《淮南子·天文训》载,"中央土也,其帝黄帝","南方火也,其帝炎帝"。中央为黄色,黄帝是正称;南方为赤色,因而炎帝别称赤帝。五行学说把炎帝定位在南方之后,原来居于南方的神农便与炎帝为伍。这是第一阶段——共处。

随着周朝的建立,周人陆续东迁。奉炎帝为始祖的姜姓周人除小部分在齐国外,多数被周朝派到淮、汉之间,让他们镇守南方。少数姜姓的周人留在关中的东部和中原的西部,势力分散,不为诸侯所重。由此，关于炎帝的神话和传说在淮、汉之间流行起来，在关中反而不大流行了。南迁到汉水中游北部的姜姓周人崇奉炎帝，原住在那个地区的土著人崇奉神农，久而久之，相互影响，前者也崇奉神农，而后者也崇奉炎帝了。这是第二阶段——同尊。

春秋中期以后，楚国席卷淮、汉诸侯，所有南迁的姜姓周人都成为楚国的臣民，逐渐与楚人融合了。先前本已难截然分开的同一部落联盟的两位部落首领，终于化成一位古帝——炎帝神农氏了。这是第三阶段——合并。

上述神农与炎帝合二为一的过程，大致完成于秦汉之际。因此，"炎帝神农氏"这个称号始见于成书于秦汉之际的《世本·帝系》。大局初定，一时还不易得到公众普遍认可。对于这种情形，吴量恺和冯天瑜先生在他们的论著中作了透彻的分析。当时，连大史学家司马迁在涉及炎帝与神农的关系时也表达得含蓄而委婉。《史记·五帝本纪》中载："轩辕之时，神农氏世衰。诸侯相侵伐，暴虐百姓，而神农氏弗能征。于是轩辕乃习用干戈，以征不享……炎帝欲侵陵诸侯，诸侯咸归轩辕。轩辕乃修德振兵……以与炎帝战于阪泉之野，三战，然后得其志。……而诸侯咸尊轩辕为天子，代神农氏，是为黄帝。"在这里，司马迁既说"神农氏世衰"，不能征伐暴虐百姓的诸侯，又说"炎帝欲侵陵诸侯"，岂不是说炎帝与神农并非同一个人？清人崔述在《补上古考信录》中即提出如此质疑：夫神农氏既不能"征诸侯"矣，又安能"侵陵诸侯"？既云"世衰"矣，又何待"三战，然后得其志"乎？且前文言衰弱，凡两称神农氏，皆不言炎帝；后文言征战，凡两称炎帝，皆不言神农氏。于是，他得出这样的结论："然则与黄帝战者自炎帝，与神农氏无涉也。"然而，崔述却忽视了关键的一点。《史记·五帝本纪》这则材料的最后部分，恰好否定了他的意见。司马迁说，黄帝在阪泉战胜了炎帝，又在涿鹿擒杀了蚩尤后，"诸侯咸尊轩辕为天子，代神农氏，是为黄帝"。这里的被代替者"神农氏"即被战胜者"炎帝"，说明司马迁在潜意识中是将炎帝与神农氏视为一体的。当然，这个神农氏绝不是始作耒耜、教民农耕的神农，而是其后裔中与炎帝同时且共处于一部落联盟者。大约从两汉之际起，公众才一致认为炎帝即神农了。

至于炎帝神农氏与烈山氏神农（别号"烈山"），史家并无异议。

"烈山"始见于《国语》和《左传》，似乎比"神农"早出，或许是神农氏的古称。《国语·鲁语》记春秋初年鲁国大夫展禽的话说："昔烈山氏之有天下也，其子曰柱，能殖百谷百蔬。夏之兴也，周弃继之，故祀以为稷。"对这段历史，晋国太史蔡墨在《左传·昭公二十九年》曾谈道："有烈山氏之子曰柱，为稷，自夏以上祀之；周弃亦为稷，自商以来祀之。"大约成书于战国或汉初的《礼记·祭法》几乎全文引用了上述展禽的话，所不同的只是把"烈山氏"改为"厉山氏"，把"其子曰柱"改为"其子曰农"。实际上，"烈""列""厉"三字在上古均为月部来纽入声，可通用。如《楚辞·招魂》中有"厉而不爽些"，王逸注："厉，烈也。"《诗经》中有"垂带而厉"，郑玄注："厉字当作烈。"对于《礼记·祭法》改"柱"为"农"，唐孔颖达作疏时作了解释。他说："'其子曰农，能殖百谷'者，农，谓厉山氏后世子孙，名柱，能殖百谷，故《国语》云：'神农之名柱，作农官，因名农是也。'"这就是说，"柱"也好，"农"也好，都是神农之名，其名虽异，其实则同。

由此可见，赤帝是炎帝的别称，烈山氏是神农氏的别称，鉴于稷在世之时为虞代，其父烈山氏有天下之时就更早了，因此烈山氏似为最早的神农。至于神农氏与炎帝的关系，除了前文的论述以外，还需补充一点看法。自从后起的炎帝与神农合一后，炎帝神农氏又成为一个时代概念,即凡该部落集团后裔,既可称神农,又可称炎帝。因此,炎帝神农氏至少有三重含义,即既可看作部落联盟首领的称号,又可视作部落联盟的代号,还可视作农耕文明阶段的时代概念。正如炎帝、神农氏、烈山氏三位一体一样,上述三重含义也是三位一体的。

鉴于神农与炎帝有时代早晚之别,所以在探讨其生地时也宜将二者分开。至于炎帝、神农氏合一后的生地,则另当别论。

首先据大量的文献记载分析,神农应该生于烈山。前文已充分论证烈山氏、列山氏、厉山氏实为一人,其子曰柱或农即神农。烈山,很可能就是神农之先辈,也可说是第一代神农放火烧荒之地,或人以山名,或山以人名,总之神农起于烈山已无疑问。

那么,烈山在现今何处呢?对此,魏晋以来的文献有着较为详细的记载。因为繁见于史书,为论述方便,现援引六则特别典型可靠的史料来佐证。

一是北魏郦道元《水经注·漻水》所记:"(赐)水源东出大紫山,分为二水,一水西迳厉乡南,水南有重山,即烈山也。山下有一穴,父老相传云:是神农所生处也。故《礼》谓之烈山氏。水北有九井,子书所谓'神农既诞,九井自穿',谓斯水也。又言'汲一井,则众水动'。井今堙塞,遗迹仿佛存焉。亦云赖乡,故赖国也,有神农社。赐水西南流入于漻,即厉水也。赐、厉声相近,宜为厉水矣。一水出义乡西,南入随,又注漻。漻水又南迳随县,注安陆也。"这一则资料从整体上说明了随县即今随州北部的山川形势,展示了二水分流的整体方位,指出了赐水即厉水,赖乡、赖国即厉乡、厉国,赐、赖、厉声相近,故相通。这表明神农氏曾育于此,并活动于这一地区。

二是南朝刘宋盛弘之编撰的《荆州图记》所记,先是图佚,遂称为《荆州记》。该书是古代一部重要的荆州地志,它记载的"神农生于厉乡"的传说和事迹,为后世诸书所征引。《荆州记》曰:"县北界有重山,山有一穴,云是神农所生。又有周回一顷二十亩地,外有两重堑,中有九井。相传神农既育,九井自穿,汲一井则众井动,即此地为神农社,年常祠之。"唐代初年欧阳询和令狐德棻等人编纂的《艺文类聚》,唐代中期徐坚等人撰写的《初学记》,北宋初期乐史主持编纂的《太平寰宇记》,北宋初期李昉等编纂的《太平御览》等著名典籍,皆征引了《荆州记》关于神农生于随州厉山的记载。

三是唐代李泰主编、萧德言等撰的《括地志》中的相关记载:"厉山在随州随县北百里,山东有石穴。昔神农生于厉乡,所谓列山氏也。春秋时为厉国。"唐代后期李吉甫编撰的《元和郡县志》记载:"随县,本汉旧县,属南阳郡。即随国城也,历代不改。……厉山,亦名烈山,在县北一百里。《礼记》曰:厉山氏,炎帝也;起于厉山,故曰厉山氏。"

四是北宋王存等主编的《元丰九域志》中的相关记载:"随州神农庙,在厉乡村。"

五是南宋罗泌《路史》中的相关记载:"神农井在赖山(即厉山),旧说汲一井则八井皆动,人不敢触。今惟一穴,大木旁荫,即其处立社。"

六是清代章学诚主持编纂的《湖北通志·舆地志》记载:"厉乡,在州北,今名厉山店。……亦云赖乡,故赖国也。有神农社。"

上述记载意向明确集中,无一例外地指出,神农生于厉山,厉山位于今湖北随州北。加之神农生于随州厉山一说自汉魏一直延续到明清,代代相因,众口一词,足证史料确凿不谬。

对于早期炎帝生于姜水一说,历史上似乎别无更多异议。最为重要确凿的论据要属《国语·晋语》了:"昔少典娶于有蟜氏,生黄帝、炎帝。黄帝以姬水成，炎帝以姜水成。成而异德，故黄帝为姬，炎帝为姜。二帝用师以相济也，异德之故也。"根据这一信息，严可均校辑的《全上古三代秦汉三国六朝文》说："炎帝生于姜水，因姓姜，以火德王，称炎帝，一云赤帝。"郭沫若主编的《中国史稿》也称，"据说炎帝生于姜水"。吕思勉《先秦史》则说："《帝王世纪》曰：炎帝母女登游华阳，感神而生炎帝于姜水，是其地。"

（三）大禹治汉与三澨、禹穴

据四川广汉三星堆重大考古发现，在距今4000多年，曾有过一次自然灾害集中爆发的异常期。这次自然灾害异常期被称为夏禹宇宙期。当时，洪水、大旱、地震、瘟疫等灾害频发，大规模的人口迁徙和激烈的部族战争接连不断，造成了中国社会的大动荡，夏禹生当其时，由于他治水救民卓有伟绩，所以被后世称为大禹、夏禹和神禹。

作为"四渎"之一的古代著名大水，汉水自然是大禹重要的治理对象。据古文献资料记载，大禹的确对汉水进行过考察和治理。约4000年以前，在华山、嶓冢山以南，岷山以东，伏牛山以西，荆山以北的广大区间，属于古梁州。汉水是古梁州最北面的一条大河。大禹于荆州治水，从大别山下来后，西行，经过内方山，到了大荆山。大荆山位于襄阳西。在这里，大禹发现了一条沧浪之水，从西北方向呼啸奔腾而来，经过荆山东北麓，直向东汹涌而去。这水因为碰到大别山山麓的阻拦，忽又折向南流，奔腾不息地流入云梦大泽，最后汇入长江。

大禹继续察看水势，他发现，就在附近，除了汉水以外，还有自北而南的丹江和白水，也是水势汹涌。这三条河，其水患不仅威胁着河两岸人民的生活，同时，对下游的荆州等地也构成很大的威胁。大禹治水历来是顺水之性，高者凿而通之，卑者疏而宣之，使河道畅通，东流入海。但在治理汉水流域三水的时候，大禹却出了"怪招"：不是采取以往疏通河道的方式，而是命令众人横江修筑堤防。众人疑问，难道不怕水壅堤溃吗？大禹给出了令人信服的答案：汉水与黄河等河流大有不同。黄河上游流经黄土高原，携带泥沙甚多，下游又无大湖为之宣泄，用了堤防之后，泥沙淤积，年深月久，必定溃决。而汉水流域三水，水清见底，流势平稳，在夏秋两季，上游水势盛涨，地势又陡，流势因此迅疾。在这里用堤防一拉，使其就范，直向云梦大泽而去，这样人们才能安居乐业。于是，众人心悦诚服，汉水、丹江和白水上便多了三道大堤防，后来，人们便把这三道大堤防所在区域取名为"三潍"。直到春秋时期，古均州一带的曾水依然被称为"句潍"。

完成了"三潍"工程以后，大禹又溯江而上，来到陕西旬阳东小关铺。这里依山临水，古木参天，风景秀丽，但是水势急迫，水流不畅。大禹便又在这里摆开战场，指挥众人疏凿。正好在汉水北岸有一个天然岩穴，高约8尺，深约丈余，正是理想的栖息之所。大禹当即上刻"禹穴"二字。白天，他和众人一起疏决汉水；晚上便在洞穴里休息。此处禹穴，虽然不能断定属大禹所书，但在唐代就被认定是大禹栖息之所，而且遗迹尚存，便足可见其产生的年代久远了，也足以被视为天下四大禹穴之一。

继续溯江而上，大禹登上了嶓冢山顶，这里是汉水的发源之地。放眼远望，周围数百里群山逶迤起伏，山势高大雄伟，林木参天。在大山的两边，各有一条大水逆向而流。两条大水不仅相近而且相通。当时，他便将向东流淌的大水称为汉水，而把流向西边的大水称为潜水。潜水又叫西汉水，下流与白龙江汇合后汇入嘉陵江。大禹找到了汉水之源，并根据地理水性,从源头对汉水作了彻底的疏导。至此,汉水流域的水患治理大功告成。

二、汉水流域的民间歌谣

自古以来,汉水都是一条流诗淌歌的河流,其歌唱的传统非常悠久,其歌唱的水平异常发达,而其民歌的数量与质量在同类河流中名列前茅。据考证,中国文学史上南歌的第一声清音和第一个有名可考的诗人都出自古老的汉水流域。

(一)《诗经》时代汉水流域的民间歌谣和歌手

据文学史记载,真正称得上中国南方诗歌起源的歌谣,当属传说中大禹妻子涂山氏的《候人兮猗》了。当时大禹为了治平泛滥宇内、为害天下的洪水,离家在外13年,风餐露宿,胼手胝足,三过家门而不入。这种胸怀天下、大公无私的壮举,让普天之下的黎民感激涕零,却给长年独守空房的涂山氏带来了绵绵无尽的寂寞和孤独。在每天黄昏时分,涂山氏都会拖着沉重的步履,一个人走到门前的高岗上,一遍又一遍地吟唱着《候人兮猗》,意思就是"我在等待着那个人哟……"那种空谷传响、哀转久绝的孤寂凄凉情境,让人不忍遐想。不承想,这令人同情哀悯的痛苦呻吟,竟成了中国南方诗歌的滥觞。

众所周知,《楚辞》的闪亮登场是中国文学史上一个划时代的重大事件。从此,中国文学进入到一个由集体口头创作到个人书面创作、由民间创作到文人创作的新时代。此前,所有的诗篇都被视为民间集体口头创作,都是无名氏作品,包括中国最早的诗歌总集《诗经》。这个时代的代表人物便是屈原。屈原以后，文学开始了署名创作的时代。但是，随着文物考古和历史研究的深入，人们发现事实远非如此。早在西周时代，汉水流域就已经响起了《诗经·周南》《诗经·召南》《诗经·鄘风》这些嘹亮的歌唱，从汉水流域的大山腹地走出了一位文武双全的著名诗人尹吉甫。

据华中科技大学张良皋教授在《巴史别观》中考证，《诗经》十五国风的编次是严格按照其作品产生源流的先后顺序和流传路线而确定的。十五国风首为《周南》，次为《召南》。周南地区在汉中盆地西部及汉水中上游一带，召南地区在汉中盆地东部及南阳一带，号称"二南"。可以作为佐证的材料是清同治版《房县志》载："周文王化行江汉，是为召南。""二南"地区是周的基本地盘，泛称南国，但当时其基本群众不是周族。周南之地是蜀人，召南之地是巴人，所以"二南"实为"蜀风"和"巴风"。而"巴风"和"蜀风"的发源地则在古庸国，其源头应该是庸风，亦即后来流散的鄘风。在《周南》《召南》之后，才有《邶风》《鄘风》《卫风》《王风》《郑风》《齐风》《魏风》《唐风》……这些国风，都可以逆向反溯，从中找到它们和《周南》《召南》的影响关系。

张良皋先生认为，《鄘风》在十五国风中地位显赫，表明了庸国民间歌谣向中原的直接流传。但这种流传关系，不是指具体的唱和旋律，而是指体裁。庸国作为"诗"这一体裁的发源地，并不垄断流风所及地区的次生创造。楚辞这一体裁之继起，证明其创造能量之巨大。

庸国民间歌谣向中原的直接流传及其巨大的创造能量，充分说明了一个事实：庸国是一个古老的诗歌部落，在这里，民间歌谣的创作历史是如此久远，传统是如此深厚，普及的程度是如此广泛，影响扩散是如此强力。从《诗经》的开篇之作《关雎》在这里的泛化情形，可以推测《诗经》在这里生根普及的程度。

正是因为其源远流长的诗歌传统，中国文学史上第一位有名可考的大诗人尹吉甫才得以率先出现在汉水流域。

尹吉甫是中国文化史上的一个重要人物，是西周周宣王的宰相，一代著名的军事家、诗人、哲学家，他的"天生烝民，有物有则"的说法为儒家和道家同时提到，成为儒家和道家思想的引用例证之一。

关于尹吉甫的籍贯，现在有四种说法。一是西周房州青峰（今湖北省十堰市房县尹吉甫镇）人，二是西周封钜（今河北省沧州市南皮县）人，三是西周中都邑（今山西省晋中市平遥县）人，四是古蜀国江阳（今四川省泸州市石洞镇）人。

其实，根据历史记载和田野考察的结果可知，尹吉甫是西周房州青峰（今湖北省十堰市房县尹吉甫镇）人无疑。依据有八。其一，宋代在房县青峰出土的尹吉甫珍贵遗物"兮甲盘"，也叫"兮伯吉父盘"（西周晚期青铜器）。上有铭文133字，亦记述了吉甫随从周宣王征伐猃狁和征收南淮夷贡赋的事迹。其二，尹吉甫死后，葬于十堰青峰山，今碑文尚存。明嘉靖年间，知县夏维宁为其专修一坊，曰"忠孝故里"。其三，明成化二十三年（1487年）重修十堰房州县城，曾石刻"忠孝名邦"四字镶嵌于东门城楼。其四，清同治版《房县志》有载，"房县，古称房陵"，"尹公庙，城西南六里，祀周尹吉甫"。其五，清代贡生张开隐也有《咏房州首镇青峰佳景》："记得房陵古号州，青峰更见景多幽。山为文峰峦环绕，寺有清泉水长流。同治年间仙佛在，尹公墓侧断碑留……"其六，据房县有关部门文物普查，房县文物馆现存有"周太师尹吉甫之墓"石碑；房县榔口乡白渔村（现合并为七星村）尚有宝堂寺岩庙遗迹。其七，现在还有《诗经》中的诗句在闭塞险峻的大山腹地、尹吉甫的葬地青峰山盛传。其八，青峰山曾是贺龙元帅率领红军到达的地方，民间传说贺龙亲自叩访过青峰尹吉甫的祠墓。

作为一代名相，尹吉甫功著史册。周宣王（姬静）初年（公元前820年），辅弼宣王的大臣有尹吉甫、仲山甫、方叔、召虎等。但尹吉甫为朝政中枢的重臣。宣王英明有道，任贤使能，使周室赫然中兴，百姓安居乐业，这与尹吉甫辅佐的功劳是分不开的。

作为中国文学史上首位有名可考的诗人，尹吉甫既是周王的采诗官，同时自己也留下了煌煌诗篇。尹吉甫曾作《诗经·大雅·烝民》，还有《诗经·大雅·崧高》等诗篇。他的诗歌主要是歌颂和赞美周宣王的功绩，但对宣王疏远贤臣等过失也作了善意批评。如《诗经·大雅·烝民》载："衮职有阙，维仲山甫补之。"对此，史家赞许说："宣王君德有失也，仲山甫则能补之。"又如《诗经·大雅·崧高》中对宣王含有讽意。他的诗歌真实地反映了宣王的功与过，对其作了正确的评价。吉甫作颂，穆如清风，尹吉甫的诗对于历代进步诗人影响较大，更重要的是，他的诗篇开了中国文人诗歌的先河。

（二）汉水流域歌谣概览

从古到今，从上到下，汉水流域的歌谣浩如烟海，多如繁星。其歌，一般指各种民歌，或讲说，或单唱，有长有短，有悲有喜，也有伴随各种游艺进行的；其谣，一般指上口念、说或表叙（顺口溜），有长有短，表述念说方法不一。汉水流域歌谣的体裁较多，如歌头歌、劳动歌、仪式歌、情歌、生活歌、小调与山歌、历史传说歌、谐趣歌、劝善歌、儿童歌谣等，其中，劳动歌、生活歌在这些歌谣中占比最大，这是因为它们和劳动生产以及人民生活的关系最直接、最密切。现就汉水流域各地在歌谣习俗中的歌谣品名分述于下。

1. 歌头歌

歌头，顾名思义，是一首长民歌或一组系列民歌起头处作引子，起烘托、铺垫作用的短歌。作为开场词，歌头往往在结构上紧凑利索，短小明快，在唱词上别具一格，开门见山，在声腔上总是引吭高歌，开口就响，以期先声夺人、引人注意，有以锣鼓伴音的，也有以道白、念词形式出现的。

2. 劳动歌

劳动歌大多出现在各种劳动生产活动中，是以生产劳动为主要表现对象的民歌，其主要内容是对劳动过程的展示。其社会作用体现在四个方面，即总结劳动经验、传授劳动技能、激发劳动热情、提高劳动效率。

在汉水流域民歌中，劳动歌产生得最早。我们的祖先在劳动中，为了把大家团结在一起，常常发出前呼后应的呼喊。这些伴随着劳动重复出现的、有强烈节奏和简单声音的呼喊，就是萌芽状态的民歌——早期的劳动号子。可以说，劳动有多少内容，就有多少劳动歌与之对应。薅草有薅草锣鼓："高高山上插杆旗，点点人马齐不齐。人马齐了就架势（开始），人马不齐干着急。"还比如："六月太阳当头照，男女上坡薅野草，锄头口上生水火，薅尽野草好长苗。"挑担有《挑担歌》，如："闪起担子豁起风，还比骑马坐轿轻！"打草有打草的歌，织布有织布的歌，就连抬轿也都有相应的歌。

在劳动中，到处都有劳动歌：搬运劳动中有装卸号子、板车号子，水上劳动中有行船号子、捕鱼号子，建筑劳动中有打夯号子、伐木号子等。古往今来的一切体力劳动中，都有符合它那劳动节奏和特点的劳动歌，只有大机器所到之处，劳动歌才愈来愈多地被那轰轰隆隆的吼声所代替。

早期的劳动歌调子比较固定，歌词比较单一，有的则只是"咳嗬""哎嗨"的呼喊声，在劳动中起着号令的作用，歌声与劳动节拍和谐一致。它的内容主要是靠劳动者的呼声组成，在一领众和的形式下，加入少量指挥劳动和鼓舞情绪的词句。如上滩号子节奏极为短促，几乎全由"咳！咳！咳！咳！"的呼语组成，表现了在紧要关头，船工们和激流险滩搏斗的紧张气氛。随着生产力的进步、社会的发展，劳动歌不再是一种单纯的呼喊号令，而且还描写劳动的过程，表现与劳动者的思想感情相关的生活情态和风俗特征。抒情式的劳动歌，歌词比较长一些，其内容主要反映一定的社会生活，劳动的呼声在其中起着点缀节拍的作用。在自给自足的小农生活中，人民对劳动是积极热情的，如歌词"神农皇帝也是种田人"，充分显示了农民的自豪感和乐观主义情感。作为一种语言艺术，劳动歌最突出的艺术特点就是它那强烈的节奏感。每一首劳动歌都有与劳动动作相配合的节奏，它是凝集了生活中的劳动节奏而创造出来的，因而充满了生活气息。在从事紧张而又高强度的劳动时，呼吸短促，劳动气氛浓烈，这时唱出的劳动歌必然节奏鲜明急促，强音不断，顿挫有力，给人以集体力量的雄壮感和劳动创造世界的有力的感染。在体力劳动比较轻或间歇时间长的劳动中，劳动歌的速度比较柔缓，节奏感较弱，音乐上的变化比较丰富，给人以优美的旋律感。

3. 仪式歌

仪式歌主要用于各种习俗活动、节令、丧葬、结婚、生子、盖房等重大时间节点,影响着人们的生产、生活习俗,故在文化习俗方面形成了不少传统的仪式歌谣流传后世。如在结婚仪式上,要用《撒草歌》(结婚时新妇下轿进屋时歌唱):"一撒麦子二撒料,三撒媳妇下了轿,四撒核桃五撒枣,六撒两口百年好,七撒金子八撒银,九撒媳妇进堂门,十撒一把满堂红,日月常存步步升。"在打鼓闹祖的仪式上,要唱孝歌《开歌路》(商洛市山阳县孝歌):"月儿弯弯照九州,孝家请我开歌路;歌路不是容易起,未曾挎鼓汗长流。"升匾有《升匾歌》:"匾放东,子子孙孙坐朝中;匾放南,子子孙孙当朝官;匾放西,子子孙孙穿朝衣;匾放北,子子孙孙当侯爷;四方都放交,子子孙孙戴纱帽。"

节令歌和仪式歌是在因自然节令变化、人生阶段变化和为祈福禳灾所举行的各种仪式活动中吟诵或歌唱的歌谣。在原生状态中,它依附于特定祀典和礼仪的程序而展演。今天有的祀典、礼仪虽已消失,歌谣却仍在传唱。人生阶段变化的节点是每一个人要面对的重大事件,对每个人都具有特定的意义,因而,人生仪式歌便应运而生,而且历史悠久,种类繁多。于是乎,婴儿降生有庆生歌,汉水流域多盛行"祝九",即孩子出生第九天摆酒席。在汉水流域,"祝九"时还要请乐队助兴:"人逢盛世喜事多,一龙一凤全家乐。亲友华堂来恭贺,敲起锣来打起鼓。爷辈勤俭人夸奖,父为家乡做栋梁。长江后浪推前浪,宝贝定比先辈强……"在汉水流域,女儿在夫家产子是一件大事,娘家要送鸡蛋、米面等表示祝贺,还要唱《祝米歌》:"喜鹊叫几叫,叫到园中把喜报。亲家亲家恭贺你,我在屋里打花篮。一个花篮未打起,特来送祝米。"同样,老人过寿诞,除了请酒宴客,也有祝寿歌,如:"捷足先登贵府门,特意前来祝福君。年至六旬不见老,花甲初逾有精神……"

在众多的人生仪式歌中,最为隆重富丽的当属婚礼仪式歌,因为,不隆重无以尽礼,不繁富无以极欢,于是从《吵嫁妆》开始,到《哭嫁歌》《陪十兄弟》《陪十姊妹》《劝姑歌》《盘女婿》《抬彩盒》《上轿歌》《下轿歌》《迎接歌》《拜堂歌》《进洞房歌》《撒帐歌》《闹洞房歌》等，一直要唱到客人尽欢而去的《送客歌》。人们用吉祥的歌谣贯穿婚礼的整个过程，寄托着人们美好的愿望。歌者在嬉闹打趣、捉弄言笑之间，既将玩笑开得恰到好处，又天衣无缝、水到渠成地传授了民众关于婚姻生活的经验与教训、警示与提醒。

4. 情歌

情歌在歌谣中占有一定比例，内容非常广泛，主要抒发男女之间由于相爱而激发出的悲欢离合的思想感情，在婚恋、怀念、交往方面居多。比如《绣香袋》："石榴花开叶叶青，妹绣香袋送郎君。银针绣出梭罗树，彩线绣出五色云。银针有情线有意，为此操的不是心……郎君若还不相信，拿在手上看分明。春夏秋冬十二月，月月香袋绣古人……"这类歌中比较著名的还有《十杯酒》《五把扇子》《十劝郎》《十二时辰》《十绣》《送郎十里亭》等。

5. 生活歌

生活歌，顾名思义，是指围绕劳动人民衣食住行、喜怒哀乐、柴米油盐酱醋茶等基本需要，反映劳动人民日常生活的歌谣。其中既沉淀着汉水流域人民生产生活的智慧与经验、对未来的憧憬与向往，也记载着汉水流域人民的奋斗与牺牲、挫折与教训，折射出汉水流域人民的自由天真、善良质朴和厚道博爱，闪耀着汉水流域人民勤劳与智慧、理想与希望的迷人光彩。世俗日常生活歌直接反映世俗日常生活的方方面面，社会生活、家庭生活、婚姻生活等都在反映之列，其中，尤以反映农民和妇女生活最为普遍。

6. 小调与山歌

小调是世俗生活歌的一个变种。小调已经脱离劳动的制约而趋向于形成独立和完整的艺术境界，是一种比较成熟和精致的民歌体裁。由于其始终伴随着一种自由快乐、优美流畅的旋律，充盈着一种乐天安命、笑看人生的洒脱自由精神，甚至带点儿调侃人生、玩世不恭的色彩，因此又称为"清闲小唱"。小调可以说是大浪淘沙、精雕细琢的民歌体裁。经过了反复的传唱、大范围的流行与改造、数代人的洗练，小调的群众参与性强，表现和反映的生活内容极为宽泛，曲调优美生动，因而更利于表情达意。随着人口的流动和经济交往，小调流传面广，往往突破地域局限，各地区间的小调互相渗透，互相吸收，形成了一种你中有我、我中有他、他中有你的复杂格局。千百年来，经过无数民间艺人和民歌手的传唱和加工，汉水流域小调旋律细腻婉约、流畅优美；多运用衬字衬词，句子反复；部分有拖腔，一咏三叹，使得歌唱质朴平实，显得更为亲切。

山歌则是小调的一个变种，即山野之歌，很接近小调，只是比小调更多了几分野性和流气，是人们在田野劳动或抒发情感时即兴演唱的歌曲。它的内容广泛，结构短小，曲调爽朗，情感质朴，声音高亢，节奏自由。人们对山歌的理解主要有两种。一种看法认为，凡是流传于高原、山区、丘陵地区，人们在各种个体劳动如行路、砍柴、放牧、割草或民间歌会上为了自娱自乐而唱的节奏自由、旋律悠长的民歌，就是通常所说的山歌。另一种看法认为，从体裁特征而言，草原上牧民传唱的牧歌、赞歌、宴歌，江河湖海上渔民唱的渔歌、船歌，南方一些地方婚仪上唱的"哭嫁歌"，也都应归属于山歌。因为它们同样具有在个体劳动中咏唱、歌腔自由舒展、自娱自乐等基本特征。一般来说，这种广义的山歌概念更有助于我们对山歌体裁艺术特色的理解。

汉水流域的山歌正是伴随着劳动而产生，并且饱经生活和爱情的浸润之后而盛开的生命之花。汉水流域山歌里更多的是描写山野爱情、攻城略地、冒险突围、自由逍遥、幸福快乐或痛苦压抑等各种情感生活的况味，流淌于其中的是人类对生命的热烈执着、人类本能和情感的骚动郁勃、人类爱情婚姻的朴素阳刚和多姿多彩。

7. 历史传说歌

历史传说歌多反映历史事件、历史人物和历史故事，有些歌谣反映的确有其人，有些则其人虽不见史籍，但民间广为流传，这在一定程度上反映了时代情况。汉水流域各地反映最多的历史事件和历史人物有姜子牙钓鱼、扶周，秦始皇筑长城，孟姜女千里寻夫，韩信领兵、算卦，诸葛亮用计，赵匡胤送京娘，王祥卧冰，李三娘担水，武松赶会，包公办案，等等。如《绣香袋》中描述"绣"的过程："正月香袋绣古人，得道修仙到天庭，左边绣的韩湘子，右边绣的杜林英。二月香袋绣古人，上绣雪梅女钗裙，左绣情人艾玉女，右绣商郎小夫君。三月香袋绣古人，上绣桃园三将军，左绣弟兄刘关张，右绣军师诸（葛）孔明……"后面还有唐朝人物罗成、秦叔宝、李世民，三国人物赵云、周瑜、黄盖、曹操等。从历史人物、古代神话和传说人物、民间故事到戏曲和小说中的人物，可谓荟萃古今、济济一堂。

历史传说歌是汉水流域民歌中的一个重要品类，它往往指的是借助民歌特有的曲调和旋律来讲述或吟唱自然、生产常识、历史人物以及神话传说的歌谣，这种歌谣所反映的核心内容多为重大历史事件、历史人物和历史故事，它们是普通民众历史知识和历史观念的集体表达。以前，民众中少有识文断字者，因而就谈不上从书本文献获得历史知识。但是，这并不是说他们没有自己的历史知识和历史认知观念。只不过他们的历史知识以及表达历史认知的途径与文人不同而已。汉水流域的随州是中华民族最早的发祥地之一。作为炎帝神农故里，这里开启了华夏5000多年的农耕文明；作为编钟古乐之乡，随州出土的2400年前的曾侯乙编钟改写了世界音乐史，随州被中国音乐家协会授予"中国编钟之乡"的美誉。随州是全国历史文化名城，中华民族的始祖炎帝神农就诞生在随州市随县厉山镇，他创耕耨、植五谷、尝百草、兴贸易，开创了中华民族的农耕文明。农历四月二十六日为炎帝神农诞辰，每年都有大量的海内外炎黄子孙前来寻根问祖，随州厉山因此成为海内外炎黄子孙寻根问祖的圣地。正因为随州有着如此悠久古老、辉煌灿烂的历史文化，深深植根于其沃土广野的历史传说歌也就非同凡响、别具一格。历史传说歌形成一股民间歌谣的巨浪，在深邃的中华历史长河故道上从宇宙的深处流来，不断地激荡起深沉的回响，传递着来自远古和历史的苍茫信息。

8. 谐趣歌

谐趣歌近似于谐趣诗。谐趣诗一般是文人故意为之，或含蓄或直露地营造出意味深长的谐趣效果，而且文学成分较高，鄙俚的成分较少。谐趣歌则通常是老百姓的创作，大都自然而然地达到质朴无华的谐趣效果。但从总体上来说，凡是谐趣则多植入滑稽、戏谑、调侃的内涵，无论是文人的诗还是老百姓的歌,不管用什么表现手法来达到或揭露、或批判、或讽喻、或嘲谑、或玩笑的目的,通常多是意在言外、言犹未尽,有点戏说的感觉,却又不仅仅是戏说,读起来令人忍俊不禁,感觉愉悦。同胞式的情怀、关怀、关心式的宽容与包容是汉水流域谐趣歌深厚的人文魅力和艺术张力所在。正是因为有了这种充满正能量的人性底蕴,汉水流域谐趣歌才貌似尖刻犀利、冷酷无情,实则暖意融融、温馨无限,弥漫着一种奇异的艺术魅力。

9. 劝善歌

劝善是旧时民间以说唱形式进行道德宣传的一种活动。劝善歌谣是劝善者说唱时所创作的民歌。劝善歌在内容上宣扬传统孝悌忠信、礼义廉耻的价值观,奉劝人们积善积德,教导人们如何认识事物、如何做人和如何立身处世。劝善歌因其警世的题材在民歌民谣史上自成一格,内容和地位一如文学史上的讽谏言志作品。劝善歌在汉水流域民歌中占有相当大的数量,有着重要地位与作用。像《警世歌》《醒世歌》《劝世文》《劝孝歌》《老母传儿经》《劝夫歌》《戒赌五更曲》等五花八门,涉及社会、家庭、生活的方方面面,教育人们如何修身、养性、齐家、治国、平天下,劝诫人们要立大志、行正道、行孝、尽忠、守信、恪仁、弃恶从善,有如人生指南针。例如:"一年之计在于春,一日之计在于晨;一家之计在于和,一生之计在于勤。古人经验留到今,劝人用来鉴自身;兄弟和气家兴旺,妯娌和气家不分。姊妹和气常来往,邻居和气不相争;朋友和气胜兄弟,夫妻和气恩爱深。"歌谣内容都是一些世俗生活常理和透彻的人生哲理,是流传千古的前人处世行事的经验总结,是我们民族祖祖辈辈的道德观念、处世原则、思想方法、经验教训的结品,是用歌曲和歌谣形式传承后世、启迪教育后人的传家宝和道德宝典。它奉劝世人一定要尊奉父母、恪守孝道、改过迁善,克服各种错误思想和不良行为,务求恪尽己分、洁身自好;存天良、行正道、和睦邻里、治国安民,以求达国泰民安、社会和谐之目的。它宣扬并歌颂忠信、礼义、仁爱、忍让、孝悌、温良、慈善、节俭等美德,揭露鞭挞欺诈、贪婪、淫邪、忤逆等不良品德及酗酒、赌博、逞气好强等不良行为。有的地方劝善歌通俗易懂,是一种歌谣体,是诗歌与快板的结合;有的地方劝善歌是一种无伴奏、无固定腔调的说唱民谣,这种说唱形式是中国文学中的吟诵学与地方戏曲韵律结合的产物。劝善不是商业化的艺术,它无固定的板式调式,由劝善者自己发挥,故各地有所不同。有的在说唱时有鼓点击节伴奏,或用碰铃击节以增其韵味,有的是快板或顺口溜形式的说唱。

10. 儿童歌谣

儿童歌谣,又称童谣、儿歌,也包括儿童说、唱、游戏、猜谜中的歌谣,它是劳动人民根据儿童的心理、想象、趣味、理解力、思想感情、生活经验、语言特点与表现手法编唱的口头短歌,同时也是锻炼幼儿心智、培养幼儿语言表达能力、提升幼儿的观察反应能力、传授人类各种社会知识和生活经验的幼儿教科书。民间童谣的历史非常悠久,传说中圣人尧时的童谣距今已有 3000 多年的历史,而在《春秋左传》《国语》《战国策》等历史著作中,对童谣的记载也并不鲜见。优秀的童谣作品通常散发着浓郁的生活气息,具有内容丰富、节奏明快、音韵和谐、流传广泛、影响深远等特点。汉水流域的童谣一般内容短小,节奏自由,活泼风趣,合乎儿童心理,为儿童喜闻乐唱,有独唱、对唱和边做游戏边唱等形式。

儿童歌谣范围较广，有的是成人教儿童唱的，有的则是儿童之间互相传唱、互相补充、说唱较长的串歌。这些歌谣，一般可分为四类。一是儿童幼时老人唱给儿童听的，如"三岁娃，会栽葱，一栽栽到河当中，过路君子莫打动，紧它开花结莲蓬"。二是儿童间游戏、玩耍所唱的歌谣。三是从儿童心理方面出发的事理歌，反映儿童对社会一些事物的看法（或是一种幼稚观念），如《来去歌》："有去有来梁上燕，有去无来弓上箭；有去有来机上梭，有去无来水上波。"四是绕口令，为儿童间练习语言和判断事物，或斗智逗趣的歌谣。如《鸡娃跟上拾麦颗》："一颗麦，两颗麦，倒到碴子没人推，公鸡推，母鸡簸，鸡娃跟上拾麦颗。"再如《月亮走，我也走》："月亮走，我也走。我给月亮提茶卤，一提提到罐子口。罐子口，去卖油，卖了油再摘石榴。"

11. 月令类歌谣

月令类歌谣，又称月令，即根据时令的变迁和风物的变化，逐月描写不同的生活劳作内容，并抒发与之相应的喜怒哀乐情感的歌谣。著名的代表歌谣有《十二月》《望郎十二月》《十月怀胎》《十月探妹》《十想》《十爱》《十恨》等。再如《农时歌》唱道："正月里赶会把钱拿，多买木锨和荆杈。锄头挖镢不能少，筐子箩头得两担。牛笼嘴，白砂铧，皮条扎鞭少不下。炮绳梭头早准备，抽空拾掇犁和耙。二月惊蛰树发芽，红薯母子早排下。春分跟前种粟谷，过了清明点棉花。清明下秧栽白田，谷雨下秧栽麦茬……"把一年十二个月二十四个节气所涉及的农业生产知识说得清清楚楚。

三、汉水流域的民间谚语

在我国古代典籍《尚书》《左传》中就有谚语的记载，说明民间谚语的口头传播早在夏商周三代就开始了。汉水流域谚语是高度概括总结汉水流域劳动人民生产生活和社会实践经验的，经过漫长历史时期口头传下来的通俗易懂的短句或韵语。民间谚语是人民群众历史的缩影、社会实践的总结、生产生活经验沉淀的结晶，有其丰富的认识价值、实践价值、理论思想价值和教育启发价值。汉水流域流行和运用的民间谚语十分丰富。从 1985 年全国民间谚语集成编辑工作启动以后，各地的民谚搜集整理工作广泛展开。到 1990 年，各地均搜集整理了大量的民间谚语。汉水流域先后共计搜集整理了民谚数万条。这些民谚广泛反映了汉水流域人民在生产生活、伦理道德、社会交往诸多方面总结出的经验，提出的思想训诫和行为规范，成为民间文学库藏中的奇葩。这里，仅从三个方面一斑窥豹。

一是反映农业生产的谚语。长期以来，汉水流域一直是以农为本，农业经济也一直占据主导地位，广大区域和人口以农村和农民为主。因而，农耕文明的传统持久而强大。农业生产对自然和气候的选择性很强，土壤、水利、作物、种植技术和生产程序，都对农业的丰歉产生重大影响。农民在长期实践中对经验教训进行总结，逐步积累提炼，在形成生产习俗的同时，又创造出民间谚语广泛流传，用以指导后人。因而数量最多，对实践指导性最强的是农业生产谚语。以《十堰市民间谚语集》搜集的民谚为例，农、林、牧、副、渔生产民谚和农业气象民谚两大类共 2000 多条，占总数的 53% 以上。农业生产谚语的内容，包含了土壤、肥料、水利、种子、田间管理及农、林、牧、副、渔各生产环节、各产业的经验概括。例如:"黄土掺沙,好似孩儿见了妈。""耕得深,耙得烂,一碗泥巴一碗饭。""修渠如修仓,积水如积粮。""干蕤棉,湿蕤麻,不干不湿蕤芝麻。""麦根要壅,稻根要空。""高山:白露早、寒露迟,秋分种麦正当时;丘陵:秋分早、霜降迟,寒露种麦正当时;平川:寒露早、立冬迟,霜降种麦正当时。""要栽松和柏,莫让春晓得。""北山红果南山桔,阴坡板栗阳坡梨。""养猪无巧,窝干食饱,牛要满饱,马要夜草。"

二是反映农时气象的谚语。气象谚语凝聚了人们对天体运行与气象、物候与气象、节令与气象、六十甲子与农业丰歉相互关系的观察与总结,为人们认识和掌握自然变化规律,以应用于指导农业生产提供了警示和古训。古代的先民在观察天候、物候、时候以指导农业生产实践中,逐步总结出一系列的天文历法知识,如二十八宿、干支纪时、月令、二十四节气、六十甲子年等。通过这些观察及其相互演变的规律,决定农时农事,指导生产,这就是古代的"观象授时"。这种习俗沿袭久远,在人民群众的集体创作中就被提炼成精辟的定型语句——谚语。在当代科技尚未运用或传播到的边远山乡,这些农时气象谚语仍作为指导农民生产的宝贵经验在发挥作用。例如:"燕子飞得低,下田披蓑衣。""清水蛤蟆旱地叫,不下冷子(冰雹)也跑暴(暴风雨)。""日晕有雨,月晕有风,星星眨眼,有雨不远,云往南,水撑船;云往北,干研墨;云往东,干崩崩;云往西,水渍渍。""春寒雨不休,夏寒江断流。""有钱难买五月旱,六月连阴吃饱饭。""清明要明,谷雨要淋。立夏不下,犁耙高挂。""立冬晴,一冬淋;立冬淋,一冬晴。""春丙寅阳,无水下秧;夏丙寅阳,干破池塘;秋丙寅阳,晚禾遭殃;冬丙寅阳,穿厚衣裳。""五月大,种豆莫先下,五月小,下秧不宜早。五黄六月去种田,早晨中午错半年。""云遮中秋月,雨打元宵灯。""头伏不下三伏休,三伏不下干到秋。"

　　三是反映社会生活的谚语。社会生活有多么丰富广阔,反映社会生活的谚语也就有多么丰富广阔。汉水流域社会生活谚语包含了事理、规诫、修养、讽喻、社交、生活等内容。其中,有的是充满哲理的谚语,把人情练达和世事洞明的经验教训概括得透辟而深邃,譬如:"宁可贫长志,不可富失节。""石看纹理山看脉,人看志气树看根。""树靠根牢,人靠心好。""有志不怕年少,有理不在声高。""能唱过头歌,不说过头话。记人之功,忘人之过。""要得公道,打个颠倒。""水深流得慢,人智言语迟。""儿不嫌母丑,狗不嫌家贫。""要知父母恩,怀里抱儿孙。""独柴不烧,独子不娇。""伸手不打无娘儿,张口不骂年老人。"有些谚语以比兴、夸张、对仗等修辞手法表达了对他人、对亲长、对邻里的正确态度,鞭笞了无情无义的行径:"人要实心,火要空心。""交人交心,浇树浇根。""是亲必顾,是邻必护。""远亲不如近邻,街坊不如对门。"有些谚语强化传统美德,规劝人力行节约、勤劳俭朴过日子,譬如:"笑脏笑破不笑补,笑馋笑懒不笑苦。""要和人家比种田,不和人家比过年。""滴水也能装满缸。"

　　民谚是农耕文明项链上的一粒璀璨的珍珠,特别是社会生活谚语,历经千秋百代,通过人民群众口耳相传,已经潜移默化,逐步成为人们自觉遵从的思想道德准则、社会行为规范和日常生活的经验智慧,成为民间教诲后代,处理人与人、人与乡邻、人与社会关系的精神尺度。

四、汉水流域的民间故事

　　民间故事是民众创作的反映人类社会生活以及民众理想愿望的叙事

性口头文学作品,亦即汉水流域农村流传的口语"说古经",或"说古今""说古话"。

民间故事一词的英文是"folk tale"。对民间故事的定义有广义、狭义之分。广义的民间故事是指民众口头创作的所有散文体叙事作品,包括神话传说、幻想故事、生活故事、民间寓言、民间笑话等。狭义的指神话、传说之外的散文口头故事,包括幻想故事、生活故事、民间寓言、民间笑话等。

在移风易俗、文明进化方面,汉水流域民间故事发挥着春风化雨、潜移默化的巨大作用。一个好的民间故事,可以影响听者的灵魂品性,甚至影响其一生的人生事业。所以,汉水流域各地讲故事之风盛行,尤其是炎热夏夜缀满星斗纳凉的稻场边,或是冬日休闲的火炉边,在响彻薅草锣鼓的山野,在小舟飘摇的河谷,甚至在一家每天三餐相聚的饭桌上,都是民间故事传播的绝佳场所。可以毫不夸张地说,在汉水流域,民间故事就是播种机、启蒙书和精神母亲,不断地将丰富的生活经验、高尚的道德情操、光荣的民族传统等种子,播进一代又一代人的心田,让它们在那里生根发芽、开花结果。

汉水流域民间故事的存量应该是一片汪洋大海,量之无法,取之难尽,数以万计。若以故事所涉对象、所发挥的作用不同为标准,可以分为以下几类。

(一) 机智人物故事

机智人物故事往往是以某个机智人物为核心而编织的系列故事。在已搜集到的汉水流域民间故事中,各县都有一些机智人物。这些人物和邪恶势力斗,和命运抗争,和不公正的待遇搏击,其方式有直接的、间接的，有集体的、个体的，往往给后代人留下深刻的印象。仅在中国民间故事村搜集而成的《伍家沟村民间故事集》中，比较有名的机智人物故事就有"姜子牙保周朝""诸葛亮得天书""刘备当大哥"等。汉水流域由于是三国文化和武当道家文化的重镇，所以三国代表机智人物诸葛亮、庞统、马谡和道家著名机智人物张三丰的故事就特别集中和流行。如仅张三丰就有"张三丰在陕西""张三丰在四川""张三丰在武当""张三丰在云南""张三丰在贵州"等多个系列，其中，仅"张三丰在贵州"系列中，就有《酒醉失三宝》《巧讽贪官》《醉酒除害》《马鬃岭》《贫亲配》《造水桥》《水桶岩》《神音壁》《闹喜宴》《豆腐搭桥》《梭米洞》和《飞凤投江》12篇。《巧讽贪官》说的是张三丰惩治某县贪官的故事。

机智人物故事之所以流传且日传日新，千秋不衰，在于它反映了汉水流域民众一种尚智尚德、扶正压邪的共同心理和精神诉求。

（二）动植物故事

动植物故事是以人格化的动物、植物或其他自然物为主人公编制故事、展开情节，并借助这些形象间接地表现人类社会生活或情感的叙事性民间口头作品。动物故事既是关于动物的故事，也是关于人的故事。但归根结底还是关于人的故事，只不过采取的形式不同而已。在这里，动物故事中的动物，是在幻想中塑造的形象。因此，它们虽然是以动物的姿态出现，但又不是自然界原来的动物。

汉水流域动植物故事的基本手法就是从万物有生有灵的认识出发，推己及物，将人类社会的各种经验情景推展到动植物世界，对各种动植物进行绘声绘色的人格化的塑造和阐释："人是泥巴捏的""猫和狗为什么不好""人为什么没尾巴""北方为什么寒""猴子为什么是红屁股"

"狗断奇案""狸猫救太子""白马告状""麒麟送子""乌龟报恩""翠鸟的传说""桑树为什么裂皮""椿树为什么有牌""白杨树为什么叶子像拍手""人为什么会吃麦""寒露和荞麦的故事""一枝谷的故事""羊和五谷""冬虫夏草的故事""黄花菜的故事"等。在众多的民间故事中,连蚊子、虱子、苍蝇是怎样到这个世界上的,民间故事都叙述得活灵活现。

在这类故事中,我们可以看到,一切动植物不仅有生命、有灵魂,同样,也与人类一样有个性、有情感、有喜怒哀乐,甚至有道德情操和思想智慧。

(三) 幻想故事

幻想故事又称民间神话、神奇故事和魔法故事。这类故事的幻想色彩十分浓厚,是以丰富的想象及虚构的手段,来表现人类的生活和理想愿望的故事。

据搜集到的汉水流域幻想故事,其中较有名的有《前程景》《香棒槌》《鲁山和耳山》《螃蟹》《猴子屁股为啥没有毛》《老虎精》《祖师爷的乌鸦兵》《财神沟里有财神》《凤凰山的传说》《秦始皇赶山》《秦仙姑成仙记》等。在汉水流域的许多地方都流传着一则幻想故事《宝石槽》。这类代代相传的幻想故事,直到今天,人们仍然在绘声绘色地讲述它们,虽然有时把时间说得很远,但都能给人以真实存在的感受,让人倍觉亲切动人。这不仅因为它们反映了汉水流域人民的智慧和理想,更因为这些幻想故事激励着一代又一代人追求美满生活、公正自由的待遇,成为为理想而奋斗的精神动力。

(四) 鬼狐精怪故事

汉水流域流行的民间故事,有相当大一部分是鬼狐精怪故事。这些鬼狐精怪故事绝大多数都是以拟人化的手法,再现形形色色鬼狐精怪的异常生活情景和奇特陌生的世界,折射出人类社会生活的情景,并间接倾诉人类的理想和愿望。在这类故事中,我们可以看到,形形色色的鬼狐精怪,它们能说话、能走路、能辨别善恶美丑,有喜怒哀乐、七情六欲,甚至有超常的能力,能超越一般世俗的权力。这些鬼怪故事,不论天有多高,地有多深,河流江海有多宽,也不管其他害人害世的神怪道行有多高,法术有多么厉害,他们都敢挑战、敢抗争,敢于伸张自己的权益,维护世道的正义,同情弱者,造福百姓。

在汉水流域上下,各地都有记忆鬼狐精怪故事的"故事篓子",而且讲说这类故事成为人们生活中的习俗和乐趣。没有这类故事,夏夜就会变得炎热无比,冬日的夜晚就会更加寒冷难耐,单调的乡村生活就会更加寂寞乏味,而民间故事本身就会没了看家的"法宝"和"魔力"。也许正是这些故事,才使汉水流域民俗变得质朴而淳厚,人民变得善良而富于智慧。

汉水流域的鬼狐精怪故事,比较有代表性的有《地脉龙神倒霉》《会办事的土地爷》《养生地鬼》《鬼朋友》《蝎子精》《皮狐精变金钗》《石牛》《牛和蝎子》《没有下巴壳的人》等,都脍炙人口,广为流传。

(五) 生活故事

生活故事是以民众的日常生活为题材,以现实中的人物为主角的故事,又称世俗故事或写实故事。它们是现实性较强,幻想性较少或看似没有幻想,而实则仍带有一定的想象与虚构的故事。汉水流域民间的生活故事,范围广,类别多,大凡民众生活中的衣食住行、玩乐嬉戏、婚丧嫁娶,都属此类。概而论之,主要有四类。

一是交友道德与家庭伦理故事。这类故事主要表现民间交往中的伦理道德以及家庭内部的人际关系,其中充满了对人世间美德、美言、美行、美功的赞美歌颂,对乏德丑行的鞭挞和斥责,是很好的社会伦理教科书。

二是奇巧婚姻故事。这类故事大多情节曲折,充满悬念,具有明显的道德训诫意味,最终都以"有情人终成眷属"结局。这类故事的大量存在,反映出汉水流域人民对结婚这一人生大事的深切关注。比较典型的故事有《双拜堂》《不见黄河不死心》《三团圆》《千里姻缘一线牵》等。

三是巧女故事。这类故事大多表现青年女子的聪明才智,多以心灵性巧来排忧解难。故事的主人公多为乡村劳动妇女。典型的巧女故事如《巧媳妇》《灵媳妇》《机灵女人》《万事不求人》《九仙姑》等。

(六) 寓言故事

寓言故事是由民众集体创作并流传的带有明显训诫意味的小故事。寓言故事是民众智慧、经验和知识的结晶,一般都借物或借事喻理,把一些处世、待人等哲理寓于故事之中,使人在对故事的接受中,同时获得智慧的启迪、思想的熏陶和知识的丰富。如《小伯乐识马》《蚂虾肚子咋破的》《三个人猜蛋》《两条腿》《嘴》《脑壳、胳膊和腿》,都是发人深省的好寓言故事。

第二节　汉水民俗文化

五里不同风，十里不同俗。民风民俗是一种起源于民间又流行于民间，长期相沿、积久而成的风尚和习俗，是一种极具地域性、包容性、普适性、自然性、自由平等性的约定俗成的"软法规"。它的无声无形、与时俱进的教化约束作用和引领社会、和乐各方、规范人群的协调作用，使之成为人类个体不可或缺的一种源流教育、启蒙教育、自然教育和终身教育，而人类也在风俗的传承过程中受到风俗的启发和教育，从接受风俗的本源教育到创造历史文明，并在风俗的扬弃中，完成一个又一个的伟大发明。因而，珍惜和传承良风善俗是民族进化、历史发展的需要。

民风民俗也是民族群体最贴身的、具有普遍性的文化。民风民俗显示着广大人民的生活方式，同时，又蕴含着他们心灵的一切活动——认识、思考、梦想、想象。民风民俗，发挥着民族文化的凝聚力和多方面的社会功能。民风民俗，是人文科学研究方面的一种贵重资料。

一、汉水流域的岁时节庆习俗

古代汉水流域，是我国农业发达的地区之一。农业生产要求掌握准确的农事季节。古代汉水流域先民的天文知识开化甚早，楚民视自己为日神之远裔，火神之嫡嗣。祝融便是传说中掌管岁时农时、负责定时放火烧荒和收藏火种的"火正"。

1978年在湖北随县出土的战国初年曾侯乙墓内的漆棺上，绘有完整的二十八宿图。这说明，至迟在公元前5世纪，古代汉水流域先民已经懂得以二十八宿为坐标来观测天象了。我国较早出现的一部记载地域性岁时习俗的专著是《荆楚岁时记》。

岁时节庆的产生是人们对天象循环、寒暑交替等自然规律感知与把握的结果。各种原始信仰是节日风俗产生的土壤和温床，祈望人寿年丰则是一切节俗活动的人生寄托。

岁时节庆习俗有强烈的时间性和民俗内容的规定性，每一年的什么时间有什么样的民俗活动，都是固定的。岁时节庆习俗是伴随人类社会的产生而形成并逐渐发展的，但由于居住的地域、生产方式和生活方式不同，往往不同地区的人们所遵循的习俗也不同。

（一）春季的节俗

在汉水流域春天的节俗主要有：大年拜贺、闹元宵、龙抬头、花朝、社日、立春、寒食、清明等。荆州民间是最看重过年的，其习俗也多。民谚有云："过年为大""有三十过年，无三十也过年""叫花子也有三天年"。自除夕到年初一，各地男女老少穿戴一新，喜笑颜开，参加丰富多彩的大年拜贺活动，出现了以迎春纳福为主题的各种风俗。俗话说："五里不同风，十里不同俗。"与全国各地相比，荆州民间过年的习俗，既有"大同"，亦有"小异"，小异之处则存在不同形式的楚文化内涵。如"开门礼俗"的内容就有开门炮、出行、拜年、贴春联、贴年画等。如"玩春景"的活动形式就包括玩龙灯、舞狮子、玩采莲船。荆州民间在元宵节张灯观灯，可谓源远流长。早在汉代就有了灯事活动，隋、唐、五代到宋代，出现了各种制作精巧、独具匠心的花灯，其中镂刻金箔的"鱼形灯"最引人注目。这里主要选取四个节日的礼俗进行概述。

春节，在农历正月初一，表达人们庆祝"一元复始"、春回大地的愉悦心情和新年祝愿。初一早起，合家穿上新衣服，祭祖，给长辈磕头拜年，长辈给"压岁钱"（"岁"为"祟"的转音），表示驱邪避祟、健康成长之意。街坊邻里互拜。早上要吃饺子，俗称"元宝"，意在招财进宝。初一至初五不能往门外泼水、倒垃圾，以免"失财"。忌用刀、剪、针，以避"凶气"。正月初五称为"破五"，有"破五大似年"的说法，与正月初一同等慎重和热闹。

元宵节，在农历正月十五，又称"上元节""灯节"。这天全家吃汤圆，取"和合圆满"之意。晚上红烛花灯通宵燃照，人们赶灯会、观花灯，群众游艺活动热闹非凡。郧阳地方流行的花灯有龙灯、凤凰灯、狮子灯等。人满街巷，鼓锣动地，灯火映空。正月十六这天一般不从事劳动，即俗话说的"十五没有十六大，牛马驴骡都歇驾"，人们大多去赶庙会、走亲戚。有的地方全家外出走动，叫"游百病"——通过游走，将百病丢弃在走过的路上，一年不再生病。过了十六，汉水流域民间有"年也过了，节也过了，该过日子了"之说，表示一年的生产劳动、社会生活进入正常化。

中和节，在农历二月初二，俗称"龙抬头"，惊蛰在其前后，天地交泰，云兴雨布，农民过完春节要下田劳作。妇女外出剜荠荠菜包饺子，吃了眼睛亮、不生病。也有地方称二月二为"花朝节"，女子停针线活，怕伤了龙目。二月初二又是传说中的土地神生日，郧西一带农民轮流做"土地会"，供奉拜祭土地神，保佑今年风调雨顺，不受水旱灾害。

上巳节，在农历三月初三，人们这一天出门到郊外踏青，在溪河边洗濯污垢，称为"祓除"。

（二）夏季的节俗

浴佛节，在农历四月初八，汉水上游地区除了请山僧设斋坛，鸣钟鼓，做浴佛道场外，还在这一天家家书写毛虫帖子。

端午节，在农历五月初五，是我国民间传统节日之一，汉水流域民间多称之为"端阳"。端午节尽管名称颇多，含义各异，但楚人驾舟以纪念屈原为端午节的主要内涵，是世人皆知的。由此可说，先秦时代的楚人及楚国的文化民俗氛围，对端午节的形成起到了至关重要的作用。端午节是荆楚地区的传统节日，千百年来，以祭奉屈原而形成的仪俗，在荆州民间主要有划龙舟、吃粽子、悬挂蒲艾、喝雄黄酒、系香袋等。郧阳地方的风俗是各家门户插艾蒿、挂菖蒲、喝雄黄酒，吃竹叶包的糯米粽子、盐蛋、煮大蒜等食品。小孩以雄黄酒沾抹额头和耳朵，挂五色彩线缠制的菱角和绣花香囊，以避蚊虫瘟疾。郧西、丹江口、竹山等地城关在汉水、堵河举行龙舟赛。

天贶节，在农历六月初六，传说是老龙王"晒麟皮"的日子，俗称"六月六，晒龙袍"。初伏前后，天气开始炎热，家家户户晾晒衣物箱笼，洗涤衣被。

（三）秋季的节俗

七夕节，在农历七月初七，又叫乞巧节，传说是天上牛郎织女聚会的时刻。这晚各家妇女以彩线穿七孔针，摆瓜果祭拜牛女双星，以求得一双巧手巧艺。

中元节，在农历七月半，又称"鬼节"，各家蒸供香馍上坟祭奠，晚上到住宅外烧化纸钱，燃放鞭炮。丹江口一带古时城镇"设孤"，就是在寺庙前搭建给野外亡者奠祭的"孤棚"，上面放满各家各户送的祭品。还请民间歌手打锣鼓。远在他乡的亲人死了，烧纸时在地上以草木灰画一圈，断口对着死者葬地方向，引魂捡钱。郧西一带普度"孤魂野鬼"，从七月初十至十五为盛，有"公普"和"私普"两种形式。"公普"是贫困乡民凑钱办祭奠；"私普"是大户人家独自放施舍、做赈祭、置路灯、放河灯、置舍宴等。

七夕、七月半、八月中秋、九九重阳等传统节日在民间也有着独特的习俗。八月中秋在汉水流域民间就曾经流行过一种较为奇特的习俗，即"到中秋，赛摸秋"。摸秋，就是中秋之夜偷摘他人田园的瓜果不视为偷，失瓜果的主人也不视为被盗。俗信这天月娘下凡，未生育的已婚妇女若摸秋不被人发现，可早得子。民间就有这样的俗谚："中秋中秋，送子摸秋。"摸秋的妇女一般是结伴而行，所摸来的瓜果放置在床内侧，并与之同睡，第二天将瓜果煮熟食之。中华人民共和国成立后，摸秋之俗已消失。

荆州民间特有的风俗还有重阳节吃九黄饼。相传东汉年间，重阳节达官贵人扶老携幼出游荆州龙山，正是天高气爽、风霜高洁之时，热饭热菜既不好带，又容易冷，为方便游人登山食用，荆州民间糕点师傅便制作了九黄饼。其名谓九黄饼，乃取九月重阳、登高赏金黄菊花之意。此种饼子，面如黄菊颜色且酥脆，馅系用冬瓜条、桂花、冰糖等拌和而成，吃起来香甜可口，颇受游人称赞，成为一种应时节令食品。至今荆州民间仍偏爱重阳节吃九黄饼。重阳节又称"登高节"。郧阳地区许多地方在重阳节前后自家酿酒，农村多以此节为婚娶吉日，取"九九长久"之意，城中文人多登高观景、赋诗、饮酒。

(四) 冬季的节俗

汉水流域民间在这一季节,大都有冬至、腊八、小年、除夕等传统节俗。

拿冬至来说,和北方不同的是,荆楚大地的人们往往会在这天开始淘洗糯米,磨浆沥干,制成"沉浆",然后用糖或肉制成馅,包成团,先是祭祖、祭灶,然后全家团聚,共同分享,还可馈赠亲朋好友。

腊八节,在农历腊月初八。一进入腊月,各家各户开始置办年货。初八这天,要以五谷杂蔬混煮成粥食用,意在告慰上苍今年民间五谷丰登。同时,腊八粥还表达了农家品尝一年辛劳所得,要珍惜粮食,勤俭持家。南部山区还有这样的习俗,每种农作物收获后,长者都要留下一点,等外出的儿女年关回家后煮粥吃,此表达了对离乡亲人的关爱之情。

小年,在农历腊月二十三,晚饭后烙灶饼、点灶灯、供灶糖,拜送灶王爷升天,请灶王爷"上天言好事,下界降吉祥"。农家还在灶柜上贴"童言无忌"的红纸条,以防小孩说错话冲撞了灶王爷和各路上天言事的神仙。过小年的日期,十堰地方祖籍北方的多在二十三日,祖籍南方的多在二十四日。在荆州,农历腊月二十四俗谓"小年",又称为"小过年""小除夕",是荆州民间很看重的一个年节。民谚云:"腊月二十四,家家小团圆。"是日,"吃坏吃好,一人不少;有吃无吃,团圆一席",一家人必须在一起吃团圆饭。

除夕,在农历腊月三十。此前几天,扫除堂屋尘垢,洗涤衣物,腌制菜肴,贴挂窗花、年画、灯彩,在外的家庭成员都赶回家。中午酒菜摆好后,先拜祖宗和土地神,贴上门神对联,全家入席后关门"团年"。傍晚给亡者坟上送灯,家人沐浴更衣,围坐火盆边"守岁"。火要烧得大、烧得红,俗称"三十的火,十五的灯"。入睡前晚辈向长辈叩拜"辞年"。

(五) 反映在汉水流域民歌中的节令变迁

以紫阳民歌为例,紫阳民歌中有许多按一年的时序、季节编唱的歌曲,反映了一年之中的农业生产习俗和节日活动。从音乐种类上来看,这些反映岁时民俗的歌曲多数是小调,少数是山歌。例如:"正月里,哥来接,下书房,问爹娘,爹妈说是客多忙。哥哥哎,你回去拜上我的爹,拜上我的娘,我二月回家看爹娘。二月里,哥来接,下书房,问爹娘,爹妈说是栽洋芋忙。哥哥哎,你回去拜上我的爹,拜上我的娘,我三月回家看爹娘。……"以下每月一段,一直唱到腊月,歌词的主要内容分别是:

> 三月里,哥来接,爹妈说是下种子忙。
> 四月里,哥来接,爹妈说是栽秧忙。
> 五月里,哥来接,爹妈说是薅草忙。
> 六月里,哥来接,爹妈说是栽苕忙。
> 七月里,哥来接,爹妈说是挖洋芋忙。
> 八月里,哥来接,爹妈说是打谷子忙。
> 九月里,哥来接,爹妈说是扳苞谷忙。
> 十月里,哥来接,爹妈说是扯黄豆忙。
> 冬月里,哥来接,爹妈说是挖冬地忙。
> 腊月里,哥来接,爹妈说是积肥忙。
> 何年何月看爹娘?

这首歌是从位于陕西省安康市紫阳县高山地区的燎原乡收集到的，反映了紫阳县高山地区的气温、物候变化规律与农业生产习俗的对应关系。从歌中可以看出，农历正月（以下月份皆为农历月份）是农民的休闲日子，各家各户忙于过年、走亲戚，其余每月都有一项主要的农事活动。三月"下种子忙"指的是苞谷、黄豆播种，水稻育秧。四月"栽秧忙"指的是水稻插秧。紫阳有农谚云："小满金，芒种银，夏至栽秧草里寻。"就说的是四月下旬小满节气前后是水稻插秧的最适宜时间。六月"栽苕忙"指的是高山地区的栽红苕时间。而低山和河谷地带栽苕时间要早一个月左右，这些地带的农谚说："五月栽苕重一斤，六月栽苕光筋筋。"八月"打谷子忙"指的是收割水稻。这里所称"谷子"与我国北方地区所称"谷子"全然不是同一作物。北方所称"谷子"指粟，去壳后称"小米"。紫阳农谚"白露不勾头，割谷子喂老牛"，说的就是水稻在八月上旬如果不能收割的话，就只有烂在田里喂牛了。"挖冬地"指的是冬天深翻地。冬月初已经"进九"，从此时起到来年春播前，正是一年里最寒冷的日子，此时翻地，一可把泥块冻酥、晒松，利于保墒保肥，二可冻死病虫。腊月是农闲时间，正好用来积肥。

（六）龙舟竞渡节

在每年的五月初五或十五，举行龙舟竞赛，是中国汉民族的一个传统习俗。

1. 汉水上游的龙舟竞赛

汉水上游的龙舟竞赛以安康的龙舟赛事形式为代表。

汉水上游崇山峻岭，因秦岭、巴山两岸对峙，水底山垠横亘，江水一路形成湾环重涧、曲隈复滩之势。水道险阻，转缘山间；悬流逆折，触石破舟。舟人至此而难焉，或倾覆货物，或淹溺人民。正所谓白浪交飞，万石风雷之阵；黄泉下睨，九幽神鬼之门。因而民间称船工为"死了没埋的"，可见在汉水上走水行船之险恶。但一辈辈生息于此的汉水人，却不畏水有奔滩触石之危，在激流飞渡、弄水驱船、闯滩涉险中，演绎创造出了独具地方风貌的龙舟竞渡活动，并逐步形成相对独立于他乡异域的地方民俗文化。

汉水上游的龙舟竞渡大都保持了较好的原创性文化生态，诸如"施钱祈福"的"旱龙船"，"禳灾祈年"的"祭祀"，"拯屈招屈"的"跪而竞桡"，"以猪胞实钱果使浮水面为标"，"小船载乳鸭往来画舫间，游人鬻之水中"，"舟中人飞身泅水抢之"，以及节日期间的"以艾插门""百草煎汤沐浴""系驱毒香囊""喝雄黄酒""贴天师符"等。这些活动与习俗，"三楚"各地有志可考，安康各地则有迹可循。也许，某些细节或形式与故楚地相比已发生了变化，但其根本绝不会变。例如：龙舟比赛，领先为胜。许多地方虽然不设奖品，却都有抢标的习惯。在终点处有观众将一幅长约三尺的红布条挂在竹竿上，领先的龙船就可以抢到布条，谁抢的多就证明这条船划得快。抢到的布条挂满龙头，以炫耀自己的胜利。安康不抢布条，而是在龙头上用红绸攀花扎彩，把自己的龙船打扮得更漂亮。

许多地方龙舟赛以后，有抢鸭子的活动，一般是由组织筹办方或当地富商在自己观望比赛的彩船上把鸭子甩到河里。安康则是由众商号在备好的舢板船上既甩鸭子，又以猪胞装入铜钱给赏钱，逗引得龙船在自己的彩船附近团团转。这是商家们另类的比赛，财力的展现、气势的较量，于龙舟赛之外发挥得淋漓尽致。这变化是竞渡之戏的升华。

百姓将竞渡看作禳灾、祈年，文人则偏重于招屈之意，对此苏东坡有诗描绘："水滨击鼓何喧阗，相将叩水求屈原。屈原已死今千载，满船哀唱似当年。"安康也有"哀唱"，这种哀唱的情感表现在竞渡当中，即为安康（主要指城区一带）特有的"跪而竞桡"，以及龙舟下水后人员可以替换，而舟不可以停泊的习俗。这些习俗正是"因拯救屈原而起"所流传下来的最原始的龙舟文化。因为，跪着划可以将身体俯于船沿，便于察看水中屈原的躯体，也是对逝者的崇敬；舟不停泊是沿江满河寻找的需要，也可以驱赶鱼类，以避免其对屈原遗体的侵害。

汉水上游的龙舟竞渡主要以"结对子"的方式进行。这种结对子的方式很有其行业历史渊源。商家、船老板与船工之间，还有竹木行的老板与放排工之间，虽属雇佣关系，但相互间互利互惠是共同的，小有矛盾，求大同存小异，谁也离不开谁。在龙舟比赛时，商家与船老板捐资的东泗王庙（船）、船工们支撑的西泗庙（船）便自觉不自觉地在一起展开较量。这种较量久而久之便固定为一对"冤家"。同样，下游中河街一带的码头工人，不以码头大而喜。上游水西门一带的码头工人，不以码头小而悲。下游的以自家门前的"火星殿"红船为伍，上游的以象征团结、义气当先的刘、关、张为榜样而自谦，与"关帝庙"的"小桃园"白船结伴，这两家年复一年也就成了竞争"对头"。这种"结冤家""找对头"的比赛方式形成后，逐渐被人们接受，各龙船会之间也就约定俗成，他们或以行业归类，或以地域划分，无论打鱼的、摆渡的、烧窑的、卖瓦的、耕田的、种地的，把日常生活中的纷争磕绊、生意上的争盈夺利，统统地发泄与释放在比赛当中，形成了诸如"火星殿"与"小桃园"之间的竞渡。

从比赛规则看，安康龙舟比赛的方式为固定对手，捉对挑逗。只要一方挑战，另一方就必须应战。即使没有准备周到，也还得仓促出船，否则观众就要喝倒彩。也有主动撵战的,只要是自己的"冤家对头",无须对方挑战就可以赶去拼抢。比赛也没有一定的距离,完全是双方随心所欲的较量。此一对争下水,彼一对争上水,抢对岸的,抢长距的,只要龙舟下了水,就只可以换人不可以停泊。往往是输者不服,反复比试,争起来没完没了。只要不输掉气势,就是英雄好汉。比赛拼搏不是单靠气力硬拼,主要看驾船的本领,去"抢水""占水"。

这种"结冤家""找对头"的竞渡形式,充分反映了生活于秦巴间的汉水人,在不同于其他水系或流域的长期社会实践中,有着不同的认识与经历的积累和筛选过程。它为建立有特色的中国龙舟文化,提供了值得重视的"资源"体系。

汉水上游的龙舟竞渡有其浓厚的地域特色和美学韵味。龙舟竞渡在安康,由于受自然地理环境和历史人文环境的影响,民间则把它俗称为"划龙船"或"玩龙船",对观众而言则叫"看龙船"。它具有审美功能、娱乐功能和社会功能。其丰厚的文化底蕴就深藏在能划出门道、玩出趣味,看起来极具观赏性。虽然也有"龙舟赛""赛龙舟"的说法,但这"赛"字的真正含义绝不是望文生义的那种认识。从传统文化与现代文明方面讲,传统文化中的安康龙舟赛,划者,气势之较量;玩者,情感之释放;竞者,驾船之本领;看者,万千之景象。而赛者,不仅是速度之争,其赛之内容,涵盖甚广,名堂极多。如锣鼓之势,下桡之势,挥桡之势,抢水之势,装扮之势。会馆、商号、龙船会所布彩船,亦有其势。而现代文明中的赛龙舟,赛的仅仅是速度。其实,这是两个概念,两种文化,不可混为一谈。起码在安康,龙舟竞渡是不可以单纯与体育竞赛相提并论的。在一些古籍和地方志中所出现的竞渡和龙舟竞渡,不仅是指划龙船的速度比赛,而且也包括不进行速度比赛的其他竞渡方式以及相关的礼仪等。

从审美角度来讲，安康龙舟有大棹，有桡子旗，有三角崇旗。龙头上襻花扎彩，龙尾上插旗挂锦，装扮华丽。竞渡之外可观而赏之的，还有竞渡场边的彩船。放眼过去，帆樯透迤，旗幡招展，红灯高悬，青幔半卷。各方彩船依次于河沿歇定，有如水军安营扎寨之态。

2. 汉水中下游的龙舟竞渡

汉水中下游的龙舟竞渡以襄阳的龙舟赛事形式为代表。这里，我们不妨来看看汉水文化小说代表作家王雄在《阴阳碑》里的描述：

> 每年五月端午节，按襄阳的风俗，五月初五为小端阳，五月十五为大端阳。小端阳这天人们忙于节事，汉江里是见不到龙船的，初七、初八之后，直到五月十五，汉江里"咚咚当当"的锣鼓声就会一天比一天响起来。
>
> 这多天，襄阳城里的各方来人都一直在古渡口筹划着划龙船比赛的事。按惯例，襄阳城某乡某保某一方各备一条龙船参加竞渡。龙船不重装饰，唯求轻巧。每条龙船十名水手执桡片分坐两舷，船尾一人为艄公，负责掌棹司舵，船中立二人打击锣鼓，船头一人执丈余长杆，上穿一面彩旗。旗分红、黄、蓝、白、黑多种色彩，执某色旗即称某船。一种旗色代表一乡一保一方。江面只分两个航道，也就是说，一次只能让一对龙船对赛。传说很古的时候，有年端阳节，一条龙船在汉江里突然沉了下去，后来有人看见，这条龙船在水中变为了一条活龙。后来人以划龙舟祭奠，一来怀念先人，二来祈求保佑平安。
>
> 五月十五这天，是龙船竞渡的最高潮，决赛一年一度的魁首。天刚麻亮，城里城外看龙船的人就蜂拥而至。古渡口码头上围满了

人，马背巷临江的各户人家，将吊脚楼临江的那一面的壁板卸掉，大开楼门，着意招待亲朋好友和汉江上下游坐船专程赶来看热闹的老主顾。吊脚楼上的人头高高低低排了好几排，主人们端茶倒水，不亦乐乎。有的人还爬到码头上航船的桅杆上，睁大眼睛盯着江面。对岸的樊城江边也是人山人海。

太阳露出了笑脸，江面上微风不紧不慢地吹着，真是一个难得的好天气。站在码头的台阶上居高临下，彩旗猎猎，千舸待发。每条龙船上都立着两行膀阔腰圆的大汉子。马背巷的黄船，与炮铺街的红船对垒。两条船都排在最前面，显然是首对决赛的龙船。

权府不临江，权老板今年特意包租了临江的沈氏茶馆、朱四辈面馆的吊脚楼，请来一些老客户观看龙船竞渡。权老板还放了伙计们的假，让他们到江边去看龙船。马背巷临江各户早就把备好的悬有三尺多长红布的长竹篙伸出楼头，与红布一同垂下的是权府资助的"樊鞭"万响。今年马背巷的黄船是权府出资，权老板一早就被请上了标台船。女贞不想去江边，她仍没有从鱼梁洲的阴影中解脱出来。她有了一种恐惧人群的感觉。女贞抱着小六子站在权府门前时，吊脚楼的鞭炮声已炸响了，江面上吼叫声一片。权府的大门对面是条小胡同口，小胡同口笔直地伸向江边。女贞站在大门前，也能看到江面。龙船竞赛已经开始了，从小胡同口传来"砸炮铺街的船呀，砸哟"和"砸马背巷的船呀，砸哟"的双方交战的吼声。

女贞知道这是马背巷与炮铺街的龙船对赛开始了，便情不自禁地抱着小六子走进了对面的小胡同口，她穿过胡同，来到了江边的堤坡上。江面上锣鼓喧天，喊声雷动，桡片翻飞，水花四溅，岸边的围观者拼命地呼喊助威，十分壮观。只见，黄船的头旗手将手中的黄旗拼命地向前挥着，在锣鼓匠沉重的鼓槌声和沉缓的铜锣声中，划头桡的划手双腿跪在船头，弓腰埋头把手中的桡片时而翘向空中时而插入水里,急促而有节奏,其身后并排而坐的十名划手整齐划一地跟着进桡,在划手们"划呀!划呀!"的叫喊声中,桡片犹如雪亮的钢刀,在如烟似霭的水花里,整齐地上下砍杀,黄船如利剑出鞘,霎时便超过了红船。

这时,黄船的头旗手回头一看,已将红船甩得好远。黄船头旗手好不得意,他将黄旗向岸边一指,那船尾的艄公竟双手把长艄横举在头上,龙舟便飞矢般地向马背巷岸边的吊脚楼下射来!船到岸边,穿褂子的划头桡的划手站起身,笑嘻嘻地两脚一跳,腾起身子,一把扯下竹篙上的红布缠在头上。襄阳人称之为"上红"。那家被龙舟"上红",是一种吉利的象征,对生意人家来说,有"生意兴隆通四海"之意。被扯下红布的是沈氏茶馆的吊脚楼,沈氏茶馆的吊脚楼今日已被权府包租,"上红"者显然是冲着权府来的。谁知,跳船头的年轻后生得意失足,竟然嘻嘻哈哈地掉入江中,引得岸边看热闹人的一阵喧哗声。就这么一会功夫,红船毫不客气地超了过去。红船在黄船船头包抄了一圈后,夺得了标台的龙旗。

女贞听到了江边吊脚楼上下的一片惋惜声。

"哎呀,太可惜了,这后生也太大意了,马背巷的龙船可年年是襄阳城第一呢。"

"活该。"

女贞感到这说话人挺耳熟的,不由扭头一瞧,原是黄大神和胡大神。女贞就想到了那天的耻辱,泪水涌了出来。

这时,胡大神又说话了:"输了龙船,这下可破了权老板的面子呢。"[1]

---

[1] 王雄. 阴阳碑 [M]. 北京:中国文联出版公司,1997:109—112.

除了王雄的上述描述，汉水下游的龙舟竞渡还有一点不同之处。汉水下游地区五月端午的龙舟竞渡，是民间最为壮观的群体性节日活动。历时之长、规模之大，为别处所少见。湖北的端午节，有小端阳、大端阳之分；民间称五月初五为小端阳，五月十五为大端阳。有些地方竞渡活动从五月初一开始，到五月十六日方结束。民间竞渡之船，多选用专用龙船，水手人数视船大小而定，多达数十人。比赛时，江上锣鼓喧天，选手们个个操桡奋桨；两岸观者如云，呐喊助威，声震四野。至十五日大端阳，龙舟竞渡再次形成高潮。

二、汉水流域的衣食住行习俗

（一）日常饮食衣着习俗

汉水流域上游地区以往流传一句民谚："寻常日子三大宝，苞谷、红薯、龙须草。"以苞谷、红薯为粮食的上游山区，在饮食上形成了自己的习俗，主食多以红薯为主，"早上梆梆梆，晌午靠山庄，晚上换个顿，还是红薯汤"，这首民谣就是山区群众一日三餐吃红薯的生动写照。汉水山区人民吃红薯的方法很多，晒红薯干，磨红薯面，做红薯粉丝，更多的是直接蒸、煮红薯，或切块掺以苞谷糁煮红薯汤。汉水流域内山区、汉水南部地区多以苞谷为主食，也有多种吃法，除直接煮或烤苞谷坨吃以外，大多把苞谷晒干磨成糁或面，做粑烙饼煮苞谷糁。有的把嫩苞谷籽磨成浆，掺瓜菜煮食，或摊饼做成"浆巴馍"食用。讲究的吃法是把苞谷糁拌和煮过的大米上笼子蒸，俗称"金包银"，色泽鲜亮，喷香软甜。高寒山地有的只产洋芋（土豆），人们以烧煮的办法当主粮吃。

有的也把土豆切成片、丝晒干做成菜肴，还可直接把土豆打成浆制作土豆粉，方便食用。南部山区的群众还把黄豆磨浆不滤渣，掺菜沫煮成"懒豆腐""合渣"，成为颇有地方特色的菜肴。武当山脚下豆腐沟一带的群众擅长做豆腐，冬季做好后置于屋前露天，整块豆腐被冻成均匀的蜂窝状，可以一层层撕开做菜，成为深受欢迎的地方菜肴。

汉水流域上下游地区城乡居民自古以来就有种茶、饮茶习俗，所饮多为本地出产的绿茶"家园茶"。汉水流域中上游是我国茶树原生地之一，地处秦巴武当山系，雨量充沛，气候温和，极适宜茶树生长，种茶历史悠久。明代，武当山主峰山洼里有种植一种茶，叫骞林茶。《群芳谱》载："太和山出骞林茶，初泡极苦涩，至三四泡，清香特异，人以为茶宝。"明清两代，武当山骞林茶一直是进献皇室的贡品。自20世纪60年代起，郧阳各地引种、改良、扩大茶园栽培，武当山紫霄宫、太子坡、八仙观、老营，竹溪县梅子垭、龙王垭、汇湾，竹山县圣水，郧西县神雾岭等地引进先进种茶技术和制茶设备，建设高标准名优茶基地，所产武当针井、老君眉、武当剑茶、圣水翠峰、龙峰箭茶、神雾毛尖等产品，先后被评为全省名优茶。到2018年底，汉水流域中上游共建有机茶基地300余万亩，茶叶系列品种近百种，其中被国际、国内权威机构认证的有机茶品牌23个。

郧阳最具地方特色的民间风味小吃，要数三合汤。临街一口大铁锅，中间放置一个通底的砂罐，锅内浓汤翻滚的牛肉香气四溢。一份三合汤从砂罐中烫煮七个饺子、几片卤牛肉、一撮粉丝，再从大锅里舀一勺酸辣鲜香的牛肉汤，直吃得人汗流满面。杜洪盛做三合汤用料很讲究：精选黄牛腱子肉，熬煮卤好后切成透亮的薄片，选用精白面粉加蛋清和碱水揉匀，揪成约半两重的面团，以配好的鲜牛肉包成猴头样的饺子，选用匀称的红薯粉丝泡好备用。杜洪盛的三合汤，一碗盛七个猴头饺,约一两牛肉片,一两半粉丝,再加一勺漂着葱姜蒜香菜末和红辣椒的牛肉汤。也可以按顾客的要求灵活经营:不要饺子的可以多盛些粉、肉;不愿吃粉丝的则不放粉丝,多加几个猴头饺和肉汤。随着人民生活水平的提高,郧县三合汤不仅在城关发展到十几家,还在十堰的五堰、六堰、火车站等地都有店铺经营,三合汤也成为十堰民众的新爱。

  汉水流域中上游的传统衣着尤其特别。以往汉水山区群众的衣着大多用自织的土布,外装染成深蓝色或浅蓝色,妇女多穿浅蓝色阴丹士林细布。郧西等地农村还使用一种打绞扎结的染色方法,先在白布上画好图案,再用线沿图案缝引抽紧,扎成各种形制的小绞,然后浸入染缸。那些被绞扎的地方由于染浆渗透不进或浸润较浅,把线拆开后就形成蓝白相间的各式花纹和图案,民间称为蓝印花布,大多用来做被面、衣裤、门帘。大多数农人都穿龙须草打的草鞋和手工制作的布鞋。

(二) 汉水流域中上游的居住习俗

  汉水流域中上游地区的民居,自古就以茅屋为主。清代移民迁入以后,更强化了这里以茅屋草棚为主和星散分布的民居特点。各地的房屋建筑材料多以茅草、竹木为主,砖瓦房仅十分之一二。而且与关中、陕北聚族而居或比户而居不同,汉水流域上游地区则鲜有百家之聚,也少有集族而居者。民居零星散处,岭谷隔绝,显得狭小局促,即使是在秦蜀驿道上,见到的景象也是山风飒飒,时时听到虎啸之声,而罕见人烟。唯有在山间盆地,面积稍大的平地处,能形成较大的村落。在交通道路两侧甚至有的发展成稍具规模的市镇。但由于陕南地形崎岖,平坝盆地甚少,这种村墟相望的景象并不多见,不能构成当地聚落的主要景观。秦巴山地之所以茅屋草棚遍布,除其地气候条件适宜外,最主要的还是因为移民迁徙不定,不愿在筑屋上多耗财力,只能就地取材,营建搭制最简易的住屋,当确定能生存下去以后,才逐渐地修筑几间房屋,否则仍徙他处。因此,"棚居杂吴语,板屋半楚咻"成为秦巴山区移民与聚落景观的典型特征。

中华人民共和国成立前后,汉水流域山区的民居在县城基本是砖瓦房,在农村主要是版筑夯土茅草房。在贫困偏远的深山,还有人住岩屋和窝棚。窝棚是一种用木杆搭成的两面坡或圆顶,上面扎草,没有墙壁,直接搭在地面的房屋,俗称"千柱落脚"。20世纪80年代以后,随着经济的发展,农村居民大多已换成砖瓦房,岩屋和窝棚基本消除,有的地方还建设了连片集居的新村。一批中小城镇的崛起和基础设施的完善,极大地改善了居住环境,为民居文化增添了新意。

汉水流域中上游的民居以木构架结构为主,屋顶铺草或瓦,墙体多为版筑夯土,也有土坯墙体,以白石灰抿壁。南部山区有的以块石垒墙,石片作瓦。一般民居以三间正房与一间偏房格局为主,俗称"明三暗四",大门居中,一主两侧半偏厦。偏厦有带一拖檐或带一横间出头两种形式,作厨房用。人多的大户有正房五间、偏房两间,俗称"明五暗七"。晒场、畜圈、厕所配套,形成独门独户的方形小院,院墙开砌楼门。城镇民居比农村要好,县城多是一进四合院,院内有厅、堂、厢、厨之分,自成庭院。结构一般是木构架青砖上顶,设隐蔽墙,屋顶盖青瓦,临街门面多为上下两层木式楼屋。城乡富户人家的民居与普通民居差异很大,大多是二进或三进四合院,前厅后院,砌风火墙。前有门楼,中为厅堂,后屋两侧为厢房,后面是横屋、围屋,辟有花园、菜圃,围以矮墙,整幢建筑布局成"井"字形。宅第宽敞,门窗饰以木石雕刻,精美豪华。

汉水流域中上游民居建筑十分讲究风水。风水术是中国古代建筑规划、设计、营造的理论基础。流行久远的风水形势法讲究觅龙、察砂、观水、点穴、取向五大要素，从山川形势上进行观察测量，达到选择"迎气生气""聚气藏气""载气纳气"这一天、地、人合一的养生环境，求得"山主富贵水主财"的效果。汉水流域中上游民居在风水相宅中，一般都选择背山、向阳、避风、临水的山脚、平坝和山腰。豪门富户在遵循这个一般原则之外，多选择高敞、向阳、水宽之处建房，并按照阴阳五行的要求在宅屋内部装修上予以呼应，十分讲究。背山、向阳、避风、临水，从地理学、生态学、生物学、心理学、美学等诸多方面看，对人的生活和身体健康都会产生积极影响，是有科学道理的。

汉水流域上游建房有许多礼俗规矩。奠基、立门、竖柱、上梁都要举行一定的仪式，尤其是做屋上梁，礼仪更加隆重。作为房屋的正梁，选料考究，做工精细，民间忌用槐木，被认为是"鬼木"，而大多采用杉木、松木，取"千年杉、万年松"的稳固吉祥之意。竖柱上梁时，要选择吉日良辰，在主梁上系以红布，在主柱上贴吉祥的红对联，用以镇邪纳福。主人家敲锣打鼓，工匠师傅要歌颂赞祝。梁架上以后，主人家要撒米、青豆、钱币和做成元宝形的馒头、糖包子，众乡邻和工匠要抢接，晚上主人家要摆"上梁酒"，向工匠们致谢。民间迁居时也有礼俗。房县一带迁离旧宅进新房多在黎明前，首先搬柴火进新门，虽白昼必须提灯笼，虽盛夏必抬一盆炭火，意取招财进宝，前途光明，家道红火。民间还有"六腊不搬家"的习俗，六月、腊月搬家家运不发。住房居家也有许多习俗，主要夫妇要住正房，晚辈住厢房，杂工住下房，以讲尊卑有序。俗语"门不离八、床不离七"，说的是家庭要发，夫不离妻。旧时做床，要用结籽多、长寿的木材，如木梓树、柿子树、松柏树等木材。床的长宽都不能"离七"，长六尺七寸七分，宽三尺七寸七分。放床要顺着檩条方向，不能骑梁。家庭兄弟分居时，讲究"老大不离中堂，幺儿不离娘房"。

(三) 汉水流域下游的居住习俗

汉水流域下游的居住习俗以荆州地区为代表。自古以来，荆州民众视建房为人生最重要的活动。在农村，只要有人盖房，其亲友和乡邻均自带粮食无偿帮工，鼎力相助。到了房屋上梁或落成之日，村里人还要前去祝贺助兴，增添欢庆的气氛。旧时，民间建造房舍首先选择地基，除方便生活外，更多看风水好坏。其次，荆州境内多江河湖泊，人们建房选址多考虑依山傍水之地。再次，荆州城乡民众选址建房均习尚坐北朝南。最后，看重地理环境，讲究美感。与此同时，荆州民间还有一些庭院种植方面的禁忌。如其中一种说法是"前不栽桑，后不栽柳，门前不栽'鬼拍手'"。这是因为桑谐"丧"，唯恐不吉。"后不栽柳"，说法不一。一说是柳谐"扭"，怕家运不顺；另一说法是柳不结籽，恐无子嗣后代。"鬼拍手"指杨树，风吹树声如"鬼拍手"，恐招来鬼魅。从史书记载的居住史来看，房舍建筑凝聚着世世代代的智慧和汗水，它既能反映出特定社会历史时期某种建筑风格所显示的技术和艺术，又作为一种文化形式，体现出人们的崇信观念、心理结构、审美情趣和生活习惯。

(四) 汉水流域的生产习俗

汉水流域农业生产习俗有很多讲究。一是打春牛。立春是二十四节气之首，也是春回大地、万物复苏的标志日，多在腊月底或正月初，农家要举行隆重热闹的祭春仪式。祭神迎春的节庆相传起于周朝，官府于立春前一日带领士民抬上泥糊的春牛、芒神到郊外迎春神。丹江口市一带旧有打春牛的迎春祭祀活动，均州知州每年立春时节祭农坛，祈求风调雨顺，乡民抬上纸扎的春牛和芒神先到州衙门前礼拜，由州官鞭牛三下，然后乡民抬上春牛、芒神到各乡里游行，意在劝农劝耕。二是社日拜土地。社日祭祀活动分春社日和秋社日。立春后第五个戊日的春社祭祀，由乡民备上祭品、鼓乐拜祭土地神，祈祷丰年。立秋后第五个戊日的秋社祭祀，与春社日相同，也是拜土地神，答谢其保佑丰收之意，叫"春祈秋报"。三是喝开秧、开种酒。春播春种时节，农家选择吉日良辰插秧、种苞谷。平坝水田插秧称"开秧门"，这天主人家要备上酒菜，邀请亲朋和插秧的帮工，喝"开秧酒"，山里种苞谷的称"开种酒"。上午10时左右和下午4时左右，主人家要将酒菜送到田边地头，给秧手和帮工们"接腰"，体现了农民对一年农作收获寄予厚望和乡邻情谊。四是打薅草锣鼓。夏秋田间管理时节，农民要锄草整地，往往由一两个人手敲锣鼓唱田歌，以提高干劲、催促进度。薅草锣鼓可一人领唱一人应和，亦可一人领唱众人应和，开工锣鼓唱罢，就开始唱人物故事类"本头戏"，歇火后再唱催工锣鼓，亦有歌手在现场即兴编词，表扬先进，督促后进。房县开工锣鼓唱道："树恋青山鸟爱林，山里喜欢锣鼓声，追星赶月打哟嗬，锣鼓一响添精神，越敲越响越有劲。"这种生产锣鼓歌据说起源于唐代，至今人们把薅草锣鼓班叫"唐将班子"。明代韩弼诗《十堰春耕》写道："布谷声中水满溪，南畴北陇把锄犁。劝农不费田官力，腰鼓一声人自齐。"这就是山乡薅草锣鼓演唱的生动写照。

　　汉水流域手工业也各有神明，别有寄托。百业工匠都有本行崇拜的祖师爷，匠人们逢年过节都要拜祭祖师。木匠、石匠、泥瓦匠拜祭的是鲁班，铁匠拜祭的是李老君，酒匠拜祭的是杜康，裁缝拜祭的是轩辕帝，屠匠拜祭的是张飞，陶匠拜祭的是范蠡，理发匠拜祭的是罗祖，织匠拜祭的是织女，等等，七十二行各有祖师。拜祖师有的在祖师庙进行，如郧阳地区有轩辕庙、华佗庙、张飞庙、罗祖庙、老君庙、鲁班庙等。有的则师徒、同行数人聚会，挂上祖师像，焚香叩首，拜祭后相互切磋技艺。手工匠人学艺传艺，自古以来习用拜师收徒的方法。被师傅相中的人，要请人担保，师傅同意接收，要举行拜师礼，送上礼品，三拜九叩，磕头认师。学艺规定三年，其间师傅不付工钱，只给点零花钱。学徒除跟随师傅干活学艺外，还要承担师傅家里的家务活。民谚说，"师徒弟子，爷儿父子"，"要得会，跟师傅睡"，就是指学徒要全身心地为师傅服务，留心学艺。三年满师后，徒弟要举办"谢师礼"，劳动依附关系解除，但师徒关系要保持一辈子。

  汉水流域商业买卖习俗别有禁忌，讲究多多。旧时商铺为讨吉利发达，多用吉祥词语取名号，如"鸿兴""同盛""聚源""同顺昌""永发德"等商铺名号。有的把业主的姓氏放在商号中，如郧西的"周福顺""谢亿顺"，房县的"毛恒胜""张彩记""冯天发"等商铺名号。各商铺大多把名号制成精美的匾额，悬于店门上方。商铺也收徒，其从业方法和依附关系与工匠相同。商铺经营大都有一些规章，如"秤平斗满尺码足""买卖公平，童叟无欺"等，也有一些总结在俗谚中的经验教训，如"三分利吃饱饭，对半利饿死人""生意不成仁义在"等。店铺经营有不少禁忌，说话要"讨口彩"。一般把赚钱称为"顺头"，把折本称为"泼了"，把摆摊设点称为"坐庄"。卤菜猪舌头叫"赚头"，猪耳朵叫"顺风"，鳖叫"团鱼"，饺子叫"元宝"。把风帆叫"布蓬"，棺材称"寿木"，中药称为"补药"，等等。经商的人指望恪守这些趋吉避凶的禁忌，求得生意兴隆，财运亨通，至少也是心里安然。即便是生产经营中数量词的符号和表达也很不一般。譬如在郧阳地区的民间营销和交易中，涉及一些数字、量词时，常常用一些特殊的符号和特殊的方式予以表达，成为生产经营习俗中值得深入探究的一种民俗现象。郧阳农村的耕牛交易，在交易场买卖双方不用言语讲价还价，而是由卖主在袖筒里用手势比画数目，由对方摸。还价的数目也用手比画，由卖方摸，几经讨价还价，双方达成一致，握手成交。郧县民间流传的歇后语"卖牛的不说价——袖里摸"，指的就是这种特殊的交易方式。再譬如剃头匠走街串巷给人理发，他们的行话中，用狮、象、麒、麟、猊、虎、豹、鹿、狼、狐十个字代替 1 至 10 的十个数字，在顾客面前讲价格。

商铺里的隐语暗码更多，如 1 至 9 九个数字，有的用旦底、拙工、眠川、回回、缺丑、断大、坚底、入开、去丸来表示，这是一种汉字拆合、笔画增减法的暗码。有的以扁担、筷子、撑脚架、耙头数、抓老子、两头翘、小弯沟、眉毛数、大弯弓来表示，这是一种以具体事物喻数的方法。有的在书写文字中，把大写的壹、贰、叁、肆、伍、陆、柒、捌、玖写成"士、欠、彡、长、仁、耳、木、另、王"。郧县的商铺货栈则把 1 至 9 的数字分别说成是"海、镡、茬、严、拐、劳、星、别、稍"。这些隐语和暗码当着买主和看客的面使用，有利于保守商业秘密和买卖价格，有利于交易成功和店铺得利。

三、汉水流域乡村的婚嫁、诞育、寿辰习俗

（一）旧时汉水流域乡村的婚俗

汉水流域乡村，自古以来传统文化蕴藉深厚，民风古拙纯朴，人民达观通变，婚俗简约有礼。汉水文明历经 5000 多年，汉水上下流经

3000里，尽管五里不同风，十里不同俗，但由于有着相似的人文地理环境，所以也有着相近、相似的婚俗。

旧时结婚仪礼，从古代"六礼"（一纳采、二问名、三纳吉、四纳征、五请期、六迎亲）演变而来。与其他地方相比，汉水流域乡村婚俗中的几大特色是别具一格的。

一是孝感夜嫁的婚俗。

孝感与其他地方的嫁女风俗不同，流行夜晚嫁女。新娘出嫁上轿的时间一般在二更天，新郎、媒人以及抬嫁妆的人都打着灯笼随行，以四更左右到达新郎家为宜。现在虽没有花轿，但有些地方仍然保持了夜嫁女的习俗。

嫁娶是人生大事，从前孝感人从定亲到完婚要经过五道程序：一允许酒，二过帖（庚帖），三谋媒，四报期，五完婚。完婚前还要行告祖礼、加冠礼。

告祖礼是新郎向祖宗祭拜，请来掌礼先生和乐班按程序进行。祭祀歌词为四言结构，主要内容是请神祖临堂，施恩赐福。

加冠礼在行告祖礼后进行，是给新郎命名的仪式。掌礼先生吟咏加冠歌，给新郎加冠带履。

婚嫁吉日，新郎要亲自去接新娘。新娘家亲朋好友要"盘女婿"，即逗弄新郎。从新郎进门到吃酒处处设障，如以门顶泼水、席间对联、肉中穿线、缠紧筷子等方式为难新郎，考验新郎的性情和才智。新娘家"盘女婿"，新郎家就"戏新娘"，几个年轻后生抬着花轿前后左右颠簸戏弄新娘。新郎新娘进门拜堂，入洞房，喝团圆酒，这时"戏新娘"进入高潮，众人有说四言八句的，有对歌的，有开玩笑的，无论老少辈均可戏新娘。孝感有"新婚三天无大小"的说法，人们认为越闹越发，不闹就觉得冷清。

二是特别重视用"鞋"。

汉水流域许多地方男方过礼时,就附有全家大小人等的鞋样,女方依样做好,待婚礼时"散喜鞋",也有亲友邻里主动向新娘讨"喜鞋"的。婚礼时,女方还时兴穿做工精美的"同偕到老"嫁鞋或用"筒鞋"作嫁妆。故姑娘出嫁前做嫁鞋为一大工程,往往喜鞋和绣花鞋垫要准备一大箱,以备送礼之用。

汉水流域许多地方新妇初次拜见公婆并进献见面礼的习俗叫"妇贽",因旧时公婆亦称舅姑,新妇拜见公婆后还要依次拜见夫家大大小小的亲友,故此礼又称"见舅姑""见大小",它是传统婚礼中的一项重要内容。"妇贽"的礼品除了食品外,还有针凿之物,有履、枕履、巾履、帨履、袜履之类。而这些大同小异的女红活计中,履是必不可少的。履,即鞋子。新媳妇通常要亲自为公婆各做一双鞋子,也有为夫家公婆及族戚尊长各做一双的。如鄂西土家族地区"散喜鞋"仪式,在成亲的第二天早饭后,新郎、新娘要把新郎家所有的长辈亲友都请到堂屋依次坐定,敬烟敬茶。新娘随新郎口吻依次称呼各位,接着就"散喜鞋"。边散边谦言道:"毛脚毛手,做得太丑,老少面前,拿不出手。"老一辈领了"喜鞋",给新娘递"打发钱"。边递边说吉利话:"花鞋做得妙,芙蓉出水水欢笑。红花并蒂日日红,好鸟双栖时时好。"新娘与新郎家人的关系,在以履为礼的仪式中,协调得如此融洽而和谐。

汉水流域许多地方姑娘出嫁,少不了为自己准备一件压箱之宝——"筒鞋"。即一男一女两双布鞋,其中女鞋用大红绸缎面绣花,男鞋用青缎素面,花绣在鞋垫或鞋底上。出嫁时,将女鞋套在男鞋中带到婆家。在湖北方言中,将某物套在某物中称"筒",两双鞋套在一起,自然就是"筒鞋"了。它正合婚礼上的一句口彩话——"同偕到老",故被当作是夫妻恩爱、白头偕老的象征物。这种鞋样将"筒鞋"所含的寓意变成直观的纹样,有莲花、莲子、荷叶、桂花、万字符、桃心、毛笔与双钱、两双叠放的鞋等。这些纹样用民间谐音寓意法读出,就是因何(荷)得偶(藕)、连(莲)生贵(桂)子、必(笔)定双全(钱)、万世同心、同偕(鞋)到老,几乎集中了所有的贺词吉语,十分典型地反映了传统的婚姻理想。老艺人说,往日这种出嫁的花样最好卖。其老伴也表示,送陪嫁拣箱时,头一箱就放这种"同偕到老",足见"筒鞋"在人们心中的神圣地位。

三是荆州粗接媳妇细嫁女的习俗。

地处汉水流域下游的荆州民间婚俗礼仪程序有:提亲、请八字、订婚、下彩礼、定日子、娶亲准备、娶亲。以娶亲准备为例,娶亲是婚礼大典,不是一天能完成的,还有些准备手续。按照荆州民间的婚嫁风俗,男家定下嫁娶的日子,一般要在三四个月前,甚至是头一年,以便女家在这个时期准备嫁妆。俗话说:"粗接媳妇细嫁女。"女儿出嫁,做父母的置办嫁妆,要想得周到、细微,尽力办得颇丰、体面;男家同女家一样,也要抓紧备办婚事,如盖房、置新家具,包括床榻、衣柜、桌椅之类。临近娶亲之日,男家和女家还要送请柬,把儿女成婚的消息通告亲朋好友。旧时,请柬一般为双柬帖,即将一张红纸,对折成长方形。上面行文一般使用文言语句,显得古朴典雅。请柬既表示对宾客的尊重,又表示邀请人对此事持慎重态度,故客人近在咫尺,也须送请柬。

(二) 当代汉水流域乡村的婚俗

汉水流域乡村的婚俗大致要经历以下四个阶段:

第一,订婚。

旧时男女婚姻大事，依父母之命，经媒人撮合，认为门当户对，互换"庚帖"（年龄、生辰八字），压于灶君神像前净茶杯底，以测神意。今天，很多乡村男女青年在婚姻中已走出了"父母之命""媒妁之言"的桎梏，崇尚自由恋爱。订婚这一天，小伙子穿戴整齐，春风满面，提上礼物同父母一道去女方家拜访。

第二，认亲。

婚事订妥后，男方得携带礼品去女方本家及姑娘的亲伯、叔等家里拜访，以此获得女方的亲戚对这门亲事的认可。这一习俗有些地方称"过门"。

认亲时所带礼物，不管要拜访的有多少家，都是相同的。无论走到哪一家，都异常热情，设上等酒席款待。席间劝酒是必不可少的，一是出于礼仪，二是有意考验新女婿的聪明和智慧。席上往往有几位"酒林高手"一边闲话，一边频频劝酒。这时，新女婿更要显得彬彬有礼，知识广博，不至于在这种特殊场合下出丑，还得想办法对付各位的凌厉攻势。这种情况下，聪明的小伙子往往要奸猾、设巧计，结果安然无恙。少数不善言辞、缺少心计的新女婿在强烈的攻势下不胜酒力，酩酊大醉，出尽洋相。离开每一家时，各家都准备好了回赠新女婿的礼物。从前是毛巾、袜子、布鞋等，随着经济的发展，今天回赠给女婿的礼品变成了高档皮鞋、时装等。认亲过后，距离婚期便不远了。

第三，报期。

认亲过后，征得女方同意后，便要择吉日完婚。婚期大多安排在冬春两季，因此时农活较闲。择日极为慎重，请一位熟悉阴阳历算者推算出吉日后，还要在当地请一文人叙写期书。期书的外表和内容极讲究，一般用书本宽的长方形红纸折叠成连页状，合起来如一本书。封面用毛笔书写四字——"预报佳期"，字体大多工整，内容以小伙子父母的口气写给姑娘父母。期书正文开头恭称亲家大人之后,写道:"夫秦晋联姻,朱陈缔好,世笃婚姻,永结伉俪……时有良辰吉日,欲迎令媛下配寒门……"大段的谦辞过后,才入正题:"吾儿稚气已除,年当法定之际;令媛已知书达礼,德荣兼备。今特定某年某月某日为令媛于归之佳期,恳乞亲家阁下赏准。"

期书写好后,送期书也有不成文的规定。时间一般在中秋佳节,小伙子携带礼品并将期书送去,此习俗谓之"打报期"。女方接到期书后,郑重其事。女方赏准后,便算大功告成。于是,男方喜气洋洋,里里外外,大大小小开始忙碌,翘首以盼那个喜庆的日子。

第四,完婚。

乡村男女青年结婚,一般要热闹三天。婚期的前一天,新郎家张灯结彩,喜气洋洋,这天的酒席称"启媒席"。吹唢呐的、放喜炮的、挑彩礼的等准时赶到。

正期这天,上路娶亲的队伍早早出发,浩浩荡荡。一路上,放喜炮的人在前,众人在后,风风火火赶到女方家。女方家也异常热闹,姑娘的亲朋好友都携带礼品来为姑娘祝贺,称为"填箱"。

在女方家宴罢,男方的"押礼先生"便负责将各类嫁妆捆绑结实。三声炮响,炮手仍为"开路先锋","云抬师"(抬嫁妆者)抬起嫁妆紧随其后。等他们走了一两里地后,迎亲者才同姑娘上路,姑娘的至亲,特别是那些送了贵重嫁妆者,一般要去送姑娘,谓之"送亲",这些人称为"上亲",他们走在最后,三路人马始终保持一定的距离。

喜庆的炮声远远地就把消息传递到男方家。于是,男方家更加忙碌了。许多人站在院子边恭候着,有专迎姑娘的,有专接"上亲"的。把新娘迎进喜堂后,便举行简单的婚礼,仪式一般是鸣炮、拜天地、拜父母、夫妻对拜、入洞房几项。这天的宴席称"正客席",宾客入席极有讲究,得听主持人的安排。每一席的首席为"上亲"或新郎的至亲长辈,首席旁配一与首席者身份、辈分相当的人做陪客。当酒兴正浓、群情激昂时,主持人一声洪亮的开声白响彻喜堂,席间众人闻之全体起立,聆听主持人代表男方向众人致意。待主持人言罢,新郎在他旁边向众人鞠躬致意。如果时间尚早,新郎新娘还会拿着一个小盘,盘内放三个酒杯,新郎斟满三杯酒后,新娘便递到客人面前,逐人敬酒三杯,宴席顿时掀起了高潮。晚上,纯朴活泼的乡里人要闹洞房取乐。他们挖空心思,尽情狂欢。俗语曰:"新婚三日无大小。"因此,闹洞房时不论男女老少、辈分高低都可参加。新郎新娘总是春风满面,笑脸相迎,机智、巧妙地渡过一个个"难关"。闹至午夜始散。新郎随出送客,喜娘始铺被褥,新娘即赏以红包,喜娘嫌不足则伫立不走,待增加后才出。新娘关房门,新人共吃"床头果"。新郎上床,新娘"坐花烛",花烛不可吹灭,烛尽方可上床。

婚日的第二天,宴席称之"圆饭席"。新女婿一清早亲自去接岳父岳母,待这二位最尊贵的客人莅临后,方可开席。席间,众人殷勤劝酒,谈笑风生,热闹非凡。

"圆饭席"结束以后,新郎新娘便开始了甜甜蜜蜜的新婚生活,共同描绘他们宏伟的蓝图。

由上述分析可以看出,随着时代的进步和社会的发展,汉水流域乡村的婚俗已经发生了不同程度的变化,但新婚新风中仍然飘逸着古朴的气息,其中流淌着古老婚俗的强劲血脉。新旧结合,使雅俗相融的乡村婚俗独具韵味,情趣盎然。

(三) 汉水流域诞育习俗

汉水流域诞育习俗大抵由八个环节组成，分别是坐月子、报喜、洗三、送祝米、做满月、百日、抓周、过十二岁。

孕妇分娩称"坐月子"，产妇叫"月母子"。分娩不能在娘家。"月母子"一个月内不得四处串门到别人家，也忌生人入产房，生人入内后会阻断乳汁，被称为"踩奶"。"月母子"在月子里要小心调养，不能生病，俗称"月子里得的病月子里治"。

报喜是在婴儿降生后，丈夫要到岳家报喜，男孩称"弄璋之喜"，女孩称"弄瓦之喜"，农家亦称"放牛娃""添柴灶的"。报喜时要提礼物，生男孩要有一只雄鸡，生女孩要有一只母鸡。丈母娘要回礼，主要带点补品，给婴儿带点尿布、衣裳、围裙之类。

洗三是在婴儿生下第三天进行，即给婴儿洗澡，俗称"洗三"。汉水流域一带以艾叶、槐叶、大蒜瓣、苍蒲等熬汤给婴儿擦洗沐浴。产妇也以汤水洗澡，以示祝福和清除产褥之气、杀菌消毒。

送祝米是在孕妇生子一周之后，故有的地方也叫"送月礼"。在一个月内都可送。"祝米"的礼品多为米、面条、烙饼、棉花及鞋帽衣裤、披风、抱裙等物。娘家还要送摇窝、米酒、被褥。

做满月是在婴儿满月那天，主人家要设宴款待亲戚朋友，娘舅家要祝贺。酒席中必有面条，意在长久绵延。旧时先给小孩取"小名"，长大后再请教书先生或有名望的族人取"大名"。小名多以牢靠、不易伤毁的物件为吉利，如"土块""石锁"等，寄托了能经受磨难而保全的心意。

百日是在孩子出生一百天时举行喜庆活动，俗称"百岁"，要置酒菜招待亲友，给孩子理发，叫"剃胎毛"，合家庆贺孩子长命百岁。

抓周是在孩子满周岁那天举行的庆贺活动，有的地方也叫"抓岁"。亲友送礼表示祝贺，主人家要摆酒招待。活动中必有一个核心的仪式，就是在桌子上面放文房四宝、秤、尺、针线、书籍、钱币、葱等物，抱上孩子让其抓物，以孩子抓取的物件预示其长大后从事何种职业及其意趣志向。

过十二岁是在孩子十二岁的时候给孩子过生日，父母及亲友要聚会祝贺，意在庆祝孩子已从儿童跨入少年，是人生历程的一个转折。

（四）汉水流域寿辰习俗

年满五十岁，家人要给老人祝寿，也叫拜寿、贺寿、做生。在老人生日的前一天会送寿礼，寿礼主要是用面粉制作的面条、寿桃、寿糕等食品，有的还有衣物、寿匾。前一天晚上或生日那天早上吃寿面。祝寿的晚辈要从自己碗中给"寿星老"添寿面，意在减自己寿、添老人寿，祝福长辈长寿。

老人满六十岁生日，称"进甲"，意即六十年又逢甲子，回到刚出生那一年，贺寿礼仪十分隆重。汉水流域给高龄老人祝寿，逢十更加重视，把六十岁称下寿，七十岁为中寿，九十岁为上寿。人活百岁，贺寿的范围就突破亲戚家门，成为地方上的一件喜事，街坊邻里都来贺"百岁寿星"，引为地方的荣耀。有些地方不管年纪多大，只要父母在，就不能给自己"做生"。有的地方三十六岁时也"做生"，竹溪一带男三十六岁、女三十三岁"做生"。他们认为三十六岁是人生的转折期，又合"暗九"，亲友登门祝贺，表达"咬灾星""翻铁门槛"的祝福心愿。

四、汉水流域的丧俗

(一) 汉水流域的代表性丧俗

汉水流域大多为荆楚故地。上古巫风盛行,各地皆然,而楚地尤盛,楚人信鬼巫,其巫风巫俗也渗透到丧葬的礼仪中,信鬼、崇巫之风代代相传,后世沿袭并发展,逐步形成一种巫风宗教兼收并蓄的丧葬习俗,使丧礼更显示出庄严性和神秘性。楚地又是老庄哲学的诞生地。老庄崇尚自然,认为天道运行,四时成序,阴阳消长,其中自有生杀之机。万物运化皆同此理,人事亦在其中。人生为出,死去为入,有生必有死。生来死去,新陈代谢乃自然之规律,故楚地民众对生死持比较通达的观念:贺生固然隆重,送葬亦得热烈。因而形成楚地独特的鼓盆而歌、跳丧伴亡的丧葬习俗。

汉水流域民间办理葬前丧事,主要包括围坐送终、抹尸装束、告丧亲友、丧鼓伴灵、设坛做斋、入殓追悼等内容。而丧葬活动并非随着死者的安葬而结束,在安葬死者后,还要定期举行一些祭祀活动,汉水流域民间的祭祀活动重点是服丧、祭扫、家祭。

(二) 汉水流域的其他丧俗

1. 鼓盆歌

鼓盆歌又称丧鼓歌,由古代民间丧仪风俗歌演化而来,相传为"庄子妻死,鼓盆而歌"之遗俗,流传于湖北江陵、沙市城郊一带。大凡丧家举哀,歌师鼓手闻讯上门,堂前屋下,几张方桌一拼即是歌案。鼓师居主位,歌手及主宾同桌而坐。鼓手击节,轮流递唱,应和着鼓点节奏,歌声抑扬顿挫、婉转悠扬。唱至一段结尾处,群起应声唱和拖腔,气氛十分热烈。发展到后来,鼓盆歌还用于为高龄老人祝生贺寿,歌师即席编词对老寿星祝赞颂扬,所演唱的曲目也多与祝寿有关。

2. 骑棺

老人去世装棺入殓后,择日出殡。出殡时,由长孙骑坐在棺上,直抬到墓地。因"棺"与"官"谐音,骑棺意为后辈子孙将来能骑马做官、光宗耀祖。

3. 孝子跑棺

洪湖一带丧葬活动中有"孝子跑棺"习俗。棺材落入墓穴后,孝子由人搀扶从棺材上快速跑过,其余送殡者向其抛撒泥土,不得回避,以示孝心。且"棺"与"官"谐音,孝子跑棺也隐喻后代子孙发旺、官运亨通。有的地方,在棺材入土前,送葬乐班敲锣打鼓、器乐齐鸣,伴着不息的鞭炮声,犹如一首告别安魂曲,热热闹闹地送亡灵到意念中的另一个世界去。

五、汉水流域的饮食习俗

汉水流域的饮食文化有着悠久的历史,具有鲜明的地域特点。汉水流域的饮食习俗兼容南北饮食的一些特点,而以南方饮食习俗为主流,反映出我国所特有的饮食文明。其中下游的襄宜平原、随枣走廊和荆州一线处于江汉平原的滨江介湖之地,江河纵横,湖网成片,气候温和,物产富饶,食物品种丰富多样,向来称"鱼米之乡",素有"饭稻羹鱼"的传统。大米和淡水鱼鲜是平原河湖地区人们日常饮食中最重要的原料,其饮食结构以稻米为主,水产禽为副,蔬菜为辅。襄宜平原、随枣走廊和荆州一线主食以大米为主,小麦、杂粮(大麦、荞麦、高粱、玉米、黍子、豌豆、饭豆、绿豆、红豆、红苕等)为辅。副食包括菜肴、糕点等。其中,干咸菜为汉水流域民间所必备之菜肴。

襄宜平原、随枣走廊和荆州一线自古饮酒成习,除了坊间酿酒外,民间家酿也十分普遍,但米酒被视为"软饮料",并未被纳入"酒"的范畴。宜城、郢州等地盛产美酒佳酿,唐朝的李肇在其著作《唐国史补》中,曾历数各地的美酒,荆襄驿道就占据了其中的两种,分别为宜城的九酝和郢州的富水,而尤以宜城美酒闻名。早在魏晋时期,宜城美酒即蜚声在外,曹植在《酒赋》中写道:"其味有宜城醪醴,苍梧缥清,或秋藏冬发,或春酝夏成……"宜城美酒曾作为贡品送往京师,也是王公贵族之间馈赠的佳品,南朝梁代的刘孝仪就写过一篇《谢晋安王赐宜城酒启》。而更多的时候,宜城美酒是商贾旅客舒愁解乏的良剂。唐代诗人孟浩然外出旅游,恰逢九月重阳日,怀念起家乡的风景时光、宜城美酒,就写了一首《九日怀襄阳》的诗:"去国似如昨,倏然经秒秋。岘山不可见,风景令人愁。谁采篱下菊,应闲池上楼。宜城多美酒,归与葛强游。"此外,诗人韦庄在《和元秀才别业书事》诗中也劝人不要过多地饮用宜城美酒,因为举杯浇愁愁更愁,还容易使人大醉不醒:"僻居春事好,水曲乱花阴。浪过河移岸,雏成鸟别林。绿钱榆贯重,红障杏篱深。莫饮宜城酒,愁多醉易沈。"

沙市酒文化为荆州之最，沙市人有"借酒待客"之风，且豪饮者不多，虽一日之中饮酒有一餐、两餐、三餐不等的情况，但大醉者却不多。沙市的茶文化历史亦颇悠久，旧时即有饮茱萸茶之说。荆州民间的节令饮食也相当有讲究。春季吃春卷，元宵吃汤圆，端午节吃粽子，七月半吃蒸菜，中秋节吃月饼，等等。

汉水流域上游的饮食民俗具有两个明显的特征。第一个特征是南北交会、东西兼收的口味。如十堰、安康和汉中一线虽近四川，但做菜方法并不完全与川菜做法相同，有的菜在川菜的基础上有所改良，有的菜则脱胎于湘菜、粤菜、苏菜，甚至有的菜还有鲁菜的特色。首先，这是由汉水流域上游的地理位置所决定的。汉水流域上游地处我国南北分界线上，被人形容为"南方的最北方，北方的最南方"。气候、地形、物产既有北方特点，又有南方特点，这必然影响到饮食特色。其次，汉水流域上游人口大部分是移民，来自四川、湖南、安徽、江西、广东以及河南、山西、甘肃、陕西关中等地区的地方文化，包括饮食文化，相互影响、交流，是形成汉水流域上游菜系南北交会、东西兼收特点的重要原因。第二个特征是受高寒山区气候影响形成的一些特殊饮食习俗。汉水流域上游境内万山重叠，古有"秦巴腹地"之称。由于山地呈立体垂直气候特征，中高山区的气温、日照时间和无霜期随海拔升高而有所变化，高山区的粮食、蔬菜及其他物产的质量、种类与河谷地带差异很大，各地由此形成一些特殊的饮食习俗。

（一）浆巴

浆巴是汉水流域上游特别是高寒山区的一种特色食品。把嫩苞谷粒用水泡涨以后磨成浆，就叫浆巴。把浆巴装在容器内，加盖放置半天到一天,让它自然发酵,然后包在新鲜桐树叶中蒸熟,就叫浆巴馍。剥开桐叶,可以看见桐叶的经脉清晰地印在馍上。咬一口,甜带微酸,绵软可口,又带有桐叶的清香。做浆巴馍,一是讲究原料,苞谷要嫩,苞谷老了磨出来的是粉不是浆,蒸出来既不绵软也不可口;二是讲究用手拉石磨磨浆,如果用打浆机来加工,出来的浆不细,影响口感;三是讲究用桐树叶包裹,如果改用别的树叶,不但味不正,甚至可能会中毒。浆巴另有一种吃法是与老南瓜或红薯块同煮成粥,当地人称"浆巴汤汤",同样甜带微酸,非常可口。

吃浆巴这种饮食习俗的形成与高寒山区的自然地理条件有关。高山区无霜期短,秋天气温下降早,往往苞谷还没有完全成熟变老就因天气寒冷而停止生长,当地农民把这种现象称为"青封"。这种"青封"苞谷不能磨粉,只能磨浆。苞谷"青封"会导致苞谷严重减产,所以高山农民吃浆巴多半是一种无可奈何的行为。当然,有的地区的农民为了尝新,换口味,也有专门收获少量嫩苞谷来蒸浆巴馍、煮浆巴汤的习惯。特别是在紫阳大力发展旅游事业以后,许多农民办家庭餐馆,浆巴馍便成了招待外地游客的一道地方特色美食。

(二) 小调《十想》与十种山区小吃

能够集中反映汉水流域上游地区饮食习俗的是流传在这里的一首名为《十想》的小调民歌。先看小调《十想》的节录:"二想胡椒酒,又想田中藕,还想豆豉炒腊肉……五想吃冰糖,冰糖压闵姜,还想酒米灌大肠,炕到二面黄……七想白米饭,辣子捣大蒜,还想鸡汤下挂面。八想吃糍粑,糍粑犀芝麻,开水冲米花。九想吃蹄子,蹄子炖鸡子,还想酒米包粽子。十想卤汁肉,凉盘泼上醋,仔鸡烹酱油。"由歌词基调看,《十想》是一首汉水流域上游地区的美食歌。歌手把平时极想享受而又轻易享受不到的各种美食串成歌来唱,在想象中来一次精神大餐,过一把"干瘾",虽然不无滑稽,但却是我们今天研究汉水流域上游地区饮食民俗的鲜活历史资料,这里仅选择主要的食物作简略介绍。

1. 豆豉炒腊肉

豆豉是由黄豆发酵而制成的一种调味品,全国许多地区都有制作、食用豆豉的习惯。腊肉是冬天用柴草或稻壳燃烧的烟熏制而成的干肉,产自南方山区农村,因南方气温较高,肉食容易腐烂变质,制成腊肉去掉了水分,易于保存。同时,包括紫阳在内的南方山区农村向来以柴草作燃料,熏制腊肉比较方便。用豆豉炒腊肉,豆豉干燥,易于吸收腊肉的油,而腊肉也吸收了豆豉的干香味。二者互为辅佐,相得益彰。

2. 闵姜

闵姜不是菜,而是一种小吃,也可药用。把生姜切成极薄的片,均匀地铺在小瓷罐的底部,上面撒上一层薄薄的冰糖碎末(如无冰糖,用白糖亦可),再铺一层姜片,再撒一层糖末,如此交错放置,直至罐满。然后严密封住罐口,放置数月后,冰糖全部融化,每片生姜上都浸透了糖汁,吃起来辣中带甜。姜性温辛,有散寒、温中、止泻等功效,冰糖作配料,有补中益气、和胃润肺的作用,故闵姜为药用食品。

3. 酒米灌肠

酒米即糯米，蒸熟后灌入加工好的猪大肠内，风干，吃时切成薄片，用油煎至两面皆金黄色，蘸糖吃，可作宴席中的一道甜食。

4. 糍粑羼芝麻

糍粑即油煎的糯米饼。和粽子一样，糍粑是南方的一种风味食品，伴随着端午节的龙舟文化，在陕南水乡世代相传。与陕南其他各县相比，紫阳的糍粑除了蘸糖以外，还讲究羼芝麻面。芝麻这种作物只适宜在沙土地种植，而平原上多为黏土，因此这一风味食品就不出在平原地带。紫阳山区土层薄，土壤中多含砂石，适宜种芝麻。过去，芝麻是紫阳的主要油料作物，只是在近30年，人们为了提高油料作物产量，才使油菜种植面积大幅度增加，占了主导地位。紫阳的糍粑羼芝麻是先把芝麻炒熟碾成细末，撒上白糖，然后把煎好的糍粑放进糖芝麻末中翻动，使其沾满糖和芝麻。"羼"不是紫阳方言，普通话中本来就有这个字，读"chàn"，意为使某物的表面沾满另一物。糍粑羼芝麻既有糖的甜味，米的糯味，又有炒芝麻的香味。

5. 开水冲米花

这是一种应急的方便食品。把大米炒熟，最好炒至爆花，装入碗中，用沸水冲泡后食用。如有条件，在炒米花时放入一些糖汁（本地人称为"糖稀"）更好。

6. 蹄子炖鸡子

蹄子炖鸡子即把猪蹄与鸡块一同炖汤。这实际上就是指汉水流域上游地区著名的宴席大菜——蒸盆子。蒸盆子的主料就是猪蹄和鸡块。不过，正宗的蒸盆子烹饪方法全在一个"蒸"字，它的汤全是蒸出来的，不是"炖"出来的。在选购主料时必须注意猪肉和鸡肉的鲜嫩程度要一致，如果一个老一个嫩，在烹调中就会出现一个已熟另一个还是硬的这种情况，那就会造成很大麻烦。蹄子炖鸡子的做法是：把两只猪蹄和半只鸡都剁成小孩拳头大的块；把100克左右墨鱼提前泡发好，切片或切丝，与猪蹄、鸡肉一同装入小脸盆大小的陶瓷盆；加入适量食盐、酱油、料酒、甜酒酿子（即糯米酒的原汁）搅拌均匀；整块生姜用刀拍烂（不要用刀切），大葱切成小段，把姜、葱放于肉块上面，隔水蒸，至猪皮可用筷子戳穿时即熄火。这样加工出来的是蒸盆子原菜，冷却后汤呈肉冻状。食用时还要对原菜进行再次加工。一盆原菜可分数次加工、食用。每次取一部分原菜（连肉带汤）盛于另一大盆中，加适量水再次隔水蒸，待汤蒸至沸腾后放入鸡蛋皮饺子（即蛋饺，做法另述），再蒸一小会儿，待鸡蛋皮饺子熟后，放入洗净不切，保持根、茎、叶完整形态的嫩菠菜数根，几秒钟后即熄火，整盆端上餐桌。蛋饺的做法是：将鸡蛋打碎放入碗内搅拌待用；用小汤瓢放香油在小火上烧热，每次舀一小勺鸡蛋液倒入瓢内煎成薄皮，再放入少量瘦猪肉馅，用筷子揭起蛋皮包住肉馅，挤压成小鸟状，即成一个蛋饺。蛋饺数量视蒸盆的大小和汤的多少而定，要使蛋饺在汤面能够呈漂浮状，不可太多。

蒸盆子因其两次加工皆为隔水蒸熟，没有直接用水煮，因此保持了原料的真味，特别是因墨鱼的缘故有海鲜味。从外形上看，汤清，饺黄，菜绿，似一群鸭子（蛋饺）游弋于浮萍（菠菜）飘动、礁石（猪蹄、鸡肉）林立的水中。盛菜的盆子硕大无朋，内容丰富多样，一盆足够一席食客享用，显得大气，确是色、香、味、形、器五美俱备。

第三节 汉水民间艺术

汉水流域的民间艺术，主要包括民间工艺、民间文艺和民间曲艺戏剧三种，第一种更多包含民生日常实用的成分，后二者则主要针对民生的精神需要。

一、汉水流域的民间工艺

（一）刺绣

刺绣过去又叫"女红"。汉代刺绣已达到很高的水平，唐宋至明清更加发达。刺绣在民间曾广泛流行。在盛产蚕丝、棉花的汉水流域，刺绣是广大城乡妇女极为喜爱的手工艺。几千年男耕女织的传统风俗，促使女孩子从小就在母亲的教习下穿针引线、挑花绣朵。姑娘出嫁，总不免要挑绣一些日用品作"陪嫁"，在寓意爱情幸福美满之时，也展示新娘的心灵手巧，以博取左邻右舍的称赞。故汉水流域有"无女不绣花"之说。绣手云集的乡镇，往往被冠以"绣"名，如汉口的"绣花街"、洪湖的"绣花堤"、石首的"绣林镇"等。

汉水流域民间刺绣内容多以花卉鸟兽为主，色彩讲究饱和鲜明，造型强调夸张洗练。绣品中的纹样都有一定的"说头":或祈求人寿年丰、吉祥如意,或憧憬爱情幸福、家庭美满和睦,或寓意家族兴旺、子孙万代绵延,充分反映了人民的善良愿望。

汉水流域刺绣的底料多为乡村家织土布、麻布。除本色布,还有用靛青染的毛蓝布。后来多用洋布。刺绣用的线多为棉线和丝线。染料有靛青、紫草、石榴子、红花等植物染料。民间刺绣的题材多为山水、人物、走兽、飞禽、花卉、虫鱼等。民间刺绣的针法主要有十字绣和高绣法。十字绣是按底布的经纬格路每两针十字交叉。若干十字的连续和不同排列,构成具有丰富变化的形象。高绣法是在绣底铺贴一层棉花,然后在上面绣一层丝线或金银线,具有浮雕效果。

汉水流域刺绣品主要有绣花枕片、绣花鞋垫、凤凰绣等。

绣花枕片在汉水流域随处可见。过去使用的枕头,呈长方形,内置棉絮、谷壳之类填充物,两端绣花,四片为一组,常以"渔樵耕读""梅兰竹菊"等为题,以求相互对应。

绣花鞋垫以汉水流域中上游最多最好。十堰、安康民俗是姑娘出嫁前要绣上多达数十双的鞋垫,择其最好的给意中人作信物,其余为嫁妆。

江汉平原一带有凤凰绣。江汉平原一带是楚文化的发祥地,民间刺绣在一定程度上依然保持着楚文化的传统。楚人崇凤,故民间绣品中的凤凰姿态万千。有的雄健威武,有的轻盈飘逸;硕大的冠,五彩缤纷的羽毛,一尾、二尾、三尾,甚至无尾,全凭艺人以浪漫遐想,信手拈来。用于喜庆场面的民间绣品,多取大红或深红底色;而日常生活用品,则多取黑色或深蓝色。这固然是从实用出发,红色代表吉利红火,黑色耐脏耐用,但也与楚先民偏爱红、黑两色的传统有内在联系。

此外,还有披肩(又称云肩)、枕顶、手帕、围裙、坎肩、包单、门檐、帐檐、床檐、床单、围嘴、肚兜、眼镜盒、钱包、裆裢、裹肚、绣鞋、笔插、袜底等。

（二）木雕与编织

从考古发现来看，木雕与编织在我国南方民间艺术形式中历史最为悠久，尤其是楚国木雕、竹编，其艺术成就可与同时期的古希腊石雕相媲美。20世纪二三十年代，汉水流域木雕、竹编艺术就以其朴实典雅、实用性与装饰性和谐统一的地方艺术特色，受到人们的喜爱。

楚人崇巫尚祀，故这一时期的楚地木雕、竹器在装饰造型方面也体现了图腾崇拜习俗所具有的神秘怪谲的审美观念和趣味。秦代以后，随着大一统格局的形成，木雕和其他雕饰艺术一样，审美观念逐渐向尊贵堂皇、威严转化。到了明清，商业经济逐渐发展，产生了新的审美趣味和艺术形式，雕饰艺术也就逐渐向装饰娱乐性转化，更具世俗人情观念和通俗审美价值。

现在保存下来的汉水流域建筑中木雕，多是明清以来的祠堂公馆、神舍庙宇和民居建筑中的梁枋、擎檐撑、雀替、门窗的雕刻部位。如武当山道观建筑群民居的窗格。

汉水流域的家具木雕，多用产于鄂西北高山峻岭的荆棘藤蔓作为根雕家具和手杖的材料。艺人们巧妙利用自然形态，随势出形，略加雕饰，便具淳朴之美。

汉水流域的木雕业在近代属于小木行业，民间俗称"细木工""雕花匠"。据调查，汉水流域木雕业的鼎盛时期是在明清至抗日战争前。当时湖北地区的木雕行业，以长江为界，分为文武两帮。文帮由武汉（汉口、汉阳）、孝感等汉水流域一带的艺人组成；武帮由武汉（武昌）、咸宁一带的艺人组成。艺人按帮承接建筑上的木雕工程，相互竞争。其技艺素以"一打、三修、七分掐"的传统工艺和流畅奔放、粗犷古朴的风格著称于湖北地区。

汉水流域的民间编织工艺与生产和生活的关系最为密切。如安康的竹、藤、棕、龙须草、麦秆、柳条等编织材料十分丰富，主要的编织品有背篓、箩筐、晒席、提篮、竹扇、斗笠、竹椅、挎篮、棕箱、棕叶扇、棕毯、藤椅、藤篮、藤箱、草帽、蓑衣、草垫、草墩、草鞋等，另外还有编织玩具。这些民间编织工艺品，一般是由分散在民间的手工艺人编织的。中华人民共和国成立后，一些县城或乡村集镇还组织成立了手工企业，如岚皋竹藤工艺厂、安康棕革制品厂等。随着商品经济的发展，民间编织工艺更加发达。

编织工艺的"编"，是用一根或几根原料，按一定规律或形式进行盘绕、掩压，以构成无明显经纬分别的形体。织是先立经，然后逐步编纬，构成各种形体。编和织两种工艺经常结合运用。主要方法有：编辫（如先用麦草编辫，然后用线连成草帽）、平编（经纬交织，相互掩压，常见的有挑一压一、挑一压二等）、绞编（两条纬线交错穿插于经桩内外，依次循环绕行）、勒编（以细线为经、以柳条等条类材料为纬编织而成，如柳条簸箕）、编花（在平编的基础上通过经纬变化，主要是纬线的盘、绕、扣、结等方法，编成各种花纹）。编织图案主要有二方连续、四方连续、适合纹样、点缀式花纹。其中，安康市岚皋县生产的大号方藤椅曾获陕西省优秀产品称号。安康市旬阳市城关镇生产的壁挂棕毯曾获全国工艺美术百花设计二等奖。

（三）木版年画、剪纸、皮影

木版年画、剪纸、皮影等是遍布汉水流域上下的一种极为广泛的艺术形式,几乎各个地方都有知名的匠师和作坊,都有独特的技艺和悠久的传统。

木版年画从宋至清,汉水全流域几乎都有作坊出品。汉水流域木版年画虽不及天津杨柳青、江苏苏州桃花坞、山东潍坊、广东佛山的产品那样闻名遐迩,但其历史地位及影响不可忽视,无论绘画、刻工、印刷还是题材、形式,都具有很高的技艺水平。

汉水流域木版年画品种繁多,可分为门神、单幅年画、中堂、四条屏、斗方、灶画、灯笼画等,并依据房屋建筑、门庭规格等实际需要,确定纸张的不同开本。那时每个作坊雕刻的印版最少的也有几十个品种,每个品种有五个套版;逐年增刻的新版,堆起来似小山,可见其繁盛景象。

汉水流域民间剪纸有剪、刻两种。民间剪纸的历史渊源可追溯到商代。当时虽没有纸,但已出现镂花金箔,用金银箔和彩帛剪成花鸟贴于鬓角作为装饰,成为古代妇女的一种风尚。这就是剪纸最早的雏形。汉代有了纸以后,出现了真正的剪纸艺术。汉水流域民间剪纸有窗花、门笺、灯花、顶棚花以及刺绣作品的底样。剪纸在民间的用途非常广泛。一方面它用于各种民间风俗活动。春节或其他喜庆日子,贴窗花、门笺(安康称门吊子)、喜字,以增加喜庆吉祥的气氛。另一方面,民间剪纸在群众中是一种实用的装饰图案,如装饰顶棚的顶棚花。剪纸还可以贴于布帛,作为刺绣的底样。剪纸图案也常贴于彩灯、礼品盒上作装饰。民间蓝印花布是用剪纸镂空版(厚纸或羊皮镂空)印制的。刻皮影也常采用剪纸手法。

汉水上游鄂西北及陕南地区以剪为主,自剪自用,广泛应用于民俗生活。样式有窗花、灯花、喜花以及鞋垫花。而在近代江汉平原地区,由于商业的发展,装饰刺绣进入千家万户,一剪一纸已不能满足市场需求，因此，人们更多地使用刀具，以刻代剪，从而逐渐发展成一种小规模的手工业生产作坊，成批生产的雕花剪纸进入市场。雕花剪纸又名"花样"，主要是供给妇女刺绣使用的图案底稿，多是和民众日常生活关系密切的传统图案。制作过程是将十张以上的薄纸重叠在一起，放在蜡版上用小刻刀雕镂，再用细针在纸面上刻扎许多针孔线路，提示绣法和重点。

民间剪纸的传承，过去一般是母传女。农村女孩，一般在六七岁或七八岁就跟母亲学剪纸绣花。安康农村过去有不少剪纸能手。现在比较著名的有安康恒口的罗崇珍。她擅长剪蝴蝶、花卉瓜果等。她曾于1989年获陕西省艺术节民间美术传统特色奖。1993年她的作品曾送澳大利亚展出。

皮影由剪纸衍变而来，二者的刻制及表现手法同出一源，但审美趣味和艺术追求又各有不同。汉水流域皮影有两种，一种是久负盛名的江汉平原地区的"荆州影"，另一种是汉水中上游的谷城、竹山、宜城、均县、保康的"小影子"。"荆州影"高约2尺2寸，造型上讲究"圆"，表现手法夸张浪漫，富于装饰性，并按虚实需要、突出重点的原则，将人物造型处理得头大手小。皮影敷色主要用红、绿、青三色，再加牛皮本身的黄色和镂空的白色，色彩艳丽，光影夺目。"荆州影"多用牛皮雕成，也有用驴皮、纸板的，近来云梦还有采用有机塑料、赛璐珞等材料制作的。以谷城为代表的"小影子"高约1尺多，人物造型生动，小巧玲珑，纹饰图案雕刻精美，多用驴皮雕成。竹山皮影有一类以现实生活为依据，模拟现代人物，造型别具一格。这类皮影主要以彩绘为主，其精神面貌全靠勾勒填彩表现，同样收到很好的效果。

（四）石雕、砖雕

汉水流域北有秦岭东沿的武当山、大别山、桐柏山，西接荆山，东南是宽阔的江汉平原。山区产石料,为石雕提供了丰富的用材;平原烧泥土制砖瓦,镌以图案美化建筑。汉水流域民间石雕、砖雕的分布,与其地形大体一致。

保康石雕题材广泛,大致可分为日常生活、伦理教化、神话传说、戏文故事、花鸟虫鱼、书文楹联六类。其中尤以表现日常生活的石雕最具活力。

(五) 挑花和蓝印花布

汉水流域挑花分素挑、彩挑两种。素挑为白底黑线或黑底白线,整个布局显得朴实大方,单纯而对比强烈。彩挑则又以另一面貌而独具特色。一是色彩绚丽高雅:群青粗布作底色,统筹白线挑绣的主体骨架,填绣大红、桃红、朱红、橘黄、中黄形成暖色基调,点缀粉绿、墨绿、湖蓝使整个画面暖而不燥,繁复和谐。二是布局严谨,富于变化:一幅完整的彩挑方巾均由团花、边花、角花、填花组成,以中心团花为主,常用旋转式、向心式、放射式、对角式结构,形成方中见圆、圆中套方的变幻无穷的格局,使画面均衡丰富、饱满热闹、生动活泼。三是纹饰夸张浪漫:挑花纹饰因受经纬线的局限,需严格按布纱经纬平面展开,心灵手巧的人善于化弊为利,顺其经纬,运用点、线、面的巧妙组合,达到夸张洗练、求其意会的效果。四是凭借写意手法表现戏剧人物:荆宜一带彩挑选材,既有植物、动物和用具,又有吉祥文字、戏剧人物。五是吉祥文字的运用丰富了内容:为了避免单一,增加趣味,常用五字句、四字句。汉水流域挑花在针法上以十字针为主,又配以直针、空针、牵针、双面针法,以求其意想的效果。

蓝印花布几乎遍及汉水流域上下,尤以天门蓝印花布最负盛名。其特点表现为：一是蓝与白的选择，蓝白两色并非吉祥色彩，然而经过艺人们巧妙的艺术处理，却使人感到清新明快、和谐醒目；二是虚与实的结合，蓝印花布系漏版制作，艺人们变点不能相连的劣势为特点，以点组成线，以线组成面，若合若离，似为一体，实又分离，运用虚的手法，创造出笔断而意不断、物象不碎的写实效果；三是满与全的运用，在形式上大量采用流畅灵活的曲线，给人以温柔亲切之感。

（六）陶器、糖塑、面塑和银饰

汉水流域的陶器源远流长。在京山屈家岭出土的彩陶残片、天门石家河发现的新石器时代的灰陶和红陶、黄陂盘龙城出土的商代瓷器、江陵纪南城发掘出的完整的陶窑设备，都为汉水流域陶瓷艺术的研究与发展提供了宝贵的资料。

汉水流域近代陶器以日用陶为主。麻城蔡家山窑系传统的大龙窑，陶土资源丰富，烧制的器物具有贮物保色、保味的功能。而且釉色光亮圆润、古朴典雅，图案多以花鸟虫鱼为主，并以圆雕、浮雕、阳刻、阴刻等形式表现主题，用拍印、水画、干画等方法兼工带写，达到不同的效果。拍印形成各种肌理纹饰。水画近似国画大写意，在陶坯上涂抹泥浆后用手指或橡皮作画，呈现深浅浓淡不一、韵味无穷的面貌。干画刻花，如同浮雕，花纹装饰考究，工艺要求精细，以阳刻为主，阴刻为辅，主次分明，结构洗练，有强烈的装饰效果，经久耐看。

糖塑，俗称吹糖，汉水流域上下尤以天门最为突出。糖塑之所以赢得人们的喜爱，是因为它独具特色。一是原料可塑性强。麦芽糖是糖塑的主要原料，加热后变软，比面塑更具可塑性，既可吹成薄而亮的各类造型，又可拉成粗细不同的糖丝，捏成不同形状的配件，易粘且牢固。

二是造型神形兼备。糖塑技艺的主要功夫在"吹"上，一块糖坯在艺人手中，边吹边捏，再通过搓、压、挑、剪等手段，加上辅助的小铁丝，少则几分钟，多则半小时，一件作品就完成了。三是色彩和谐醒目。麦芽糖加温变软后加入红、绿、黄、黑四种色素，根据需要又可调和成数十种复色，色彩晶莹和谐。四是肌理变化丰富，这是糖塑独具的特点。在糖塑中，附件变化万千的肌理与主体吹成光滑的表面形成鲜明的对比，显得更加丰富耐看。五是"活"的部件，这是糖塑的又一特点。有的部件装上自制的钢丝弹簧，一经拿在手中，部件都"活"起来了，更具生气。

与糖塑异曲同工的是安康的面塑。面塑又称面花，是安康流行较广的民间美术品。旧时安康面塑大致有祝寿和祭祀神灵用的，还有结婚时作摆设的。祝寿的寿馍多做成桃形，以象征长寿。一盘寿馍一般摆十个（第一层六个，第二层三个，第三层一个。最后一个将底面朝上，再在上面放一个面塑花瓶，瓶插竹签，竹签上为面做的花鸟）。还有一种是面塑供馔，做成花卷，边沿捏出花纹。也是一盘放十个，摆法与摆寿馍一样。供馔用于老人去世，在灵堂作摆设。结婚、寿庆为增加欢乐喜庆气氛摆设的装饰性面花，民间称为"看盘"。圈馍，又称项圈。旧时民间给小孩做"满月"或做"岁"时要做的。一个圈馍用1千克面，做成圆环状，故称圈馍。馍上装饰一圈花卉图案及"长命富贵""长命百岁"等吉语。面花做好后，先蒸再着色。

安康市的汉阴、紫阳、石泉、宁陕等县及汉滨区均流行面花艺术。比较著名的面塑艺人有汉阴的邝国金、张先之、胡玉金、姚艳金，中华人民共和国成立前有侯泽长、王有才等。

银饰以白银为原料，纯度高，久用耐磨，不易腐蚀，光泽夺目，极显高贵。一般为富裕人家的饰物，常有耳坠、戒指、手镯、发簪、手链等。最为精彩的是帽饰人物，常用高浮雕、浅浮雕、镶嵌和镂空的表现手法，图案多为龙凤吉祥、长命富贵、麒麟送子等。制作时采用精细的模具冲头，变换敲、冲、划、锉等复杂技巧，塑造高不过二三厘米的人物形象，达到神态各异又极具个性的艺术效果。

（七）香包

汉水流域人戴香包的习俗由来已久。传说隋唐时孙思邈在民间治病，留下这种戴香包驱疫治病的美举，千百年来深入人心，形成一种不变的美俗。

制作香包，一般采用布绸料，内装带香的药料，做成各种花鸟虫鱼等形状，用彩线勾出须、眉、爪、瓣，栩栩如生，活灵活现。白布、绸可以做成"报晓鸡""白鹤""白胖娃"等，彩布、绸可做成各种"药葫芦""长寿果""石榴""鱼莲"等，还有做成"南瓜""蚂蚱""蟾""太极图"等物象的。民间传说"刘全进瓜"，主要是南瓜，古时南瓜为贡果，被人们誉为吉祥物；蚂蚱和各小虫合群；太极图则秉承天地之毓秀灵气，人们希冀安详，戴太极图得以心理安慰。香包内装药料，多是含芳香之类，如白芷、苍术、香附子以及名贵药材等。

每逢春夏交节，阳气日盛，百虫活动频繁，最易感染疾病，民间多选农历四月以后，特别是五月初五的端阳节，给老幼病弱者戴一个香包，有时还给儿童袖上、肩膀上做一个"报晓鸡"，用以启迪儿童，以及避邪驱疫。

由于这种香包工艺简单，妇孺皆可针扎，故较为普及。清末以来直至中华人民共和国成立后数十年来，汉水流域上下，民间还有赠送香包的习俗。未过门的媳妇，总要给婆婆、公公做一两样针工精巧的香包。

现在，每年端午节前后，汉水流域上下各地，依然可以购得各种各样的香包。

二、汉水流域的民间文艺

（一）小场子——汉水流域二人转

小场子是类似于神农架的堂戏、汉川的善书一类的小型歌舞剧。小场子的活动多在山区，由一丑一旦在一米见方的桌面上表演，不可能有大的跳动，动作幅度较小，以说唱和手中变幻莫测的草帽道具表演为主，因而就形成了它独有的风格和特点。这种独特的演出形式包含诙谐风趣的说唱，尤其是丑角手中的草帽圈，艺人可随心所欲，二十几种帽花可转身即变。丑角要求动作收敛，双腿屈膝下蹲（俗称"扎矮桩"），形态憨厚，表情幽默，表演风趣活泼，甚至有些滑稽。旦角过去多为男扮女装，以唱为主，动作优美，以双膝向下微闪的"小颤步"为基本动律，手中舞动着花扇和手绢，边唱边舞。丑旦两角在节奏上、动律上、表演上，形成了一高一矮、一丑一美、一刚一柔、一屈一伸的鲜明对比。除了丑旦角各自的基本动作外，小场子以双人舞组合为主，基本组合有三缠腰、三见面、三碰头、三戏水等。

小场子流传于秦巴山区、汉水两岸的旬阳、汉阴、石泉、紫阳、宁陕等地，以安康市恒口、五里、大河等农村乡镇最为普遍和活跃。过去每逢春节、灯节、庙会或群众办喜事时，常由会首或办事的主家邀请几班小场子艺人进行表演，以增添喜悦欢乐的气氛。

根据传统习惯，丑角以逗为主，旦角以唱相配。两人常用说、唱、演等手法，表演有情节的故事，有人物形象的"花鼓子"。常演的节目有《西楼会》《卖翠花》《送香茶》《迎春》《拜年》《看花园》等。表演时丑角诙谐、夸张、风趣，动作幅度大，可转桌子三个角；旦角表演含蓄、羞涩，只在桌子一角扭动。其表演风格有以下特点：一是两人须在桌子上表演，旦角与丑角相互配合。二是唱地方民间小调七岔、八岔、花鼓子、大同子等，即带有完整故事情节的民间小戏。三是属鼓乐型歌舞，无弦乐伴奏。四是载歌载舞，有固定套路，唱一段，舞一段，如此循环，引人入胜。同时也形成了独有的动作组合，如"半边月""黄龙缠腰""矮桩""三缠腰""双蝴蝶"等是二人相互配合的典型动作。为了丰富表演，旦角身穿戏曲衣裙，一手持扇，一手拿手帕。丑角身穿短式衣服，手拿一个直径不到二尺的草帽圈。这草帽圈变化多端，奇异多彩，既是手中的一个道具，又可成为标识人物身份的帽子，因此形成了小场子表演的一种独特风格。

（二）狮子舞

狮子舞流传很广，是舞遍汉水流域上下的群众性民间舞蹈。狮子形象威武雄壮，人们借狮子来表现民族的勇敢和力量，认为狮子可以驱魔、避邪、保平安。

狮子舞的表演分"文耍""武耍"两类。"文耍"一般是布狮子表演。其特点是以拟人化的手法，栩栩如生地表现了狮子戏绣球的各种神情和姿态，在引狮人的挑逗下，使狮子做舔毛、搔痒、转、翻、爬、卧，以及抖毛、摇头、摇尾等有趣动作，来表现狮子灵、巧、温、顺的可爱性格。

"武耍"多是用龙须草制作的狮子，引狮人扮武士形象，要求有较深的武术功底，会翻能打，用手中的绣球，通过抛、扔、夺等招式，挑逗狮子做扑、纵、跃、直立等动作来表现狮子英武豪壮的气势。

每逢灯节耍狮时，到处均有"烧花"的习俗。"烧花"分"满架"和"半架"。"满架"多是单狮表演，在地上玩，不上高台。舞狮者赤身，身抹鸡蛋清，头扎英雄巾。"半架"是由"草狮子"和"布狮子"两个或两个以上的狮子组成一队，草狮耍武，布狮耍文，上高台，人们便知这是烧"半架"，只是几个狮子在地上玩时"烧花"，待人们把方桌摆好，另一"布狮子"开始登桌时烧花即停止。

狮子舞的表演，最精彩的要算狮子上高台了，所谓"高台"就是用36张老式方桌（八仙桌），垒成等腰三角形（A字形），最顶端一张桌子倒放（桌腿朝天）。传统的摆桌很有讲究，必须是同样尺寸的桌子共摆八层。先顺长摆八张，桌与桌的间隙为桌面的二分之一。第二层摆七张，二层以上每张桌腿下要垫一小块皮纸，以防桌子打滑，以此类推，每层递减一张，直至顶端。引狮人手执"拂帚"，与狮子从高台的一角边攀台阶边表演，直到顶端表演后，再从高台的另一端下来。

据传，安康市的哈彦宏和马祥明是一对老搭档。提起二人，安康的老一辈人都知道。他们十几岁就跟随老艺人学舞狮，为了在高台顶端的四条腿上形走自如，平时他俩就用四根木桩栽在地上练习，不知摔过多少次跤，碰破过多少次皮，才练出这身有杂技色彩的高超技艺。1953年他们还在46张桌子垒起的高台上表演过。1955年参加陕西省民间文艺会演，获得一等奖。他俩表演的狮子舞较全面，既能表演狮子勇猛、矫健、威武雄壮的形象，又能体现狮子温驯、乖巧的可爱性格。在顶端四条腿上的表演尤为精彩，狮子在桌腿上既要保持平衡，又要做各种动作，还要把四角走到，朝拜四方，并且要头与尾同在一个桌腿上换脚，这惊、险、奇的表演，常使围观者惊叹，赞不绝口。

（三）龙灯舞

龙是我国古代神话中的一种庞然大物，它宏伟矫健、气势恢宏，是吉祥如意的象征。一方面，古代的皇帝称自己是"真龙天子"，即龙的化身，拥有至高无上的权力，龙也就成为统治权力的象征。另一方面，由于古人缺乏科学知识，每逢天旱不雨时，人们也常常用耍龙来祈求风调雨顺。因此，龙在中华民族精神上有着特殊的地位，这种现象和远古时期的图腾崇拜有着一定的联系。

龙灯舞，又称龙舞，是流传于汉水流域的民族民间舞蹈之一。每逢春节期间，城乡都有玩龙灯的习俗。龙灯舞一般由一舞者手持长杆，杆上镶着一个能够转动的实心花球，象征引龙人。龙体均用竹篾编成，分龙头、龙身、龙尾，均用彩纸或各种红、黄、白布糊后再画上龙鳞。龙身长短不一，有三节、五节、九节、十一节，为单数。龙灯舞多在夜晚玩耍，每节龙体均点小油灯或蜡烛，可炯炯发亮。火龙一般用纸糊成，每节用绳子连接。用布糊成的龙体称布龙，布龙绘成各种颜色，如白色布上画红龙鳞，称之为"白龙"，黄布画上红鳞的称"金龙"，红色的称"赤龙"，绿色的称"青龙"。众龙会聚，气势宏伟，色泽鲜艳。

灯节期间玩耍的龙灯舞种类较多，"火龙""布龙""板凳龙"均有。多以十一节为主，玩龙者以年轻人居多，在打击锣鼓声中表演龙的气势。引龙人武生打扮，动作豪爽，担任领舞和指挥。表演动作常有"龙打滚""龙盘尾""老龙盘旋""龙翻身""波浪游""金龙跳水""双过龙门""龙戏珠""彩虹飞架""龙行云"等。耍"火龙"时，舞龙者步履一致，快慢有序，起伏跌宕，对比鲜明，加上激越的锣鼓和呐喊声，场上金光闪烁、气势磅礴，大有翻江倒海、腾云驾雾之感。

（四）羊角鼓舞

羊角鼓舞流传于宁强县境大巴山区，是由端公（巫师）表演的一种祭祀性舞蹈。

羊角鼓舞是端公跳神仪式中的一种祭祀舞蹈。端公跳神，又称"跳坛"，分文坛、武坛两种。文坛以唱为主，武坛以舞为主。武坛仪式中包括舞蹈、歌唱、民间小戏，以及用木壳面具表演的傩舞傩戏。

每逢山民家事不顺，多灾多难，或庄稼歉收，人畜不安，便要请端公前来斩妖除怪，驱除妖邪，具有强烈的消灾避难的功利目的。一些富户人家家道顺畅，祭祀家神；或老人寿诞，做生意获利，就会邀端公前来"跳坛"，酬谢神灵的恩德，向神还愿。此类跳坛有喜庆、祝贺之意，又有娱神娱人之意。举办"跳坛"仪式，载歌载舞，热闹非常，活动往往可持续三至五天，且通宵达旦地表演。端公则根据主家（邀请之家）的目的，决定选择文坛还是武坛，并在表演的形式、内容、场次、规模上各有取舍和侧重，但以神的面目贯穿活动始终却是共同的。

羊角鼓舞的表演以双人一组对舞为主，场面大的可组成三四组，反复接跳。舞者所用道具有羊皮扇鼓、司刀、号角等。表演时先吹起号角，挥动摇响司刀，舞者即上场表演。舞者击鼓抖环，同进同退，时而屈膝前进，时而弯腰后退，时而拉手对转；或背靠背旋转，或上凳击鼓、绕转击鼓。舞者腰胯急促摆动、扭转，舞姿矫健，动作粗犷、有力，节奏奔放激烈。舞蹈突出扭腰摆胯的动律特点，特别是表演者呈弓步姿态时，臀部仅向一侧连续摆晃，颇有原始先民舞蹈的痕迹和情趣。舞蹈始终伴以"嘭嚓！嘭嚓！"的强烈的鼓声，急促的腰铃声，铁环的撞击声和阵阵呼号声，颇有征战拼杀的气氛，虽每组只有两人表演（有时几组同时表演),却也如同古代氐族部落征战或练兵时的浩大场景。

(五) 羊皮鼓舞

羊皮鼓舞是羌族具有代表性的舞蹈之一,广泛流行于羌族地区。在陕南,主要流行于嘉陵江上游的略阳、宁强一带。这一带春秋为氐羌所居,古为白马氐(白马氐即古代羌族之一支)之东境。

羊皮鼓舞以舞者每人手拿一用羊皮蒙制而成的蒲扇形鼓道具而得其名。鼓形有如东北的"单鼓"、河北的"扇鼓"、北京的"太平鼓"。鼓形虽如是,但其表现的内容、舞蹈的目的及道具的装饰、舞者的服饰却大有分别。

羊皮鼓舞是羌族祭祀活动的主要表现形式。其活动分上坛、中坛、下坛三种固定程式,内容为祭神、还愿、驱邪、祈福等。陕南羊皮鼓舞的程式和内容与之大同小异。

羊皮鼓舞是旧时秦巴山区的端公在民间祭祀活动"开坛"时表演的一种舞蹈形式,可在多种场合和情况下表演。其中,可在庙会(城隍庙会)和春节期间作为一种表演性娱乐活动进行演出。这时的羊皮鼓舞完全成为娱乐性表演节目,毫无祭祀活动中的那种神秘、肃穆之气氛,而充满了热烈、喜庆之气。可群舞,也可双人舞,并不拘泥于人数。表演前,在原地先打一通固定套路的鼓点,既可酝酿情绪,又起着烘托气氛和招徕观众的作用。表演时,两人边击边舞,在"嘭嚓!嘭嚓!"的鼓声中表演着"襀鼓""揉麻窝子""单腿跳""凤凰三点头""线笆子""襀星辰""勾腿跳"及"躺凳""跳凳""踩凳""跨凳"等粗犷、热烈的舞蹈动作,同时在鼓声的伴奏下配以曲调高亢、具有浓郁地方色彩的唱腔,给人一种别致、独特的韵味。吴宝恒、吕福生二人曾数次深入基层,搜集和整理了羊角鼓、羊皮鼓鼓点的打法以及舞蹈基本动作、唱腔曲调和唱词等,使这一珍贵的舞蹈文化遗产完整地、系统地保存下来。

(六) 凤凰灯舞

凤凰灯舞,又称"玩凤凰""凤凰灯""凤凰舞"等。

从起源演变看,凤凰灯舞主要流行于郧县,关于它的起源,史无记载,当地只有"牡丹盛开富贵人家,凤凰不落无宝之地"这样的谚语流传。

凤凰灯舞作为一门新型的民间艺术很快为民众接受,并落地生根,大放异彩,与其本身所具有的深厚的传统文化内蕴是分不开的。凤这个图案的纹样,在商周的美术作品中就有,是原始人图腾崇拜的残迹,也是商周人祖宗崇拜的意识的反映。龙凤的观念深入中国人心,把它们作为至高无上的东西来崇拜已历数千年之久,因此,在我国浩如烟海的古籍中,有关凤凰的记载常常可见。它是古代传说中的鸟王,自古以来,我国人民就将它视为美的象征。《说苑》中载,凤凰"载德负仁,抱忠挟义",故人们把它看作和平嘉瑞的征兆。凤凰美艳华丽,所以人们每以凤凰比喻恋人的爱慕和结合。凤凰之所以被人们喜爱,不仅在于它的形态美丽动人,还因为凤凰能歌善舞,可给人带来欢乐和幸福。凤凰的鸣叫婉转动听,雄雌有别,雄鸣曰唧唧,雌鸣曰足足。起止也不同,行鸣曰归嬉,止鸣曰提扶。在不同的时间里,有不同的叫法,夜鸣曰善哉,晨鸣曰贺世。这些含意深刻的辞令,虽说都是文人们强加的,但却说明了凤凰在人们心目中的地位。

（七）端公舞

端公舞又叫"扛神"，也叫"做枯斋"，被誉为楚文化的活化石。据历史考证，端公舞起源于楚宫廷舞，距今已有2000多年的历史，在民间流传的过程中，端公舞兼收并蓄其他文化，但基本保留了原始古朴的风格。目前，端公舞在汉水流域中游的南漳、保康、谷城山区和汉水流域上游的陕西汉中镇巴还有表演，但保护、挖掘条件十分困难。

端公舞是一种以欢乐的跳舞形式悼念亡人的民间舞蹈，它是巫文化的一个重要组成部分，从一个侧面展示了古楚民族的风情习俗。端公舞在民间祭祀活动中，主要是以歌舞来酬神和悦神，借以奉祀天地鬼神，为人祈福消灾，并兼事占卜和星历之术，是巫舞中的一种，是古老原始宗教的艺术形式，是有着浓厚的巫文化色彩和古朴原始气息的祭祀歌舞，从远古流传到近代，对民俗和人们的思想观念，都有一定的影响。而在古时楚国地望荆山一带，人们奉行以端公舞来还愿和祈愿。跳端公舞一般为一天一夜，也有三天三夜、七天七夜的。请跳端公舞的人大都是富裕的家庭。

在汉水流域上游镇巴一带，人们称端公舞为端公戏，又称坛戏，是一种巫师组班装旦抹丑、踊踏欢唱的地方小戏。因其行头简单，一包袱可携，所以又叫打包袱。地处大巴山深处的陕西镇巴，地理环境相对封闭，端公戏得以长期保存，成为研究古代东方人体文化的活化石。

在艺术上，端公舞中端公手诀是其灵魂所在。据传，"跳端公"脱胎自战国时期楚国的"巫舞"。在古代，人们对抗自然灾害的能力差，在战争频繁的状态下生存十分艰辛，自然诞生了向神灵祈祷平安和幸福的巫舞。手诀作为其重要组成部分随之产生，当时的巫师使用手诀跳巫舞为人们祈福。

端公舞是用舞蹈形式来完成的，翻身、旋地、穿梭，这些让人眼花缭乱的动作配上千变万化的手诀，具有一种让人心生敬畏的感觉。端公手诀多，目前开县文化名人余虹韵整理出了端公手诀达 200 余种，是研究端公手语的权威资料。这些手诀，再搭配各种姿态，让人倍感神秘。端公手诀分为三大类：一是自然崇拜，如太阳诀、月亮诀，体现了人们对日月等自然力量的崇拜；二是生殖崇拜，如天师诀、捆鬼诀，分别表现了男女生殖器的形象，体现了人们对生殖力量的崇拜；三是图腾崇拜，如山王诀，体现了对以山作为图腾形象的崇拜。

端公手诀自古以来靠口传心授，不立文字。因为自古以来师傅在传授徒弟的时候总会留一手，久而久之，总有不少手诀失传。因而，还中国 2000 多年前端公手诀的一个本来面目，还是一个任重道远的工作。

此外，据周至、吴艳荣研究指出，端公舞是以祭祀表达主题的舞蹈，兼有说唱和乐器伴奏。端公舞分为上坛和下坛，上坛主要是祭奠死者，超度亡灵，舞蹈动作严肃庄重；下坛主要是驱鬼避邪，祈祥纳福，动作轻盈洒脱。上下坛又分为内坛和外坛。端公舞的内容包括迎神、敬神、安神和送神四个部分。各坛场次有繁有简，最多有 16 场，人员一般为 8 人，表演人员为"顶神"和"站案"，顶神就是掌坛师或端公，站案主要从事伴奏，配合顶神完成法事。端公舞表演的服饰、道具、布景共 30 多种。端公舞的动作怪异、神秘，具有规律性，包括拜步、踏蹋步、踏点步、颠颤步、三步转身和穿梭步 6 种基本步法。其音乐风格独特，唱词内容统一，唱腔低婉，音域较窄，主要特征是依字行腔，以意行舞，唱腔有颤音，动作有颤步，结构为上下句，打击乐贯穿始终。

在端公舞的传承上，襄阳南漳姚凯用了 5 年多时间，行走数千千米，走访民间艺人数百人，搜集撰写文字材料近百万字，终于将这濒临失传的楚文化遗产整理出来，完成了20余万字的舞蹈剧本。经过姚凯整理的端公舞剧本，共分迎众神、受香愿、交祭品、安神位等16场。舞中做法事所用的法器，主要有扇鼓、师刀子、钺斧刀、八卦旗、令牌、镇坛木、神棍、牛角号。在乐器方面，主要有巫音（长号）、铜锣、大镲、小镲、扛锣子、手鼓之类，合奏起来音域宽厚，颇觉悲壮。服饰方面，多以红黑为主色，束红腰带，主坛人戴五佛冠，戴鬼脸面具，穿深口布鞋。花坛为大方桌，背景为龙凤图腾和日月星辰、火。

1995年，端公舞被收进《中国民族民间舞蹈集成·湖北卷》。保护端公舞对于研究楚文化和创新民间说唱艺术等具有较高的价值。

相传，端公戏有剧本200多个，现保存剧目120个。

（八）郧阳四六句

郧阳四六句，又叫"花鼓子"，是由鄂西北的民间锣鼓曲和灯歌发展演变成的曲艺形式，在郧阳地区和与河南、陕西接壤的边界地区均有流行，以郧县为主。郧阳四六句有一板四句和一板六句两种板式，文学句式以七字句为主。它的唱腔分山腔、平腔、踏腔三种。山腔高亢奔放粗犷，平腔轻快流畅，踏腔兼有欢快和低沉。表演形式有起腔、垛板、慢板、紧板等，表演时以方言报字，语言朴素，说唱结合。节奏鲜明活泼，曲调淳朴流畅，叙事性突出，兼有抒情性。郧阳四六句的演唱形式以坐唱为主，一班人敲击鼓、锣、钗、小锣、马锣，边打边唱，一人为主，其他人轮流唱。随着演唱艺术的发展，郧阳四六句在多方面进行了改革，在原来七字句的基础上，又加上五五、七五字句和长短交替的结构。唱腔上把三种唱腔混用，还吸收了本地"兄弟打腔"曲牌和地方曲种的旋律，伴奏乐加进了二胡、三弦、扬琴和唢呐，减弱打击乐音响，增加抒情性。演唱形式变为一或两人领唱,其他人伴唱和合唱,烘托气氛。中华人民共和国成立以来,郧阳四六句被继承发扬,1962年郧县文化馆搜集整理唱本50多个。

(九) 均州八岔子

均州八岔子又称均州锣鼓、打火炮,主要流行于丹江口市。八岔子起于清末,与襄阳花鼓有亲缘关系,是民间锣鼓曲与灯歌结合的流变,多用在民间灯节、庙会的娱乐场合中。八岔子不用弦乐,只以钹、钗、鼓伴奏,简便易行。稻场、地边围上几床席子当台,几名演员即可演出。农村婚丧仪式中,打起锣鼓坐下便唱。有一人独唱、男女对唱、众人合唱帮腔等形式,曲调有上河调、下河调、妞丝、垛子、四六句等,唱和锣鼓伴奏同时进行,唱腔优美,气氛热烈。

(十) 郧西三弦

郧西三弦流行于郧西县及周边地区,以坐唱形式为主,距今已有130多年历史,因以三弦为主伴奏乐器而得名。郧西三弦吸收了陕西清曲的部分声腔艺术技巧,结合本地语言、音调和地方曲艺,形成独特的地方风格。演唱题材广泛,既有历史故事、民间传说,又有社会见闻、家庭生活。郧西三弦曲调丰富,主要流行的有越调、慢板、背宫、吹腔、三朵花、太平年等十余种。曲体结构层次明显,音乐连贯自然,演唱形式自由灵活,优美动听。

（十一）房竹三县的房县锣鼓、高腔与五句子

房县锣鼓又称薅草锣鼓，以房县、竹山等地流传最广。房县锣鼓只用两名歌手，各执一鼓一锣，自打自唱，唱腔有"三起火""翻山撩""野鸡三朴头"等上下句曲牌，也受到戏曲唱腔二黄、越调、高腔的影响，夹有民间山歌小调。锣鼓点子打法有凤点头、太山锣鼓、长锤等。演唱起来有唱有道白，音调激昂，节奏灵活，歌手常现场即兴编词，鼓动性强，场面十分热烈。

流行于竹溪一带的高腔，原名丐调，以往一些流落乞讨者，双手击打"莲花闹"，行进间拉四弦琴，逐步发展成说、念、唱一体的地方曲调。竹溪高腔分扫堂板、云板、展板三种板式，曲调高亢委婉。随着时代的进步，竹溪高腔从单一的小调式转向多调式，语言音乐不失古朴而有时代新韵。

流行于竹山的花鼓以七字"五句子"为基本板式，还有七字"四句子"、七字加衬词"二句子"的组合，亦有如快板、朗诵加歌咏的数板，不受板式限制，自由说唱。除这些板式外，还有对花歌、采茶歌都可以穿插进花鼓歌中演唱。其腔调有开门调、阳歌调、四平调等。竹山花鼓的特点是：句式规范，字数整齐，讲究押韵；歌词取材广泛，设喻比兴；整体节奏明快，板眼分明，乐停开腔，乐起歌歇。花鼓唱腔主要用在民间彩船表演中。

（十二）其他

打连厢是荆州花鼓戏的表演动作，分两节进行。第一节，丑打竹板

走扒子挡上场,唱"打连厢"调,旦上,走内荷花(由内往外转)、外荷花(由外往内转),唱"十枝梅"调。第二节,旦结合多种舞蹈身段步法,以金钱棍打出五花点、小翻花、满天星和大翻花等招式。丑旦舞蹈动作配合有上、中、下三路,分别走双龙出水、横蹉步、背靠背、快跑步、蹬转步、双靠肩、双抢步等。在演出中不断有所发展,将铁门坎、筋斗、蝎子倒爬等武功用于其中。

滚棚是汉剧的程式表演动作。汉剧武丑在农村草台演出《三盗九龙杯》时,用六根柱子搭台,中间两根高,前后略矮,盖平顶棚。杨香武上场走边,至台中处,为了避免被宫卫发现,缘柱上棚,从左至右,从右至左,滚成"之"字形。然后落在台前杆子上,背手抓住杆上的钉子,作贴壁挂画状。接着一脚钩住铁钉,一脚蹬住杆子,横悬空中作顺风扯旗状,窥测宫中动静。然后翻向悬在台中的两根吊杠上,用脚套住,倒挂金钩,观察动静,见没有人,翻下,盗走玉杯。越调也有此特技。

缩身是汉剧丑行的程式表演动作。演员沉矮裆劲,双膝弯曲,手肘弯缩,紧贴肋边,腰弓背驼,头断千斤(夯拉脑袋),行走中速碎步,脚掌落地,后到脚尖,左脚先起步,不超过右脚尖,右脚两步,紧紧相连,头晃身颤,手捏两拳,微摆配合,行走如同蛇形。用于《羊肚汤》中张母出场和吃羊肚中毒。《天雷报》中胡氏在清风亭盼子时亦用。

仙人镖叉是荆州花鼓戏的程式表演动作。荆州花鼓戏《张三赶妻》中旦、丑两角都踩跷子表演。张三和王氏见面时,经过相认又不敢认,要认又怕认错的多次反复,终于认定无疑后,张三喜极,将王氏举起,头顶王氏腹部,一手托头,一手托脚,在台上跑圆场,先是大圈,逐渐缩小,速度越来越快,然后把王氏往台前一丢,这时旦角一个腾翻挺立在台上,要立得住,站得稳,才能优雅亮相。

甩辫子是汉剧武丑的头顶功。演员蓄一尺多长的辫子,尾系一个铜钱。表演时,左右各摆一把椅子,演员右脚独立,左脚悬起,将头上鞑帽落在脚尖上,右手拿扇,左手掌撑在左椅背一角,左椅子三脚悬空,一脚落地,甩起头上辫子,用铜钱系住右椅背,随后甩发带动右椅子悬空旋转,同时手中的扇子向右转,脚上的帽子、手掌下的椅子向左转,随着唱腔,四物齐舞,左右转动。用于《拦马》中的焦光普。此特技已失传。

老背少是汉剧八贴的表演。先扎一假人(老翁)绑在演员的胸前,演员扮演少女,上穿女装,下穿男装。表演时,一人要用大、小嗓唱生、旦两行的唱腔和道白。上身做花旦的身段,下身走老生台步。上桥下桥,快步起跑,慢步喘气。表演有一定的难度。此特技用于《哑夫背妻》。

咬碗是随县花鼓戏的程式表演动作。《血汗衫》的陈氏,被屈斩时,其子桂娃来送饭,三声叫娘,感情一次比一次强烈,叫第三声时,声大而颤抖,陈氏猛然转身,桂娃将碗送于她娘口边,陈氏一口把瓷碗咬破,表现人物因受冤枉,内心极度悲愤的心理状态。湖北其他剧种也有此特技。

三、流行于汉水流域的几大剧种

(一)流行于汉水流域中上游的山二黄

山二黄又称汉二黄、靠山黄。山二黄是楚调与鄂西北方言语音、民间音乐长期流变结合而形成的独特的地方剧种。

从艺术渊源来看,山二黄主腔为西皮、二黄,和陕西汉调二黄渊源密切。

从剧目内容来看,到1982年为止,搜集的山二黄传统剧目约有400出,其中列国戏占60余出,唐代戏占70余出,宋代戏占80余出,共占剧目总数的四分之三。与其他皮黄剧种比较,岳传和水游戏比较少。常唱剧目有所谓"十大台"(《一捧雪》《二度梅》《三奏本》《四进士》《五月图》《六月雪》《七人贤》《八义图》《九更天》《十道本》)、"四大逼宫"(《黑逼宫》《黄逼宫》《白逼宫》《红逼宫》)、"四大家人"(《莫成替死》《吴承恩保主》《马义滚钉》《红书宝剑》)、"四大刺客"(《荆轲刺秦》《要离刺庆》《豫让剁袍》《专诸刺僚》)、"四大征"(《雷振海征北》《薛仁贵征东》《樊梨花征西》《姚刚征南》)。

从剧种的角色构成来看,山二黄的角色分十大行:一末、二净、三生、四旦、五丑、六外(架子花脸、武花脸)、七小、八贴、九老(老旦)、十杂(缺什么顶什么)。二净用本嗓唱,讲究虎音、鼻音,个别嗓音特殊或嗓音条件不够者,夹用边音。不仅唱工花脸的戏如《二进宫》《黄逼宫》《白逼宫》等归二净行应工,凡是尉迟敬德、李逵、焦赞、薛刚(青年薛刚,个别戏由武生或六外应工)都归二净,所以,净角必须唱做俱佳,因而流传有谚语:"千生万旦一净难。"六外也是花脸行当,用本嗓唱,重武功,可兼带武生戏,也称二花脸。郑子明、蒯彻、王英、孟良、马武的戏归六外应工。七小,用本嗓唱,文武兼备。十杂为贴补行当,要求能为各个行当唱贴补角色。

从表演所占的权重看,山二黄的表演重唱功。以唱功见长的行当,末、生、净、旦是不可缺少的。丑角也要求有唱功,如大丑戏《大桑园》《湘江会》《龙凤旗》等,都有很重的唱段。唱文戏也强调要有武戏的功底,唱武戏要有文戏的做派。道白基本上采用鄂西北语音,个别剧目和角色也有不同要求，如太监、番邦旦角操京白，番邦花脸操陕白，《渔舟配》中摇旦操黄州白，《张松献图》中张松操川白，《穆柯寨》中木瓜操陕白等，与湖北其他皮黄剧种大致相同。目前，竹溪山二黄剧团是汉水流域唯一演出山二黄剧种的团体。

与竹溪山二黄艺术风格可以互为补益的是竹山高腔。竹山高腔源于安徽岳西高腔和江西九江高腔，是将竹山方言道白和地方曲调融合形成的自成体系的地方剧种。高腔音调高亢富有朗诵意味，川剧、婺剧、赣剧等都有高腔唱法。明清时期，安徽、江西连同鄂东的移民来到竹山等地，带来了当地高腔戏曲。同时，竹山与川东毗邻，一直受到巴蜀戏曲声腔的影响。经过一代代民间艺人的加工提炼，就形成了地域特色浓厚的竹山高腔。竹山高腔有上獠子、下獠子、武獠子、文獠子、哭汉江、四平调等声腔，文场的主弦是四弦胡琴或京二胡、三弦、月琴、唢呐；武场用的是土鼓、大锣、小锣、大钹和马锣，除牙板外还用竹板打击节奏。高腔的锣鼓板式是民间敲打式，粗犷、浑厚、深沉，显得古朴又充满乡土气息。竹山高腔一直为皮影戏配唱，1977年本地创作的竹山高腔现代戏《路口》在全省农村文演调演中登台亮相，名声顿起。其后竹山县创作了《县令背纤》《车猪案》等30多个高腔戏本，后陆续演出。2002年国庆期间，竹山高腔剧目《卖山宝》《云雾山中养路人》参加全市曲艺大赛，获得十堰城区观众好评。

（二）流行于汉水流域中上游的襄阳花鼓戏

襄阳花鼓戏主要流行于汉水中上游一带的襄阳、宜城、南漳、谷城、保康、老河口、枣阳、房县等地。初称地花鼓、花鼓子，自登台演出之后，渐多以花鼓戏相称。流行于襄阳地区的地方花鼓戏，当地习称花鼓子，也有称其为北路花鼓戏的。除此之外，逢年过节划旱船、踩高跷等也都唱花鼓调。1949年后，各县依流行地区分别定名为襄阳花鼓戏、枣阳花鼓戏、宜城花鼓戏等，唱腔、剧目均无大差异，语音略有不同。1980年统一定名为襄阳花鼓戏。

根据已故艺人龚世荣、赵金生的口述记载，结合当地民间传说来推断，襄阳花鼓戏大致形成并流行于清道光前。襄阳花鼓戏起源于当地的民间艺术活动。初为"打火爆"班子（以锣鼓打场的灯班）中一、二装扮角色的歌舞故事表演，称"单玩子"或"双玩子"，节目有《砍黄豆》《腌腊菜》《打小秃》《接新娘》等。清道光年间，襄阳的这类表演形式与鄂东、荆州一带的花鼓戏交流结合，并受汉剧、湖北越调等影响，乃逐渐形成了以打锣腔为主，并具鄂北方言与艺术特点的襄阳花鼓戏。

襄阳花鼓戏的演唱形式为人声帮腔，锣鼓击节伴奏。至1930年左右，襄阳花鼓戏逐步演变为桃腔、汉腔、四平和彩腔四大唱腔。

从艺术特质的渊源和构成来看，桃腔与鄂东的花鼓戏、采茶戏有渊源关系，是鄂东打锣腔与鄂北地方语言和民间音乐相结合衍变形成。在长期演出实践中，又常与越调等剧种交流而形成自己的独特风格，与鄂东花鼓戏、采茶戏同属打锣腔系。

襄阳花鼓戏的影响扩展很快。早先串演"三小戏"（小旦、小丑、小生）时，在田边稻场围上高粱箔子，就可以登场做戏，被称为地摊子、草台子。艺人们农忙时生产，农闲时演唱，演出班社被称为"春班子"。以后逐步扩大成一二十人的"四季班子"，常年在外活动。据说道光间曾出现过同兴班、三合班等知名班社。清末班社很多，襄阳、枣阳、宜城等地常年有六七个班社；光化、谷城、南漳、保康、均县、远安、兴山等地大小集镇常有一两个职业的或半职业班社。各地均有知名艺人，如襄阳在民国期间仍有彭兴顺、徐德刚、康良选、李富香等人，常年在外搭班演出，活动于襄阳地区各县和宜昌、荆州一带。1930年夏，各地花鼓戏班曾聚集在鄂北重镇老河口，相继演出十多天。1935年前后，又曾进入老河口，与湖北越调合班在茶园演出达三年之久。

以锣鼓伴奏、人声帮腔是襄阳花鼓戏传统演唱的重要特色。所用乐器有边鼓、板、堂鼓、大锣、大钹、小锣及马锣。乐队人少时，则一人司鼓，一个兼奏大锣、大钹和小锣，称"打双锣架"（三件乐器固定在一个支架上由一人演奏），马锣由检场人兼奏。乐队人多时，则一人司鼓，三人分掌大锣、大钹和小锣。大锣又称领锣。人少时，它担负着乐队指挥重任。其起止闪顿、轻重缓急，又起着营造舞台气氛和控制舞台节奏的作用。帮腔大体帮在两处，一是帮唱腔句尾的拖腔，多见于主要腔调以及小调（四六句），二是帮唱腔中的衬字腔，主要见于彩腔诸曲调。帮腔时多有锣鼓配合。

从音色来看，襄阳花鼓戏的桃腔，曲调粗犷朴实，长于抒情、叙事。张德和、喻老四、胡彦昌等人的戏以及《白扇记》《四大案》《东楼会》《南楼会》《西楼会》《北楼会》《张朝宗》《蔡鸣凤》等均唱桃腔。鄂北地方常演的大本戏《阴阳错》以及"三赠"，即《送寒衣》（赠衣）、《夏晋楚要饭》（赠银）、《花园会》（赠金），则用汉腔演唱。四平变化较多，可以带垛，也可转接"哭皇天"等，运用较宽。《秦雪梅》《天平山》《宋美卖妻》《打蛮船》等大本戏均主要唱四平，这些戏往往可以连台演出几个晚上，观众并不感到单调重复。一戏一调的采腔剧目，多数与其他花鼓戏、采茶戏所共有。本剧种特有的剧目有《双失悔》《莫头算粮》《打小秃》等。

从角色来看，襄阳花鼓戏的男行统称"外角行当"，女行统称"内角行当"。主要有"外三行"，即生、小生、丑，还有"内三行"，即老旦、正旦、花旦（另有小旦，或称拖尾巴旦）。男行中还有一类不穿襕衫的生角，性格幽默风趣，又不同于丑行，称为"变生子"，应工戏很多。女行中也有一类结了婚的青年妇女称"二里头"，应工戏也较多。大花脸和二花脸的戏是不多的，各行都可以代扮。

从服饰来看，襄阳花鼓戏早期演戏装饰简单，小生、小旦服装均无水袖，表演时，小生常拿一把折纸扇来回舞动，帮助做戏。花旦和小旦身披长帕子，两手扯住长帕子的两端，代替水袖不停摆动。生角服装有短水袖，常不停摆动或"抓袖"（抓起放下）。中华人民共和国成立前后因服饰变化，这种表演已不多见。

襄阳花鼓戏拥有革新的历史。中华人民共和国成立后，襄阳成立了专业剧团，改人声帮腔为弦乐伴奏，挖掘整理传统剧目，革新发展表演艺术。整理的传统剧目《送寒衣》《看稞》等均曾参加省会演获奖，受到好评。襄阳组建了专业剧团。当地专业音乐工作者乃与襄阳花鼓戏艺人合作，以《访友》《站花墙》《赠银》等传统剧目为试点，为桃腔、汉腔、四平等主要腔调配上了弦乐伴奏，创编了过门音乐。为乐队新设了胡琴（后改为高胡）、二胡、低胡、笙、唢呐、笛子等文场乐器，并从皮黄剧种和民间吹打乐中吸收了一些文场曲牌和锣鼓点。以上革新使剧种音乐增强了艺术感染力。这一时期，由于演员得到了专业的声乐训练，剧种演唱在保持乡土特色的基础上，水平也有较大提高。

（三）波及十余省的钟祥梁山调

梁山调是板腔体系的地方戏曲剧种，以瓮胡为主要乐器，属南方曲风格，其演出剧目大多为生活对子戏和折子戏，声腔为"咿咿腔"，板式有八板、横板、大字板和小字板。本腔为主要腔调。

梁山调主要流行于钟祥等地，源出清初川东北梁山县一带流行的灯戏曲调。与梁山县俗称的"包头戏"或"端公戏"所唱"胖筒筒"调有血缘关系，与湖北随州花鼓戏的梁山调、郧阳花鼓戏的琴子腔、堂戏的大筒腔、柳子戏的杨花柳以及灯戏、提琴戏的正腔等唱腔同源异流。但作为自成体系的剧种，则形成于湖北钟祥一带。清乾隆年间梁山调传入湖北钟祥，与当地的民歌和其他戏曲声腔相融合后，形成了行当较为完整、独具声腔特色、自成体系的地方戏曲剧种，至今在江汉平原一带传承。

目前，梁山调腔系涉及川、湘、鄂等12个省区的灯戏、花鼓戏、采茶戏中的梁山调、川调和灯调。据有关专家考证，梁山调在长江和汉水流域都有流传，落地生根于钟祥，并形成一种新型的地方戏曲剧种，这在我国中部地区的其他剧种和声腔中并不多见。

从流传和代表人物来看，梁山调在钟祥一带流行时，艺人多在当地已盛行的湖北越调班社中学艺。据老艺人所述艺术传承情况，至迟在清同治、光绪年间，梁山调剧目以明、清传奇本故事为主，以生、旦角主唱的半本戏和散折戏居多，主腔也相应形成了较为成熟的板式变化体，生、旦、净、丑具有各自的行当腔。知名职业艺人有钟祥杨集的生角邹和尚、丑角乔歪嘴等。他们各行皆通，会戏甚多，为光绪年间的杨集班主要教师。清末民初，剧种相当兴盛，仅钟祥的职业江湖班就有丰乐、杨集、胡集、潞官埫、贺集五个。知名艺人有王化绪、彭连生、白宗富、王大化、陈明善（琴师）等。20世纪30年代前后，江湖班和季节班（一年唱三季）以及业余班社在钟祥等地广泛兴起，先后出现了旦角周天应、丑角金传清、鼓师张大法、琴师黄士银，以及在钟祥有"杨集三相公"之称的旦角陈国富、郭天成、孔宪禄等著名艺人。演出范围远达荆州、襄阳、宜昌三地所属的10余县。

从剧目看，梁山调的传统剧目原有100多个。现尚能演唱的仅60多出，内容多反映家庭、社会的伦理道德问题，以唱做并重的苦情戏独具特色。过去经常上演的剧目主要有《打芦花》《天平山》《蓝桥会》《双官诰》《雪梅观画》《雪梅吊孝》《雪梅教子》《董永分别》《七姐送子》《芦林会》《安安送米》《描容》《窦老送子》《赶潘》《杨氏送饭》《胡迪骂罗》《打金银·店子会》《美人瓶》《送寒衣》《赠银》《张广大拜寿》等。

从角色来看，梁山调的角色行当分生、旦、净、丑，以生、旦、丑为主。生行又分老生、正生、小生、奶生（娃娃生），旦行又分老旦、正旦、二旦、小旦，丑角常兼唱花脸和摇旦（丑旦）。生、旦首重唱功，讲究真假嗓结合自如、圆润，注重唱情。艺人中流传有凶、吉、快、慢、离、合、悲、欢八字演唱要诀。丑角多练武功，手脚轻捷、灵巧。各行表演多从越调吸收营养，运用程式比较注意规范，做功也较讲究。

从发展的角度看，梁山调前路漫漫，任重道远。中华人民共和国成立之初，梁山调在钟祥一带逐渐活跃。20 世纪 50 年代，两县共建有乡剧团 10 余个。20 世纪 60 年代前期，为抢救戏曲遗产，相关单位对梁山调传统剧目和音乐唱腔分别进行挖掘、记录，剧种艺术有所传承。

（四）湖北地区主要的地方剧种——楚剧

楚剧是形成于黄陂、孝感一带的地方花鼓戏。旧称哦呵腔、黄孝花鼓戏、西路花鼓戏，1926 年改称楚剧。

从源流上看，楚剧的主腔——迓腔是在流行于鄂东地区的哦呵腔的基础上，用黄陂、孝感一带的语音演唱，逐步发展而成。哦呵腔是打锣腔系剧种的主腔，是在鄂东一带的田畈歌曲、民间音乐基础上长期衍变形成的，形成过程中曾受到汉调的影响。最先流行于鄂东的圻水（今浠水）、罗田、麻城、黄梅、广济一带，早期演出剧目也多属上述地区的人和事。楚剧与鄂东的东路花鼓戏、黄梅采茶戏有明显的共性,同出一源。主腔都是在哦呵腔的基础上形成的。早期都是一唱众和,锣鼓伴奏;唱腔结构都是由起腔、正腔、腰板、落腔四个部分组成;演出剧目都是《喻老四》《张德和》《胡彦昌辞店》《毛子才》《逃水荒》《告经承》《告堤霸》《李广大》等。也有认为楚剧源出黄陂、孝感一带农村灯节的高跷、采莲船等民间歌舞,与东路花鼓戏、黄梅采茶戏等互有影响。

楚剧经历了一个由业余爱好到专业训练、由谢神娱人到卖艺谋生的发展过程。形成初期,只在农村元宵节玩灯时演唱,俗称"灯戏"。演员多是农民和手工业者,多属自娱性质。后来逐渐出现农闲时演出的麦黄班和常年演出的四季班,演员逐渐由业余走向半专业或专业化,由谢神娱人变为卖艺谋生。现知较早的专业戏班有光绪年间黄陂彭家冲艾九爹和黄陂横店张面糊组办的两个班子。当时的唱腔只有哦呵腔、悲腔、四平及"思儿""探亲家"等小调,一唱众和,不托管弦,乐器只有锣、鼓、钹等。行头也很简陋,一个戏班只需七八人。剧目也不多,以单篇词和折戏为主,谚云:"花鼓戏开了锣,不是《喻老四》,就是《张德和》。"

第四节　汉水商旅交通文化

从地理位置来看,汉水北望黄河,南接长江,正好处于这两大河流的中间;从流经地的地貌特征来看,汉水的中上游流淌于高峻的秦岭和大巴山之间,下游北面也耸峙着桐柏山、大洪山。绵延的高山成为汉水与其他地区交流往来的阻碍,蜿蜒的山谷却使得汉水成为沟通关中、中原、川蜀和长江流域的重要通道。自古以来,沿着汉水及其支流,人们开辟了许多连接南北东西的交通线路。交通南北,控扼四方,是对汉水流域所处的政治与军事、经济与文化地位的绝妙描状。正是因为拥有如此独特而重要的文化地理优势,所以,汉水自古以来就拥有高度发达的商旅交通文明。

一、通往中原的古代水道、驿道和商队

早在商代,活动在汉水流域的各部族,通过水上交通与商王朝来往密切,并一度成为臣服于商的方国。直至公元前12世纪时,聚集在汉水流域的巴人、庸人及各部族与周武王结盟,乘舟沿汉水东下,会师于牧野。在秦楚争战时,汉水已是一条重要的,为双方所利用,也为双方所争夺的重要交通要道。

汉水所处的地理位置系东西南北交通要冲,因而在运输及征战方面有十分重要的地位。它西通陇蜀,东达五津,历来为朝廷所关注。

汉高祖刘邦定鼎于汉中,更注意汉水的开发和航运,致使战船如梭,航运飞渡,通过汉水既调节了京城粮财食物,又解决了南粮北调的艰难。于是人们试图在此之外由汉水逆流而上至汉中,通过子午道越秦岭将物品送至皇都。汉武帝曾试图使这一设想变为现实,当时谋臣建议,使发源于秦岭南坡的褒水与汉水相通,而北坡的斜水又可通往渭河,皆可行船。倘若将褒斜二水之间百余里山崖凿通,以车转运,不仅是汉中的粮物,山东的财粮也在控制之中。于是汉武帝命张仰任汉中太守,发动数万民众凿修山道500余里,道路虽近,但水急石顽,工程艰巨,弊大利微,故而停修。

在汉水流域下游,荆楚地区的水路交通一直很发达。《史记》记先秦各国水利时说:"于楚,西方则通渠汉水、云梦之野,东方则通沟江

淮之间。"荆楚地区的水路，主要利用长江、汉水。

自宋代之后，由于战火不断，硝烟弥漫，经济、文化遭到毁灭性的破坏，加之盗贼四起，来往商船多有被劫之忧，特别是元末明初的"山禁"政策，致使汉水中上游地区人烟稀少、土地荒芜，汉水航运日趋衰落。直到明代后期，安康、汉中一带的航道才逐渐得到疏浚，直至清代中期，航运又呈现出昔日帆樯林立的盛况。

清雍正时期，朝廷为了促进各州府的商品交流、增加朝廷的收入，鼓励经商。安康"云分巴蜀横青嶂，地接襄樊（襄阳）下碧津"。而其山货特产琳琅满目，有名贵的药材、茶叶、木耳、生漆、桐油、苎麻、蚕丝等，因而吸引各地商贾来此贸易，并在沿江城镇、码头修建规模壮观的江西、福建、湖南等会馆，采购各类商品，经汉水，行长江，将这里的物产销售到国内外，也将外地的瓷器、布匹、工艺品带到安康销售。航运的开发，无疑加深了各民族的友好经济文化交流。清代晚期，当地州县为了保护商贾航运的安全，严禁抢劫、索诈商船货物，打击水盗及趁火打劫之徒，此举对航运的发展起到了重要作用。

据左鹏先生研究，早在楚怀王六年（公元前323年），在今湖北省鄂州市、黄石市一带，就有一位名叫"启"的鄂君。这位鄂君是一个大商人，运用楚王特制的10枚金节去各地做生意。每枚舟节由一支商队使用。每支商船队以船50艘为定额，每支商车队以车50乘为定额。既然舟节和车节各有5枚，那么，从法律上说，鄂君启可以拥有商船250艘，商车250乘。由金节铭文可知，鄂君启的商船队和商车队有法定的通行路线，大致以汉水为界，商船队主要活动于南面，商车队主要活动于北面。商船队从鄂邑出发，经由汉水、夏水、长江和湘、资、沅、澧诸水，最南可到达今湖南南部。商车队从鄂邑出发，最北可到达今河南南部，最东可到达今安徽西部和南部。有了金节，逢关过卡时经过勘验，就可以享受免税的优待，这是鄂君启的特权。金节的铭文还明确地说明了有些货物禁止私人贩运，如车节规定，不许贩运铜锭、铜器和皮革、箭镞，这些东西都是军用物资，故在禁运之列；还有的货物虽然可以贩运，但不能免税，如舟节规定，贩卖马、牛、羊，必须由大府征税，这可能是因为南方的马、牛、羊较少，从北方贩运这些动物，应当可以获得厚利，因此要征收一定比例的牛马税。舟节规定，50艘的限额是对大船而言的，3艘小船折合1艘大船。车节规定，10匹马和牛折合1车，20个挑夫也折合1车。并且舟节和车节都规定，鄂君启的商船队、商车队所到之处，地方政府不负责供应伙食。还规定，每做完一次长途贩运的生意，都要到郢都备案。以上种种，足以说明楚国的商法是比较严密的。鄂君启节的出土，为我们揭开了战国中期汉水流域的交通道路情况。

从水路看，鄂君启的商船队从鄂邑出发，经过今湖北鄂州、武汉之间的湖泊，进入汉水，上溯至今襄阳，就可转入唐河、白河，再转入棘水（今河南省南阳市溧河）而至棘阳（今河南省南阳市新野县），这是水程的最北点。然而，水程可行路线不止于棘阳，唐河、白河以及它们的支流在古代亦为通航顺道，可能直达方城附近。如果商船队从今之襄阳上行，又有丹江来会，丹江是源出陕西商县（今商州区）西北的汉水支流，流经河南，在湖北均县（今湖北省丹江口市内）注入汉水，它是汉江最长的支流，流量较大，通航条件较好；丹江又有淅川、淇河等支流，也有舟楫之便，从历史文献的记载来看，丹江自淅川以下，汉水自丹江口以下，至迟在春秋早期就已被辟为水运路线了。汉水在郧县以上的河段，峡谷与盆地相间，水流湍急，又多礁滩，给航行带来很大的困难，但汉水中上游的交通联系并没有因此中断，《战国策》中就曾谈道，从汉水上游的古巴国坐船顺流而下，4天功夫就可到达汉水下游，这说明汉水水道通航的时间是很早的。

从陆路看，汉水流域与中原地区的陆上联系线路还是较多的，主要的一条就是可以直通中原的南襄隘道。由今襄阳往北即南阳盆地，盆地西北为伏牛山脉，东南为桐柏山脉，由南阳南下，沿唐白河流域到襄阳，是一条天然隘道。从南阳往东北行，即达方城，出方城缺口，就进入中原地区了。因此，往来于南阳盆地与中原地区一般都经过这条路线。历秦汉六朝，迄于明清，在近代铁路、公路兴建之前，此线一直是南阳盆地与中原地区的重要通道，也是京师（洛阳、开封、北京）与湖广巴蜀云贵间往来的大道。

二、汉水流域中上游的蜀道

翻开古代汉水流域人文地理图册，你会发现，在汉水中上游的崇山峻岭、河谷川地的广大纵深之间，缠绕着、延伸着一条条或长或短、或粗或细的线条，它们星罗棋布，把秦岭和大巴山、关中和巴蜀、巴蜀和中原紧密地联系到了一起。这些线条就是汉水流域中上游的蜀道。

蜀道，也就是从长安（今西安）通往汉中、四川等地的道路，由于这些道路穿行于秦岭、大巴山的山谷之间，一路翻山越岭，坎坷险峻，所以古人一谈到蜀道，无不慨叹其艰险难行，唐代大诗人李白在那首广为流传的《蜀道难》中，开篇就说"噫吁嚱，危乎高哉！蜀道之难，难于上青天"，形象夸张地渲染了蜀道的艰难。但在如此艰辛的旅途中，却有一块东西长100余千米，南北宽20多千米的平地，将蜀道分成南北两段，这就是位于秦岭山系和巴山山系之间的汉中盆地，汉水静静地流淌其中，这里物产丰富，人烟稠密，与长安、成都间的距离大致相等，为往来的行人提供了良好的歇脚点，以此为界，道被分成北道（栈）和南道（栈）。同时，这里也是控制关中、中原、巴蜀、荆襄等地的枢纽，因此古代发生在蜀道上的战争，多数是在汉中。历史上从关中的长安经汉中盆地到达四川成都的道路并非只有一条，而是有多条，各条线路地理形势、自然风光和社会风情不尽相同，道途险易、开发先后也有很大的差别。每条线路都有自己的名称，而且都只代表蜀道的某一线或某一段，并不能通贯从长安到成都的全部行程。

在长安与汉中之间，耸峙着东西向的秦岭山脉，秦岭的北侧是渭水，南侧是汉水，它们都自西向东流去，沿途又不断地接纳了发源于秦岭的支流，这些山川谷道，大体南北相对，形成了联系长安与汉中的道路，故而人们也多采用这些谷道的名称来给经过它们的道路命名。

综观蜀道的分布，最为著名且尤为重要的有以下几条。从秦岭的东面往西，这些道路主要有：沿子午谷而行的子午道，沿西骆峪河谷和傥水河谷而行的傥骆道（又称骆谷道），沿斜水河谷和褒水河谷而行的褒斜道（又称斜谷道），沿清姜河河谷和嘉陵江支流故道水河谷而行的故道（又称陈仓道、散关道、青泥道），联系故道北段、褒斜道南段而形成的一条新线连云栈道（或称为褒城凤州散关道、回车道），北段、中段与褒斜道相同，南段折向清水河谷的文川道，还有一条所谓太白山路。在汉中和成都之间，横亘着大巴山，主要是一条石牛道，或称金牛道、剑阁道。另外，还有从陕西汉中或西乡南越大巴山，经巴中或宣汉到四川盆地东部的米仓道，以及唐朝天宝年间因杨贵妃喜食荔枝，而从涪州（今涪陵）以急驿经达县（今达川），取西乡县入子午谷到达长安的荔枝道。以下或详或略，聊作叙述。

（一）子午道

在历史上最享有盛名且广为人知的蜀道恐怕非子午道莫属了。子午道的开通时间可能很早,大概是在秦汉之际,甚至战国时代。东汉中期刻在褒斜道南端石门洞内的《石门颂》中,有"高祖受命,兴于汉中,道由子午,出散入秦"等话语,说明当年汉高祖刘邦由汉中入主关中时,就是从此道北上的。

与其他蜀道相比,子午道道路崎岖,丛山叠岭,老林密布,沿途居民稀少,是最为危险难行的道路之一。在蜀道北段的几条主要道路中,子午道的线路长度仅次于故道,超过了傥骆道、褒斜道和连云栈道,全程超过了500千米。此道不仅里程比较长,而且穿行于山间的谷道长达390千米,其绝对长度和在全线中所占的比重,以及需要翻越的分水岭的数目,都较其他线路多。官员和行旅由此道行进,在物资供应和安全保障方面,都存在很多问题。因此,在蜀道北段各线中,此线的利用率是比较低的。但是,由于它是从长安通往安康的要道,也是通往四川东部各州郡的捷径,而且还有几百里的线路,即从安康到汉中的线路,被用作从襄阳通向汉中的大道,所以其重要性还是不容忽视的。历史上建都江南的政权以荆襄为根据地经营汉中,主要从这条道路前进。而以关中为根据地进攻汉中,或以汉中为根据地进攻长安的战争中,子午道也常被选作进军道路之一。

(二) 褒斜道

在蜀道诸线中,褒斜道较早见于历史记载,其形成历史的悠久和在历史时期特别重要的政治、军事、经济、文化地位由此可见一斑。

古代的褒斜道,以褒水和斜水而得名,褒水为汉水支流,发源于秦岭南坡,其主源红岩河与秦岭北坡的渭河支流石头河(古斜水)源头非常靠近,故很早就被开辟成秦岭间的通道。此路亦称斜谷道,当与自秦汉首都长安取此路到汉中、巴蜀，必须先入斜谷，后入褒谷有关。其具体走向大致是从今西安市向西南行，至户县（今西安市鄠邑区）折向西，经过周至县到眉县，再折向西南过斜谷关，沿石头河河谷东侧，经鹦哥嘴、下寺湾、过石头河，翻老爷岭（古名八里坂），进入宽平的桃川河谷，再过灵丹庙、杜家坪、上五里坡（古名五里岭），即到达红岩河上游的虢川平地，今太白县县城就坐落于此，然后折而西南，经两河口、关山、白云、古迹街、高桥、王家楞、柘梨园，到西江口镇，再沿褒水干流的狭谷险段，经孔雀台、下南河、武休关、马道镇、褒姒铺，穿石门洞或越七盘岭出褒谷口，经褒城而达汉中。

褒斜道并不像其他道路那样要翻越许多高峻的分水岭，褒斜道上的登山盘道也不多，只有老爷岭和五里坡两处，其里程在蜀道北段各线中又较短，从斜谷口到褒谷口据说只有235千米或250千米，加上褒谷口至汉中约20千米，斜谷口至长安100多千米，总长度不足400千米。所以，秦汉魏晋各代，都把褒斜道作为长安、汉中间的主要通道。但这条道路的缺点也很明显，虽然没有高山阻隔，但沿途的狭谷险段既多且长，令人心惊胆战，号为畏途。这些险峻的地段，需要开凿石崖，修筑栈道，工程既浩大，维修亦困难，并且沿途地寡人少，供应维艰，安全堪虑，故自秦汉以迄于近代，谷道中从未形成一个县级的居民点，中华人民共和国成立后才把虢川平地的嘴头镇作为新设的太白县的治所。

（三）故道

对故道的具体走向，左鹏先生的调研恐怕是最为详尽和可信的，其大致线索如下。在今宝鸡市南面渡过渭河，从清姜河西岸的益门镇入山，这附近的山也被称为益门山。从益门镇溯清姜河向西南山行15余千米,至神沙河与清姜河汇流处,明代以前的二里关、二里驿就设于此地。继续前行,即观音堂、煎茶坪,在此翻过秦岭正脊分水岭,南行就是东河桥,即嘉陵江东源大散水和东河交汇处。这里海拔虽高,但河谷开阔,坡地平缓。再往西南经黄牛铺、红花铺、草凉驿至五星台、石门关、龙口,这一段又变得谷狭路窄。出龙口,嘉陵江及其支流安河、北峪河都是宽阔平坦的河谷,农田纵横,村落相连。古时的凤州和双石铺镇,也就是现在的凤县,都在这一带。再往西南行至草店,嘉陵江又进入峡谷区,故道于此离开嘉陵江河谷,向西越马岭,穿过嘉陵江支流红岩河、庙河、永宁川等及其分水梁,经两当县至徽县,由此转南越青泥岭至白水江,再越老爷岭至略阳县。从略阳县向东南,越煎茶岭出白马关,至勉县进入汉中平原,与石牛道相接。勉县既可东通汉中、褒城,西南经青阳镇、大安镇、金牛镇又可去四川广元以达成都。在蜀道北段诸线中,故道是里程最长的一条。据唐宋各地方志记载,其长度在600千米以上,途中除了要翻越散关附近的秦岭正脊分水岭外,还要攀越青泥岭、马岭、老爷岭等山和嘉陵江、汉水以及这两水支流间的分水梁八九处。与其他线路如褒斜道、傥骆道、文川道相比较,长安、汉中间的故道迂回曲折,里程要多出150乃至250千米。但是,故道不仅包含了关中平原、汉中平原上的宽平大道250多千米,而且其谷道部分,除若干险段外,嘉陵江及其支流的河谷川道一般都是比较开阔的,河谷中阡陌相连,物产丰富,居民稠密,村落市镇众多。官员商旅由此道往来,物资供应无匮乏之虞,安全保障也很少发生问题。所以,不仅承平时期使用频繁,战时大量物资和人员的通过也多经过此线。

(四) 连云栈道

连云栈道是蜀道上在改造褒斜道基础上修建的后起新线。连云栈道,又名回车道。因此路之开创起点在回车,故名回车道。回车之地,据考证,可能在梁泉县(今陕西省凤县)以南30千米。路成后,又刻石纪事,这就是具有重要历史价值的《石门铭》。

左鹏研究得悉,唐文宗开成四年(839年),修筑回车道。修筑完成之后,亦刻有碑石以纪其事,碑文由刘禹锡撰写,题为《山南西道新修驿路记》,由柳公权书,李阳冰篆,号称"三绝",此文至今尚存。文中明言归融所修的蜀道驿路,北段"自散关抵褒城,次舍十有五",也就是说,在秦岭分水岭上的散关至汉中之间设置了15处驿站。散关到汉中之间的里程,如走故道应为近400千米,以15千米一驿计算,则驿馆至少应设25处以上,因此新修驿路不可能是故道线;而汉晋褒斜道的起点,并不经过散关而在眉县,所以新修驿路也不可能是汉晋褒斜道线。联系二者,则此线显然只能是北魏回车道了。连云栈道的线路,其北段凤州以北是借用故道,而其南段从武关驿以南,是借用汉晋褒斜道,只有从老凤州到武关驿附近是新线。今陕西宝汉公路,即从宝鸡市溯清姜河往西南,过秦岭,顺嘉陵江东源西南下,经东河桥、黄牛铺、草凉驿、石门关、老凤州到凤县,转东南越酒奠梁、废邱关、南星驿、柴关岭、过庙台子、留坝县、武关驿、马道驿,出褒谷南口而达汉中的公路,基本上是沿元、明、清时代的连云栈大驿道修建的。不过旧驿道的中段是从老凤州越凤岭经红心铺、三岔驿到废邱关,南段是沿褒河河谷越七盘岭而达汉中的。

(五) 文川道

文川道是斜谷道的一条支线,是唐宣宗大中三年(849年)山南西道节度使郑涯主持新修的一条驿道,因其南端谷道的出口在今陕西省城固县西北的文川河谷而得名。

唐末文人孙樵曾写过一篇《兴元新路记》详细地介绍过文川道。根据孙樵文中所谈到的驿馆地名、里程以及有关山脉、河流、自然地理形势，大致可以推断文川道的基本走向。当时孙樵行走的路线，是由今陕西省扶风县向南，过渭河到眉县，由眉县西南的斜谷关附近入山，经鹦哥嘴，过从东南来的石头河支流三才峡水上的大桥，到下寺院附近，再过石头河干流，越老爷岭，至八里湾村进入桃川谷地。再西行过灵丹庙、杜家坪上五里坡，进入褒河流域的红岩河上游河谷的虢川平地。从此经塘坊街、拐里村、太白县至两河口附近，又进入红岩河中流的峡谷段。经关山（可能即唐代的河池关，而现在凤县的老凤州城，就是唐代河池郡的治所）、上下白云、古迹街、高桥而至王家楞。过王家楞，河谷稍宽，两岸间有水田。历红岩村、柘梨园至留坝县的江口镇，也称西江口，抵达褒河上游三条支流红岩河、西河、太白河的汇流处。西江口而下，先稍偏西南，后稍折向东南，涉上南河，越桅杆石梁而至滑水流域城固县的小河口。由小河口南至双溪，折西过光头山到文川河谷出口处的文川镇，再转西南到汉中。据孙樵所记，文川道从汉中到眉县约275千米，再加上眉县与长安间的100千米，总共不到400千米，略如汉晋褒斜道或稍多，但它避开了汉魏褒斜道南段100余千米的褒河峡谷险段，平路的比重增加，而比故道的里程将近少150千米，所以这条路修成后，唐宣宗曾下诏褒奖，说它减十驿之途程。这条路的不足之处，在于其南段新线所经过的地区比较荒僻，居民甚少，旅途的安全没有保障，物资供应有些困难，且维修道路的人力物力都有些不足；而且新修的越山坡道、路基不易巩固，每当暴雨、山洪冲刷，容易遭到损毁，难负官驿大道的使命，所以使用不久就堙废了。但直到近代，还是有很多行旅客商往来于这条道路上。而且，作为从陕南洋县、城固一带进入西安、关中的重要通道的小河口路,基本上就是沿唐代的文川道而行的。

另外,文献中谈到的太白山路,与文川道及小河口路有很多重合处,其南段起自汉中,直至江口,北段经虢川、桃川往西北通往宝鸡,实际上属斜谷道的一条支线。

(六) 石牛道

石牛粪金的故事是众所周知的,而石牛道又名金牛道便由此得名。据考证,最早记载这个故事和提出石牛道之名的,是相传为西汉扬雄所撰《蜀王本纪》。其大致内容是,战国中期,蜀王不向秦国表示臣服,秦也没有找到道路进入蜀国。有一次,蜀王带领万余人到褒谷中狩猎,竟与秦惠王不期而遇。秦惠王赠给蜀王一筐黄金,蜀王也以礼物回报,这些礼物后来全部化成了泥土。秦惠王勃然大怒,秦国的大臣却跪拜称贺说这是吉祥之兆,泥土代表国土,预示着秦国将要吞并蜀国,扩大领土了。听了这话,秦王转怒为喜,产生了消灭蜀国的打算,随后巧施一计,在秦、蜀二王相会的地方雕塑了五头石牛,又在石牛的尾巴后面放置了一些黄金,扬言牛能粪金,还派百余人养护。蜀人见到后,真的以为石牛能够拉出金子,就报告给蜀王,蜀王信以为然,请求秦国将石牛送给蜀国。秦惠王答应了,蜀王就派五丁力士率领千余人迎接石牛。五丁力士拖牛成道,将石牛运到了成都,秦蜀间的道路因此得以畅通。不久以后,秦惠王就派丞相张仪等从石牛道进兵,灭掉了蜀国。直到现在,陕西省宁强县境内还有金牛镇、金牛峡和五丁关等地名。五丁力士拖牛成道的故事,似乎反映了蜀道南段(从四川成都通往汉中的道路)首次大规模整治是在战国中期,公元前316年左右。而这条道路被发现和使用的时间，自然还要早得多。这些历史事实，都说明关中与蜀地之间交通频繁，包括金牛道在内的蜀道，在战国以前就已被广泛利用了。

据文献记载，元明清以来的金牛道又称蜀栈或南栈道，专指从汉中通往成都的道路。其具体行程是从汉中向西，过褒水，经勉县进入山区，西经沮口、青阳镇、大安镇、金牛镇，南折入五丁峡，过五丁关、滴水铺至宁强县。再由宁强县转西南，经牢固关、黄坝驿、七盘关，进入四川省广元市的神宣驿，相传三国时期诸葛亮筹划北伐的筹笔驿故迹就在附近。自此上朝天岭，南折沿嘉陵江东岸峭壁过大小漫天、龙洞阁、千佛崖至广元市，即古代的利州，或称小益。由广元再南折向西南，渡嘉陵江的桔柏渡至昭化，然后上剑门山，入剑门关至剑阁县，这就是剑阁道，为石牛道上又一著名的险峻之地。由剑门至梓潼100千米间，坡路起伏，松柏夹道，浓荫蔽天，名为翠云廊，为蜀道上一处奇境。这段路上的上亭驿，又名郎驿，相传是唐明皇听到铃声而怀念杨贵妃的地方，唐人咏诗甚多。再西南即至绵阳市，古为雒县、绵州。此后虽有鹿头关、白马关号称险要，但与剑门关、五丁关相去甚远。过此二关后，则一望平原，坦途约150千米直达成都。取石牛道从汉中至成都，共600余千米。蜀道南段只此一线为正途、大路，是历代连通成都与汉中、关中的最重要的交通动脉，现在的川陕公路，基本上即由此线而行。

三、蜀道上的栈道、阁道和碥路

众所周知，栈道密集，是蜀道的显著特点之一。栈道形似楼阁，架设在河岸崖壁之上，可供人马车辆通行。据20世纪60年代陕西考古工作者的调查研究，栈道的标准形制和修筑方法是在河面狭窄、水流湍急、两岸壁立的悬崖峭壁上凿出石洞，穿木为梁，同时，在河底的石头上凿出竖洞，立木为柱以支撑横梁，然后在横梁上铺上木板，这样，人马车辆就沿崖壁畅通无阻了。

修筑栈道的技术有难有易、有简有繁。有的栈道极为复杂、精致和完善；而有的栈道因施工条件的限制，就较为简单，比如没有立柱，即所谓"千梁无柱"式的栈道，这种栈道不如有立柱支撑的牢固，人马行走在上面，板响梁震，令人无不心摇目眩。为了保证往来行旅的安全，有的地方就把木制的横梁改成了石梁。现在陕西省太白县王家楞镇的红石崖村附近的山崖上，还斜插着许多大石梁，就是这种栈道的遗迹。这种斜插在崖壁上，没有立柱支撑的栈道，从远处或河底望去，高耸欲飞，悬于半山，又可称之为"飞梁阁道"。还有一种更为简单的"依坡搭架"式栈道，建造在略有倾斜的岸崖之上，它不需要开凿穿横梁的壁孔，只需在倾斜或阶梯状的山石上凿出洞穴，插上立柱，柱的长短因山坡高下而不同，然后架设横梁，铺上木板就算完工了。有的栈道虽然没有插入水中的立柱，却有从下面斜立在崖壁上的木柱支持横梁，多用在夏冬水位相差过大、横梁距河身过高，或河底是泥沙而非岩石的地方，相应地，其支撑能力和牢固程度就要差一些。

在栈道上面搭盖顶棚又是栈道之一绝，而阁道也正因此而得名。为了保证安全，在栈道靠近河身的一侧，特别是转弯处，还要装上栏杆，以免人马车辆不慎坠入河中。为了防止风吹日晒、暴雨冲击、鸟兽出没，或因车马震动引起土石下坠，砸伤来往人畜，阻碍交通，有的地方又在栈道的上面加盖顶棚。四川广元以北朝天峡、明月峡附近的栈道遗址，凿孔多为上中下三层，其最上一层凿孔，估计就是用于搭盖顶棚的。这样，在某些地区的栈道，既有立柱支撑横梁，又有栏杆防备行人车马外逸，还架有顶棚，远远望去，就好像一长串架在桥上的楼阁。所以，古人把栈道又称为阁道、桥阁。至于"飞阁""云栈"等名以及"栈道连云"之语，则是形容这种建筑檐牙高耸，如鸟欲飞，赞叹它们凌踞湍河之上，出没云雾之中，能够给人以视觉上的美感与享受。

  由上述栈道的形制可以看出，它出现的时间，不可能在人类社会发展的初级阶段，而只能是金属工具，尤其是铁器出现并被普遍使用以后。因为要建造数量众多的栈道，首先必须在坚硬的岩石上凿出成千上万的孔洞，这是石器时代难以想象的事情。那时的人们只能沿河谷两岸的坡地清理出往来的道路，遇到河水湍急、岩石壁立的险段，就不得不翻山越岭，或绕道而行。栈道的出现为人们的出行提供了捷径，减少了爬山的艰辛、绕道的费时，实在是我国古代劳动人民的伟大创造。但是，栈道也有其难以克服的缺点和不足之处。古代生产技术不发达，使用落后工具修筑这样的工程，不仅费时费工，而且木构建筑的牢固耐久性较差，长年的风吹日晒、雨淋水冲和人畜践踏、车辆辗压，易于腐朽、损坏，平时需要经常检修，年久必须改建重建，耗费很大。若遇天灾人祸，交通立即阻塞，常常带来政治、军事和经济上的巨大损失。又因栈道多行进于人烟稀少之处，行旅的安全问题也常有发生。所以，随着生产发展、技术提高，人们掌握了凿石筑路的本领之后，栈道就逐渐被沿水绕山、随坡上下、削崖砌岸、铺石填土而筑就的碥路所代替了。

  碥路，又称偏路，就是今天的盘山公路。它是在水流湍急、崖岸险峻的地段开辟、修整的一面靠崖、一面临沟的道路。与栈道相比，它不需要凿洞穿梁修栈，而是削坡铲石，拥土成道，故多修筑在崖壁稍有坡度但并非十分陡峭的地方。碥路的一个重要特点，就是回山取途。换句话说，修筑碥路，要尽可能躲开悬崖峭壁的峡谷，而应顺着山坡，随地势高下而略有高低起伏、屈曲盘折,否则以当时的技术条件,就要耗费大量的人力物力,有些得不偿失了。

碥路的出现,是因地制宜、随物就势的产物,也是汉水流域一代复一代修筑蜀道的经验技术累积的结晶,其优点较多,比如碥路回山取途,其路身较高,距河流水面较远,夏秋大水季节不会被洪水淹没;碥道以土石为基,牢固性较强,行车载重,负担货物的能力较大;而且人力物力较省,易于修整成功。和栈道一样,碥路上也有一系列保障行旅安全的附属设施。如碥路外侧,即临沟的一侧一般要用石头修建高出路面的拦马墙,以防止车马逸入河中。为了防止其倒塌,要从沟底垒石镶砌,加固基础。碥路内侧,即靠崖的一侧如果土石疏松,就要从路面向上垒石镶砌,以免其坍塌,危及行人车马,阻塞交通。为了保持路面平整,防止路基被冲毁,就要开挖沟濠,修建涵洞,以排泄雨天崖面流水和路面积水。同时,上下坡道也都尽量铺砌石块,以防路面流水冲刷。

碥路也有不少不足之处。譬如,碥路回山取途,必然使道路的里程被拉长,不如栈道选线近捷;碥路坡道较多,使得行车载重增加了困难;多雨季节,有的道路泥泞不堪,不便行走,甚至路面被水冲毁,交通阻塞。但总的说来,碥路的修筑是功大于患、利大于弊,因此从唐代开始,就逐渐开始取代栈道。由栈道而碥路的变化,使原先以木工为主的架桥建阁,变成了以石工、泥工为主的叠石铺路;以桥阁若干间来计算工程量,变成了以里、丈计土石路;施工的规则、要求也不同于往日,如清朝同治三年(1864年)《重修昭化县志》所载当时驿道岁修条例的规定云:

> 凡临流、临崖、坎高岸深者,外砌石墙以防之。其路本窄狭,

不便修墙碍路者，外加木防之。

凡路窄而险者，凿石壁廓之。其当内凿之处悬崖难施者，外用石灌浆培之。若高深不可培者，架木为栈补之。

凡自然礓坡滑跌者，即石凿梯正之。自然石渣出梗路者铲平之。石壁石包有子母石，俗谓之麻渣石，形如千万金卵，生漆胶粘金卵。有龙骨、牛心、油光诸坚石，非锤斧所能凿，以火烧煅令热，沃以醋水，俟其爆酥铲之。每煅一次，铲出一寸或八九分。每宽厚一尺一丈，折见一方，用柴三十斤，醋五斤，石匠一工。

凡拦马石墙，高一尺八寸，底宽一尺五寸，顶高一尺。每墙一丈，用石灰六十斤，糯米市斗一斗，白矾六斤，桐油八斤，匠人、小工各二工。修补者半之。

凡石匠培补，每宽一丈，长高各一丈，用石灰二百斤，糯米市斗三斗，合白矾一斤四两，桐油十斤，匠人、小工各十工。

凡旧路翻砌令平者，每长一丈、宽八尺、厚五寸，用匠人、小工各二工。其物料价值，随时价造报。

蜀道由飞阁凌空的栈道变为沿山凿路的礓路，历经千年之久，这一过程也与蜀道沿途森林资源的减少颇有关联。原来深山幽谷中的原始森林因被砍伐来修建栈阁而逐年退减，谷道中的景观渐见明朗，增加了凿山修道的便利，于是高耸的栈道遂被废弃，被沿山腰凿土石，陷凹为路的礓路所取代，不复往昔危崖绝壁、下临无地的险象，这是蜀道发展的总趋势；而仰视唐宋时期栈道中的摩崖题刻，已高不可攀，更不用说临崖拓片了。

正如左鹏先生所指出，民国以来，西方近代科学技术传入，开始采用爆破技术炸石修筑铁路和公路，古代蜀道上的栈道和礓路，就逐渐只剩下小部分遗迹了。蜀道遗迹是我国道路交通史上的重要实物资料，在历史、考古、建筑、艺术等各方面的价值是不言而喻的。

四、横亘东西、连接南北的汉水流域盐道

在湖北境内的蜀道就是纵横延伸于川、陕、鄂、豫数省的汉水流域古盐道。这条大道既是人类生命起源和播迁的大道，也是人类文化与人类社会商业起源和发展的大道，同时，更是聚合东西、连接南北各民族经济文化的文化地理大道。由于其独特的政治、经济、历史、文化、军事、地理地位，无论古今，都具有丰富的研究价值。

（一）食盐的重要性

在《华阳国志校补图注》中，作者提出了三大论断，特别强调食盐推动原始社会组成、发展和前进的巨大作用。第一，产盐的地区，或食盐供应方便的地区，便是人类乐于聚居的地区。第二，食盐是最早推动商业发展的商品。第三，人类文化总是从产盐的地方首先发展起来。这三大论断，事实上揭示了人类文化发展的一个基本规律。

众所周知，盐是人体细胞和血液的组分。科学界测定，人每日食盐量约需5～10克，当身体内盐摄入不足时，会表现为口渴、恶心、肌肉痉挛、神经紊乱。因而，盐是人类生活的必需品，没有盐，就没有人类正常的生存和生活。

并且，所有哺乳动物都需要盐。草食动物依靠大量食草来摄取盐分。肉食动物依靠捕食草食动物来摄取盐分。猿类，包括人，是杂食动物，靠采集植物充食不足以供应盐分，就各自设法猎食动物，人类也就

为此努力打猎捕鱼。草食动物都有直接摄取盐分的本能,所以在巴域产盐地带多有白鹿饮盐泉、白兔饮盐泉的传说。

产盐的地区,或食盐供应方便的地区,便是人类乐于聚居的地区,而且,最有可能是人类最早的诞生之地。

(二) 中国最古老的盐源所在和盐道延伸

在中国古代,著名的盐源有三:地处中原的解池盐源(池盐)、地处齐鲁和江浙的海盐盐源(海盐)、地处巴域的井盐和岩盐盐源(井盐)。其中,池盐和海盐分别发现于尧舜时代,而巴域井盐盐源据分析则应该早于三皇五帝时期,因而是中国最古老的盐源所在。

自西陵峡口溯江而上,秭归、巴东、巫山、奉节、云阳、丰都、涪陵等都是产盐区,当然都是人类乐于聚居的地区。长江上溯到宜宾直入滇北、清江、乌江等流域,同样都是产盐区,这里也当萌生古代文明。这些地带可概称为巴域。蜀人聚居的地带有自流井、贡井,比较完善、流传至今的井盐生产技术虽然并不很古老,但远古时代这里的盐源必已以各种方式露头,所以才能萌生古老的巴蜀文化。由此可知,巴域盐源是中国古代最古老的盐源。

人类跨入文明的最重要标志是农业。大溪遗址的大量谷物,证明《山海经》所叙载民"食谷"确非虚语。尽管载民可用食盐向外界换取谷物,他们自己也已发展谷物种植,但没有食盐的谷物毫无意义。谷物内的盐分远不足以满足人类生理需要。食谷的人必须同时摄取食盐。所以谷物种植必须与食盐供应辅车相依,也就是农业与盐业必须形影不离,而且盐业要先行一步。巴域是中国古人最合适的老家,但也最早"人满为患"。光是当时规模的"人口爆炸",就足够成为民族大迁徙的第一动力。不过并不是每个地方都能为古人提供足够的盐分,古人如何解决他们的盐源呢？氐羌族群学会了游牧,牲口就是他们的活动盐源。饮奶食肉的人群是从牲口身上间接摄取盐分的,所以他们有本事远走高飞,从中国西南迁到西北。据任乃强先生考证,岷江河谷无险滩深峡,到处水草丰美,所以氐羌族群可以往来无碍,他们很容易占领中国西北。一旦到了甘、宁、青一带,就可发现很多盐池,盐源的取得更不成问题。

百越族群迁往中国东南,这一带是无盐带,但有丰富的鱼类,百越古人"饭稻羹鱼",从鱼类身上间接摄取盐分,不但足以生存,而且可以发展农业。百越族群何时发明煮海为盐待考,但从春秋晚期吴国之突然强盛、立足到中原争霸,可知百越海盐之开发应在春秋早期,乃能为吴之强盛奠定基础。

百濮族群的迁徙路线在氐羌和百越之间,他们肯定会分途向江汉平原、南阳盆地和汉中盆地迁徙。一路上,他们所到之处都是无盐地带——发现解池应是较晚的事。这一族群之发展农业,相当长的时期是依仗"老根据地"的巴盐。所以老根据地的巴人很早形成一个行盐的商业民族。而这个行盐商业民族的足迹所履之处,便是中国最古老的盐道。《华阳国志校补图注》书中附有《巴族历史发展图》,其中绘有巴盐舟可达范围,比巴国极盛时疆域还大。以长江为主干,东可达楚境江陵,西可达蜀境成都,北面已入秦汉中地,南面深入今贵州,亦即当日楚境。其实巴盐舟未必不可顺江而下,直达吴境。历史学界早已公认,殷商时代的中国人行舟即已使帆,巴盐舟到达吴地并非不可想象。

（三）横亘东西、连接南北的汉水流域古、近代盐道

一泉流白玉，万里走黄金。巴盐既出，天下索求。不知起于什么时间，三路盐运大军齐聚白鹿镇，将巴盐源源不断地运出大山。但在古代航行技术较为原始和落后的情况下，难以想象人们可以轻易驾驭长江，可以推测的是，那时巴域食盐向四面八方的流散恐怕主要是依靠汉水流域的古盐道了。从巫溪大宁厂这一始终畅旺的盐源经陕西镇坪有古盐道通往湖北的竹溪、竹山、房县，路程都在100千米左右，运盐马帮只需两天便可到达。这一带北距今汉水河道不到100千米，正是古庸国的核心地带。大宁河东面的神农溪、香溪古代都产盐，也与庸国紧邻。从古庸国往西北可到安康和汉中盆地，经汉中盆地翻越秦岭，可到达关中，由关中向西北，可延伸至青海、甘肃一线；经堵河，入汉水，进入汉水支流丹江，往东北穿过南阳盆地，便可以进入广大的中原腹地；由汉水一直向南，经过汉口，便可进入长江，顺流而下，一直可以到达江淮和东海一线；而从汉口过长江，一直可以到达湖南、广东、广西。可见，汉水流域古盐道的辐射面之广，所以，汉水流域古盐道在古代被学者们视为"南方的丝绸之路"。

这条古老的盐道一直沿用到明清时代。自明朝中叶以来，不少游民进入川鄂陕边界谋生，其中有相当一部分人从四川贩运"私盐"来汉水流域上游地区进行交易，为了避开官方的缉私，盐商多从竹溪、镇坪、神农架往返，于是这里就形成了一条沟通川东、鄂西和陕西的川陕鄂古盐道。这里仅以神农架古盐道为例，说明当时古盐道运作的情形。

神农架古盐道有两条主要通道：一是从保康的马桥沿南河水路上

溯，到阳日湾，再经过山路从松柏到宋洛、徐家庄、黑水河、板仓，最后穿过大九湖进入四川；二是从房县的范家垭经神农架的赶集沟、九里十三湾、弯腰树、玛瑙池、三道沟、天池垭、苦桃园、老爷崖、莲坪、红花塘、七里扁、板仓坪、东溪、大九湖的自生桥进入四川。两条古盐道在神农架境内均达100多千米。

神农架古盐道穿过巴山蜀水，一路崇山峻岭，险谷恶水。沿途既有密林深谷，又有旷野平坝；宽敞之处可以行车，险峻之处则"心频惊而畏缩，足将进而越趄"，"雾从人面起，云自马头生"。盐道中段的天池垭海拔2100米，顶有积水，下有深潭，登百步梯而过，惊险之状如上九天。有的路段仅仅只有一脚的宽窄，稍不留意，就会摔下山崖。在沟壑山水间行走的盐客，无时无刻不受山洪、坠石、虎狼、毒蛇的威胁，就连许多小小的毒虫也时刻威胁着盐客的生命。

背盐工的生活充满辛酸和危险。背盐工在当时被称为盐背子。有支歌谣将盐背子当时的艰辛描绘得很形象："四脚爬坡百步梯，钉杵磨烂篾背篓。儿背盐砣爹背儿，空肚背回空背篓。爹把儿子背成人，儿子把爹背进土。"他们出门时要带足沿途的食粮，在去的路上，把一袋袋写有自己姓名、做有记号的干粮寄放在沿途客店里，以便在返回的路途中充饥。

盐对古盐道上的盐背子和古盐道地区的民众来说，真是宝贵至极。当地有句谚语说："能说会道离不开钱，酸甜苦辣离不开盐。"再好的菜，没有盐就没有味道。盐是百味之首。

总之，古盐道展示了盐道延伸之地的历史和文化发展的轨迹，以及古盐道在聚合东西、连接南北各民族经济文化上的重大作用，对研究有史以来中国的盐源开发和盐运、对研究汉水流域的风俗人情和社会历史都具有重要意义。

第五节　汉水科技文化

一、天文与地震遥测科学

（一）古随国的二十八宿体系

在曾侯乙墓出土的一件衣箱的拱形盖面上，两端分别绘有苍龙、白虎，中部有一象征北斗的大"斗"字，围绕"斗"字书写有二十八宿名称。这是我国天文学史上的一次重大发现。

曾侯乙墓出土的这幅天文图像所书二十八宿名称，是迄今所见我国二十八宿全部名称最早的文字记载。考虑到这幅天文图像是作为装饰图案描绘在日用器具之上的，二十八宿在当时应该是一种流传较广的天文知识了，它产生的年代应该更早。也就是说，早在公元前5世纪之前，二十八宿已作为一个体系出现于战国中部地区的汉水流域古随国。

（二）张衡的天文学、地震遥测技术

除了在天文学上的独特贡献之外，汉水流域在地震遥测技术方面也做出了卓有成效的探索，这集中体现在张衡所发明的地动仪上。

东汉章帝建初三年（78年），我国古代著名的天文学家、文学家张衡（字平子）诞生于南阳郡汉水流域白河之畔的西鄂县（今河南省南阳市境内）。

元初元年（114年），张衡升任尚书侍郎，得在朝廷内处理政务，地位较高，待遇优厚。但他还是把读书学习摆在第一位，并制造各种科学仪器，坚持观测各种自然现象。他性精微，有功巧艺，特留意天文。之后，朝廷任命他为专掌天时星历的太史令。他的属下具备专业知识的人员有80来个，分掌编订历法、观测日月星辰、候望风雨气象、调理钟律等工作。

太史之职始于殷周之世，专掌国王的祭典和册命诸要事。西周以后，其职权为起草文书、策命诸侯卿大夫、记载史事、编纂史书，兼管国家典籍、天文历法、祭祀等等。张衡充分利用太史令机构中的许多方便条件，全力以赴，倾其所学，在科学发明上做研究。

从38岁首任太史令到55岁迁职的18年是张衡在科学研究和发展创造方面大放光彩的黄金时代。他是一个多才多艺的大科学家，精力充沛，视野广阔，勤于实践，学识渊博而又从不自满。他走进哪个领域，就在哪个领域里开出绚丽之花，结出丰硕之果。他在天文、历法、气象、地震、数学、地理、机械制造乃至测绘、画图等一系列方面都有重要成就，尤以天文学上的贡献最大。

我国天文学发展的历史是悠久的。到汉代已有盖天、宣夜和浑天等学派。盖天说认为，天如盖，盖心是北极，天盖左旋，日月星辰右转。宣夜说认为天无定形，日月星辰"自然浮生虚空之中"，并不附着于"天体"之上。浑天说认为天如蛋壳，地如蛋黄，天地乘气而立，载水而行。宣夜说后来不幸失传了，盖天、浑天两说并行，竞相争鸣，浑天说渐占上风。同时，观测天象的仪器也不断出现，如汉武帝时落下闳制造了浑天仪，汉宣帝时耿寿昌又造了浑天仪，汉和帝时崔瑗的老师贾逵更制造了黄道铜仪。

张衡继承和发展了前人的成果。元初四年（117年），一件成就空前的铜铸浑天仪被张衡造了出来。

经过长期的艰苦工作，张衡深切感到只有准确及时地记录各地地震发生的时间和来龙去脉，积累大量的资料，才有可能研究地震的动因和规律。阳嘉元年（132年），他研制成功了测震重器——地动仪。这是世界科学史上的空前创举！

张衡是世界上第一个研究地震的地震学家，也是世界上第一个制造候风地动仪的气象学家。候风地动仪也是在复居太史令时发明的。这一重大发明比欧洲人发明观测地震的仪器要早得多。

二、医药科学

中医产生于长期养生治病的实践，但当其在2000年前从经验医学上升为理论时，借助了当时的哲学、天文学、农学等方面的成就，采取了"取类比象"（同类事物具有类似属性）的方法，被赋予了本民族文化的内涵。比如，中医把人体看作一个小自然，自然界的规律也体现其中，即所谓"天人合一""阴阳五行""经络气血""寒热温凉"等。可以说，中医是医学，也是文化，它植根于传统文化的土壤，具有明显的民族性、地域性。它采用了自然界12000余种药物，形成了10万余种方剂，中药、针灸及其他辅助治疗手段相辅相成，至今仍然在为人类提供健康关怀。

在医药科学上，汉水流域最能引以自豪的便是一代医圣张仲景。

张仲景，他是汉水流域南阳郡涅阳县（今河南省邓州市）人。汉献帝初，张仲景被举孝廉，建安年间官居长沙太守，所以又叫张长沙。

张仲景从小就笃实好学，博览群书，善于思考，并且酷爱医学。他从史书上看到扁鹊望诊齐桓公的故事，对扁鹊高超的医术非常钦佩。

张仲景生活于动乱的东汉末年,由于连年的混战,农业逐渐荒废,百姓背井离乡。民间几乎家家都有灾难降临,张仲景的家也不例外。对这种悲惨的景象,张仲景伤心至极。他在《伤寒杂病论》自序中说,"感往昔之沦丧,伤横夭之莫救"。于是,他发愤研究医学,立志做个解除百姓疾苦的医生,正如他说的,"上以疗君亲之疾,下以救贫贱之厄,中以保身长全,以养其生"。张仲景认真学习和总结前人的经验,为了学习前人,他仔仔细细地读《素问》《难经》等古代的著名医书。其中《素问》对张仲景的影响最大。

张仲景是中医学理论的伟大奠基人之一。他博采众方,著成集古代医学之大成的《伤寒杂病论》,确立了医学"六经"分证、中医诊断病情的阴阳、表里、虚实、寒热"八纲"和辨证施治规律,奠定了中医治疗学的基础,开创了我国医学辨证论治的先河;同时在制剂学方面也有独到之处,对我国医学的发展产生了深远影响。他的医学著作被古今医学界奉为经典。因此,历代医家无不尊张仲景为"医圣","医圣者,即医中之尧舜也,荣膺此誉者,唯仲景先师"。与张仲景同时代的华佗,读了《伤寒杂病论》后喜曰:"此真活人也。"南北朝时陶弘景说:"惟仲景一方,最为众方之祖。"唐代医家孙思邈说:"江南诸师,秘仲景要方不传。"可见张仲景医方的宝贵。张仲景在医学上的杰出贡献,足以使之成为海内外景仰的世界医学伟人,他的功绩受到历代人民的景仰和推崇。

三、铸造技术

1978年夏,考古工作者在随国故都所在的今随州市郊发掘了一座战国早期的随国国君墓葬——曾侯乙墓,墓中出土了大量精美的青铜礼器、漆木器、金银器、珠玉器以及各类乐器、车马兵器和纺织服饰等，不仅体现出随鼎盛期的辉煌成就，而且在诸多方面还代表着当时世界文化的最高水平。

曾侯乙墓出土的青铜器，具有量多、型大、体重、工精等特点，反映了随国金属铸造的高超水平。从铸造工艺来看，不只继承了我国古代传统的青铜铸造工艺，而且在许多方面又有新的创造和发明，达到了前所未有的高度。

概括说来，曾侯乙墓出土的青铜器的铸造工艺，其创举突出体现在以下几个方面：

其一，精细的分范合铸技术。曾侯乙编钟群的铸造，集中体现了这一特点。编钟的音律要准确，铸造要求就非常严格。由于它数量多，重量大，形制、纹饰繁复，需要有很高的技术水平才能铸造成功。研究者认为，在不使用失蜡法的情况下，铸造纹饰极为复杂、尺寸相当精确的乐钟，关键在于分范合铸的娴熟使用，说明中国商周陶技术确有独到之处，是在长期生产实践中，逐步形成的工艺体系。为了使整套编钟音质纯正、谐和，就必须把钟体和枚一次铸就。这是一件相当复杂的工作，它必须克服造型材料的混碾、铸型的烘干、型砂的选择、合箱的严密等技术上的困难。曾侯乙墓全套64件编钟以及1件镈钟，无一不是用上述分范合铸的技术制作的，大小、厚薄异常精确，纹饰细密而清晰，可见匠师技艺之娴熟。

其二，推进了传统的分铸技术。曾侯乙墓出土的青铜器采用了传统的分铸法，但在技术上有新的突破，即不只是分铸小的附件，同时还分铸大的本件，如曾侯乙墓中出土的两件大尊缶和两件连襟大壶就是用分铸法铸造的，不仅铸接牢固，而且天衣无缝。对大件铜器本件采用分铸技术，是我国传统铸造技术的重大发展。

其三，创新了铸接、焊接的传统技术。建鼓的鼓座用青铜铸成，有8对大龙交缠盘绕在座体之上，还有许多小龙攀附在大龙的头部、身部、尾部之上，蔚为奇观。在受力较大的部位，用强度较高而操作较繁难的铜焊；在受力较小的部位，用强度较低而操作较简便的镴焊。

其四，精湛的失蜡法技术。所谓失蜡法，即先做出蜡模来，在蜡模上淋浇泥浆并涂抹耐火材料，硬化之后成为铸型。再把蜡烤化，使之从铸型中流出，然后才浇铸成器。以往曾有学者主张中国古代青铜器普遍使用失蜡法铸造，后来，发现许多复杂器物是用合范法辅以分铸技术制成的，于是不少人又认为中国在秦以前不曾掌握失蜡法这一先进工艺。由于淅川楚墓和曾侯乙墓内都出土了用失蜡法铸造的器物，以无可辩驳的事实推翻了此种观点。

曾侯乙墓中出土尊和盘各一件，尊在盘中，如花蕊之凸出于花瓣之间，相映成趣。尊唇和盘口都向宽沿外折，布满精细的镂空蟠螭纹和蟠虺纹。这些镂空的附饰由表层的纹饰和内部的多层铜梗组成，纹饰互不接续，全靠铜梗支承，玲珑剔透，令人叹为观止。所有附饰既不曾经过锻打，又毫无铸造或焊接的痕迹，其繁密纤细则绝非合铸或分铸所能制成。只有运用失蜡法，才造得出这些巧夺天工的附饰来。然而，关于失蜡法在我国的起始和应用，是国内外科技界长期争论并悬而未决的难题。国外有学者认为，中国的失蜡法是伴随着佛教的传播由印度传入的，但国内大多数学者都确定云南晋宁石寨山所出滇族贮贝器盖附饰，是我国最早的失蜡铸件，其年代为西汉。曾侯乙墓尊、盘的出土，把我国失蜡法铸造的起始时间至少提前了200多年。尊、盘附件独具的艺术风格、反映的技术手法，无异于宣告这种技术在我国是独立发展起来的。

其五，备铸镶、错嵌之众美。下层甬钟部都有红铜花纹，是用铸镶工艺制成的。许多铜器上有错金的铭文或纹饰。有些铜器上嵌着绿松石。另外,当时的金属细工还有鎏金和线刻。鎏金工艺可能是楚国首创的,长台关楚墓所出的鎏金铜带钩是已知年代最早的鎏金青铜器。至于线刻工艺,楚国虽也有之,但并不发达。

擂鼓墩1号墓比下寺2号墓晚100余年,前者所出的失蜡法或漏铅法铸件与后者所出的同类铸件,在技术上无疑是有师承关系的。其工艺的精湛、风格的奇特,足以说明失蜡法或漏铅法铸造工艺是春秋战国时代的铸造匠师独立地创造出来和发展起来的。

总而言之,曾侯乙墓青铜器群代表了铁器普遍应用之前先秦金属工艺的高峰。根据汉水流域失蜡法铸件的发现,我们有理由推测,失蜡法铸造工艺,可能是汉水流域最早开始应用的,先在汉水流域文化区内流行,然后再影响、流传到其他地区。春秋中期以后,汉水流域人民在青铜器铸造工艺水平上已遥遥领先了。

四、纺织技术

(一) 汉水流域古代纺织技术的三大发现

汉水流域中下游是辽阔而肥沃的江汉平原,非常适合桑蚕和棉花的生长,自古以来这里就是纺织业和纺织技术发达之地。其中,最突出的就是发现在古随国曾侯乙墓中的纺织品,它们带来了中国纺织史上的三大突破性的发现。

曾侯乙墓的纺织品,虽然绝大部分没有保存下来,给研究工作带来了困难,但从仅存的一些残片中,也可看出汉水流域纺织技术的发展高度,其中某些发现在我国纺织技术史上尚属突破。

第一,曾侯乙墓首次发现了 16 股粗弦线。曾侯乙墓出土的案座纺锤形器上用于穿缀弹簧的粗弦线,直径为 0.2 毫米,单根丝线由 13 根平均纤变为 3.24 旦的茧丝组成,两根丝线合成一股,约 16 根股线再合成粗弦线。股线的拈向为乙拈,拈度为 10 拈/厘米。这充分反映了汉水流域当时的缫丝和合股加拈技术已达到了相当高的水准。

第二,曾侯乙墓首次发现了单层锦织物。曾侯乙墓出土了 10 多块锦的残片,经分析,其组织结构为单层的暗花丝织物。由于单层锦的夹纬与经线的交织点少,夹纬的浮长很长,因而牢固度很差,夹纬极易脱落损坏。如果增加一组不同颜色的经线,使夹纬不显露,便可增强牢固度。江陵马山 1 号楚墓和长沙马王堆 1 号汉墓出土的二色几何锦,正是在这种单层几何锦的基础上发展起来的。可以这么说,曾侯乙墓单层锦织物的发现,为我们了解从商绮到周锦的发展过程以及对传统的汉锦织造工艺原理的探索提供了宝贵的实物资料。

第三,曾侯乙墓首次发现了丝麻交织物。此墓出土的丝织物品种有纱、绢、绣、锦 4 种,其中纱的残片有 5 块,均为丝麻交织物。经线由丝麻相间排列,纬线全是丝。这些残片的经密在 30 根/厘米上下,纬密为 25 根/厘米,由于经线中丝麻线粗细及反光程度不一,织物表面呈影条状。这种丝麻交织物,不只在我国是首次发现,也是迄今所知世界上最早的丝麻混纺。自从有了混纺,人们也就可以交织出各种不同质地的织物,从而为世人提供丰富多彩的衣料。

此外,曾侯乙墓中出土的绣残片,虽然绣线完全脱落,但针眼仍十分清晰。花纹为一些蜷曲的一首双身龙相互纠结,线条流畅活泼,针脚均匀整齐。其锁绣方法的采用,则比江陵、长沙等地的楚墓锁绣品要早得多。

(二) 汉水流域古代的刺绣技术

早在西周，刺绣工艺就初具规模了。降至战国，汉水流域的刺绣工艺大有进步，手法和纹样都有特异的风格。当时楚国的刺绣已远销到西伯利亚地区，可见其刺绣工艺之发达。在曾侯乙墓和江陵马山1号墓出土了许多保存完好的刺绣品，为研究汉水流域及其所影响的周围地区的手工刺绣工艺提供了珍贵的资料。

已发现的刺绣品，大多选用织造精致、质地轻薄、平面整洁的绢为绣地。也有以素罗为绣地的，如马山1号墓所出土的龙凤虎纹绣罗衣。绣品多用作衣、袍、衾的面料。刺绣的方法是，首先在绣地上用淡墨或朱红绘出绣花纹的图案，然后以多种色彩的丝线绣出花纹。绣线一般用双股合成，投影宽度为0.15～0.4毫米。针法为锁绣，一般锁扣均匀整齐。花纹的绣制采用了灵活多变的方式。花纹的辅助部位和连接部位是以单行或数行锁绣排成稀疏的线条。有些部位为了绣出细小线条的效果，采用单行的劈绒接针的锁绣花纹方法。花纹的主体部分一般是以多行锁绣绣出轮廓，以密集的满绣填充块面，使花纹更富于立体感和虚实感。

刺绣的花纹典雅而富丽，题材以珍禽异兽、奇花佳卉和自然物象为主，饶有神话意味，花纹以龙凤形象最为丰富，而且最有风采。江陵马山1号墓出土的刺绣花纹是：蟠龙飞凤纹绣、舞凤舞龙纹绣、花卉蟠龙纹绣、一凤三龙相蟠纹绣、凤鸟纹绣、凤鸟践蛇纹绣、舞凤逐龙纹绣、舞凤飞龙纹绣、花卉飞凤纹绣、凤龙虎纹绣、三首凤鸟花卉纹绣、花冠舞凤纹绣之一、花冠舞凤纹绣之二、衔花凤鸟纹绣、凤鸟花卉纹绣等十多种。现简述如下。

蟠龙飞凤纹绣：图案中心以一支奇异的花作为对称轴，花之上悬一旋转状圆形物。两种对称的蟠龙身作反S形，二首相对，张口欲吞旋转状圆形物，似为二龙夺珠状。二龙尾端都被飞动着的高冠凤鸟所衔，凤鸟身下又有小龙作S形相蟠。

舞凤舞龙纹绣：图案由形态各异的龙凤纹绣由上而下对称排列，龙凤都作舞蹈状，姿势轻盈，形体构图简练，有些部位采用了肢解简化和转变形体角度的手法，各形体之间以花草纹相连接，中间有的部位饰三角几何云纹。

花卉蟠龙纹绣：图案为菱形格内绣有一凤二龙相蟠，造型奇特，凤作俯视状，伸颈展翅，长尾。二龙对首相蟠于凤身之上。菱形格外饰云纹、圈点纹。图案作四方连续排列。

一凤三龙相蟠纹绣：图案与一凤二龙相蟠纹相似，为菱形格中绣一凤三龙相蟠。凤作侧视奔腾状，三龙分首蟠于凤身之上。菱形格外面以几何鸟纹、圈点纹装饰。图案作四方连续排列。

凤鸟纹绣：图案为菱形格中绣一只侧视的展翅阔步的凤鸟。

凤鸟践蛇纹绣：图案略同于一凤二龙相蟠纹绣，是在菱形格中绣侧视凤鸟践蛇衔蛇。菱形格边饰几何云纹和齿圈纹。

舞凤逐龙纹绣：有一龙一凤相逐、一凤二龙相逐，都以凤为主动，作舞蹈状，龙为被动，作逃遁状，也有作戏龙相逐状或相搏状的，龙凤协作，奔放自然。

舞凤飞龙纹绣：龙凤作舞蹈状，其冠和身俱饰花卉纹。图案左右对称，纵向连续排列。

花卉飞凤纹绣：花纹是一只飞凤作俯视状，凤尾如花穗分支展开，构思奇巧。

凤龙虎纹绣：单元图案由一凤二龙一虎组成，以凤为中心，凤作踏龙、逐龙、压虎状,气势磅礴,寓意深刻。

三首凤鸟花卉纹绣:图案以一只立式正视的凤鸟为主身,头饰对称的花冠,双翅展开,翅端也各有鸟首。

花冠舞凤纹绣之一:凤作舞蹈状,一支花伸至鸟首前,似有甘露欲滴,凤鸟昂首伸颈呈饮露状。

花冠舞凤纹绣之二:凤作舞蹈状,双翅下张,长尾高卷,以华丽花草为冠。

衔花凤鸟纹绣:凤鸟嘴衔花穗,首、尾上端都饰有花草。

凤鸟花卉纹绣:图案为无冠凤鸟与花卉组合,凤鸟动作为奔走状,张嘴欲衔花为冠。

从西周经春秋到战国,不论何种出土文物上,凤纹在中原越来越少见,在楚国刚好相反——越来越多见。

凤是楚国先民的图腾,战国时代的楚人对此仍有朦胧的印象。因此他们把一切美好的特性和特征都赋予凤。在刺绣纹样中,凤是无可争议的主角。

龙不招楚人爱。虎在楚人心目中的地位比龙更低,以至我们可以说楚人是尊凤贬龙贱虎的。生息在楚国西南的巴人以虎为图腾,与楚人时而交恶、时而交好,由此加重了楚人贱虎的心理。在文学作品中,说到虎,楚人只有坏话,没有好话。在艺术作品中,楚人虽给虎以一席之地,但总是让它们"受压挨打"。"受压"的虎见于木雕,"挨打"的虎见于刺绣。

在一件绣罗单衣上,可以看到以一凤斗二龙一虎为一个单元的刺绣纹样。主宰着整个画面的是凤,它的花冠大而美丽。凤一足后蹬,作腾跃状,另一足前伸,方擭下部一龙之颈,此龙逃窜,侧首作痛苦状。凤一翅击中上部一龙之腰,此龙遁走,仰首曲颈张口作哀号状;凤另一翅击中前方一虎之腰,此虎亦仰首张口作哀号状。这是一幅绝妙的凤龙虎会战图,在造型艺术史上,降龙伏虎的荣誉首先是属于凤的。

凤的形态多种多样,在17幅有凤的刺绣纹样中无一雷同,最奇特而又最华丽的凤在一件绣绢袍上,凤首如枭,凤腹近圆,双翼齐举,两个翼端都内勾如凤首。由于形态怪异到了神秘的程度,有人名之曰"三头凤",有人名之曰"猫头鹰",也有人无以名之,只好称之为"怪鸟"。其实,它还是凤,而且可能是图腾遗痕尤为鲜明的凤。

楚国的刺绣是以彩色绣线在平面上凸现花纹,有浅浮雕的效果和色彩缤纷的美感,艺术表现手法富于变化,如对形象的表现,采用了侧视、俯视、正视多种方法;表现花纹的局部,采用了平面展开的方法,以弥补视角的不足。这些都显示出丰富的想象力和精湛的艺术性。

舞凤舞龙纹绣上龙、凤的各种姿势优美舒展,采用了变形手法,将龙、凤整体进行分解和连续排列,表现出龙、凤的各个部位和各种姿势,以求得对龙、凤的形象整体性和动作连贯性的艺术表现效果。蟠龙飞凤纹绣所表现的是龙腾凤翔、二龙夺珠的画面,这是目前发现的最早的一幅龙凤戏珠图案。凤鸟践蛇纹绣和凤龙虎纹绣寓意深刻。三首凤鸟花卉纹绣造型奇诡,极富神秘的韵味。这些对研究楚人的神话和传说以及民族信仰和生活风尚,都是很有价值的。

五、漆器技术

中华人民共和国成立以来,已在汉水流域发掘的楚墓达5000余座,其中近千座墓出土了大量漆器。汉水流域的漆器类别极繁,应用极广,按其用途可分为生活用具、工艺品、娱乐用品、丧葬用品等。楚漆器的大量出土,正是汉水流域髹漆工艺兴盛发达的标志。

汉水流域气候温和，雨量充足，湿度较大，适宜漆树、油桐树和其他树木的生长，这就为楚国发展楚漆工艺提供了丰富的物质资源。同时，汉水流域冶铁和使用铁器最早，铁制生产工具在生产上的普遍使用，大大提高了漆器木胎和竹胎的生产效率，从而使楚漆器的大量生产成为可能。另外，春秋战国之际，青铜礼器日渐衰落，而耐酸、耐碱、耐用、轻巧华美的漆器则得到迅速发展。

汉水流域漆器的胎骨有木胎、竹胎、皮胎、夹苎胎、藤胎和积竹胎。木胎是汉水流域漆器的主要胎质。其制作方法有斲制、镟制、雕刻等多种制法，器形小的用整块木头挖凿而成，耳杯、方盒、瑟、几、俎等多数为斲制；圆盒、卮、樽等器物的外形为镟制，器内为斲制；虎、鹿、凤鸟、镇墓兽、座屏等均为雕制。江陵雨台山 427 号墓出土的鸳鸯豆，斲制盖与盒合成一只鸳鸯形，头、翅、脚均为雕刻。有的器物的纹饰亦为雕刻，如江陵雨台 471 号墓出土的蛇卮，盖、身共雕刻 20 条相蟠的蛇，纹饰别具一格。

挖制的木胎虽然较为耐用，但一般比较厚重，卷制的木胎虽然轻巧，但耐用程度较差。为了增强胎骨的耐用程度，战国中晚期已在某些木胎上增加金属的口、耳、足等附件来加固胎骨。如樽、盒上的钮、铺首和铜足，它们与器身结合时，是先在器物上凿好榫眼，然后将其嵌入榫眼内。

竹胎有两种情况，一种是用竹筒做成器形，然后髹红漆、黑漆。另一种是用竹篾编成器形，髹漆彩绘，如江陵马山 1 号墓出的竹笥竹扇、江陵拍马山的漆盒，工艺都极为精细。

皮胎有江陵望山 1 号墓的皮方盒，江陵拍马山 5 号墓、藤店 1 号墓和天星观 1 号墓的漆甲，随州曾侯乙墓出有大量的漆盾和甲胄，均为皮胎。用皮革做器胎，颇具优点：不仅取形方便，而且无接缝，又不易开裂。故后来各个时代都有为数不少的皮胎漆器。

夹宁胎又名"重布胎"或"脱胎"，其源甚早，战国中期的楚墓中已有发现，如江陵马山1号墓所出的彩绘漆盘，江陵望山1号墓所出的漆削鞘，均为夹宁胎，这种胎骨以麻布和漆灰做成，坚实轻巧，而且任何造型都可以准确地制作出来。夹宁胎的出现，是战国时代汉水流域髹漆工艺的又一重大进步，为我国后来的脱胎漆器工艺的发展，开拓了广阔的道路。

此外，还有藤胎和积竹胎。藤胎仅见于矛秘；积竹胎仅见于戈、矛与戟秘等兵器部件，这种胎骨，是以圆形或菱形木棍为内心，用16至18块细竹片包裹并加丝缠束以构成其胎，然后涂漆泥，以不规则髹饰成其秘，因此具有弹性、韧性、牢固耐用。

汉水流域人民所用的漆，除黑漆外，还有红、黄、白、紫、褐、绿、蓝、金、银等各色油漆。其中，最难制造的是金、银两色颜料。

汉水流域的漆器，通常以黑漆为地，以红漆和其他各色漆描花。黑色的颜料是煤炭，红色的颜料主要是丹砂。黑漆和红漆最耐久，对比鲜明，色调最典雅。漆绘的纹饰大致有以下三类。

第一类是几何纹，抽象性较高，装饰性较纯。以直线和折线表现的有菱形纹、方块纹等，以点为元素来表现的有点纹、目纹等。其中菱形较有楚地的特色，但不如在陶器上用得多。以曲线来表现的有云纹、雷纹、涡纹、斑纹、鳞纹、花瓣纹、S形纹等。其中云纹是常见的主题纹饰。

第二类是凤纹和龙纹。过去在铜器上多得数不胜数的蟠螭纹和蟠虺纹，在漆器上是罕见的，偶或有之，也多是变形的、简化的。描绘在漆器上的凤纹和龙纹，又可分为两种，一种是写"实"的，一种是变形的。写"实"的少，变形的多，这也与施纹的材料和对象有关。在刺绣上，可以把写"实"的凤和龙表现得活灵活现；在漆器上，这是不易实现的。尽管在漆器上也能见到近乎写"实"的凤纹和龙纹，但很少。虽是变形的凤纹和龙纹，但具有龙、凤主要的形体特征，运用 S 形纹和卷云纹、流云纹、花枝纹的构图手法，可以唤起观赏者的想象力和联想力，别具意趣。凤纹比龙纹多，这是出自楚人的信仰和习尚。变形的凤纹，有时达到支离破碎得仅剩一首或兼有一尾、一羽、一爪的程度，但与卷云纹、流云纹、三角云纹或花枝纹配合，也耐人寻味。

第三类可称为漆画，又分为两种。其一，以神为主角，有大量纹饰陪衬，如擂鼓墩 1 号墓主棺上的图画。其二，以人为主角，表现狩猎、乐舞、宴饮等日常生活场景，但也有少量纹饰以神、巫、鬼、怪作陪衬。

从艺术造型而言，楚漆器有两个显著的特色。

其一是以现实社会中的禽兽（如鹿、虎、鸳鸯、蛇、蛙等）为题材，传神写实，形肖神似，如曾侯乙墓出土的漆木鹿，通体髹漆彩画，头插一对真鹿角，四肢蜷曲，作匍匐憩状，昂首凝望，神态自若。江陵望山 1 号墓出土的彩绘木雕小座屏，用透雕和浮雕的手法，将 55 个动物彼此争斗的情景，刻画得生机勃勃，俨然一幅大自然的浓缩画。从中不难看出楚人的美学观，即认为美寓于大自然之中，美在于生命的运动中。

其二是将传说中的龙、凤或与现实生活中的虎形相结合而构成想象奇特的"神兽""神鸟"，如镇墓兽和虎座飞凤。有的学者认为镇墓兽是"山神像"，其作用为"镇妖辟邪"；有的学者认为是"地神土伯"，其作用是"求得地神保佑"，其中包括有"镇妖辟邪之用"。虎座飞凤由凤、虎、鹿角三部分构成。这种奇特的艺术构思正是楚艺术中的一个突出特点，其例证比比皆是，如江陵马山 1 号楚墓中出土的丝织品上就有大量的龙凤相蟠纹绣，它们的显著特点是龙凤共身。

凤是鸟类，楚人对凤的钟爱之情，在一定程度上施及所有鸟类，《楚辞·招魂》叮嘱所招之魂不要在东、南、西、北、上、下多方滞留，说那些地方有蛇、虺、蜂、虎、豹、狼之类为害，独不说有鸟为害，却指虎为恨物。所以，虎座飞凤这一器物的造型将虎置于凤足之下为底座，其意当为为死者除恶辟邪以保佑其灵魂。《楚辞·大招》亦如此，而且用园中的鸟类——尤其是凤——来引诱所招之魂，呼唤着"魂兮归来，凤皇翔只"。

第三章
汉水文化结丛

本章致力于从共时性的横切面对汉水文化进行圈层结丛分析。其主要文化结丛（文化聚集区）包括汉中文化（兼涉秦陇文化某些部分）、商洛文化、郧阳文化、南阳文化、襄阳文化、汉派文化等。这些小文化圈多元一体，构成汉水文化浓墨重彩的地域特色和文化风韵。

第一节　汉中文化

汉水上游的明珠——汉中，位于陕西省西南部，北依秦岭，南靠巴山，汉水横贯其中，冬无严寒，夏无酷暑，土质肥沃，水源充足，素有"小江南"之美誉，历来是我国历史上的名城和毗邻陕、甘、川、鄂四省相关地区的重镇。

一、汉中的独特历史人文地理地位

汉中大地最有考古学术价值的是南郑县梁山脚下的龙岗文化遗址。龙岗文化遗址包括旧石器时代文化遗址和新石器时代文化遗址。旧石器时代文化遗址中的充满浑朴天趣的龙岗石器，说明至少120万年前，中华先民就在这片土地上，与大熊猫、剑齿象、羚羊共同生活，繁衍生息。新石器时代文化遗址中的双鱼纹彩陶盆、人面彩陶壶、兽头尖底瓶等精美的陶器，展示了约7000年前先民们的生活状态；他们在日常生活中对美的追求以及达到的审美高度，至今令人惊叹。美国考古学家阿金斯教授赞叹龙岗旧石器时代文化，从这里看到了中国文化的根。国内一些知名历史学家指出，同黄河、长江流域一样，龙岗文化遗址所代表的汉中文化也是中华文明的重要摇篮之一。

2006年，汉中获得"CCTV2006年度中国最佳历史文化魅力城市"称号，其颁奖词是：他们位居中国版图的地理中心，历经秦汉唐宋三筑两迁，却从来都是卧虎藏龙，这里的每一块砖石都记录着历史的沧海桑田，这里的每一个细节都印证着民族的成竹在胸。如此评价汉中，应该说是客观理性、恰如其分的，而汉中获得这样的荣耀，也是实至名归、当之无愧的。

颁奖词高度凝练概括，它分别从地理位置、城池变迁、历史人物、文物遗迹、成语典故反映了汉中的人文魅力，字里行间还蕴含着很多无法用文字表达的感受和历史文化魅力。

从我国地理版图上看，汉中的确处于"雄鸡"的"心脏"位置；从地理经、纬度上看，处于中间；从地理环境上看，在我国的北方之南、南方之北；从我国南北地理分界线上看，处于淮河、秦岭一线之南。

汉中，因境内有汉水而得名。汉中具有悠久的文明历史，早在公元前11世纪就是商朝的一个方国。春秋时期楚国置汉中郡（治所在今陕西省安康市境内），辖域西至今石泉县西。周赧王三年（公元前312年），秦国攻占楚汉中郡，取地六百里，重建汉中郡，以汉水上游（古称沔中及褒中，即今汉中市勉县以南）并入，郡治仍设西城（今安康市境内）。至东汉初，郡治移今汉中地，沿称至今。汉中城垣始建于战国时期。《史记·六国年表》载，秦厉共公二十六年（公元前451年），"左庶长城南郑"。汉代对城进行扩建，约在今汉中市新桥、二道关一带。东汉光武帝建武六年（30年），刘秀遣将军李通与巴蜀公孙述战于西城，取汉中地，汉中郡治由西城迁南郑。隋朝移城，宋代重修。据考，隋大业二年（606年），汉中府城向西南迁二里。《宋史·宁宗记》载，宋嘉定十二年（1219年）十二月乙亥，"筑兴元

(汉中)府城"。至此,汉中城"三筑两迁"。综上所述,颁奖词中的"三筑两迁"是秦国始筑城池(一筑),汉代扩建,东汉时由西城(今安康市境内)迁至今汉中(一迁),隋朝在原址的基础上向西南移城二里(移城必定要新修,这里可理解为"二迁二筑"),宋代汉中府城又重新修砌(三筑)。其实,在此后,明、清两代汉中城址及规模基本保持不变,曾维修10多次。

汉中是一块人杰地灵、卧虎藏龙之地。在这里,历史上一些耀眼的人物曾留下了深深的足迹,建立了丰功伟业。汉高祖刘邦拜韩信为大将,开汉家基业,丝绸之路的开拓者张骞出生在城固,汉中王刘备创蜀汉政权,造纸术发明者蔡伦被封境内龙亭,曹操征降张鲁,黄忠定军山刀劈夏侯渊,诸葛亮六出祁山、北伐曹魏,等等。其实,还有无数的前贤、先烈,为人民,为民族,都在汉中作出了值得永载千秋的贡献。

汉中也是一方物华天宝、风云际会之地。悠久的历史文化,诸多的人物活动,给汉中留下了丰富的历史遗迹和人文资源,可以说,在这里,每一块砖石都记录着历史的沧海桑田。出土的龙岗寺旧、新石器,李家村文化遗存,都证明了本地堪称中华文明的发源地之一。闻名遐迩的秦巴栈道,在2000多年的历史进程中,发挥了沟通我国西北西南、连接中央与西南的巨大作用。栈道虽已成为历史的遗迹,却永远刻在了汉中大山坚硬的石头上。汉魏石门十三品、张骞墓、诸葛亮祠墓、古汉台、拜将坛、定军山古战场、山河堰、五门堰、张良庙、智果寺……遍布各地的汉砖、大量汉唐文物和城固宝山殷商窑、古建筑、古桥梁、古民居,以及馆藏的大量文物遗迹、金石、碑拓,等等,都是记录汉中社会发展的历史佐证。

二、汉中的风土人情

1. 汉中人

汉中地处陕川交界处,亚热带北缘,北依秦岭,南偎巴山,属汉水和嘉陵江上游,地理学名秦巴山地,俗称汉中盆地,年降雨量自北至南800~1200毫米,行政隶属陕西管辖,叫陕西省汉中市,是陕西三大块——陕北、关中、陕南中陕南的一部分。汉中人口约380万,据史书记载,大多来自周边地区,每遇中原战乱,汉中就显示出她的富足和相对安定(诸葛亮在隆中对中有正面描述)。秦末汉初的时候还有大批来自江苏和安徽的移民,现代又增加了东北、上海等其他地区的人员,不过古时汉中应该是羌族的势力范围,至少其西部是这样,因为她有一个与四川广元交界的县名为宁强,原名为宁羌,所以羌族可能才是汉中的原始民族。正是基于此,有人认为处在尴尬地理位置的汉中形成了羌人的文化,而这种文化最大的诟病在于没有厚实的依托,狭长的汉中盆地没有将汉中文化融入巴蜀文化,更没有融入秦文化,于是,汉中出现了秦腔、汉剧共存的尴尬现实,汉中人没有自己的故土文化,因此缺少历史的厚重感。

汉中物产丰富,地处北亚热带湿润季风气候与南暖温带过渡区,拥有丰富多样的动植物资源——大熊猫、朱鹮、金丝猴、羚羊……许多生活在温带和亚热带的动植物在这里均生活得惬意而舒服。以秦岭为分界线,其以南的汉中以水稻种植为主,而其以北的其他地方是以旱作农作物为主,冬天当秦岭以北满目萧索,沙尘暴漫天飞的时候,汉中则是青山绿水,依然一派生机盎然:青翠的竹林、摇曳的棕榈、芭蕉、枇杷,香气四溢的桂花……

汉中的饮食有着鲜明的地方特色。汉中的男女老少大都喜欢吃面皮,一种用米打磨成浆,然后蒸制而成,类似于南方米粉的食品,但又比米粉有韧性。汉中的面皮一般是凉拌着吃的,配以豆芽或菠菜,加上辣椒、花椒、盐、陈醋、味精、蒜蓉、酱油、香油等佐料,有人还加入芝麻、芥末等,想起来就让汉中人口水直流,垂涎欲滴,一段时间不吃,大多数汉中人都会寝食不安。汉中人初到南方,都会有段面皮瘾迸发的时间,届时会对鸡、鸭、鱼、肉等全无兴致,一心只想立刻吃到家乡的面皮。若听说该地有陈醋卖,会骑着自行车穿过大街小巷遍地去寻,最后买齐了米粉,配上蒜末、酱油、辣椒酱和盐等佐料聊以解馋。

汉中人喜欢吃在全国都绝无仅有的食品菜豆腐。那是一种用浆水菜(陕西、甘肃部分地区的一种用面汤做的腌菜)的汁水做成的豆腐,比之通常的豆腐稍带少许特殊的酸味。直接吃或加入少量米,煮成稀饭,对于土生土长的汉中人来说那是永生都不会忘记的诱惑,淡淡的酸中透着清香,再配上一小碟野葱、辣椒酱,用汉中话来讲实在是"蹾得很!"它类似于北京豆汁的独特味道,让初次尝试的人稍有不适,但当你接受了它的味道后,就会难以拒绝。

2. 源于汉中的著名典故

汉中历史悠久,人文荟萃,文化底蕴厚重丰富,单从以下典故就可以斑窥豹。

一是"烽火戏诸侯,一笑失天下",说的是周幽王的故事。周代到了周幽王统治时期，国势更衰。周幽王更加荒淫无度。他得了一个美女叫褒姒，可是褒姒自从进宫后从没笑过一次，为了引她一笑，周幽王带褒姒上了骊山。原来，为了防御西戎的进犯，在骊山一带建了20多座烽火台，每隔几里一座。西戎军队打来，就燃烧起烽火，一个连一个传递消息，附近的诸侯见到了就会发兵救援。

周幽王来到骊山，让人燃起了烽火。附近的诸侯看到了警报，以为敌兵来了，就急忙带兵救援。可赶到了骊山下，一个敌人也没看到，却听到了山上的鼓乐之声，大家都愣住了。周幽王便派人告诉他们："不过是大王和美人放烟火玩，你们回去吧。"诸侯们生气极了，山下一片混乱。褒姒见到这场面却笑了起来。这就是中国历史上"烽火戏诸侯"的故事。后来西戎军真的攻打都城丰镐时，尽管烽火台上连举烽火告急，却没人理会了，诸侯们认为这是周幽王的胡闹。结果西戎军队攻入镐京，杀死周幽王，把财宝洗劫一空。公元前770年，周幽王的儿子周平王被迫迁都洛邑（今河南洛阳），历史上叫东周。

二是"明修栈道，暗度陈仓"，说的是项羽和刘邦之间"楚汉相争"时的故事。项羽和刘邦曾在反秦战争中约定，先攻入咸阳者为王。公元前207年，刘邦先入咸阳，但慑于项羽人多势众，只好封存秦的府库，退出咸阳，驻兵灞上。项羽入咸阳后，放火烧掉阿房宫，自封"西楚"霸王，封刘邦为汉王，又分别封降将章邯、司马欣、董翳为雍王、塞王、翟王，称为三秦，统治关中，以御刘邦入秦。刘邦入汉中时，采用著名谋士张良的建议，为了表明自己无心东顾，进而麻痹项羽，烧毁了栈道。

"栈道"是从关中翻越秦岭，南通汉中、巴蜀的古代交通要道，由秦岭古道、褒斜道、连云栈道组成。全长250千米，架于悬崖绝壁和泥沼之地。"陈仓"是宝鸡的古名，这里特指渭河北岸的陈仓古渡口。栈道在关中的出口斜谷关距陈仓古渡约70千米。

公元前206年，刘邦手下的大将军韩信用"明修栈道，暗度陈仓"之策开始军事行动，韩信先派樊哙、周勃率兵一万佯修已被刘邦进汉中时烧毁的栈道，摆出要从褒斜道出兵的架势，章邯闻讯立即加强斜谷防御。韩信却率大军西出勉县转而北上，顺陈仓小道入秦川，渡渭河于陈仓古渡口，倒攻大散关。章邯急忙率军赶到陈仓城，与韩信激战。此时，明修栈道的樊哙、周勃也出斜谷，与韩信会师。章邯兵败自杀，司马欣、董翳先后投降，刘邦遂定三秦。从此，关中成了刘邦打败项羽、统一天下的基地。

三是"成也萧何，败也萧何"，说的是萧何与韩信的故事。据司马迁《史记·淮阴侯列传》记载，韩信，少读兵书，好带刀剑，然而贫穷不能自养，曾以乞讨为生，也曾受过胯下之辱。当项梁响应陈胜、吴广起义渡过淮河的时候，韩信便投奔了项梁。项梁战死，韩信又归项羽领导，也仅为"郎中"小官而已。当时他屡屡进策，项羽都没有采纳。

汉王刘邦率部队入汉中，韩信弃楚归汉。本想出人头地，但归汉以后也仅为"连敖"这种有职无权的小官。后来韩信又因与13人犯法被判斩首。非常幸运的是，在行刑时，被滕公夏侯婴保释。经滕公推荐，刘邦让韩信当管理粮草的军官，这样便有了接触总后勤官萧何的机会。萧何听韩信谈兵，头头是道，极为赞赏。到了汉中首府南郑，韩信见自己仍然未得提拔，便不辞而别。萧何闻讯，连夜追赶，这便是"萧何月下追韩信"的典故。

由于萧何极力推荐，汉王刘邦拜韩信为大将。此后三年，韩信发挥他的军事指挥才能，协助刘邦，战胜项羽，取得楚汉相争的胜利。因此，韩信被加封为齐王、楚王。后来又有人告发韩信要谋反，就把他降为淮阴侯。

汉高帝十一年，刘邦还在前线讨伐陈希，有人密告韩信与陈希通谋，要杀吕后和太子。随后，吕后与萧何相谋，由萧何出面对韩信说，陈希已被击败，让韩信立即入朝相贺。韩信相信萧何，便入了宫。吕后就命令武士把韩信捆绑起来，不经审讯，就斩首了。

韩信受萧何推荐而拜为大将，又因萧何设计而掉了脑袋。人们哀叹韩信之死，并且将其归因于外部因素，所以就用"成也萧何，败也萧何"加以总结。

四是"成竹在胸"，说的是北宋汉中文学家、画家文同的故事。文同喜欢咏竹、画竹，以言志表其气节。他所画竹意趣天成，独树一帜，被画坛称作"湖州画派"。文同主张，画竹时必先有成竹在胸。

五是"偃旗息鼓"，说的是赵云智胜曹操的故事。《三国志·蜀志·赵云传》中记载，在一次战斗中，蜀将黄忠杀死了曹将夏侯渊，并夺取了战略要地。曹操非常恼火，把米仓移到汉水旁的北山脚下，亲率20万大军向阳平关大举进攻。黄忠、张著商议趁夜烧劫魏军粮草。临行前赵云和他们约定了返回时间，过期不归就带兵出寨接应。正与曹操亲自统率的部队相遇。赵云同曹军厮杀起来，把曹军打得丢盔弃甲，救回了黄忠和张著。

曹操没有善罢甘休，指挥大队人马追杀赵云，直扑蜀营。赵云的副将张翼见赵云已退回本寨，后面追兵来势凶猛，便要关闭寨门。赵云下令大开营门，偃旗息鼓，准备放曹军进来；又命令弓弩手埋伏在寨内外，然后自己单枪匹马站在门口等候敌人。

生性多疑的曹操追到寨门口，心想，寨门大开，必有伏兵，即刻忙下令撤退。就在曹操调头后退的时候，蜀军营里金鼓齐鸣，杀声震天，飞箭如雨般向曹军射击。曹军惊慌失措，夺路逃命，自相践踏。赵云趁势夺了曹军的粮草，杀死了曹军大批兵马，得胜回营。

此外，诸如"筑坛拜将""食之无味，弃之可惜"等都是汉中的典故。

三、汉中著名的风景名胜

汉中为国家历史名城,有许多的神奇故事萦绕着它,特别是在汉朝和三国时期。

1. 勉县定军山

汉中西边的勉县有座定军山,三国故事让其名扬神州。山生得工整而神奇,五座峰一字排开,中间最高,然后两边依次降低,罕有的对称,那是诸葛亮排兵布阵、黄忠斩夏侯渊的地方,而且在武侯墓、武侯祠和汉水的衬托下,其散发着袅袅灵气,那是一笔无法估量的资源和财富。勉县(原称沔县,因古沔水而得名)武侯祠为汉中一处标志性文物古迹,苍松翠柏,亭台楼阁,是一处凭吊古人,欣赏悠久文化,闻名全国的好景观。

2. 褒斜道

秦岭山脉中,有一条贯穿关中平原与汉中盆地的山谷,其南口曰褒,在今汉台区北 15 千米;北口曰斜,在眉县西南 15 千米,长凡 235 千米。自战国起,就有人在谷中凿石架木,修筑栈道,历代踵继,多次增修,后人就命名为"褒斜道"。汉武帝大加修凿褒斜道 250 千米,从而出现了"栈道千里,无所不通"的盛况。

3. 张骞纪念馆

张骞,西汉时期著名的外交家、探险家,其故里在汉中市城固县城南

2千米处汉水之滨的博望村。墓地在县城西2.3千米处饶家营村,现为张骞纪念馆,属陕西省人民政府1956年公布的首批省级重点文物保护单位。

张骞墓坐北朝南,南北长35.6米,东西宽20米,高5米,成覆斗形。四周古柏参天,竹影婆娑。墓前一对汉代石虎雕工粗犷,姿态雄伟。

百姓缅怀张骞,赋予石虎以神话色彩:传说它们是张骞泛槎时所得天宫织女的一对支机石。

陵园整体以献殿为中轴,对称分布。献殿内置著名书画家张重光所绘大型壁画《张骞出使西域图》《凿空图》。东西配殿为展室,分别推出张骞生平伟绩展览和具有鲜明陕南特色的民间艺术展览。阙式大门青砖筒瓦,古朴大方,两阙相对,飞檐斗拱,再现了两汉宫阙的建筑特色。

1986年与1993年,两届张骞国际学术研讨会在这里召开,大力弘扬张骞"敢为天下先"的开拓进取精神,在国际上产生了极大的影响。如今,城固每年举办一次张骞文化艺术节。

4. 石门与石门摩崖石刻

石门是人工开凿的一个隧道洞,在褒斜道南口,洞长16.3米,宽4.2米,高3.45米。1970年修建石门水库时,淹在水库中。

石门的开凿年代,据《石门颂》记载是在东汉,开凿于公元1世纪,故近代外国某专家认为,世界上最早人工开凿的穿山隧道,出在中国的陕西褒城。指的就是这个石门。

石门自秦汉以来,时通时塞,历次修复,多留有摩崖石刻。

石门洞内东西两壁和洞外南北数里的险坡、断崖,以及褒河水中、沙滩大石上,多有由汉及宋的摩崖石刻,有的是历代开通、修复褒斜道、石门和山河堰工程情况的记载,有的是参观、游览的留念题记,清代有人统计，约 40 余种。而其中的"汉魏十三品"，唐宋时期即负盛名，誉满全国。

所谓"汉魏十三品"者，是以石门洞内东西两壁石刻——东汉刻的《石门颂》与北魏刻的《石门铭》为代表而言。其中，《石门颂》早已驰名全国，是研究我国古代交通史和书法艺术史的瑰宝。特别是它的书法，是"汉隶"的杰作。

石门石刻，因国家要修建石门水库，于 1970 年凿迁至汉中城内古汉台，粘接复原，专建一室，名为"石门汉魏十三品陈列馆"。中外游客前来参观者，络绎不绝。

5. 古汉台

古汉台位于汉中市中心，楚汉相争时期筑建，面积约 8000 平方米。由三级台地构成，台高 8 米。公元前 206 年，项羽自恃功高，撕毁各路义军与楚怀王所定"先破秦入咸阳者王之"的协定，将先拿下咸阳的刘邦封为汉王。刘邦忍辱屈就，率大军由子午道进驻汉中，夯土建成秦时的高台宫廷，即今天的古汉台，并用张良计火烧由关中进入汉中的所有栈道，以示他已很满足当汉王了，不会再北上与项羽争天下，来麻痹项羽，打消项羽对他的戒备心理。刘邦以汉台为宫廷，以汉中为根基，在汉中习兵练武，广纳贤才，破格提拔"胯下之徒"韩信为汉大将军，并用韩信"明修栈道，暗度陈仓"的战术，打项羽个无备，出奇制胜拿下三秦。

刘邦驻汉中发迹而定鼎，故将国号定为汉。他驻过的高台就被后人尊称为古汉台。宋代的张少愚有"留此一坯土，犹是汉家基"的诗句，其中的"一坯土"，就是指残存的高台。清代的陈毓彩有诗云："赤帝龙兴事已陈，层台巩固尚如新。当日宫廷湮没迹，此时郡国有仁人。"

自汉而降，汉台便成为汉中府署官员祭奠和游乐的场所，代有修葺。现耸立于汉台北端的望江楼，始建于南宋。宋代的王象之在《舆地纪胜》中记府署东北隅有"天汉楼"，即望江楼的初称。物换景移，几经兴衰，如今的望江楼，更给人一种庄严隆重之感，它以其别致的造型，巍巍的风姿，早已成为汉中古城的标志性古建筑。登楼远眺，四面云山，如展画卷；俯视城区，楼台林立；环顾庭院，古树修篁，花木掩映。登此楼，使人心旷神怡，追往抚今，感慨万千。

　　望江楼正南，昔建有桂荫堂，现有古汉桂数株，每逢中秋佳节，香飘四溢，成为汉中城内寻香访桂之处。再南有明代修建的镜吾池、洗心亭。楼东侧的石马，风格古朴，是人们评论三国蜀将魏延千秋的幸存之物。亭阁内造型精美的铜钟，是明代汉中瑞王府的遗物。凝视铜钟，耳边似乎回荡着护国禅林里悠扬的晨钟暮鼓。汉中八景之一的"月台苍玉"，是楚汉时期的古物，也是汉台现存的最早的石雕作品，或谓"刘邦上马石""试剑石"，或谓"石鼓""宫廷柱础"。

　　古汉台如今是汉中市博物馆所在地，台内古树繁茂、修竹参差，杂以碧池内繁盛的荷叶，竟有江南水乡之感。博物馆的精华所在是石门汉魏十三品陈列馆。它们是国内外久负盛名的汉魏摩崖石刻，被喻为"国之瑰宝""书法宝库"。这批摩崖石刻的文字内容对研究我国交通、水利、科技、书法艺术的发展，尤其是研究汉隶演变，具有重大的意义，它弥补了史书的缺漏，校正了史书的讹传，堪称是一部重要的石刻文献，为国家一级文物，其中东汉镌刻的《鄐君开通褒斜道》与《石门颂》为一级中的甲品，更体现了"汉魏十三品"的价值。

6. 张良庙—紫柏山风景区

　　汉张留侯祠，俗称张良庙，是东汉末年汉中王张鲁为纪念一代谋臣，汉初三杰之一张良而建。

张良，字子房，战国时韩国人，本姓姬。秦始皇灭韩后，姬公子为报丧国之仇，重金聘求力士刺客，于博浪沙欲以大椎击始皇，错中副车。事败后，避难至下邳，更名张良。

张良庙，四周五岭（光华、苇陀、青龙、凤凰、柴关）环抱，二水（青羊河、野羊河）夹流，松柏翁郁，修竹摇曳，众鸟和鸣，泉音似琴，终年云缠雾绕，宛若"世外桃源""人间仙境"。

经历代整修扩建，占地1.4万多平方米的张良庙如今有大小九个院落，殿、堂、楼、阁、亭、廊、桥、榭等多类古建筑，150余间房舍。主要景观有牌楼、进履桥、大山门、三清殿院、二山门、大殿院、北花园、拜石亭、回云亭、南花园、第三洞天、草亭、云梯和授书楼等。其中屹立于大殿后山岭之巅的授书楼是庙内的最高建筑，掩映在紫柏青松间，忽隐忽现于云海雾涛之中，犹如一座飘临凡界的仙阁。庙内布局匠心独运，建筑雕梁画栋，古韵依旧，香缠雾绕中似有仙踪可觅。古往今来，名人雅士皆醉心于此，对张良的惊叹和敬仰难计其详。现存摩崖题刻51处，楹联40余幅，匾额如此丰富的人文景观亦令人叫绝。更有奇物，庙内独有的拐竹可谓世间罕见。此竹主干近根部多有数节弯曲，离地三五尺后便呈常态。倘将此幼竹移栽他处，即如普通一般，再不弯曲。

紫柏山，山上古树多紫柏，故名。景区风光秀丽，溶洞奇特，山峰突兀，具有东险西秀、南奇北绝的特点，自古有"七十二洞、八十二坦、九十二峰"之说，相传是汉初"三杰"之一张良辟谷修道之地，素有"黄山归来不看山，九寨归来不看水，紫柏归来不看草"之说。

早在1965年，张良庙就被陕西省列为首批省级重点文物保护单位。1994年，张良庙—紫柏山被列为省级风景名胜区。1996年，紫柏山又被列为陕西省三大名山之一，成为汉中市旅游资源的龙头。

该景区由张良庙、紫柏山组成，集山岳、峡谷、洞坦、泉溪、云海、森林、高山草甸、珍奇动物、稀有植物等自然景观及古代建筑、园林、摩崖石刻、古战场遗址等古文化风情于一体，是陕南最大最独具魅力的旅游度假地。

7. 勉县武侯墓

武侯墓位于勉县城南4千米的定军山下，是我国历史上杰出的政治家、军事家、三国时期蜀汉丞相诸葛亮的葬地，墓区山环水抱，古木参天，四季如春，风景宜人，为全国重点文物保护单位，陕南主要旅游景点之一。

诸葛亮生前辅佐刘备建立了蜀汉政权，官至丞相，武乡侯，死后谥"忠武侯"，千百年来，我们称其墓地为"武侯墓"。公元234年，诸葛亮在第五次北伐曹魏时，因积劳成疾，病逝于五丈原军中，蜀汉朝廷遵其遗命，归葬于定军山下。

武侯墓周围有定军山、少祖山下沿的九座小山岗环抱，九座小山岗由青沟、冈子沟、井沟、斩地沟、田家沟、牛角沟、瓦洞沟、龙嘴沟八条小溪分割而成。墓前上岗三层，自定军山向西叠浪而来，约三里许，至此成眠弓形，古称"三台书案"。从少祖山下六岗向东势若游龙，倏起忽落五六里，至墓后形成新月者半里许，传为墓之正脉。新月之下，眠弓之内，豁然开张平地300余亩，左右前后九肢环抱，又如佛手，其天造地设实为人工所不能者。

近墓四山，名曰"前书案梁、后笔峰山、左土地岭、右武山岗"，将武侯灵冢紧密围护。转过书案梁，前面豁然开朗，别有一番风光，盆地当中，高冢巍然，古建成群，古树森森，修竹异木，花香鸟语，一条小溪从墓前蜿蜒而过，淙淙流水，更为墓区增添几分神秘色彩和新的情趣。武侯墓区占地 360 亩，有明清遗留下来的古建筑 70 余间，千年以上古柏 40 余株，其中 170 余年的 22 株，汉桂 2 株。古柏汉桂相辉映，四季鲜花互争妍，真乃人间仙境、世外桃源。

大殿正中神台上，有诸葛亮塑像，羽扇纶巾，宝像庄严，栩栩如生。印、剑二僮侍立两旁，其下关兴、张苞身披铠甲，手握令箭、神鞭，威武雄壮，护持左右，使人肃然起敬。

东西厢房和南院道观，是一代智星诸葛亮大型雕塑展览，共分 30 组，再次生动展现了诸葛亮一生的政治、军事活动壮举。史料翔实，规模宏大，由圆雕到浮雕直至壁画，总看为一整体，分看各有各的场景，人物逼真，场面恢宏，隐隐给人金戈铁马、杀声震天之感。

殿后大冢巍然，状若覆斗，即为诸葛亮墓，冢高 6 米，周长 60 米，四周以汉白玉石护栏围护，石栏上浮雕 35 幅诸葛亮生平故事图案。冢前有四角揽顶式亭子一座，名曰前坟亭。亭角高翘，围以木栏，亭内高悬"双桂流芳"匾额一块，亭中竖立墓碑两通，一为明万历甲午陕西按察使金陵赵建所立的"汉丞相诸葛亮武侯之墓"碑，一为清雍正十三年果亲王立的"汉诸葛亮武侯之墓"碑。墓东西向，头西脚东，取"永怀西蜀、兴复汉室"之意。

拜殿前汉柏上缠绕着一蔓生植物，名"凌霄花"，俗名"爬柏凌霄树"。其叶似香椿而色翠，花似牵牛而色赤，每年自夏至开花到立秋止，花期长达百日之久。开花季节，朝开暮落，遍地红英。远而望之，只见苍苍翠柏之中，点缀着朵朵红花，红绿相映，娇艳之极，给人以千年古柏开红花之感，煞是好看。凌霄花象征诸葛亮兴复汉室、鞠躬尽瘁、为国为民的高风亮节。

墓园内现遗留各时代碑石、匾额，还有对联29幅，三国故事壁画100余幅，碑石匾联内容多为赞颂诸葛武侯之词。还有各时代的钟鼎炉磬10余件，并有武侯遗文本刻条幅48块。遗存文物，既是历史的见证，又增添了游览内容。

站在定军山上，俯瞰诸葛武侯墓园，只见那九座山岗犹如翻滚的巨龙，从四面八方汇聚于墓地，拱卫着翠柏苍松之中的武侯息眠之所，故有"九龙捧圣"之称。凡来武侯墓拜谒观瞻者，无不慨然兴叹，"无怪当年武侯亲点此穴"，真乃"诸葛佳城，洞天福地"也。

8. 最濒危的鸟类——朱鹮

朱鹮是目前世界上最濒危的鸟类。在汉中市洋县境内重新发现朱鹮，使中国成为世界上唯一有野外朱鹮种群分布的国家。1986年，在有关部门的支持下，成立陕西朱鹮保护观察站。先后配备专职人员和野外巡护员30多名，在洋县姚家沟、三岔河、白火石沟等5处朱鹮营巢区建立了观察点。朱鹮营巢区海拔800～1200米，面积近200平方千米。这里山高林密，交通闭塞，环境幽静；化学污染少，适宜朱鹮栖息、繁衍。据近几年的调查，该区普遍生态环境良好，朱鹮的活动范围逐年扩大，目前涉及洋县、城固、勉县、西乡、佛坪、汉台等县、区约3000平方千米的范围。

由于加强了保护力度，加上卓有成效的工作，经过多年的努力，朱鹮种群数量逐年上升，从发现时的硕果仅存的几只发展到2003年底的390多只。

朱鹮种群数量的增加，已引起国内外有关组织的专家、学者们的极大关注。近年来，有日本、美国、法国的友人来此考察、研究、观光。

朱鹮也曾多次赴美、日、法、比、新等国家参加研究或展出，受到国际友人的高度评价和赞誉。

四、汉中历史名人

汉中曾经是商朝的方国，秦国时的汉中郡，此后又是刘邦西汉王朝的发祥地，蜀汉丞相诸葛亮北伐的军事要地，杰出的政治、军事人物张良、韩信、萧何、张鲁、诸葛亮、吴玠、吴璘等都在汉中留下足迹。汉中也孕育了伟大的外交家张骞，孕育了刚直雄烈的诤臣李固和造纸术的改进者蔡伦。诗人李白、杜甫、陆游也在秦巴山区之间吟唱出彪炳文学史的瑰丽诗章，曹操、杜甫、陆游等许多历史名人都曾留下了诗词墨宝。

1. 张骞

张骞，中外历史上著名的外交家、探险家、旅行家、丝绸之路的开拓者。出生在汉中城以东的城固县，他两次奉命出使西域，联系了当时西域五十二国，加强了西北各少数民族与汉族的经济、文化联系，打通了我国与中亚、西亚的陆路交通，促进了中外贸易往来。他说服了汉武帝派使者通西南之塞，开发边远地带。元朔六年（123年），受封为博望侯，后拜大行令，列于九卿。

张骞最大的功业是成了汉帝国在西域事业的开创者。在汉朝时期，西域常常受到匈奴的侵扰。汉武帝认为西域是可以团结的对象，希望能有人联络西域诸国，一起对抗匈奴，这个重任就落到了张骞的身上。在出使西域的路上，张骞被困在匈奴十年，甚至还娶了匈奴的女子为妻，生了孩子。但张骞一直不忘使命，趁着匈奴放松警惕的机会，想办法逃了出来，身边只带了一名随从，继续去西域完成他的任务。他只靠自己和一名随从，与很多西域国家建立了外交关系。

完成外交任务后，张骞从西域回国。但他又一次被匈奴抓住，所幸被关了两年后，他又找着一个机会偷跑出来。带着自己在匈奴的妻子和随从回到了长安，可他的孩子却没能和他一起回来。这次张骞不仅完成了帝国使命，更从西域诸国引进了汗血马、葡萄、苜蓿、石榴、胡麻、芝麻与鸵鸟蛋这些当时汉朝几乎闻所未闻的东西。

张骞将中原文明传播至西域，又从西域诸国引进了多类物种到中原，促进了汉朝与西域各国的交流，被誉为伟大的外交家、探险家，是"第一个睁开眼睛看世界的中国人""东方的哥伦布"。史学家司马迁称赞张骞出使西域为"凿空"，意思是"开通大道"。

2. 蔡伦

名垂青史的蔡伦，才学渊博，敦厚精细。东汉和帝时，他改进了造纸术，制成了"蔡侯纸"。朝廷推广，惠泽学林，被封为"龙亭侯"。封地在汉中城以东的洋县龙亭镇。今有墓、祠供人凭吊。

蔡伦一生最大的贡献在于改进了造纸术。改进造纸术时的蔡伦主管监督制造宫中用的各种器物。他挑选出树皮、破麻布、旧渔网等，让工匠们把它们切碎剪断，放在一个大水池中浸泡。过了一段时间后，其中的杂物烂掉了，而纤维不易腐烂，就保留了下来。他再让工匠们把浸泡过的原料捞起，放入石臼中，不停捶打，直到它们成为浆状物，然后再用竹篾把这黏乎乎的东西挑起来，等干燥后揭下来就变成了纸。蔡伦带着工匠们反复试验，试制出既轻薄柔韧，又取材容易、来源广泛、价格低廉的纸。

元兴元年（105年），蔡伦向汉和帝献纸，蔡伦将造纸的方法写成奏折，连同纸张呈献给皇帝，得到皇帝的赞赏，便诏令朝廷内外使用并推广，朝廷各官署、全国各地都视作奇迹。九年后，蔡伦被封为"龙亭侯"，食邑300户。由于在全国各地逐步推行的新造纸方法是蔡伦发明的，人们便把这种纸称为"蔡侯纸"。

3. 杨王孙

杨王孙，西汉时汉中城固县人，久居长安，家累千金，却竭力提倡简葬。临终，嘱其子："吾死欲裸葬，以反吾真，必无易吾意。"并对劝告的亲友说，"厚葬诚无益于死者"。死后裸葬于终南山，为我国古代提倡简葬的著名人物。

4. 郑子真

郑子真，名朴，字子真，祖居褒谷。他甘恬秉默，教人则勉以敬天、事人之道。虽名震京师，然隐居不仕。常垂钓于褒谷口，世号"谷口先生"。清人有诗赞曰："汉代名流重子真，洁身却聘隐垂纶。风高不让严陵濑，褒谷鱼台似富春。"

5. 李固

东汉时北海郎对南郑学人李固推崇备至，曾上书皇帝说："好是正直,卓冠古今,当世莫及。"冲帝即位后以李固为太尉。李固生前与把持朝政的权奸势力进行了不懈的斗争,有"北斗喉舌"之称。李固的名言"阳春之曲,和者必寡,盛名之下,其实难副"至今为人吟咏和称道。

6. 方孝孺

被称为"读书种子""明之学祖"的方孝孺,在明朝开国名臣宋濂的精心雕琢和陶冶下,"进修之功,日有异而月不同"。在他任明建文帝"托孤大臣"之前,曾任汉中府学教授达七年之久。其间,他粗衣粝食,兢兢业业地教授诸生,"由是山南皆知向学",对汉中的教育事业卓有贡献。因朝廷政治风云突变,方孝孺惨遭杀害,诛及十族。后人在汉中修建"方正学祠",以作纪念。

7. 王世镗

王世镗,近代书法大家。原籍天津,中年客居汉中市莲花池畔,校碑读书,寄情翰墨。1924年,集韵语而成《稿诀集字》。汉中道尹阮贞豫邀汉上名流为之注释,刻石嵌于宝峰寺,遂有拓本流传。1932年,于右任见拓本,曾诧为古人书,爱不释手。后致电邀王赴南京,于先生尽出其所藏,世镗融会笔端,书作名动金陵,慕名者络绎不绝,于右任先生誉其为"古之张芝,今之索靖,三百年来,世无与并"。

第二节　商洛文化

一、商洛的历史文化地位

商洛，位于陕西东南，秦岭南麓，汉水的重要支流丹江从境内发源，并贯穿其大部分县市。据《隋书·地理志》载，商洛之名源于商山洛水。历史上曾有上洛、商州等称谓。相传，在尧舜时期，帝喾之子契被封于商，契即殷商之始祖。

商洛在夏商时期为豫、梁州地。西周和春秋属晋，战国属秦，秦始皇统一中国后，北部和南部分别属关中郡内史区和汉中郡。西汉时分属弘农郡和汉中郡。东汉时分属京兆尹和汉中郡。东汉以后十余朝代，或为郡，或为州，称谓不一，管属各异。到明代和清初属西安府管辖，雍正三年（1725年）置直隶州。1913年，废州府存县道，分属关中道、汉中道。1935年，设第四行政督察专员公署，领商县、洛南、山阳、商南、镇安、柞水六县。1949年，设陕南行署商洛分区，1950年改设商洛专区，辖商县、洛南、丹凤、山阳、商南、镇安、柞水七县。1969年改为商洛地区，2002年撤地设市，后辖商州区和洛南、山阳、丹凤、商南、镇安、柞水等六县。

商洛，积淀着灿烂的古代文化。自旧石器晚期到清代，商洛有名胜古迹数百处，历史文物逾万件。旧石器老观台文化和新石器仰韶文化、龙山文化、楚文化遗址，记载着先民的伟大创造，可把商洛人类活动的历史上溯到百万年前，东龙山文化遗址、紫荆文化遗址和商鞅邑城，出土了大量文物，为我国"夏商周断代工程"这一重点课题研究提供了珍贵资料和新的线索，实现了文物考古研究领域的重大突破。洛南文字始祖"仓颉造字碑"阴刻28字，隐藏着华夏文字起源的千古之谜。秦代"古少习关"、西汉"四皓古陵"、金代"昙花古刹二郎庙"古建筑群被收进《中国名胜词典》，遐迩闻名。唐大云寺、丰阳塔，明"龙山双塔"、洛南文庙，清船帮会馆，巧夺天工，可谓人杰地灵，人文荟萃。商於古道，历来是雅士垂青、游人览胜之地，李白、韩愈、白居易、贾岛、柳宗元、杜牧、李商隐、王禹偁等历代文人名流，曾寓居、遨游于商山丹水间，灵思涌，神笔运，留下了数百篇脍炙人口的千古佳作。秦四皓，汉曹植、司马迁，东晋陶渊明，北朝庾信，唐王李世民，宋代寇准、司马光等也以绝妙笔调、浓烈诗情对商山丹水间的风土民俗、人文景观作了出神入化的描绘。"酒到酣时诗亦醉"，这些圣手诗文，犹如颗颗璀璨明珠，将商山丹水点缀得无比壮美灵秀、绚丽多彩。

在古代厚实肥沃的文化原野上，当代商洛文化更是如火如荼，云涌霁飞。20世纪50年代，商洛花鼓《夫妻观灯》到怀仁堂演出；20世纪60年代，商洛道情《一文钱》搬上银幕；20世纪70年代，《屠夫状元》唱红大江南北；20世纪80年代，《六斤县长》走进老百姓的心中……一部部戏剧，犹如烂漫山花，为商洛赢得"戏剧之乡"美誉。文学摄影、美术书法，人才辈出，精品不断问世。

商洛的古今，足以让世人瞩目；商洛的历史，写满了辉煌。这里是沟通南北、连接东西的战略枢机，一个具有光荣革命历史的老区，一片红色的热土，一个文人谋道、武人屯兵、藏龙卧虎的地方。翻开中华民族的历史，任何一次历史斗争风暴都没有从此绕道而过：始皇帝出巡过商洛；汉皇帝刘邦入武关先于项羽得天下……当历史的画卷翻到近代，这里成了鄂豫陕革命根据地中心区域。战士们出生入死，转战商洛，谱写了曲曲商山壮歌，留下了无数铮铮忠骨，为中国革命史写上了光辉的一页。

沧海桑田，时移世易。特别是近现代，商於古道日渐荒寂，昔日辉煌不再。然而，改革开放使商洛加快了发展的步伐，使商洛文化迎来了繁荣的春天。西部开发，再次为商洛经济社会发展和文化交流提供了新的机遇。

二、商洛古驿铺溯源

商洛历史上是沟通南北、连接东西的战略枢机，尤其是连接中国南北的交通信息大动脉。

在我国唐代，若从当时的京城长安出发，经商山古道东行，大约每15千米就会遇到一处驿站。这驿站有驿长、驿卒、车马，供食宿，接待热情，服务到位，于是传递公文的人就在驿站内换马，来往的官员也在驿站里吃饭休息。在古代，沿途设置的这一处处驿站不可轻视，它不仅为传递公文的人和来往官员提供途中歇宿、换马处所，更重要的是通过这一条条驿站加强了朝廷与全国各地政治、经济、文化的联系，使朝廷政令能够迅速传达到各地，地方上的情况也通过驿站及时传至朝廷，尤其是战争年代，各地结成互联网络，使敌人无隙可乘。

我国的驿站制度是从战国时期开始的，当时为了军情急务就设有邮驿。到了唐代，驿站的建设事业空前发展。15千米一驿，四方通达。当时全国共设驿1639处，驿务属兵部中的驾部管理。其中水驿（备有船只）260所，陆驿（备有马、驴）1297所，水陆相兼驿86所。驿站有驿长，有驿田，置车、马、骡，并派有当役的驿夫。凡是驿站养马的，朝廷还给地四顷，种上苜蓿，为驿马的饲草。朝廷大员因公到各州县，驿站供应的马匹都有严格的规定，即一品十马，二品九马，三品八马，四品五品四马，六品七品二马，九品一马。

驿站的门并不是为每一个行路人开的，它有一套比较严格的管理制度。进驿站的人，必须手持圆牌和铺马圣旨。圆牌专为递送军情急务使用，一般使臣如韩愈、白居易、元稹等官员奉诏出京或入京，都要拿上铺马圣旨，上面标明乘马数目，除此还要有上级开出的差札，即今日的介绍信之类，上边写明差遣事由、正使和随从人数、骑马数等。每到一站，驿长先检查圆牌、铺马圣旨和差札，按规定提供交通工具和饮食。持圆牌者在乘驿方面享有优先权，使臣必须按规定的驿道行走，不能随便改变路线去游山玩水或走亲访友。公事一完，就要将所领的东西一并交给有关部门。

到了宋代，由于战争的频仍，为了军务公文迅速急递，于是就把驿站改称铺舍，将每15千米设一驿变成每5千米设一铺。铺内设铺司、铺兵，铺内的伙房分大、中、小三等，供应来往人员饭食。铺内的邮传又分步、马、急三等，急递最紧，日行200千米，唯军情用之，望者无不避路，换马不换人。

元代的驿站称为站赤，组织规模更大，内部管理严密，全国设立各种类型的站赤共有1500余处，以大都为核心，把全国联络起来，能供应欧亚两洲交通。元朝政府还在藏族聚居区设立站赤28处，以陕西行省的临洮为枢纽，和内地的站赤相连接。在这条长达数千米的驿道上，使臣、僧侣、官吏等经年来往不绝。正是从元代起，中央政府实现了对西藏的直接管理，这种管理得以有效地进行，和驿站的重大作用是分不开的。

承担驿站劳役和费用的，主要是当地的百姓，称站户，是从民间签发来的。站役负责管理交通工具，喂养马、骡，保养车、船、轿，轮流充当驭手或水手，供应住驿人员伙食，等等。站户多在本地驿站当役，也有到百米、千米以外的驿站当站役的，背井离乡，备尝艰辛，繁重的封建驿站劳役，增加了站户额外负担，也为后来的给驿泛滥，运转不灵，日趋废弛的驿站制度埋下了不可克服的隐患。

在唐代从长安经商山至湖广襄阳的驿道上，共设驿站23处，其中计有长乐、商桥、蓝田、韩公堆、青泥、蓝桥、仙娥、商於、洛源、棣花、四皓、桃花、武关、青云、层峰、富水等驿站。过了富水驿就进入豫境的菊潭驿（今河南省南阳市内乡县），再南下经临湍驿、官军驿、穰县（今河南省邓州市），就到达襄州（今湖北省襄阳市）。这是一条东出长安，通往江南、岭南的重要驿道，平时有辅助之利，战时有迂回之便。不仅如此，驿站还为商业活动提供了方便，为士子入京就试、贬官行路提供了安全保证。就以商山古驿道来说，唐代被称为名利路，"商山名利路，夜亦有人行"（王贞白《商山》）。诗人白居易七年中三走商州，他最后一次走这条驿路时，登上了秦岭，面对商山古道，生发出如此的感慨："高高此山顶，四望唯烟云。下有一条路，通达楚与秦。或名诱其心，或利牵其身。乘者及负者，来去何云云。我亦斯人徒，未能出嚣尘。七年三往复，何得笑他人！"（白居易《登商山最高顶》）

到了明、清两代，朝廷将驿站与铺舍合二为一，驿站之名，在各地逐渐消失。清康熙年代，社会升平，商洛各县的铺舍经过明末战乱，久困顿苏，恢复修葺，经悉心管理，官物通过铺舍转运迅速，公文投递也准确无误。

当时商洛各县投递公文，运送官物，一方面靠马匹运投，一方面靠兵卒步行传递。运投的马匹称之为"铺马"，靠兵卒传递者称之为"铺兵"（驿卒）。商州与各县用铺马投递，具体情况如下：商州南至山阳60

千米，西北至洛南45千米，去这两地共有铺马10匹，马夫5名，每年支银287两。镇安南至安康的旬阳140千米，有铺马6匹，马夫3名，每年支银134两。洛南东北至漳关驿75千米，有铺马3匹，马夫一名半，每年支银73两。山阳南至湖广郧西界60千米，有马骡4匹，马夫3名，每年支银87两。

商州和各县靠铺兵（驿卒）步行传递者内容更为具体。

商州总铺设在商州城内。西路60千米至蓝田县界，共设8铺，即法洞铺、胭脂关铺、麻街铺、泥峪铺、大商塬铺、秦岭铺、郭家店铺和牧护关铺，共有铺司9人，铺兵24人，公馆门子1人。北路35千米至洛南界，共设4铺，即黄沙岭铺、板桥铺、岔口铺和常家湾铺，铺司1人，铺兵4人。南路45千米至山阳界，共设5铺，即宽坪铺、南石底铺、刘岭铺、上官坊铺和苟坪铺，铺司5人，铺兵10人。东路90千米至商南界，共设11铺，即爬楼山铺、张村铺、夜村铺、棣花铺、商洛铺、龙驹寨铺、资峪铺、桃花铺、铁峪铺、寺底铺和武关驿，铺司4人，铺兵21人。

镇安总铺设在县治南。共设铺递9处，铺司兵40名。东路：草庙铺、黄龙铺、戴家铺。南路：旧司铺、上茅坪铺、青铜关铺。北路：徐家坪铺、石瓮子铺、旧县关铺。

洛南总铺设在城内。全县共设铺递11处，铺司兵26名。西路：柳林铺、药子岭铺。东北路：柴峪铺、石家坡铺、禹坪铺、巡检司铺、黑张铺。北路：齐家铺、杨氏城铺、板庙河铺、华阴瓮峪铺。

山阳总铺设在县治前边。全县共设铺递3处，铺司兵46名。北路：下房铺。西路：色河铺、九里坪铺。

商南总铺设在县治前边。全县共设铺递4处，铺司兵25名。西路：永安铺、失马铺、清油铺、涧场铺。

商洛古道上的驿站和铺舍是一条历史变幻、社会沉浮的风景线，是世道沧桑的有力见证，它在我国的交通与邮传史上留下了深深的印记。然而随着日月的翻新、时代的演进，驿站制度出现了种种问题，运转不灵，给驿泛滥，马匹或增或裁，工食不敷，每每出现无人无马现象。山民们前来充当铺兵，多是为了偿还债务，责任心不强，每遇雪雨农忙，黑夜多虎，因惧怕而贻误了传递，常常遭到官府的惩罚。到了清同治、光绪年代，官场腐败，驿站铺舍被视为谋利分肥之所。

清光绪二十八年（1902年）陕西始办邮政。宣统三年（1911年），商州及辖县一些主要村镇都设有邮政局、所、信柜，从此代替了驿铺，过往官员也由州、县衙门负责迎送。从此，原有铺舍的功能已不复存在，但其名字仍然保留至今。1914年，驿运制度废除，商洛铺驿尽撤，驿道遂废。1936年6月6日，商洛第一条公路——西荆公路通车，公路和汽车代替了原来的官马支路和肩担背驮的落后传运手段，拉开了商洛公路建设和崭新的邮传制度的序幕。

三、商洛八关

历史上的商洛是连接中国南北的交通信息大动脉，所以其战略地位特别突出。正是因为拥有这种特殊而厚实的政治、军事和经济的地理价值，所以，这里被历朝历代政府所倚重，并被特别经营和关注，其境内驿站密布，其山河四塞雄关重重，其中，最为著名的八个关号称"商洛八关"。对于"商洛八关"，刘三娃、邱伯岳、汪效常、吕三运、胡晋生等同志均有研究，这里摘要重述如下。

1. 武关

武关,雄峙于丹凤城东40千米处之少习山下,为秦之南关,与东函谷关、西大散关、北萧关并称"关中四塞"。春秋时为少习关,战国时改称武关。

远远望去,武关城犹如一只大船蹲踞水上,南北方向横于河心——它北依少习山之岩险,东、西、南临武关河谷之绝涧,山环水绕,险阻天成,为"秦楚咽喉""三秦锁钥",有"一夫当关,万夫莫开"之誉。

武关城在春秋即初具规模,后经历代修补,更显雄伟壮观。明太仆寺南镗的《重修武关碑记》即记载了明正德五年(1510年)重修武关城的情况。《续修商县志稿》也记载了清商州州官曹熙再修武关城的概况。武关城呈长方形,东西约1000米,南北为500米。城墙夯土高8.2米,厚3.4米,构筑十分坚固。其城东、西、南各有砖石结构城门楼一座,设重门,有吊桥,凡战守之备,无一不具。东门外额有两个石刻大字——武关,内额镌有"古习少关"。西门外额为"三秦要塞"四个大字。

自春秋始,武关历来均设官防守,为兵家必争之地。据《汉书·武帝纪》载,汉武帝太初四年(公元前101年),迁弘农都尉于武关。《汉书·王莽传》载,刘玄更始元年(23年),武关都尉为朱萌。唐贞观二年(628年),定武关为"次路驿"。唐开元十八年(730年),守武关副都尉名阎敬旬。《直隶商州总志》称,明洪武二十六年(1393年),武关设巡检司。清乾隆二年(1737年),添设营房。乾隆二十二年(1757年)重修衙门,门庭5间,大庭5间,班房10余间。大门高悬"武关城守营"金字大匾。门侧有商州州官罗文思所书"古少习关"巨碑,迄今基本完好。

武关外围，东有吊桥岭。自武关盘折东行，约 2.5 千米处，一岭当道，此即四道岭之第四岭吊桥岭。古时出入武关只此一途。该岭高峻而陡峭，其路不容并骑。吊桥岭巅，有秦楚分界墙一段，长约 3500 米，底宽 2 米，顶宽 1 米，高 3.5 米，由片石砌成。墙西为秦，东为楚，系春秋战国时两国疆界。其跨道筑有城楼，拱形门洞，高 3.4 米，宽 2.7 米，深 3.4 米，门前设吊桥。墙东南有烽火台两座，与铁峪铺、资峪岭、龙驹寨、商山、棣花诸台相呼应，为古代战争传递消息之主要设施。据考，分界墙始建于战国，历代屡经修葺，现存之界墙为明建。墙西原有四龙宫（喻四岭为四条青龙，故名）。

武关西面的新开岭，是古武关道的西大门，地理位置也很险要。新开岭—武关—吊桥岭，三点一线，共长 5 千米，东西相望，遥相呼应，实为武关东西屏障。再往远看，武关东有富水关，西有牧护关，南有白阳关、竹林关、荆紫关、漫川关，北有铁锁关、鸡头关。关关相望，联防成线。故清顾祖禹在《读史方舆纪要》中有"扼秦楚之交，据山川之险，道南阳而东方动，入蓝田而关右危。武关巨防，一举而轻重分焉"之确论。清人顾栋高也有诗云："武关一掌闭秦中，襄郧江淮路不通。"

自春秋战国以来，武关历代兵事频仍，而且上演了不少历史活剧。先是政治家商鞅因逢难奔武关遭拒，留下了"作法自毙"的故事。后张仪以六百商於地为饵，最终诱楚怀王被执于武关。杜牧在这里留下了"碧溪留我武关东，一笑怀王迹自穷"的雅叹。崔融高歌谋士张仪，大笑贪婪昏庸的楚怀王："六里青山天下笑，张仪容易去还来。"秦末刘邦入武关，二世降，出武关，霸王丧，终得天下。西汉周亚夫，出武关平定"七国之乱"，巩固了"文景之治"，天下太平。邓晔得武关，灭王莽，汉室中兴。东晋桓温入武关，伐前秦，收复失地。刘裕入武关，克长安，诛灭后秦。唐郭子仪整军武关，吐蕃夜遁；黄巢出武关，转战中原。李自成出武关，后建大顺。历史上出入武关大小战事累计不下50起。诚可谓"武关巨防，一举足而轻重分焉"。诗人狄敬有"武关扼楚咽，峣箐当楚喉，河洛阻北渡，襄汉限南浮"的壮丽诗篇，更加生动地描绘了武关为秦楚咽喉的战略地位，所以历朝历代均在这里设官防守。传说殷代的余化龙守武关殉职桃花铺，留下了御化寨、御化桥、化庙子等地名，至今犹令人回味。

地连秦楚、物兼南北的武关，不仅是军事要塞，而且商贸也十分繁荣。清中叶至1912年前这一时期，武关是西北各省东往鄂豫的要道。当时道路狭窄，没有大型的交通工具，便利用骡马驮运。还有一种人力车，俗称"蚂蚱车"，可载三四百斤重量，借以转运货物。在水路方面，各大商行利用武关雨季水涨，用小型木船，从湖北老河口和河南的荆紫关，把货物运至武关。再者，武关当地的土特产品种类多、产量大，其中以桐油、生漆、木耳、桃仁、花生、各种中药材等最为著名。这些山货皆由当地商人收购集中，伺机运往外埠，因而促进了武关商业的繁荣。由于以上原因，除本地商人外，外地人多来此开商店。著名的有河南广兴百货店，镇坪张姓人开的三义兴山货行，山西人开的长发祥金货铺。钱庄有两家，一是商洛镇王姓人开的永金裕，二是武关城内梁姓人开的丰盛隆。另外还有两个很大的骡马店，即龙驹寨人开的公和店和本地田姓人开的守信店。其他摆杂货摊、开饭馆的更是不计其数。长不到一华里的山城，从东到西市容整齐，各色货物一应俱全。每天上市的群众，摩肩接踵，万头攒动。运货的骡马日不下200头。自陇海铁路开通后，武关的商业才日渐萧条。

2. 牧护关

牧护关，地处西安市蓝田县城东南 20 千米，距离商洛市城区 60 千米，是古都咸阳、长安通往中南、东南、华南的天险要隘，雄踞秦岭之巅，海拔 2000 米。

牧护关，古称峣关、青泥关、蓝关。至于为何更名为牧护关，历史上有两个传说。一说牧护关很早以前是高山湖泊，湖底有眼，水流入地下河，一农妇在湖畔取水，不慎将葫芦落入水中，摸了半天也没有找见，几日后，竟被人在下游拽水时捞出。由此，人称"模糊关"，将下游拽水处称拽湖。另一说西汉末年，王莽篡汉建新朝称帝后，追杀赤眉、绿林农民起义军，首领之一的刘秀退至此地，十分危险，适逢众牧童放牧，牧童随即掩护刘秀混入其中，换上牧童衣服，佯装放牧，将王莽哄过，使刘秀蒙混过关，逃过了王莽军兵追杀，遂有"牧护关"之说。后人怀念刘秀义军之仁义，又称此关为"蒙混关"，后雅称"牧护关"。

牧护关开辟于秦代，西汉时曾修葺栈道，设置馆驿、武备，有兵防驻守。牧护关地势高峻险要，丛林密箐，山路崎岖，易守难攻，古有"一夫当关，万夫莫及"之说。牧护关与西安市蓝田县蓝桥镇接壤，同系一脉，同出一河。《汉书·高帝纪》记载，二世二年秋八月，沛公（汉高祖）入武关，九月击峣关，破之。沛公引兵绕峣关，逾蒉（蒉）山，击秦军，大破之蓝田南，遂至蓝田，又战其北，秦兵大败。《晋书·桓温传》记载，东晋建元二年春二月，桓温率师伐秦，桓温统兵步骑四万，从江陵出，水军自襄阳入均口，步兵自淅川趋武关，命司马勋出子午道，温别将攻上洛，进出青泥关，大破秦于蓝田。清《直隶商州总志》载，牧护关在州西一百二十里。古畜牧之场。有南牧护关、北牧护关，今废。

唐德宗李适于贞元二年（786年）命商州刺史李西华自蓝田起，至河南内乡开新道700里，此即历史上有名的商於古道，内乡县有於村铺，即古路南端，北端过牧护关。蓝关古道即商於之路的一部分。武关道是由古都长安经蓝田去南阳盆地的交通要道，途经商州、商南（包括今之丹凤县），此道后称商州道、商洛道，这一条古道是自秦以来各王朝向东南、江南、中原（湖广）等各地下达政令的交通枢纽，也是我国古代战争史上的一条军事要道。秦昭王与楚怀王的秦楚之战，秦襄公攻打郡国之战，汉刘邦攻取秦都咸阳的秦楚之战，东魏西魏之战，东晋桓温与秦苻坚之战，东晋刘裕与后秦姚苌之战等都发生在这条古道上。秦始皇二十六年（公元前221年）初置天下，二十八年（公元前219年）出巡自南郡归（南郡即荆州），就是由武关道途经牧护关返回秦都咸阳的。

清康熙时《续修商志》记载，牧护关铺，120里，盖古畜牧场，有南北牧护，设巡司，有察院、公馆、社仓、社学、乡约所、教场。再10里是界牌坊，为蓝田县界，以上西路120里，9铺，设铺司9人，铺兵24人，公馆门子1人。

在牧护关镇南，312国道旁山巅处，横悬一石碣，上镌"云横秦岭处"五个斗口大字，这便是韩文公祠遗址。韩文公祠来源于《左迁至蓝关示侄孙湘》的著名诗篇："一封朝奏九重天，夕贬潮州路八千。欲为圣明除弊事，肯将衰朽惜残年！云横秦岭家何在？雪拥蓝关马不前。知汝远来应有意，好收吾骨瘴江边。"这首诗是唐代著名文学家韩愈（字退之）的杰作。说的是他因谏迎佛骨触怒了宪宗皇帝，被贬到广东潮州做刺史，从长安出发，赴任途中路经牧护关。时值正月，天降大雪，其侄孙韩湘冒雪赶来为他送别。韩愈百感交集，写出了《左迁至蓝关示侄孙湘》的著名诗篇。后来韩愈回京，人们便把这首诗中的"云横秦岭家何在？雪拥蓝关马不前"名句，雕刻于牧护关牌楼上，1000多年来，被广泛传颂，成为脍炙人口的绝妙佳句。

文公祠虽毁，但祠前岩壁上那棵千年古松昂然倒悬，盘旋扭曲，令人见景生情，油然怀念韩愈的文风与往事。牧护关韩文公祠，早在宋代，就以"秦岭云横"盛名被列入商州"八景十观"之一。

传说韩湘在唐王朝做了几年大理丞之后，看破红尘，厌倦仕途官场，在牧护关幽静的碧天洞（亦称湘子洞）内居住，他在洞内烧茅炼丹，修身养性。古典戏剧《蓝桥相会》《抱柱之信》的生动故事就发生在这里。仙子神湫就在牧护关北十里处。如今古关牌楼、索桥等已荡然无存，但是历史上牧护关古道上，关隘、驿站、桥墩、碑石等遗址依然可见。商洛市、商州区政府为了开发旅游产业，投资巨额资金，在牧护关天屏沟修建旅游度假山庄，在开发牧护关自然资源的同时开发牧护关厚重的人文历史积淀，不久的将来牧护关将成为人们登高临望、抚今追昔、饱览秦岭之巅的奇特风光、发思古之幽情的旅游胜地。

3. 青铜关

青铜关，古称青凤关、青峰关。以后不知何时改称为青铜关。又据民间传说，清朝初期，青铜关民宅上多为青藤缠绕，曾名青藤关。

据清乾隆时《镇安县志》载，镇安县城北枕旧县（今柞水县），南锁青铜（往南还有红岩关，今属旬阳市），西塞五郎（今宁陕五郎坝），三关为封。青铜关在县城正南，相距32千米。这里山势陡峭，万家山雄峙于东，李家山虎踞于南，台子山、崇家山蜿蜒于西北。这里，四山对峙，逼窄了乾佑河道，水流湍急，夏秋很难徒涉，只有沿河一条碥路，马不能并驰，人不能双行，形成了天然屏障。由此可见其形势的险要和地理位置的重要。

青铜关地处西安至安康的交通要道，自古就是通往鄂西与川东的驿站。乾隆九年（1744年），为接递兴安州及旬阳、石泉、汉阴、紫阳、平利、白河六县公文，青铜关设铺司兵4名，十一年（1746年）改铺司为马递，设号马6匹，马夫3名，后改长夫15名。因地处要道，在此设驿馆1座，供来往官员食宿。同时，还设有属于绿营兵的塘汛（亦称汛地），常住汛兵5名。汛地有草房4间，并置有土墩、戍楼、牌坊，借以盘问行人和军事报警。明、清时乾佑河水势稳定，船夜可通旬阳入汉水，山货土特产可以销往巴东、武汉，水陆两便。

4. 铁锁关

铁锁关位于洛南东南部，自古以来有"陕西东南门户"之称。铁锁关海拔1225米，地势险要，为秦豫交界处，重于锁钥，故称"铁锁关"。又因民间传说宋代时，杨家将之杨八姐射敌将飞虎时箭杆落此，又名"箭岭关"。关于铁锁关的重要性，在洛南东路有首民谣说得很形象：翻过钻天岭，打开铁锁关，屯兵养马商洛山。历朝历代的统治阶级都很重视铁锁关的地理位置。据调查，清朝咸丰元年（1851年），为了防止捻军及太平天国军队进入洛南，便在官方的主持下于铁锁关修建了经厅，设有千总衙门，一名把总带兵守关。这一机构直至1912年才撤销。

铁锁关是河南进入陕西洛南的必经之地，有"一夫当关，万夫莫开"之称。但是不论清朝末年腐朽政府如何在关隘重兵设防，终究不能阻挡轰轰烈烈的农民革命军。

5. 湖北关

距镇安县城东南 85 千米的茅坪回族镇，有一道万米川原的峡谷地带，其东岸山势峭陡，地势险要，是陕、鄂分界的主要关隘，名"湖北关"。

湖北关位于湖北省郧西县湖北口回族乡湖北口村与陕西省镇安县茅坪回族镇茅坪村交界之处，商代为庸国地，春秋战国为楚地，隋属上洛上津县地，唐归商州，宋属永兴军路上津县地，因其地处要冲，历代为兵家必争之地。

湖北关海拔 1265.5 米，南界湖北大梁，北临天堂山，两山对峙形如门户。

古时，湖北关以山梁为戍，筑有一条长 700 余米、高 3 米的石链防线，关道口筑有一座石城门，城门内、外额均有石刻"湖北关"三字。到 20 世纪 80 年代，陕、鄂临界公路修通，穿湖北关城门而过。关口石墙防线全部破损，城门外侧亦倒塌，所幸城门轮廓尚存，红漆喷涂的"湖北关"三字仍耀耀入目。

20 世纪末，随着经济建设快速发展，陕、鄂两省临界政府将茅坪至泗峡口（湖北口）公路复修铺造为柏油公路，并将湖北关城门复修一新。为体现陕、鄂两省人民之友谊，两省临界政府出资，分别在城门左右两侧建造仿古亭一座。如今，常有外地客人到湖北关旅游观光，并在城门和亭前摄影留念。

6. 石门关

石门关位于柞水县营盘镇太峪河。此地东西两山合抱，形似两扇大门，合抱的两山岩悬壁陡，无法攀登，十分险要。北周保定二年（562年），大冢宰晋国公倡修的义谷道经此，北通西安，南达兴安（今安康）。此后，便成为兵家据守的重要关隘。北宋天圣二年（1024年），朝廷在此置石门关，派驻戍兵百人。靖康元年（1126年），为堵御金人入据，增派守军500名，步马10匹。其后，宋、辽、金、元、明、清均视石门关为"守定石门，安定西安"的重关，派重兵镇守。

7. 大昌关

大昌关位于柞水县丰北河乡龙王庙村。此地有秦岭屏障，依山面水，一悬岩高50多米，长150多米，斜横于两山之间，即使猿猴也难攀缘。其北有路可通西安、蓝田，东南经山阳可通湖北，西南可通柞水、镇安、安康。素有"关下万夫勇，难敌关上人"之说。唐龙朔二年（662年），朝廷为加强戍守，在此置大昌关，派驻戍兵百人，步马5匹。唐末，为防御黄巢起义军入关中，截断北通蓝田、长安之路，增驻戍兵千人。此后，历代官军和农民起义军都争先占据此关，借以挫败对方。

8. 旧县关

旧县关亦称乾佑关，位于柞水县城南关（俗称红石岩）。此地有一山岩，高27米，长82米，如刀削斧劈，上有马鞍形宽阔地带，长约130米，宽110米。因面水依山，地势陡峻险要，自古至今又是南下镇安、安康、汉中，北通西安的必经之地，在战争中只要一夫当关，就有万夫莫开之势。北宋乾德二年（964年），朝廷在此设关，派参将镇守，关上马鞍形地带军帐星罗棋布。后历代朝廷和农民造反军均利用此关作为屏障，直至清末，长达947年。其中，清乾隆八年（1743年）改参将为游击一员，兵一营。对于当日旧县关的形胜，清人聂肇基的《旧县笳鼓》作了非常形象传神的描绘：旧县雄关高建牙，朝喧鼙鼓暮吹笳。响流巨壑溪声壮，气薄云霄雁影斜。山谷之中排壁垒，旌旗以外见烟霞。将军剩有林泉兴，低唱渔歌钓水涯。

四、商山四皓

1. 商山四皓及其经历

商山四皓是秦朝的四位博士：东园公唐秉，字宣明；夏黄公崔广，字少通；绮里季吴实，字子景；甪里先生周术，字元道，京师谓之霸上先生。他们是秦始皇时70名博士官中的四位，据史载，他们的职掌有三：一曰通古今，二曰辨然否，三曰典教职。前二者职政治之事，后者掌文化教育。

史载，秦始皇独裁专制，有"以古非今者族"的规定，时有燕人卢生和韩人侯生联合攻击中央集权制。秦始皇派人查究，根据儒生们的相互告发，查出"犯法"的儒生达460人，并把他们全部坑杀于咸阳市郊。四皓因见秦政暴虐无道，不愿人性受到凌辱践踏，于是逃匿于商洛山中。

　　甪里先生初隐于商南县北20千米的"双峰山",当地人为纪念先生改双峰为"甪山"。清乾隆十三年(1748年)六月,商南知县罗文思于县城东岗竖一石碑,以示纪念。碑形圆首,高140厘米,宽45厘米。额横书"北望双峰",中书"甪里先生隐处"六个楷书大字。左右两侧各有两行释文:右侧刻注"先生秦时人姓周名术字元道,隐城北双峰,今甪山",左侧注"大清乾隆十三年六月上浣,商南县(西蜀)罗文思立"。

　　其他三人先后隐居在洛南文显山、商州秦王山等地。汉灭秦后,天下大定,四人相约同隐商山。此处南临高山,北傍丹水,山明树秀,苍翠清芬,且盛产紫芝野果。他们过着岩居穴处、紫芝疗饥的清贫生活,曾赋有《采芝操》:"皓天嗟嗟,深谷逶迤。树林莫莫,高山崔嵬。岩居穴处,以为幄茵。晔晔紫芝,可以疗饥。唐虞往矣,吾当安归?"诗深情地歌颂了商山自然万物的壮美秀丽和无限生机,流露出回归自然、安贫乐道、天人合一的笃定安逸和自适自得,折射出商山四皓鄙弃荣华、独立自持、返朴归真的高尚志趣和精神定力。

　　刘邦建立西汉后,久慕"四皓"之名,曾派人召请,但他们避不应召。高祖晚年,准备废掉太子刘盈,另立宠妃戚夫人之子赵王如意为太子。吕后不知所措,求助于善谋奇计的张良。张良说,这是难以用口舌争取的。高祖不能招致的有四位贤人,四人都已年老,匿居山中,不愿做汉的臣民。然而高帝非常器重他们。如果不惜金玉币帛,派人尽力请来他们,待之以上宾,时时随以太子,可助一臂之力。于是,吕后便派得力使臣驾驷马高车,带着太子刘盈的亲笔书信来商迎请四皓。四皓果然应邀出山,进京后,住在建成侯府中,佐助太子。

　　汉高祖十一年(公元前196年),淮南王英布叛汉。汉高祖患病,拟遣太子刘盈率兵出征。四皓商议道:"我们来,就是为了稳固太子的地位，太子将兵出征，前景难卜。"于是向建成侯吕泽陈述利弊：太子将兵，有功无级可晋，无功大祸就要临头。且太子统率的都是汉高帝定天下的名将，这无异于以羊将狼，怎能取得成功呢？何不速请吕后趁机向汉高帝哭谏，由高帝自将讨伐。经过吕后劝谏，汉高帝亲自率兵出征。次年，打败英布归来，汉高帝病情加重，想早一点更易太子。少傅张良力谏，丝毫不起作用，只好借口有病不理政务。太傅叔孙通援引古义，以死力谏，汉高帝表面应允，内心仍坚持己见。

一次宫中举行宴会，太子盈侍立于侧，四皓随从太子，须眉皓齿，庄重威严。汉高帝十分诧异，问道："他们是什么人？"四人一一通报了姓名，汉高帝大惊，说："我多次召请诸公，避而不见，今诸公何以随我儿相处。"四皓答道："陛下轻视士人，动辄训斥责骂，臣等不愿受辱，逃匿深山。听说太子仁孝，恭敬爱士，天下人莫不引颈，乐为太子效力，故臣等前来。"高帝目睹此情此景，遂与戚夫人说："我欲更易太子，他们四人辅佐，羽翼已成，难以改变了，吕氏才是你的真正主人。"戚夫人很痛苦。高帝无可奈何地说道："为我楚舞，吾为若楚歌。"接着自唱："鸿鹄高飞，一举千里。羽翼已就，横绝四海。横绝四海，又可奈何？虽有矰缴，尚安所施。"从此，不再提更易太子的事了。

由于四皓的出山，太子刘盈未被废掉，此事震动朝野，四皓声名大振，后世不少文人对此倍加称颂。

汉高祖十二年（公元前195年），高祖崩于长乐宫。五月，太子刘盈继位，为汉惠帝。刘盈称帝后，吕后为四皓封官，四皓不受，仍回商山，继续过着清贫的隐逸生活。角里先生的夫人沙氏携儿子凤翔、儿媳马氏跋山涉水，来到商山定居。1987年3月，商洛文史工作者在商州南秦川一周姓农民家中收集到《周氏家谱》一部四册，该谱"世系引"载，始祖讳术，原会稽甪里村人，因地以为号，官秦博士，避乱隐商山。厥后汉高祖混一区宇,以礼为罗,义不为臣,上所不能致者四人,甪里先生其一也。二世祖凤翔同夫人马氏,甪里夫人沙氏,诣上洛商山之麓,见始祖遂家焉,卜居于东廓之柳林巷。现已传至八十世孙。其他三人东园公、夏黄公、绮里季的家眷也先后来商山,同其定居,繁衍后代。

2. 商山四皓的精神与陵墓

2000余年来,人们对四皓赞誉有加。现存咏四皓诗文300余篇,尤以唐、宋时期居多。清代"扬州八怪"之一的郑板桥称颂四皓:"云掩商于万仞山,汉庭一到即回还。灵芝不是凡夫采,荷得乾坤养得闲。"诗虽简短,却道出了四皓的精神。当然,也有贬斥四皓的,如唐代诗人杜牧在《题商山四皓庙一绝》中写道:"吕氏强梁嗣子柔,我于天性岂恩仇。南军不袒左边袖,四老安刘是灭刘。"清康熙元年(1662年),商州知州王廷伊对四皓既赞又嘲,他在《赞四皓》一诗中写道:"避乱远离秦世网,立功不绾汉王纶。向来屈指行藏事,羞杀呈身识面人。"这首诗称颂四皓有功不居的高节,但他又赋诗《嘲四皓》:"须似霜花鬓似银,采芝商岭合终身。一朝羽翼汉皇祚,终是留侯门下人。"日本汉学爱好者亦有写四皓的诗:"紫芝产商山,四皓采而餐。自上刘家屋,入诗入画卷。"

四皓知"行止进退"、岩居穴处、紫芝疗饥、安贫乐道的精神备受历代封建统治者颂扬,使其彰显高风亮节的史迹广泛流布。在商洛丹凤、商州均建有四皓祠庙;洛南有四皓乡;商南有甪里洞、甪里山、甪里坊;西安市有四皓庄;澄城、蓝田、华县有商山庙;河南济溇和江苏苏州洞庭西山亦有四皓祠、东园公祠、甪庵、绮里坞、黄公井;北京故宫博物院尚存《商山四皓图》，颐和园长廊还绘有商山四皓壁画。他们的事迹、轶事被载入《秦集史》《秦献记》《史记》《汉书》《中国通史》《辞海》《辞源》《四库全书》《太平寰宇记》《高士传》《上下五千年》等史书、工具书和地方志书等。

商山四皓墓，位于丹凤县城西7.5千米的商洛镇，占地1848平方米，陵园内有三墓为正冢，园外二墓为陪冢。正冢所缺一人，经查《直隶商州总志》，一谓甪里，一谓绮里季。近又传在浙江省宁波市郊有夏黄公墓，究缺何人，尚待考证。其墓冢均为圆形土堆，旧时规模无考。今冢各约直径7米、高5米。冢土与当地土色迥异，略呈粉白，团粒结构较为细密。相传，汉惠帝曾令三千御林军每人从长安携土十斤，来商山为四皓墓培土。惠帝亲为四皓树碑于隐处，并立有"文官下轿，武将下马"碑石，以示尊崇。唐代柳宗元、宋代王禹偁亦为四皓撰碑，明代商州州官为四皓各镌一线刻画像碑，然旧日之诸多珍贵碑碣多已荡然无存，现只有两套碑像拓片存于商州区博物馆。今墓区仅存明嘉靖二十八年（1549年）商州知州张士让所立商山四皓墓碑一通并筑有碑楼。旧日之墓区，古柏环绕。1949年，尚存古柏13株。1983年，有关部门拨专款整修墓区，增建围墙、门楼，商山四皓墓被载入《陕西名胜概览》，1992年被列为陕西省重点文物保护单位。

五、仓颉

阳虚山，在洛南县城西北24千米处，与元扈山隔洛河对峙。元扈山，今名双连山，地傍洛水南岸，北和阳虚山相对，山势巍峨秀丽。阳虚山传说为仓颉筑台造字处。对此，各种记载不绝史书。有确切记载者九。第一，《雍胜略》记"仓颉，造书于此"。第二，《策海》载有仓颉

"登阳虚之山，临于元扈、洛汭之水，灵龟负书，丹甲青文，仓帝受之，遂穷天地之变，仰观奎星圆曲之势，俯察龟文、鸟迹、山川，指掌而创文字"。第三，《河图玉版》曰："仓颉为帝（又一说仓颉为黄帝史官并有'史皇'之称），南巡狩，登阳虚之山，临于玄扈、洛汭之水，灵龟负书，丹甲青文，以授之。"第四，《外纪》云："颉有圣德，生而能书。及长登阳虚之山，临于元扈之水，灵龟负图出于水中，仓帝受之，遂究天地之变，仰观奎星圆曲之势，俯察龟文鸟迹山川之灵，指掌而创文字，造为六书。书成龙藏鬼哭，以有文字恐人书之故也。天为雨粟雨金，以其浅天地之秘也。"第五，《春秋合诚图》载黄帝坐玄扈洛水上，与大司马容光等临观，凤凰衔图置帝前，帝再拜受图。第六，元扈山石壁上，原刻仓颉手书二十八字，传说秦国宰相李斯，只认得八字，即"上帝垂命，皇辟迭王"，其余二十字不识。第七，洛南县城西北 20 千米之地有一个近千人口的村子，过去曾是一个重要集镇——黑潭子镇。如今在周围仍有一定名声。据说，这个村子就是仓颉造字后洗笔的地方——黑潭遗址。据《洛南县志》记载，仓颉造书于此，前有黑潭，亦因造书得名，如王右军之墨池也。第八，《帝王世纪》载："黄帝史官仓颉，取象鸟迹，始作文字。"第九，《荀子·解蔽》又云："好书者众矣，而仓颉独传者，壹也。"

综合古代上述记载，我们可以得出一个基本印象：文字始于仓颉，仓颉造字于洛水之滨，阳虚山、元扈山、黑潭子镇均是仓颉造字遗址。

在元扈山石壁上有仓颉石刻手书二十八字迹。二十八字，历代以来，遍载典籍，知名度很高，所以，凡过往洛境的达官贵人、文客显士，无不瞻仰圣迹，拓印字形以示风雅。后不幸原字被毁于火，不好辨认。于是清道光年间知县王森文从民间征得了拓印真本，又摹勒石，建碑树于阳虚山下许家庙村。其碑高 1.6 米，宽 0.65 米，长方形，正面题额"龟凤呈瑞",下大书"仓颉授书处",背面题额"阳虚鸟迹",下书二十八字。它正是仓颉造字于洛南的信证实物,此碑现存于洛南县博物馆。

为了纪念这位文字始祖,洛南县府于清光绪五年(1879年),在县城东南隅修建了仓圣祠。祠内有正殿、享殿、前殿。正殿奉木神牌位,题"仓圣之神位"五字,朱底金字。享殿由陕西督学使许振讳题"奎文启圣"四字。前殿大门由洛南县令伊允帧题"仓圣祠",字迹苍劲有力。如今的仓圣祠仍保持原貌,成为游客朝拜仓圣的绝好去处。

第三节　郧阳文化

郧阳文化是指前郧阳地区辖域人民在社会历史实践过程中所创造的物质财富和精神财富的总和。郧阳文化是融多边文化为一体,具有浓郁地方特色的区域性文化,是中国传统文化的重要组成部分。郧阳文化包括房陵文化、上庸文化、武当道家文化、七夕文化、庸巴文化、吕家河民歌文化、伍家沟民间故事文化、郧阳抚治文化等。为避免赘述,这里着重介绍房陵文化、上庸文化、庸巴文化、伍家沟民间故事文化、吕家河民歌文化等。

一、房陵文化

房县古称房陵,介于大巴山与秦岭之间,素称"千里房县",曾经为湖北省第一大县。房县民间文化历史悠久,积淀深厚,形成独具特色的地域文化——房陵文化圈。其中心地域在房县，整个地域范围大致包括湖北省十堰市全部、襄阳市一部分（保康县、南漳县、谷城县等）、宜昌市一部分（秭归县等）、重庆市一部分（巫山县、奉节县等）、陕西省安康市大部分，可以概括为"东西两康，南北两江"，即东起湖北保康，西至陕西安康，南起长江，北至汉江。

  房陵文化的核心在房县。房县历史悠久，文化灿烂。远古时期就有人类活动，境内有著名的兔子凹古人类活动遗迹点，出土的石器考古专家鉴定为四五十万年前人类使用的工具，相当于北京周口店猿人时期；还有羊鼻岭旧石器时代、七里河新石器时代的聚落遗址和樟脑洞珍稀动物化石、旧石器晚期文化遗址。据《房县志》载："房县古为彭氏族集居区。西周以前为彭部落方国，属梁州域。春秋为防渚，属麇、庸二国之地。战国为房陵，属楚。秦置房陵县，属汉中郡，西汉因之。东汉末，为房陵郡治所，改属荆州。三国魏黄初元年（公元 220 年）合房陵、上庸二郡置新城郡，房陵为治所，领房陵、浠乡、夷陵、上粉、秭归、昌魏六县……梁末置歧（岐）州，房陵为歧（岐）州治兼新城郡治所……宋雍熙三年（986 年）升房州为保康军，领房陵、竹山二县……明洪武十年（1377 年）降房州为县，改称房县……孝宗宏（弘）治五年（1492 年）割房县东修文、宜阳各二乡置保康县，属郧阳府。清代房县属郧阳府。"[①]房县有史志文献记载的历史达 3500 余年。在这块美丽神奇古老的土地上，有着许多历史悠久的文化。汉民族创世史诗《黑暗传》，在西南山区传承；女娲炼石补天，遗石东部青峰山上；神农遍尝百草，周济天下苍生；尧子丹朱，避舜于房；武王伐纣，彭在其中；西周太师尹吉甫房陵人，功勋卓著，遗有《诗经》千古传诵……秦汉以

---

① 湖北省房县志编纂委员会. 房县志 [M]. 北京：中国文史出版社，1991：34—35.

降,赵王迁,唐中宗李显等数十位帝王将相曾居房陵,塑造了博大精深的帝王流放文化。见诸史志中的野人迷踪,给房陵大地蒙上了神秘的色彩。房陵文化圈有如下三个特点。

1. 以神农文化为核心的上古系列神话传说是房陵文化的根基

古老的生命遗迹恐龙蛋化石群在这里被发现;距今100万—80万年的郧县人在这里迈开了蹒跚的步伐;传说女娲曾在这里遗石青峰,炼五色补天石于宝丰女娲山,筑治所于安康平利,留下了炼石补天、抟土造人的壮丽神话;神农炎帝在这里"斫木为耜,揉木为耒",采集草药,医治病患,开创了农耕文明和医药文明,体现在民歌里有采药歌、农耕歌;被称为汉民族创世史诗的《黑暗传》在此发现,它极大地丰富扩展了汉民族史前神话的内容和空间,最大限度地保存了汉民族产生、繁衍和发展的最原始信息。此外尧子丹朱被封为房邑侯,他为儿子取名为房陵,房陵地名因此而来。一代治水伟人大禹曾在这里劈山导河、勘谷划地,留下了三澨、禹穴等神迹。

2.《诗经》文化源远流长

房陵人有好歌传统,对《诗经》的传承和吟唱的习好在全国几乎是绝无仅有。进入房陵,你便会发现,在别处被视为庙堂高雅文学的《诗经》在这里却被田间地头的农夫广为知晓,四处歌唱。在有些地方,吟唱《诗经》之中的篇章,已经成了当地人日常生活的有机组成部分,《诗经》的普及程度几乎是妇孺皆知。之所以有如此的文化景观,原因在于房陵地区历史上紧傍西周王畿之地,周王室定期派"行人"(西周王室定期派出的到民间采风、搜集民间歌谣的人）到这里采风，开辟了民间诗歌和宫廷诗歌互动与整合的道路，既把大山深处的歌声带到了辽阔的北方，更把北方文化和歌唱的传统种子深深地植入了房陵大地。更为重要的契机就是，《诗经》的采集和编纂者是西周周宣王时期的大臣尹吉甫，他本人就是房县青峰镇人，有宝堂寺、天官坟和有关墓碑佐证。至今，这里依然民间歌手群星璀璨，楚调、巴音、秦韵多种风格交融，北刚南柔风格鲜明，在中西部地区属古文化沉积带最北端、最具有代表性的一个点。流传在房陵地区民间的民歌种类多、腔调多、内容丰富，不仅有反映当地风土民情、生产生活、恋爱婚姻的民歌，还有传唱"四书五经"、《增广贤文》、《三字经》、《盘歌》等民歌，及《黑暗传》这样的长篇创世史诗性叙事民歌。可以说，这里既是一个《诗经》文化的历史飞地，又是一个迷人的歌乡和古老的诗歌部落。

3. 流放文化是房陵文化最具特色的一部分

房陵是我国历史上所涉年代最早、规模最大、朝代最多、历史最长的流放地。从秦朝到明朝的 1400 年里，史书记载有 14 位帝王被流放到这里，此外几千户的亲戚、眷属的整体流放也有多起。在中国的历史上，河北的沧州、黑龙江的漠河、四川的巴州，以及新疆和海南等地，都是较为集中的流放地。但是，没有哪一处能够在上述几个方面与房陵相比。

最早流放到房陵的帝王将相可追溯到唐虞时代。尧选贤任能，禅位于舜，尧子丹朱，避舜于房，自我流放，开流放房陵之先河。

公元前 238 年，秦王假父长信侯嫪毐谋反，秦王嬴政调兵遣将，一举平息动乱，诛杀嫪毐，迁余党 4000 余家于房陵，为历史上第一次向房陵大规模流放的外来人口；接着是吕不韦被免职，在蜀郡忧惧自杀后，其眷属和党羽及门下食客、家僮等被流放到房陵。这些写《吕氏春秋》的门下舍人把秦文化传入房陵。秦统一六国，灭赵国，虏赵王迁流放房陵，赵王素无行，谋杀主将李牧，自毁长城，国破家亡，在房陵思故乡，作山水之讴，闻者莫不陨涕。刘邦的驸马赵王张敖，在汉初废除异姓王的过程中被贬为宣平侯，流放到房陵。汉武帝时，景帝弟梁孝王刘武的小儿子济川王刘明射杀中尉被废为庶人，流放到房陵。常山王刘勃，不忠不孝，废迁房陵。汉宣帝时清河王刘年，坐内乱，废迁房陵。汉元帝时，河间王刘元因滥杀无辜，废迁房陵。西汉皇室五位王侯废迁房陵，揭开了房陵史上大规模流放王侯的序幕。

隋唐是朝廷向房陵频繁流放帝王的第三个时期。隋太子杨勇，储位被夺，身死追封为房陵王。唐太宗之子魏王李泰被流放郧县，追封为濮王。唐太宗女城阳公主，下嫁宰相杜如晦之子杜荷，因太子承乾事诛，改嫁薛瓘，被告有罪，薛瓘被贬为房州刺史，二人在房七年，死于房陵。唐太宗女高阳公主下嫁宰相房玄龄之子房遗爱，高宗将其贬为房州刺史。燕王李忠，高宗太子，被武则天所废，年仅九岁，贬任房州刺史。中宗李显，被母后废为庐陵王，流寓房陵十五载，后复登帝位，演绎出流传千古的薛刚反唐故事。少帝李重茂，中宗幼子，登帝位半月，被玄宗废为房州刺史。帝女安乐公主，为中宗幼女，生于房陵道中，小名裹儿，后娇奢专权，参与谋害中宗。广武王李承宏，乃章怀太子李贤之孙，坐交非其人，贬为房州别驾，后被吐蕃立为帝，死于流放地。

五代两宋时期，是朝廷向房陵频繁流放的第四个时期，后汉太祖刘知远弟慕容彦超，受贿被黜，流于房陵。后周恭帝柴宗训，陈桥兵变后，被降封郑王，出居房陵。北汉皇帝刘继元，浴血太原，国破降宋，安置房陵。北宋太祖弟赵廷美，经历了金匮盟约、烛光斧影、兄终弟及到传位于子，最后冤死房陵。

将帝王流放到房陵，有其深刻原因。首先，房陵纵横千里，山林四塞，其巩固有如房室，画地为牢，流放者不易逃逸；其次，房陵历五代乱离，无兵火之患，诚久安之地，把流放者放在房陵，安全有保障；其三，房陵离长安、洛阳、汴梁等都城不太远，易于管理；其四，房陵中部平坝，物产丰富，气候湿润，适于流放者生存，无衣食之忧，生活有着落。所以，不仅流放到房陵的帝王多，而且很多大臣也都流放到房陵，最后一个流放到房陵的大臣为明代大理寺卿母德纯。

帝王被流放，一方面反映了宫廷斗争的激烈与残忍。对于被流放的帝王来说，他们是失败者，命运悲惨。但另一方面，肃清吏治，政令推行，国家统一，改朝换代，尤其是要警戒一些王侯贪赃枉法，必将涉及一些人和事，遭遇流放是历史的必然，也是历朝历代不得已而为之的一种统治策略。

帝王流放，给房陵带来了不同时期不同地域的宫廷文化、饮食文化、服饰文化、建筑文化以及方言民俗等，成为房陵文化的一个重要组成部分。随着帝王流放到房陵，宫廷文化与地方民俗文化相结合，既增强了房陵的历史厚重感，又形成了独特的房陵流放文化，它是历史留给房县的一笔丰厚的文化遗产。

房陵文化与大巴山山脉地域的文化不同，它蕴含着楚文化、秦陇文化、巴蜀文化及汉水文化。房陵在历史上相当长的时间属陕西汉中郡管辖，尤其是地处秦巴交界，其民俗文化有楚调、巴音、秦韵等多种风格。

总之，房陵文化圈所产生的神农文化、流放文化、巴山文化和《诗经》文化在湖北地域是唯一的。一个并不很大的地域，能蕴含四种"唯一"存在的文化，其价值是不言而喻的。

二、上庸文化

在房陵文化圈中，最为古老、最为发达、最有代表性、最大的方国当属古上庸国了。上庸文化集中体现在上庸古国文明中。

1. 庸国的历史溯源

从古神话的角度看，庸国的历史渊源非常古老久远。

在汉水流域，世代流传着伏羲女娲繁衍子孙、女娲造人补天的神话传说。这表明，汉水流域的汉族、巴族、土家族、苗族均出于伏羲女娲一支。

神话是人类童年的历史。在伏羲女娲抟土造人、炼石补天以及画八卦、制婚姻、作笙簧这些神话中，其实包含着丰富的历史地理学知识、人类文明起源的文化事项。这些创世神话在汉水流域的流传提示我们，在追溯汉水流域的古文明大国庸文化的起源时，我们完全可以上溯到比炎黄二帝更为久远的伏羲女娲那里。

在汉水流域南阳出土的汉代画像砖和汉代画像石上，伏羲和女娲往往成双成对地出现，表示他们或者是夫妻，或者是兄妹，传说中伏羲和女娲往往并提，均为"风"姓。他们在汉水流域被大量发现，其意义非同一般：其一，标志着他们在这一地区的强大影响，以及由这种影响而产生的普及和深入人心的程度；其二，最根本的是标志着这个地区文明的古老悠久和这个地区文明的高度先进发达。晋陶潜《与子俨等疏》曰："常言五六月中，北窗下卧，遇凉风暂至，自谓是羲皇上人。"在这里，一向傲世独立、超尘脱俗的陶渊明也将伏羲时期的社会状态，作为一种社会和人生理想的诉求，充分说明伏羲时代是原始和文明的分界点。

对于伏羲女娲创世神话的理解，长期致力于汉水支流堵河流域社会人类学研究的华赋桂有着自己独特的解读：抟土表示开垦利用土地谋生存，造人即伏羲、女娲致力于人类自身的生产繁衍来扩大人口，炼石是制造石器和利用金石炼制工具，补天是用人的能量去改善、弥补天道自然之不足，画卦是发现和确立自然与人类社会的根本法则，定婚是确立社会秩序与家庭基本生活单位，制笙簧是以文化艺术审美来升华民众精神品格。这就是一部完整完美的中华民族的创世纪史诗。根据秦巴山区堵河流域地理、气候诸条件，完全可以推测这一系列伟大创举的活动舞台就在古庸国，即今日竹山县境内及周边区域。

在古庸国的堵河流域，考古专家发现了近200万年前的郧县人头骨，距今10万—6万年的郧西晚期智人牙齿，而以霍山坡、黄土凸等为代表的堵河流域的旧石器、新石器遗址的发现表明，这里确为"人类的襁褓"。

对于庸国历史的追溯，张良皋先生在实地巡行古上庸国版图后，从文化考古的角度，获得了一系列学术发现与感悟，他认为，庸国是中国的庞培，但不是被火山所掩埋，而是被历史的迷雾所遮盖。庸国与三星堆文化一样被史学界低估了。先秦时代许多文化之谜包括四灵、十干、五行、八卦及楚文化都与庸国息息相关。

2. 庸国的文明大国地位

考古发掘表明，早在6000年前，秦岭—淮河以南就已经广泛种植稻谷。稻谷的种植大大解放了劳动力，使人们有空闲娱乐，文艺就得到发展。那时的文艺以巫术治病走向巫舞傩戏的祈天娱人，因此出土文物中有石、骨、玉等质地的装饰品和岩画作品。在商代崇尚巫风祭祀的时代潮流中，庸人的巫文化得以张扬。居住在汉水支流堵河沿岸的人群自称为"庸人"，其地方称为"上庸"。上庸得名于女娲抟土造人、炼石补天的典故，因抟土、炼石，被称为"天梯"的灵山之巅被削平，《地名志》载："其上平夷，故曰上庸，乃补天之梯也，在今竹山县西七十里，上庸山是也。"

夏商时代，庸人拥有独特而丰富的文化形态，张良皋考证，古庸国盛产五金，由此提出庸国是铸钟大国，掌握着先进的青铜技术，是以又被称为"镛人"。商代的许多鼎器、大钟都是庸人的杰作。

庸人也因善于筑城建房被称为"墉人"，史载公元前1059年，周请庸人筑都于洛邑，今竹山县文丰乡皇城村的古庸方城遗址的城墙历经3000余年风雨仍然屹立，表明了庸人高超的建筑艺术。

庸人又是史料中所称的最早饮茶的先民，茶风源于巴山楚水间。

庸人还拥有强大的军事技术，"惟庸人善战，秦楚不敌也"（《古代战事考》）。按我们今天的话说，庸人是当时先进生产力的代表，这使他们能够建立起强大的军事力量，在众多的方国中，拥有超强的综合国力。

商代时，庸为侯国，定都于竹山城东南41里的方城山。《括地志》载："方城山，庸之都城。其山顶上平，四面险峻，山南有城，长十余里，名曰方城。"

至春秋时代，庸国与楚国抗衡，东威慑楚国的崛起，西牵制秦国的扩张。庸人这时主要的敌人是楚国。楚国后于庸而崛起，有代庸而为"百濮之长"的态势。公元前611年，楚国遇上严重灾荒，饿死不少百姓。楚庄王韬光养晦，三年不鸣不飞。楚之四邻乘其危难群起攻楚，庸国国君遂起兵东进，并率领军队大举伐楚。楚国危在旦夕。楚庄王火速派使者联合巴国、秦国从腹背攻打庸国。楚与秦、巴三国联军大举破庸于方城，庸遂为三国所灭。三个强大的方国联手，才一举灭掉了庸国，足见庸国当时国力的雄厚、国势的强大。而庸国的被灭，也成就了楚庄王"三年不飞，一飞冲天；三年不鸣，一鸣惊人"的历史神话。梁启超在评价庸国灭亡时说："楚庄即位三年，联秦、巴之师灭庸，春秋一大事也。巴庸世为楚病，巴服而庸灭，楚无内忧，得以全力争中原。"

西周时期，庸国占据着得天独厚的地理位置，铸造出辉煌的古庸文明，成为雄踞一方的泱泱大国，疆域不断扩大，到春秋初期，达到它的顶点。《括地志》载："房州、金州及竹山县，古庸国。"房州是隋开皇十八年由罗州改置，辖今房县、保康和竹山、竹溪等县；金州是唐武德元年置，领今石泉、西城、旬阳、清阳、汉阴、平利。《读史方舆纪要·兴安州》中的"春秋时庸国地"，即今安康一带。《后汉书·郡国志》载："鱼腹，古庸国。"鱼腹即今奉节县。这就是说，庸国的疆域跨越今陕、川、鄂三省，包括今竹山、房县、保康、神农架、竹溪、平利、旬阳、安康、汉阴、石泉、紫阳、岚皋、镇坪、城口、巫溪、巫山、奉节等17县，疆域广阔。

庸国是最早最熟练掌握青铜铸炼技术、城市建筑技术和八卦系统思想的当时先进生产力和先进文化的代表；它向北方的商周"河洛文化圈"输送了最博大精深而又体系严密的四灵、五行、十干、八卦的哲学与技术，又向南方楚国"江汉文化圈"注入巫术与青铜器等文化精髓，使得北方史官文化与南方巫官文化一源分二流，衍生出儒、道两家思想体系，架构为中华文化大系的两条主脉。

3."庸"的文字学解读

庸国的古老灿烂文明也充分地从其国名"庸"字中折射出来。"庸"

字大致有 12 种解释：①用也；②常也；③功也；④愚也；⑤犹岂也；⑥赋法之一种；⑦与"墉"通，城也；⑧与"傭"通；⑨爱也；⑩与"镛"通；⑪国名，商之侯国；⑫姓也。其中 6 种含义与庸国有关，表达了对其文明贡献的肯定。最独具慧眼、别有新意的解读，当属张良皋先生。他从文字学的角度，对庸国的古文明大国地位作了"五绝"的高度概括。

其一，庸、颂、诵，属于同音转注，其指义同一，即庸、颂、诵含义相同。颂、诵之称，表明庸国是一个诗歌大国，或曰声乐之乡。无怪乎《诗经》有"二南"、《鄘风》，皆因地域密迩，故得嫡系真传。《诗经》风、雅、颂之颂诗，也非商、周、鲁的创造，而是庸国早期启端绪。

其二，祝鯀之称，表明庸是器乐大国，或至少是管乐之乡，因为龠泛指一切管乐器；即使"鯀"读音如"和"，义亦音乐之谐和，同样在音乐的范畴之内。

其三，庸在金文中取"郭"形为义符。郭，城郭也，表明庸国曾是筑城大国。从《鄘风·定之方中》可以看出，庸人不仅善于筑城，而且拥有全面的营建技术，是一个筑城大国和营建大国。

其四，庸与"容"通，容成氏乃庸成氏，就是庸国先民。庸国先民发明制造了农历，是个造历大国。祝融氏属"火正"之官，与天文有密切联系，且有责任观测"大火星"，即"心宿二"。据近人研究，中国最早的历法，是以大火"昏见"为岁首的"火历"，与农事紧密结合。此历为农业服务，可见庸国当然也应该是农业大国。

其五，"庸"字下半截之"用"，在金文中作钟形，是甬钟的侧面象形字。在《路史》中，祝庸氏一作"祝诵氏"，而"诵"字右边正是甬钟之甬。加了金字旁的"镛"，就是大钟，或名"镈钟"，是金奏中的低音部。庸是以钟为符号的国家，这种国家当然就是甬钟的首创者，而且可以肯定是冶铸大国。

从庸国国号的文字学推理和庸国"五绝"中，我们可以清晰地看出一个强大的古国文明全面发展的先进程度：庸国是一个制陶大国、诗歌大国、器乐大国、筑城大国、营建大国、冶铸大国、造历大国、农业大国。庸国的文明和历史恰像一座破碎的冰山。处处露出尖角，下面隐埋大量史实，可是至今也还不曾有人发愿整合这座破碎的冰山。

庸国，让人惊讶、让人折服、让人震撼、让人永远无法探究其谜底的古老方国！

三、庸巴文化

1. 庸巴文化的由来

竹溪县历史上属庸国，春秋时期是秦、巴、楚三国交会处。今日竹溪地处鄂西北的西南角，比邻重庆、陕西，是鄂、渝、陕三省交界处，是一块典型的边地。按照文化圈理论，文化圈的边缘地带文化变迁相对较慢，许多古老的文化得以延续。诚然如此，竹溪山大人稀，保存着古城关隘、盐道寨堡、歌谣传说等传统文化遗存，是一块难得的传统文化资源沃土。因此，这里的文化从古至今都带有边缘文化的特征。

由于竹溪县属于商代时期就立国的庸国地域，而且，在庸国以后近2000年的历史演变中，又在相当长的时期隶属于由庸国变衍出的上庸县或上庸郡，因而它虽然具有边缘文化的特征，但它的主体文化依然以庸文化为底蕴。从最初的地缘文化来看，历史上的庸国虽然同时毗邻巴、秦、楚，但在先后顺序和交接时间上却和巴文化接触最早，联系更为密切，交往更为频繁和广泛，延续的时间最为长久，甚至在今日竹溪的南部，还有相当多的巴族人在那里劳作生活、生息繁衍，讲一口标准的四川话。因而，将如今的竹溪县的地域文化定义为庸巴文化符合地理的、历史的和文化的状况，将庸巴文化作为竹溪县的标志性地域文化会更加彰显竹溪地域文化的特色。

最早提出庸巴文化概念的是中国地域文化研究会会长傅广典先生。傅广典先生从国家形成的历史考察，认为真正意义上的国家始于封国，即诸侯国。一般被看作是始于周武王封侯之时。此前虽然也有封国，舜封尧的儿子丹朱于房陵可以看作封国的肇始，但丹朱的封国远远不是真正意义上的国家。庸在公元前1046年参与周武王伐纣之前，也是一个国家，但是也不是真正意义上的国家，在很大的程度上是个高级部落。庸历史悠久，学界对它的起源有种种说法，主流的说法是庸属于巴人一支。庸至迟在夏时就已经出现，在商代就成为崛起的强盛部落。这是它能够作为"西土八国"之首参加武王伐纣的资格和实力。庸国成为周朝诸侯国之后，在西周王朝的大气候里，更加强盛起来，到了春秋时期是少数可与楚国抗衡的强国，疆域至少在东起保康、西至旬阳，南起巫溪、北至白河这一区域范围内，成为秦、巴、楚三个大国间较大的国家。

对巴、楚、秦三国的历史，傅广典先生作了极为清晰、透彻的分析，他认为巴国是一个由巴和濮等多氏族构成的国家。巴国至少在商朝中期就已经出现，它的前身是巴部落，巴在夏代就已经存在，活动地域大致在甘肃南部和汉水上游，渐次延伸到汉水中游直至襄阳一带。后来楚部落强盛，在楚的威逼下它的疆域不断南移，最终以武陵山为中心，五姓结盟，推举廪君为部落首领。今天，巴人的后裔绝大部分被称为土家族，依然居住在鄂西、湘西、重庆和川东的武陵山区域。《华阳国志·巴志》描绘它的疆域为"东至鱼腹,西至僰道,北接汉中,南极黔涪",也就是今天鄂、川、湘、黔四省交界地域。秦国在春秋时建都于雍,地理位置在今天陕西凤翔东南,国家疆域主要在陕西中部和甘肃东部一带。秦是护周平王东迁而获得封赏的分封国,从成为分封国的时间上说,秦比巴大约晚300年。秦穆公灭12国,称霸西戎;商鞅变法后,迁都咸阳,成为战国七雄之一;秦惠王灭巴蜀,夺取楚国汉中;秦昭王持续对魏、韩、赵、楚等国用兵,最终秦始皇灭六国,建立统一的秦王朝。楚国的最早记载是商朝末年鬻熊事周文王西伯昌。鬻熊之后熊绎参加岐阳之会,周成王封熊绎于楚蛮,在陕西商洛丹水一带立国,后建都丹阳。近年来,人们对丹水和汉江交汇处的汉丹之地倍加关注,这里出现了许多人们始料不及的考古发现。最新考古成果证明,楚文化的源头在以辽瓦店子为中心区域的郧县。文化的源头当是人类氏族、部落和国家发端的最早地域。楚国疆土扩大到长江中下游时,建都于郢,即江陵纪南城。春秋时兼并了周边小国,楚庄王称霸,楚国成为春秋大国。秦国是利用改革变法强盛起来的国家,楚国是实施开疆拓土壮大起来的国家,而巴国则是依靠强悍性格强大起来的国家。这三个国家各有自己的国家形态和国家文化,并且作为从小到大、从弱到强的国家,他们都是成功者,都是成功的国家。巴国与楚国、秦国关系复杂多变,分分合合,三国曾联手灭庸,也曾反目操戈。巴楚既有姻亲之好,也有汉水津渡伐申叛楚之怨。巴秦也曾联姻,巴却遭秦算计,秦以巴制蜀,终将巴吞并。

在上述史实翔实、逻辑关系紧密、论述有力的背景下,傅广典先生指出,历史上庸国与巴国的关系最为紧密,一是有庸是巴的一支之说,在一定程度上表明了某种血缘的和氏族的关系;二是庸与巴都是历史较早的氏族,作为国家,早于秦,也早于楚;三是地缘因素,庸巴比邻。

作为文化，巴文化还有一层含义，就是竹溪所处的大巴山的巴山文化。依据这些因素，将如今的竹溪县的地域文化定义为庸巴文化是符合地理的、历史的和文化的状况的，是妥当的，将庸巴文化作为竹溪县的标志性地域文化也是妥当的，而且更加彰显了竹溪地域文化的特色。完全可以说，这个结论是坚实有力的。

历史上的庸巴文化主要有移民文化、茶经文化、寨堡文化、盐道文化，包括传统的狩猎、采集和农耕方式，等等。而当下的庸巴文化则是指以春秋时期为起点发展、传承、演变到今天的竹溪文化，其主要内容既有传统的文化成分，又有现代生活所形成的文化成分，主要有生态文化、茶业文化、村落文化、旅游文化、养生文化和由历史传承积淀下来的广泛而厚重的民间文化等。其中最为厚重坚实，而又最富现代经济社会发展价值的文化事象则是楚长城与朝秦暮楚、竹溪寨堡旅游文化、竹溪三贡、竹溪山二黄与向坝民歌，以及闻名遐迩的竹溪传统饮食文化。

2. 竹溪关垭楚长城与朝秦暮楚

楚长城是在 20 世纪后半叶在湖北省竹溪县关垭子山门被人们发现的。

根据文献记载，中国最早的长城是楚国修筑的，即历史文献上记载的"方城"。最早记载楚长城的历史文献便是《左传》。《左传》记载，楚成王十六年（公元前 656 年），齐国攻打楚国，军队已经到了陉这个地方，楚成王派屈完去迎敌，到了召陵，屈完对齐侯说，现在天下盼望和平，倡导以德服人，假若他能礼乐当先、诚待天下，天下谁能不服？相反，假若他只想耀武扬威、称霸天下、威逼楚国的话，楚国有方城可以作为城防，有汉水作为护城河，足可以抵挡一阵子的。齐侯见楚防御工事果然坚固，只好收兵。

类似的情况《左传》上还有不少记载。楚穆王二年（公元前624年），晋国的处父攻打楚国，到了方城，遇到息公子朱，便回去了。又如楚康王三年（公元前557年），晋国的荀偃栾率师伐楚，入侵到了方城之外，由于防御严实，没敢攻打，结果只好攻打别的地方。这些记载说明楚方城不仅在防御其他诸侯邻国侵扰上发挥着重要的功用，而且方城不是一般意义上孤立城市的城垣，而是一个连绵不断、完整的防御工程体系。这便是楚长城的开始。

楚方城就是楚长城，在其他的历史文献中，也有大量的记载。《汉书·地理志》载："南阳郡，叶，楚叶公邑。有长城，号曰方城。"《水经注·汝水》中记载："楚盛周衰，（庄王）控霸南土，欲争强中国，多筑列城于北方，以逼华夏，故号此城为万城，或作方字。"

楚长城的总体分布可大致分为北线、东线、西线三部分，整体轮廓略呈"∩"形，故称方城。从现存遗址的实际情况看，又较为复杂，楚长城并不是单一的线路，除北面南召至鲁两县间是单一线路外，东线和西线又各有内线和外线，东西两线形成四条线路。造成东西两边各有内线和外线的原因有二：一是楚国向北扩张所占领的区域由小到大，疆域不断前移，故在先占领的地区修筑长城后，出于巩固防守的需要，又要在新占领的地区加修长城，形成外城套里城、新城套旧城的状况；二是从综合战略防御出发，充分重视和加强对古道、河口、关隘等这些极具军事战略价值地段的加固防御，不惜重复建设，层层设关。因为从交通条件上看，从中原和关中到达楚国所属的南阳，自西北有蓝田、武关孔道，自北部洛阳南下有三鸦路孔道和马市坪孔道，自东北有陉山至方城县孔道，楚与齐、晋、秦、韩、魏等国都非常重视利用这些古道展开激烈的争夺，楚更不惜代价修筑北部三面颇为复杂的综合性防御工程。

楚长城有四大特征：一是断续连绵，关城为重。楚长城系列建筑并不像秦、汉和明代长城的千里连绵、单线推进，联结工程相对薄弱，而是以关城为主体工程，重点突出，断续延伸。

楚长城的重点在关城，所以关城数量特别巨大，仅南召县境内就有120多座，因而《水经注》称"故号此城为万城"。推测其中的原因，一则可能是借鉴历史上三苗人成功的堡垒防守经验，二则是就地利用前人的战争遗产。此地夏商之前三苗人遗留有数量颇多的古城堡，稍加改造，再增加一些联结工程，便形成了以关城为主体的建筑格局。

楚长城的关城形制各有不同，大体上可分为大城、中城、小城三类。大城均集中在要道处，中小城多作为卫星城，分布在高、险、隐处，不同的寨城有不同的驻军数量，并领属于级别不同的军事长官。从大型寨城周家寨的规模、气势、结构、工艺、功能、材料等方面，我们可以窥见建寨者丰富的军事知识和较高的建筑水平。该寨位于高806米的华山上，约20千米长的石城墙把六座峻峰连在一起，占地面积约20平方千米，形成一座山中石城；既有外廓墙，又有内城墙，城中套城。内城中分布有大量石房基遗址，应为核心区。寨内三个高峰上又分布着王家寨、卢家寨、华家寨三个古寨堡，堡中各有一个烽燧台。外廓墙为单护栏型，底宽2～4米，墙高约3～6米，墙上部仍残留有大量雉堞，内为人行通道。雉堞堞口一般高0.4米，宽1.2米，厚0.8米，垛口宽0.5米，形制简朴，有些堞口还有瞭望孔。主寨和三个寨堡共有10个大小不等的寨门。周家寨向外延伸的边墙，西边连大青门，扼守住板山坪通向内乡马山口的古道；东边连大军门，扼守住东线古道。周家寨的四周道路和河口处还有哨寨。错综复杂的结构，显示出它既可攻又可防、以屯兵防守为主的综合性防御功能。楚长城以大量相联结的关城形成多层设防的大城防，将关城作为攻守战备、屯兵警哨之所，为春秋战国时期其他诸侯国修长城所效法，所以直到后来的秦、汉、明长城，也都继承和大量采用了修筑关城的形式。

二是随形就势，扼关控要。楚长城的突出特点之二，便是善于利用山河之险为城防。楚长城的大部分地段分布在大巴山脉、南阳盆地北部、西北部和东北部的伏牛山绵延千里的沿线上，山脉层峦叠嶂，绝壁高耸，沟壑纵横，主峰蛤蟆石高2153.1米。汉水中流，汉水的支流白河、鸦河（古鲁阳关水）、湍河等都发源于此。大巴山脉、伏牛山脉是楚国与北方诸侯国的国界线。楚长城沿大巴山脉、伏牛山脉依山势而筑，在古道隘口处筑关城、修边墙、设关门，以备屯兵打仗；在高山险阻和江河为堑的难以通行地段，不再修筑长城设施，省了许多工料，以达到防御目的为度，充分体现了"用险制塞"的原则。

三是因地制宜，就地取材。楚长城的城墙分为土、石两种。楚长城的建筑原则是因地制宜，就地取材，有土用土，无土用石。从现存遗迹的实际情况看，因多数城段沿伏牛山而建，石城墙占绝大多数，而且全部为干垒石建筑。现在发现的几处土筑墙城段，是因为无石才用土的，如南召县野牛岭城段、叶县旧县南城段、方城县大关口城段等，有的还是土石并用，现在土筑墙基本上是残留的痕迹，土石并用城墙还留有一定高度。楚长城的土长城的技术含量无论在当年还是现在都是了不起的。直到今天，即使是经过2000多年的风吹雨淋，如果你用坚硬的铁锹来挖掘楚长城的泥土，仍会让你力不从心。据考证和化验，楚长城的泥土，是用泥土、石灰，加上猕猴桃树枝的浆子，再混合糯米汁黏合而成的，其硬度和韧性超过水泥。

楚长城的石城墙均为干垒石建筑。《括地志》称楚长城"无土之处，垒石以固",与现实遗迹完全吻合。南召县境内至今保留有三四米以上高度的石城墙,全部为干垒石筑成。城墙石块大小配合得体,并根据地形的凹凸变化,有平垒、斜垒、斜立垒、立垒等不同砌筑形式,石与石之间没有任何刮缝之物。城墙断面呈上小下大的梯形构造,使其稳固,不易倒塌。较大的城墙里外砌石,中间填入碎石与土的混合物,夯实以后颇为坚固,也使上部城道平坦易行。城墙内壁突出有上下成排的石尖,应是修理城墙的脚手架;墙内每隔一定距离或在城门等重要部位砌有登城台阶,与墙内道路相通,交通颇为便利,然而对城外是全封闭的,除防守森严的城门外,外部的人难以入城。楚长城以干垒石筑墙,在火药没有作为武器使用之前的冷兵器时代,石块也可能起了补充箭矢不足的作用。

四是法天象地,方形规制。史籍对楚长城多称方城,一则源自楚长城的东、西、北的空间布局、总体轮廓近于方形,二则其每一座关城也基本上是方形或长方形的。同时从楚长城的无数座关城遗址形态看,有些关城因受地势限制会出现一些不规则变化,但修建者还是刻意按照方形的模式来建造。楚长城何以刻意求方呢?更深刻的原因恐怕与当时人们的传统思想观念和认识水平有关。第一,可能是"天圆地方"观念在楚国深入人心的结果,因而楚人在各种建筑物中注入了"方"的观念,如房屋、城池等基本都是方形的。第二,是受传统地理文化心理影响的结果。周初称周围少数部族为鬼方、方土等,称诸侯国为方国;称国境之内为方内,中原以外的地区为方外。由此便可以解释,"方城"即楚国修筑的镇守方域的长城。第三,受古代战阵的启发。古代还有一种战斗队形——方阵,即战斗时手持长矛和盾牌的兵士组成密集的方形队列,这种方阵队形有很强的攻防能力,因而成为著名军阵。第四,可能是从力学、建筑学原理考虑的结果。方形不仅牢靠稳定,而且结实持久。

宏观地看，楚长城所经之地，其西线，大致自湖北省竹溪县、竹山县起，经过郧县（今郧阳区）、郧西县，向西北交于淅川县、与邓州市相毗邻的杏山，入邓州市东北的穰县故城，再转向西北，逾湍河，经内乡县郦故城，连西峡、内乡两县间的翼望山，复折向东行，沿伏牛山脉入南召县；西内线循镇平、内乡交界北行到南召板山坪镇周家寨，再向北抵达乔端镇野牛岭关。其北线，自南召县乔端镇沿险峻的伏牛山脉迤逦向东，经南召马市坪、崔庄、留山、小店、云阳几个乡镇，入东北皇后乡之鲁阳关，东进到鲁山、叶县。其东线，东内线由鲁阳关南下，沿三鸦路经云阳关和楚王行宫处，至第一鸦所在的白花寨；东外线自南召县东北部入鲁山县，转向东南，经叶县与方城二县交界的方城山，再向东沿舞阳、方城两县间而南入泌阳中部，又折而西入唐河县界。楚长城的相对长度约1600余里。

楚长城是中国历史上最早的长城，其最西的起点在今天的竹溪县关垭。此说首先要追溯到公元前611年。在很早以前，秦楚之间并不交界，至少可以说在竹溪关垭这个地方不搭界，秦楚之间分布着许多诸侯国。此关垭并非楚国所有，而是属于当时处于秦楚之间的另一个诸侯国——上庸。公元前611年，楚国赤地千里，大旱成灾。这时，介于秦、楚、巴三强之间的庸国趁机攻楚，不料反被以楚为首的多国部队所灭。巴国在战争中获取了鱼邑这块土地。而秦国从关垭出兵攻打庸国，撤军时为了联合楚国对付晋国，将关垭留给了楚国，秦楚这时有了交界。楚人为了保住关垭一带的安宁，防御秦国的进攻，就采取了一个长久的万全之策，那就是修筑楚长城。

楚长城在十堰有十三四处，总长100多千米，断续分布在竹溪、竹山、郧县和郧西等处，仅竹溪境内就有四处，而关垭一处最为关键。关垭位于湖北省的竹溪县和陕西省的平利县交界处。这个关垭形如马鞍，它的前方是正南面，连接着山宝寨；它的北面即马尾巴处，连接着擂鼓台；坐在马鞍上，左手一指即湖北省竹溪县，右手一指则是陕西省平利县。在楚长城中作为防御体系的关隘城堡不胜枚举，但其中最为著名的就有居庸。庸，即竹溪、竹山古地名。当时秦国攻打楚国，主要有四条路线。一是自北部洛阳南下有三鸦路孔道和马市坪孔道；二是自东北由陉山至方城县孔道；三是自西北蓝田，从崤关，过武关孔道；第四条线，就是走关垭。

关垭在秦国统一天下的战略格局中，地位非常显要。一则它与秦、楚、蜀三强交界，今日被称为一脚踏三省，昔日则是军事、政治和外交的敏感地区、是非之地，具有牵一发而动全身的态势；二则它处于中国地理上的中心地带，其附近的鸡心岭被视为中国地理中心的标志点，关防据险扼要，集山、寨、水、堡、城于一体，加之周围层峦叠嶂、峭峰绝壁环绕，大有一夫当关、万夫莫开之势，占尽难攻易守、进退自如的有利形势，拥有它便拥有了镇国的擎天一柱，失去它便会留下亡国的心头之患。秦老将王翦为了攻取关垭，曾绕过竹溪的关垭，走崤关，过武关，从关垭的背后袭击楚军，最后夺回关垭。楚军失去了关垭屏障，不久就被灭掉了。

据史料记载，楚怀王时期竹溪关垭就曾有过四次易手。比如，公元前312年，因为张仪帮秦国游说，欺骗楚王，楚怀王同秦军作战而败，败了之后就割地让关，那一次关垭就被割让给秦。随后秦楚又通过外交途径和好，秦使者宣称，如果楚怀王愿意同秦国友好，愿把汉中这一带一半的土地让给楚国，包括把关垭这个地方送还给楚国。至于楚顷襄王的时候，竹溪关垭也多次易手。

关垭就是这样一块被秦楚两国你争我夺、不断易手的地方，更是一块被战争反复蹂躏、被硝烟层层笼罩、被战火彻底烧焦的土地——早上还是秦人在这里埋灶做饭,晚上就是楚国的军队炊烟缭绕,"朝秦暮楚"便是由此而来。生活在战争铁蹄下的竹溪人为了生存发展,也在战争中学会适应战争,形成了特定时空下的独特的生存智慧,那就是一旦城头变换大王旗,只好风吹杨柳两边倒。当秦军打来的时候,就换上秦国的门牌,插上秦国的旗子,穿上秦人的衣服。楚军打来,则换上楚国的牌子、楚国的旗子,穿上楚人的衣衫。

时势造就英雄,时势也培育风尚。战争在造就竹溪关垭人"朝秦暮楚"生存智慧的同时,也培育了战国时代一代人的人生选择和价值取向。最能体现"朝秦暮楚"精神的便是战国时代以苏秦和张仪为代表的一代纵横家的行谊了。为了追求势位富贵、功名利禄,一代大策士苏秦早期效忠秦国,主张连横策略,积极出谋划策,推动秦国打击消灭齐、楚、赵、魏等东方六国;一旦他的计策没被采纳,并且本人也遭冷遇,苏秦便立即改弦易辙,由主张连横击楚改为主张合纵灭秦,由亲秦变为亲楚、由仇楚变为仇秦了。张仪则恰恰相反。早年他投靠效忠楚王,积极推行合纵方略,一旦遭到楚王误会漠视,便立即一百八十度大转弯,转而投靠效忠秦国,由积极主张合纵方略转到决然相反的连横方略,由楚国的最大朋友变成楚国的最大敌人。他们的人生轨迹可以说一个是朝秦暮楚,一个是朝楚暮秦,不断变化的是能够赏赐他们的主子,而永远不变的是争名显贵的人生追求和价值取向。北宋著名文学家晁补之,在首创"朝秦暮楚"这个成语的时候应该有这个意思。他的《北诸亭赋》中的"托生理于四方,固朝秦而暮楚",正是指的这种情形。可以说,苏秦和张仪的行谊也是"朝秦暮楚"一词的重要历史注脚。而后期在比喻某些人缺乏信仰和主见、反复无常的意义层面上形成的"朝秦暮楚"一词,正是对以苏秦和张仪为代表的一代纵横家的行谊进行直接引申的结果。

3. 竹溪县的寨堡旅游文化

寨堡，作为一种防御设施，古已有之。《礼记·月令》就有乡民入堡御匪的记载。这种善守险要、斩山为城、断谷起障的寨堡的兴起，为百姓躲避兵寇，安全渡过战争岁月起了很大作用。

寨堡，首先是作为一种战乱时期军事斗争的标本存在，就如同现在陈列于各个博物馆中的刀剑、箭镞一般，浓缩了一个时代的惨烈的记忆。历朝历代，首先要有硝烟弥漫、金戈铁马的厮杀，老百姓流离失所的大背景，才有载入经典的军事谋略、战例、攻掠与防御，也才有这些为谋自保的绝妙的防御体系和处所。据清同治六年（1867年）编修的《竹溪县志》兵事纪略篇记述，明末清初，农民军领袖李自成、张献忠，曾屯兵竹溪山寨，杨来喜、谢泗及川军率8路人马，在竹溪出没无常，多数寨堡被攻破。

寨堡是社会动乱时民间用来自卫的一种防御工事，其形式可上溯至魏晋时期的坞壁。一般高山为寨，平地为堡。一遇兵灾，民众即以寨堡为藏身之所，保全性命和财产。湖北自宋代以来，每逢兵荒马乱之世，即有大批民众依山结寨自保，并且逐渐由仅是依靠天然洞崖避乱发展到大规模的人工修筑寨堡自卫。这种情况到清代发展到高潮，无疑与当时动荡不安的时局有关。乡民人心思定，故兴建寨堡之风盛行，并形成了较为严密的管理制度。

竹溪寨堡的修筑主要集中在嘉庆、咸丰和同治年间，其军事防御的意图十分明显。据同治时的《房县志·砦堡》载："东川堡，城西四十五里，高士坪市属长望川，嘉庆五年七月筑；水田堡，城西三十五里，水田坪属盘峪，嘉庆五年九月筑；大本砦，城西五十里，大木山属大水丁，嘉庆五年十月筑……"房县地处鄂西北，与川陕接壤。据光绪时的《麻城县志·建置》所载，各堡则多集中于同治年间："牌楼堡，在县北歧山团，同治五年筑修；三和堡在县东北三合店，同治五年吴道英筑；治安堡、安定堡俱在县北聚石团，同治三年筑……"清代也有许多寨堡是在原有的旧址上重建的。竹溪县遗存至今的100多座寨堡中，其中老寨31座，但更多的则是在清代新修的，并且与团练互为表里。

竹溪寨堡的修筑多与乡绅有关。在社会动荡之时，要组织广大乡民自发修筑防御工程，所面临的困难是极其艰巨和繁杂的。光绪时的《蕲水县志·艺文志》载有孝廉汪鸿的《大灵山建堡记》，其中的描绘可以让我们窥见一斑："窃以建堡之难，难于行军。军中令出法随，堡则乡之父老子弟、亲故友朋，恩结之不能，威胁之不可。严则敛怨，宽则弛事。以涣散之人情，未经训练，强为约束，一旦有急，能保不解体乎？"因此若非平时素孚众望之士绅难成其事也。事实上，在清代竹溪寨堡的修建过程中，绝大部分都是由士绅倡导完成的。如光绪时的《黄梅县志·兵事·堡砦》载："万金砦，邑绅虞敬等偕众姓绅耆公立；东山堡，东山镇绅耆公立；狮头砦，李、何等姓绅耆公立……"麻城市七家庙"旧有防堡，明生员袁东纠众建立，已圮。同治四年岁贡袁魁、例贡龚树德同监生李行储等借赵姓地，禀准建修均和堡，垣千丈，容数十万人"。据统计，在麻城市101座寨堡中，约89%都是由生员等人倡导修建而成的。这种情况在其他地区也普遍存在。这充分表明士绅在乱世中肩负起了乡村的守望之责。

在筹措修筑寨堡所需要的大量经费上，乡绅发挥了更大的作用。从竹溪的情况来看，经费的来源有三种：一是士绅官僚的捐资，二是民众合资，三是按亩派工。由于社会动乱中士绅遭受的打击更大，所以一般士绅都乐于捐资兴建寨堡，在竹溪的大多寨堡修筑中，都是出资修筑，他们或独力自营一砦，或公资合营一砦。

在竹溪地方志中，我们还发现，寨堡也有乡民集资修建的。而按亩派工这种修建方式则并不需要出钱，只是将各种材料折算成工值然后计亩派工。现以襄阳为例，其方法是先将土工估计若干，次将寨门、堡门所需砖料、石灰等项估计若干，作为土工计算（如土工一个值钱一百文，火砖二十五块亦值钱一百文），再计濠墙挖占地亩应补价值若干，亦作为土工计算，再计团内地亩若干，每亩应派工若干。既然是按亩派工，土地就成为派工的标准，而土地有肥瘠之分，对此当时亦有详细的规定：山原水田、老岸泥洲为上地，平冈平湖为中地，山岭洼底沙洲为下地。其亩则按上、中、下等折算：上地一亩计一亩，中地二亩作一亩，下地三亩作一亩。倘若田地有租佃关系，则一亩课地，地主、佃户各出一半，如主佃不同寨堡，即将所出之工各归寨堡，堡内居民受益较多者应加一倍派工。这种方法在清代团寨的修筑中较为普遍。

在修筑寨堡的过程中，乡绅往往是担当牵头筹划主持角色的人。在社会动乱之时，士绅希图自保，也借此机会实践"治国平天下"的政治理念。而民众苦于野掠，亦希望得到些许的安宁。这正是战乱之时寨堡大量兴建的原因所在，也是地方士绅具有强大号召力的社会背景。湖北各砦都设有砦长之职，而充当此任者自然也多半为士绅。

竹溪寨堡独具特色。竹溪既有山寨，也有水寨，还有土寨，古寨名目繁多，寨堡文化源远流长，是山区重要的特色旅游资源。以水寨作村名的城关镇水寨村，位于县城西郊长旺，古代这里曾经修建过水寨作军营或者绿林好汉营地。根据现存寨台地形推测，当时这里是一片水泽湿地，修寨人用木栅栏圈地围成面积约 3000 平方米的方城，四周挖壕沟修城池阻隔，沟土用于筑寨台，形成居高临下、壕沟不可逾越之势。如今高出地面 10 多米的水寨遗址，楼房林立，绿树掩映，住有百余村民，昔日壕沟城池早已被填平，成了水田耕地。竹溪土寨，目前发现一处，在县城东郊三堰坝，即水坪镇船形寨村。平坝中央的土寨台临河而建，状若舟船，面积约10万平方米，属于最早的土寨之一，已被文物部门认定为新石器时代仰韶文化和龙山文化遗址，曾延续到周代。该遗址已被列为县级文物保护单位。

竹溪寨堡的大小以人数的多少为定：寨堡大则人少不能守，寨堡小则人多不能容。大多情形是：堡身高二丈或一丈八尺（高山修寨比堡稍低亦可），脚宽四丈，顶宽一丈五尺，垛高五尺，中开一孔以便窥望。垛身之内用砖砌基一层，宽二尺，高二尺，垛勇登台便于击贼（垛不高则不能躲人，太高又不便击贼，故垛身内砌基）。濠宜宽，宽则难越；宜深，深则难填。不能开濠之处，应于墙外修敌台（即空心炮台也，又名碉）。敌后台一面靠堡前，一面用砖石砌左右两面，多开孔眼以便施放枪。炮眼之高低似乎打贼身为定（太高则枪子冒过，太低则不能远击）。台之远近以彼台此台枪炮子可以相接为定（太近则对放枪炮自击，台身太远则击贼不中）。中分两层，以木板为楼，用梯上下。台上盖瓦，贼逼墙下则两台左右夹击，虽无濠亦可保无虞。

竹溪石寨最多，现存较大的石墙寨堡有70多座，保存比较完好的大型寨堡有曾家寨、天宝寨、猴耳寨、换香寨等。位于汇湾乡双竹园的曾家寨，早年叫七星寨，曾家寡母坟碑文上有记载印证。此寨续建于清代嘉庆年间，面积约0.5平方千米，顺山势而建，石墙呈葫芦状，有两道寨门。曾家寨东门内壁镶嵌的两块石碑刻有《防寨内之事》《防寨外之事》等寨规民约及寨堡老主人助学遗嘱，由于历史原因，石刻所书年代及寨主名字均被人为凿毁，其余保存完好。据当地村民介绍，碑文所刻年代大约在清代嘉庆二年（1797年），距今200余年。特别是《防寨外之事》要求严格，明文规定防守城堡用礌石、荆棘钢钉榴木、陷马坑、孔明炮、火铳、弩箭等武器御敌。壁垒森严，易守难攻，固若金汤。这座古城堡连同碑文保存相对完好，特别是数千字的碑文，集古代军事攻略、城堡防务、寨规民约、劝言遗嘱于一体，是不可多得的社科书，具有政治、军事、建筑、消防等多学科研究价值。如今这座古寨栽植了板栗等果树，是访古寻幽、探索古堡奥秘的绝好去处。

竹溪寨堡的名头极富文化底蕴。有用数字命名的，如散布在龙坝乡与水坪镇交界处的头道寨、二道寨、三道寨，还有一心寨、二虎寨、三润寨、四方寨、五峰寨、六合寨、七星寨、八宝寨、千沟寨等；有以颜色命名的，如红心寨、白火寨、青龙寨、黑山寨、黄龙寨等；还有以姓氏命名的，如罗何寨、安和寨、梅家寨、曾家寨、黎家寨等。竹溪寨堡在文化旅游方面极具开发价值。

4. 竹溪三贡

① 贡米

竹溪三贡首推贡米。据说，竹溪贡米的原产地在今中峰镇彭峪沟村，在楚庄王时代就已经被发现，迄今已有2500多年的历史。竹溪贡米之所以成为贡米，关键在于它与同类大米相比，拥有卓尔不群、无与伦比的"四奇"特质。

一是生长在奇地。竹溪贡米出产地叫彭峪沟。彭峪沟虽然叫"沟"，却是一个十里平坝，素有"粮仓"之称。这里生态原始，环境优美，通风向阳，日照时间长，土质肥沃，不仅富含人体所必需的硒、钙、铁、锌等微量元素，而且各种元素的比例合理，特别是非金属元素硒的含量奇高，它是增强人体免疫功能、延长寿命的重要元素，也是重金属的一种解毒剂。

和真正的大红袍茶叶树只有寥寥几株一样，真正的竹溪贡米也只生长在中峰彭峪沟西南岸的周家螃上的61块"天水田"。这61块"天水田"加在一起总共只有1亩4分，真正是名副其实的"帽子田""斗笠丘"。当地农户说，这里的土质性燥。丘丘田块里都有黄泥沙土，日照充足。同样的稻谷品种，栽种在这些田里生长格外茂盛，成熟期要比一般田里的稻谷提早6至8天。

二是有奇形奇色、奇质奇性。因为彭峪沟拥有独特的地理环境和极富矿物质的土壤，所以，竹溪贡米长成后不仅外形美观，而且品质优良。收获季节，黄灿灿的稻穗宛如黄金制成的绝艺饰品，沉甸甸的穗儿藏于黄绿相间的稻叶里，颗粒大而饱满，用同一谷箩装载称量，每箩要比一般稻谷重6至8斤，碾出来的米洁白如玉，色泽晶莹透亮，粒大个长，充盈饱满，形状似梭，做成米饭香味扑鼻，食之香软可口，糯而不黏，易于消化，且有补脾胃、益肺气等功效，既能强身健体，又能美容养颜。用这里的米磨米浆，香柔可口，浆汁如乳，喂养婴儿，可与母乳同功。用淘米水洗浴，皮肤白净光嫩。所以彭峪沟又有"长寿沟""美女沟"之清誉。

据传，684年，李显被其母武则天所废，贬到今湖北房县为庐陵王以后，无意间吃了彭峪沟的米，赞不绝口，称之"誉盖五谷"。从神龙元年（705年）中宗复位伊始，便把此米钦定为"贡米"，下旨"代代躬耕、岁岁纳贡"，竹溪从此因贡米而名，"贡米之乡"也饮誉而生。

三是有奇德奇智、奇爱奇恨。竹溪贡米之奇，也奇在它身上凝聚着两种官情和官德，从它身上折射出黎民百姓千秋不变的爱和憎。

相传明代万历年间（1573—1620年），一个名叫王璋的人出任竹溪知县，为表忠心，更为了攀龙附凤，便差民夫送米进京，用此米进贡皇上。神宗皇帝吃了竹溪彭峪沟产的大米，喜不自禁，认为它是人间珍品,敕定竹溪彭峪沟所产之米为"贡米",并从此年年纳贡不殆。结果是王璋并没有因此飞黄腾达,可当地百姓却因此劳苦不堪。

当时,竹溪距离京城路途遥远,运送皇粮贡米全靠民夫肩挑背驮。年年稻谷成熟就要差遣人丁运贡,一候稻谷晒干扬净,夫差们便别妻离子,浩浩荡荡肩负粮担,翻山越岭,涉水过河,一路风餐露宿,疲于奔命,年年都有运送贡米的夫差一去不返,葬身他乡。

年复一年过去,到了万历十四年(1586年),这种情形随着竹溪小南沟人徐成楚在京城任官才开始改变。徐成楚登丙戌榜进士,授河南内黄县知县。在任期间他勤政爱民,百姓称道,不久被擢升为礼科给事中、兵科给事中等职,在皇都为官。他凛凛正气,刚正不阿,弹劾不避权贵,京都的大小官员多有畏惧。徐成楚耳闻目睹家乡父老为送贡米苦不堪言,便心生一计,立志解救乡邻。一日早朝,他摸着自己颈脖上的瘿包,奏疏皇帝说:"臣祖籍竹溪,溪邑产米虽好,但不可久用,久食必长瘿包,使人痛苦难耐。臣在故乡常食此米,颈项生瘿,形骸丑陋,且呼吸喘急,备遭折磨,还望圣上少食溪邑之米。"同时,他暗中修书一封叮嘱乡亲们依计而行。

这一年,朝京都运送贡米的差夫,个个颈脖子上坠个大瘿包,王公大臣见了惊诧不已,问及颈脖上的瘿包,差夫们皆如徐成楚奏疏所说。皇上闻悉大骇,急忙颁行诏谕,免征竹溪贡米。自此,劳顿不堪的贡米进京,便永远成了历史。

据《竹溪县志》载,徐成楚,字武岳,号衡望,竹溪小南沟人。巧计妙对,为民代言,解救乡民,免纳贡米,民送万民伞,以感其恩。成楚故后,被敕封为"文林郎"。至今,当地民间仍盛行着大型群众性的民间舞蹈《万民伞》,以纪念徐成楚。

四是在特色商品粮行业中地位奇高。2008年10月,该县所产的

"贡米"获得了第五届中国（武汉）农业博览会农产品金奖。同年，竹溪县确定了贡米生产基地和生产标准。基地由该县中峰镇、蒋家堰镇、龙坝乡、城关镇、县河镇主产水稻的乡镇组成。贡米生产标准：规范化种植，统一种植品种、统一"旱育保姆"育秧、统一配有机肥、统一防治病虫害；规范加工标准，建设高标准的贡米仓库，选购风干、加工、筛选等设备，在贡米产区实行集中收购，集中仓储，集中加工；规范包装标准，统一设计、统一收购、统一品牌、统一包装。

"竹溪贡米"通过国家地理标志产品保护，提高了知名度、美誉度和品牌价值，有助于加快贡米产业结构调整的步伐，提升竹溪贡米的市场竞争力，并对竹溪县域经济社会的长足发展起到强有力的推动作用。

② 贡茶

竹溪三贡次推其贡茶。中国茶文化历史悠久、博大精深，不仅是中华文明的精粹，而且是全人类的共同财富。正如郭承君先生所指出的，饮茶嗜好遍及全球。在英国，茶被视为美容、养颜的饮料，被称为健康之液，灵魂之饮。在法国人眼里，茶是最温柔、最浪漫、最富有诗意的饮品。在日本，茶被视为"万病之药"，以至被升华为一种优雅的文化艺能——茶道。在我国，茶被誉为"国饮"。茶被人们视为生活的享受，健康的良药，提神的饮料，友谊的纽带，文明的象征。而今茶不仅是饮品，而且成为保健养生品。

对于热爱生活、珍爱生命的人们来说，茶具有高度的保健作用，常喜饮茶之人，多为长寿之身。茶对人的保健主要有六大功效。一是提神醒脑。二是利尿强心。俗话说，茶叶浓，小便通；三杯落肚，一利轻松。三是生津止渴。唐《本草拾遗》云："止渴除疫，贵哉茶也。"《本草纲目》亦云："茶苦味寒，……最能降火。火为百病，火降则上清矣。"尤其是在夏天，茶是防暑、降温、除疾的好饮料。四是消食解酒。

饮茶能去油腻，助消化，逢年过节，加菜食荤，泡饮一杯浓茶，便容易化腻消食。这是由于茶中含有一些芳香族化合物，它们能溶解脂肪，帮助消化肉类食物。五是杀菌消炎。实验证明，茶叶对大肠杆菌、葡萄球菌等都有抑制作用。茶叶浸剂或煎剂，对各型痢疾杆菌皆有抗菌作用，其抑菌效果与黄连不相上下。六是降压、抗老防衰。茶叶中所含的有效成分能降脂、降血压和改善血管功能。

论庸巴茶文化的厚重典雅和鲜活清香，当首推竹溪梅子贡茶。茶分五色三品，有白茶、黑茶、黄茶、青茶、红茶五色，有上、中、下三品，而竹溪梅子贡茶则超出了五色三品，可与西湖龙井、云南普洱、大红袍和铁观音等驰名一时的高寒清香型绿色极品茶齐名。

竹溪梅子贡茶产自湖北武当山南麓海拔千米的竹溪梅子垭群峰。梅子垭群峰主峰海拔1200多米，周围群山起伏，植被繁茂，人烟稀少，空气十分清新。传说早先梅子垭并不产茶。山垭上的梅子村，阴阳二坡连成一片，早春季节梅子树枝繁花簇，如云似锦，香飘十里山坳，沁人心脾，故名"梅子垭"。

竹溪梅子贡茶的驰名首先得力于唐朝被贬帝王李显的一个传说。相传庐陵王李显被贬房陵，途经梅子垭，偶染暑疾，当地人便采了梅子垭茶，熬煮之后，请他饮服。饮后不到片刻，他顿觉香津满口、神清气爽，暑疾痊愈，力量倍增。为了表达孝心和诚敬，李显便将梅子茶送回都城，敬献母皇武则天。武则天品饮之后大加赞赏，命令将之加入皇室饮品系列，钦定为贡品。竹溪"梅子贡"因此而闻名遐迩。

据相关记载，北宋年间，梁山好汉卢俊义后人隐居梅子垭，以茶为业。在梅子垭至今仍保留有0.5亩宋代古贡茶园。古贡茶园旁边约100米处，有一石砌的圆形古井，井内壁的一侧有一明显的深约1尺的凹槽，是长年累月用木桶打井水留下的磨痕。井水清澈可人，4米多深的井底清晰可见。古茶园此地土质肥沃,东南朝向,光照充足。现存有56株古茶树,一蓬蓬茶树,碧绿青翠,其中一株野生茶树有几丈高,所产茶叶馨香馥郁,泡在杯子里芳香扑鼻,色绿如翠;喝上几口香透肺腑,顿时消乏解渴,使人精神振作,因此声名远扬,被称为稀世奇珍。

竹溪梅子贡茶不仅美名远扬,而且的确既珍贵又实惠。据知情人士报道,目前有关部门已经证实,在竹溪梅子贡茶中含有与人体健康密切相关的八类营养成分:一是蛋白质、氨基酸类。梅子贡茶中的游离氨基酸占茶叶干重的1%~5%。目前已发现的氨基酸有28种,其中以茶氨酸含量最高,其次是人体所必需的苏氨酸、赖氨酸、谷氨酸、苯丙氨酸等。二是糖类。据测定,中国茶中含葡萄糖、果糖、蔗糖、麦芽糖、纤维素等,但能溶于水的仅占4%~5%。因此,茶叶属低热量饮料,适合糖尿病及忌糖患者饮用。三是维生素类。在竹溪梅子贡茶中含有丰富的维生素,每100克中含有维生素B类8~15毫克。四是生物碱类。梅子贡茶中的生物碱主要有咖啡碱、茶碱和可可碱等。五是茶多酚类。梅子贡茶中茶多酚占茶叶干重的20%~35%。茶多酚是一类以儿茶素为主体的多酚类化合物,其中以黄烷醇类化合物最为重要。此外,还有些许花色苷类、黄烷酮类、黄酮醇类和酚酸类。这类物质主要有降血脂、降血糖、抗氧化、防衰老、抗辐射、杀菌消炎、抗癌、抗突变的作用。六是矿物质。梅子贡茶中含有大量微量元素,如钙、镁、磷、铁、钾、锌以及锰、硒等。七是有机酸类。梅子贡茶中含有多种有机酸,如草酸、苹果酸等,它们对维持体液起着一定平衡作用。八是皂甙类。研究表明,茶叶皂甙具有消炎杀菌、抗癌等疗效。梅子贡茶中皂甙类的含量约为0.07%。

以下分别从文化、生命哲学、习俗美学的角度来分析梅子贡茶的魅力。

第一，从文化的角度来看，梅子贡茶最大的魅力还在于它浸透着文化的精灵，并通身辉映着文化光耀天地的奇光异彩。这种奇光异彩首先折射在竹溪人对人与自然关系的探索与认同上，并集中通过茶与环境的谚语表现出来。"土厚栽桑，土酸种茶""油砂土茶香，死黄土茶涩"等，指出的是茶叶与土壤的关系。而"高山有好茶，低山有好花""高山云雾出好茶""茶叶最糊涂，宜露又宜雾""高山茶叶，低山茶籽"等谚语则体现了茶与海拔的关系。在"要想茶叶好，三晴三雨最为妙""春雨绵、茶发尖，夏雨少、发不了""茶树开花天气晴，来年茶籽好收成"等谚语中，反映的则是茶与气候的关系。

第二，从生命哲学的高度，梅子贡茶则以保健谚语的形式道出了茶叶鲜为人知的养生秘密。诸如"夏季宜饮绿（春茶），冬季宜饮乌（乌龙茶），春秋两季宜饮花（菊花、金银花茶）""冬饮可御寒，夏饮去暑烦""好茶一杯，精神百倍""烫茶伤人，姜茶治疾，糖茶和胃""常喝茶，少烂牙""不喝隔夜茶，不喝过量酒，吃饭勿过饱，喝茶勿过浓""空腹茶心慌，晚茶难入寐，烫茶伤五内，温茶保年岁"等。"睡前饮茶，昼夜不眠"等，说的是茶使人兴奋的作用。真是全面细致，体贴入微！虽然说起来有些玄乎，但作为生活感受是可信的，更是劳动人民长期生活、实践的经验总结。

可能有人以为养生是贵族和士大夫的专利，从而忽略茶叶的使用价值，对此梅子贡茶乡的谚语更是未卜先知，早就从日常百用的角度给出了善意科学的提示："喝茶的男人有品位，喝茶的女人更美丽，喝茶的老人更长寿，喝茶的小孩很聪明。"很多文人以茶抒怀、以茶传情、以茶会友、以茶论道。琴棋书画诗舞酒，柴米油盐酱醋茶。可见茶与人们的生活息息相关。对于文人而言，"茶逢知己千杯少，壶中共抛一片心""有茶有酒多兄弟""宁可三日无盐，不可一日无茶""壶中日月，养生延年"；而对于普通家庭来说，"酒后一杯茶，胜似活菩萨""茶头酒尾饭中间"，表达了人们的生活习惯。尤其南山乡镇农民爱吃高山腊肉，喝浓茶解腻成了他们的习惯。"饮茶有益，浓茶解腻""酒吃三杯，茶喝二盏"，体现了茶在人们心目中的地位。

第三，从习俗美学的角度，梅子贡茶谚语则从茶礼和哲理的丰富表现中挖掘出了其迷人的人文魅力。诸如"待客茶为先，茶好客常来""客来敬茶，礼仪人家""客来茶相迎，应恐是痴人""酒是九分好，茶是八分足""清茶一杯，亲密无间""客来茶相待，情谊融其间"等，这些谚语不仅充分体现了竹溪人知茶解茶、重茶爱茶的浓郁乡风，更体现了竹溪人率性随性、自然本色、热情厚道、豪爽好客的性格特征。最强有力的佐证则是流行于农家的谚语，如"遇饭吃饭，遇酒喝酒，遇茶吃茶"。除此之外，家有红白喜事也离不开茶，如祝寿喝"寿茶"，结婚喝"喜茶""交杯茶"，七月半接老客（已离去的亲人）要"祭茶"。"三杯酒、三碗面、三杯茶，初一十五敬菩萨（一种信仰）"等无不昭示出竹溪人与茶叶水乳交融、密不可分的浓情蜜意。"吃两杯茶，喝两家酒，睡两张床"指出的是茶叶传递感情的作用。

最为难能可贵的则是梅子贡茶叶谚语的启智明理功能，它深入浅出地道出了人世间最朴素、最深奥的哲理，令人折服。诸如"一杯茶一袋烟，农家田坎转一转"告谕的是人们劳作休闲、张弛有度的法则；"不尝烟酒茶，屋里难当家"，教的是人们如何在承担责任的同时要关爱自己、要享受生活的艺术；"粮收万担，也要粗茶淡饭""留有三分茶园在，何愁一生无茶喝""茶要人烧，水要人挑"，这些谚语则又从茶的角度传道了中华民族源远流长的节俭、务实、勤劳的美德。茶也常用于反映世态炎凉现象，如"人走茶凉"；对于看破红尘的人来说，"清茶一杯，无是无非""见事莫说、问事不知、闲来喝茶、无事早归"是其生活写照。再如，好事好茶都是人们喜爱的，有"好茶不怕细品，好事不怕人论"。"茶叶地里纺棉花，明察（茶）暗访（纺）"是一条警示谚语。"茶壶里煮饺子，肚子里有货，从嘴里倒不出"是一条评价人无口才的谚语。"品茶评茶有学问，看色闻香比喉韵"是品茶谚语。"茶来伸手，饭来张口"，批评的是不劳而获的懒惰思想。老人们希望的是"千杉万松，一生不空；千茶万漆，一生欢喜"，所以教育后代"当家才知茶米贵，养儿方知报家恩""勤快人讲实干，懒惰人讲茶饭"。而"坐吃（茶）山叶空，一生哪来不受穷""白日满院吃茶，夜里点灯织麻"等则是对不务正业的人的一种嘲笑和讥讽。总之，茶中佳品在于茗，茶的明理在于品。

③ 贡木

竹溪三贡之三当推其贡木。竹溪的贡木事实上就是今天的楠木，中文科名叫樟科，分布在四川、贵州、湖北、湖南等地，是一种高档木材，其色浅橙黄略灰，纹理淡雅文静，质地温润柔和，无收缩性，遇雨有阵阵幽香。楠木不腐不蛀有幽香，古代皇家藏书楼、金漆宝座等多为楠木制作，在家具中，常与紫檀配合使用。明代宫廷曾大量伐用楠木，北京故宫及京城上乘古建筑多为楠木构筑。竹溪县新洲镇烂泥湾村（原翁家大院后山）尚存楠木林，占地面积8亩有余，大小楠木144株，树干挺拔如水杉，最高30多米，树胸径1米。据林业专家介绍，两棵最大的树龄约500年。

竹溪的楠木成为贡木后，身价倍增，连名字也提档升级，被当地人称为皇木，并被视为一县之骄傲、地方之灵物。竹溪的楠木成为皇木要从明朝说起。明成祖迁都北京，皇宫于1420年建成，后太和、中和、保和三大殿不幸被大火焚烧，其主要构件遭遇严重损坏。后来，修复宫殿需大量楠木，部分木料采自竹溪。

传说明成祖当年决定来南方竹溪采伐树木，是得到了一个梦境的启发。据传，在永乐四年（1406年）的一天深夜，明成祖酣然入梦。大梦醒来，梦中的禅语记得清清楚楚。于是明成祖派出工部尚书宋书和侍郎裴虎，作为修复工程的监管大臣，按图索骥，对照禅语的指引，找到了竹溪县的孝慈沟，砍回了楠木，修成了奉天殿和承运门。至于重达数吨的楠木是如何从大山深处运出的，也是从禅语中受到启发：人们发明了一种在旱地行走的小木船，宽一尺五寸，长五尺一寸，船底坚硬光滑，部分着地，船头、船尾都上翘，无桨无舵，活像一条大鲶鱼，能运载千斤重物，十几条船连成一串，上万斤的大树也能运走。船下是一条黄泥铺成的小路，在春、夏、秋三个季节，浇上清水，泥路就如冰路一样滑，而在冬天，路面上一结冰，更是滑溜无比。这些楠木就是这样从深山拉出，进入堵河，从堵河进入汉水，再从汉水进入长江，然后，再从长江进入大运河，最后，经过大运河北上，再从旱路由车马运进北京。现在的北京故宫午门、永寿宫等处使用的木材，其中就有出自竹溪孝慈沟流域的楠木。作为这一事件凭证的则是至今尚存的裴侍郎墓，它已经静静地躺在竹溪孝慈沟达500余年。

5. 竹溪饮食文化

竹溪与渝、陕交界，县内居民祖先多由四川、重庆、陕西、江西、湖南和湖北等地移居而来。在千百年的历史进程中，一方面是多省市饮食偏好和烹饪特色的交汇融通、相互取长补短，一方面是竹溪特色鲜明的物产，内在品质不可替代，因而形成了竹溪兼融贯通、独具特色的烹饪美食和佳肴。竹溪菜以酸、辣、咸、鲜为主要特色，融合了各地口味，特别是毗邻的川、陕口味，并加以改良，形成了自己独特的家常风味，深受鄂西北地区人民欢迎。如竹溪泡菜、竹溪盐菜、竹溪豆腐乳、竹溪豆瓣酱、竹溪豆腐干、竹溪魔芋豆腐、竹溪腊肉、城关的碗儿糕、蒋家堰的糖酥饼等，已经成为闻名县内外、市内外、省内外的美食佳品。以竹溪特色菜为基础的竹溪饮食文化兼收并蓄，自成一体，底蕴深厚。

竹溪饮食文化的主要特征有三：首先是烹饪理念独到，指导思想明确，即要把饮食作为人生的一大享受，注重烹饪技术，化简为繁、平中出奇，提高饮食质量，充分满足人的口腹欲望和养生诉求。竹溪的饮食，自古以来就是以谷物为主，肉少粮多，辅以蔬菜，这是典型的饭菜结构。饭是主食，菜是为了下饭，把饭变得更有滋味和乐趣。这样就促使竹溪人将烹饪的首要目的定位于装点饮食，化熟悉为陌生，化平凡为珍奇，要吃出新鲜，吃出讲究，吃出艺术，把可口的食物变得回味悠久、精妙绝伦，而把不可口的食物也变得百食不厌，其乐无穷。"食不厌精，脍不厌细"是中国饮食文化的精髓，而在竹溪体现得尤其充分。

其次是制作工艺精巧细致。竹溪的烹饪技法是煎、炒、炸、煮、熘、烩、焖、蒸无所不用，而且这些方法几乎每一个竹溪的普通家庭主妇都会。竹溪菜在制作上有些极其简单，有些极烦琐，比如名声很大的"竹溪蒸盆"，以滋味香醇、汤鲜肉嫩、色彩鲜艳为主要特色。"竹溪蒸盆"在选材上就很讲究，制作"竹溪蒸盆"，主料、辅料、配料一起多达20余种，有猪蹄（腊蹄）、母鸡、精瘦肉、鸡蛋、土豆、竹笋干、红萝卜、青菜叶、黄瓜、鲜香菇、沙参、生姜、大葱、蒜苗、花椒、干辣椒、精盐、香油、鸡油等。蒸制时要分批装料：先装猪蹄、鸡肉、竹笋干、鲜香菇、沙参、大葱、生姜块、干红椒、花椒、鸡油、精盐后，上笼大火蒸90分钟左右（期间用瘦肉馅、鸡蛋煎好鸡蛋盒子）；再加土豆、红萝卜、鲜黄瓜、鸡蛋盒子，上笼文火蒸30分钟；最后加青菜叶、蒜苗，焖5分钟，才算大功告成。仅制作"竹溪蒸盆"这一道菜，从初加工开始到最后完成大概要4～5个小时。

竹溪菜在制作上还有另一个特点，就是对食料的充分利用，一种食料运用不同的烹饪手法可以制作出许多种精致的菜肴。比如土豆，可制作出炒土豆丝、炒土豆片、煎土豆块、炸土豆、炸螃蟹夹子，还有炒洋芋干、煮洋芋汤、炒洋芋粉、洋芋粑粑。另外，做蒸盆、炖排骨、红烧排骨、蒸大酥、蒸小酥、蒸圆子等很多菜都以土豆为首选辅料，就土豆这一种食料来讲，竹溪人可以做一个全土豆宴。

再次是竹溪菜的食料处理手法非常讲究。从食料的选择上看，竹溪人是除了不能吃的不吃外，选材范围十分广泛；此外，竹溪人还独创和秘制了许多独特的食料处理方法。

竹溪人"吃无禁忌"。天上飞的、地上跑的、水里游的，只要没有毒的东西都可以做出来吃。曾经有人总结了竹溪菜在食料处理手法上的"五绝"，即蒸、煮、腊、泡、酿，虽然不很全面，但大致符合竹溪菜食料处理的实际。撇开蒸、煮的繁复工序不说，仅腊、泡、酿就足见竹溪菜食料处理的奇光异彩。

先看"腊"。"腊"就是腊肉。竹溪腊肉有三种不同的制作方法。一是风干腊肉，为下品。鲜肉用盐腌后直接挂在室外风干。二是熏腊肉，为中品。鲜肉用盐腌后用柏树枝燃烟熏干，柏树的清香融入肉中，风味独特。三是炭火腊肉，为上品。鲜肉用盐腌后用白炭（一种用木材烧制的炭）小火焙干。用这种方法制作成的腊肉色泽鲜亮，肉质酥嫩。用腊肉做主料，比较有特色的菜有：腊肉炒蒜薹、腊肉干豇豆、鲊辣子炒腊肉、酸辣子腊肉、盐菜腊肉、熏豆干炒腊肉、腊肉猪蹄汤等。

再看"泡"。"泡"就是泡菜。竹溪的泡菜风味独特，关键在于其泡制方法与各地均有不同。竹溪泡菜以青辣椒为主要辅料，黄瓜、豇豆、萝卜、白菜、芹菜、柿子、大蒜几乎所有的蔬菜（包括部分水果）都可制成酸泡菜。竹溪泡菜制作要用有沿的土陶坛子或者玻璃坛子、瓷坛子，以土陶坛子为首选。新制作泡菜最好是取井水，还必须有老坛子的酸水作引子。泡制酸菜要把住"三个关口"。以泡辣椒为例，一是选料关，选择的青辣椒必须是新鲜、没有破皮、没有被虫咬伤的，而且以泛红的、老一些的辣椒为宜。二是加工关，要将辣椒用清水洗净沥干，用剪刀剪掉辣椒蒂。在这个过程中，使用的盆子、剪刀以及操作者的手都不能有油腥。据说在这个过程中饮过酒的人还必须回避。三是泡制关，将辣椒放入一个大盆中均匀地拌上盐，盐必须适量，多了泡不酸，少了辣椒就腐了。泡辣椒要一个月左右才能泡制成功，泡其他蔬菜，要根据气候和蔬菜的质地，有的三五天就泡好了。泡好的酸菜色泽金黄，入口酸中微甜，令人口舌生津，极为开胃。泡辣椒是竹溪菜里最重要的辅料，其他蔬菜如酸豇豆、酸白菜、酸萝卜等既可以作为制作菜肴的主料，也可当作开胃的小菜，佐酒下饭。用竹溪泡菜烹饪的特色菜有：酸辣子仔鸡、酸辣子焖泉鱼、酸菜鲤鱼（酸菜草鱼）、酸豇豆炒瘦肉（猪肚片）、酸辣洋芋丝、酸辣洋芋片（洋芋干）、酸韭菜炒瘦肉、酸萝卜丝炒牛肉、酸辣芹菜、酸辣魔芋豆腐、酸辣子炒猪血干、酸辣鸡杂、酸辣子腊肉。竹溪泡菜可以说是竹溪独有，虽然在制作工序上没有什么神秘的地方，竹溪几乎家家户户都会泡酸菜，但是，目前为止，还没听说有人在其他地方也能泡出如竹溪泡菜品质一样地道的。竹溪有许多人在十堰市生活，许多人也都尝试过在十堰泡酸菜，但大多数没有泡成，个别即使能泡制成功，但口味、色泽同在竹溪本地泡制的是无法相比的。

最后说"酿"。"酿"是指发酵过的系列食料，如腐乳、豆豉、豆瓣酱、臭豆渣、臭豆腐等。竹溪豆腐乳风味独特，不但在十堰很受追捧，而且名扬全国了，"顺溪豆腐乳"早就进入全国的诸多大超市，现在连香港、澳门的许多超市都摆上了竹溪特产豆腐乳。

竹溪人的饮食风尚也富有特色。吃在竹溪人的生活中占有特殊的位置，人们把对"食"的追求作为人生至乐来追求。因而，围绕"吃"和"吃好"的人生自然本能要求，千百年来，竹溪人形成了自己独特的饮食风尚和习俗。

第一，乐于美食。竹溪人十分"好吃"。竹溪人是喜也吃、悲也吃、乐也吃、忧也吃。哪家添小孩了要吃满月酒，孩子满周岁了要吃满岁酒。老年人从60岁以后每个生日都要"吃"。还有许多值得或不值得庆贺、值得或不值得纪念的日子，如房屋奠基（立门、上大梁）、竣工落成、乔迁新居、生意达成、考上大学、身体康复等都是要"吃"的。在农村还有些场合也是要"吃"的，如杀猪要喝年猪汤、播种要喝栽秧酒。就连有些悲痛的场合也离不开"吃"，有人去世了，来悼念的人要坐下来吃一顿。近些年还发展了一个"分手饭"，两口子办离婚时还要在一起吃上最后一次。竹溪人是只要找得到理由就尽情地吃。以竹溪人结婚为例，结婚的前一天姑娘家里自然要大宴宾客。小伙子家里也要把主事的、帮忙的都请到家里先吃上一顿。结婚当日，亲朋好友、邻里乡亲只要有些交情的都会赶来祝贺，喝一杯喜酒、大吃一顿。结婚第二天要把上亲（姑娘家的亲戚）接过来吃"认亲酒"。结婚第三天，新婚夫妇要一起回到媳妇的娘家吃一顿"回门酒"，加在一起前前后后要吃4天。

第二，以吃通情。吃成为竹溪人沟通感情的重要手段。逢年过节，无论是农历的节日还是公历的节日，无论是民间的节日还是法定的节日，竹溪人总要聚起来吃一顿。通过吃与亲人、情人、朋友加深感情，增进情谊。每个周末，年轻的夫妻总要回到父母家里吃一顿饭，虽然不是盛宴也有七盏八碗，虽然不是美味佳肴也吃得非常舒心。朋友长时间没见面了，相互约着一起出去或者招呼到家里来吃喝一番，虽然不是山珍海味但填饱了肚子还加深了感情。吃还成了交流、交往的必备程序。在竹溪，生意往来也是离不开吃的，这些吃相比而言就显得比较严肃了。

第三，吃得讲究。一是吃要有营养。竹溪人的饮食讲究科学、均衡。在食物的选择上，日常饮食讲究多样性，主食以谷类为主，早餐包子、稀饭，午餐面条、米饭，晚餐更是各取所需，花样百出。列举一些竹溪日常的主食：炒花饭、洋芋干饭、南瓜干饭、萝卜丁干饭、菜干饭、豆豆干饭、蓑衣饭、蒸面、南瓜托面、面鱼子等，就连面条竹溪人也要把它做成几种规格的，细的龙须面，窄的柳叶面，宽的挂面。二是要吃得荤素协调。竹溪人的副食以蔬菜为主，适量鱼禽蛋肉。常吃些豆类及豆制品，少吃肥肉及荤油。三是要吃得有创意，也就是说要动足了脑子去吃。竹溪有道名吃叫"懒豆腐"，在竹溪农村才能吃到最正宗的。虽然叫"懒豆腐"，但是烹饪"懒豆腐"的厨娘绝对是个勤快人。制作"懒豆腐"要在头天晚上将黄豆泡好，第二天起早，把泡好的黄豆磨成浆，做成豆腐，再利用打豆腐的浆水下米，文火煮成粥，然后将新打的豆腐掰成块放入粥里，配上油泼辣子食用。制作起来前前后后也要两三个小时，不用说，这道美食绝对富有营养。

第四，吃要有氛围。一方面环境要有氛围，讲环境氛围并不是说竹溪人一定要到装修高档、环境高雅的地方去吃，而是说竹溪人喜欢到那种吃得热闹、吃得热烈的地方去吃，如果一个餐馆看上去就是冷冷清清的，竹溪人是不大会光临的。当然竹溪人也是讲格调的。另一方面人要有氛围，说直白点，就是接什么样的客人就请什么样的人作陪，合适的人才能坐在一张桌上吃饭。

第五，吃得有礼节。围绕吃衍生出许多规矩，也成为竹溪饮食文化的另一重要特征。由于吃在竹溪人的生活中有如此重要的地位，所以人们都把吃当作一件无比大的事情来办，要办好大事必须要有程序、有规矩，否则就无法求得圆满结果。于是，在竹溪吃就逐渐形成了许多规矩。

"做"的规矩。由于吃的理由多、场合多，竹溪人也自觉不自觉地在做饭上形成了一些规矩，这就是"见客发货"。什么样的客人来了做什么样的饭菜。比如说，一般的客人可以来个"五马踏四营"，标准是5个蒸菜、4个炒菜，或者"八大碗""十大碗"。重要一点的客人可以来个"四四如意"，标准是4个凉盘、4个热炒、4个蒸菜加上鸡、蹄、鱼、肚。若是特别重要的客人就要上"三点水"席面，具体标准没有，一个原则就是倾其所有、尽其所能，具体做法就是：一顿饭要做三次席面，第一次上果盘、坐盘（点心、糖果、花生、瓜子等），待客人浅尝一点后上第一次茶水（一点水）；第二次将前面的全部撤掉，上一些清淡的、开胃的食物，客人吃一点后上第二次茶水（二点水）；第三次再将前面的全部撤下，上大鱼大肉和酒水（三点水）。一顿饭上三次菜，并且要求每次的菜肴不重复，足见竹溪人待客之隆重。

"座"的规矩。在竹溪吃饭座席有约定俗成的规矩。总的来讲，座次是"尚左尊东""面朝大门为尊"。若是方桌"上下为大"，主客坐面朝大门的左边一个位子，右边则是主陪，主人一般坐下首，两侧坐陪客。若是圆桌，则正对大门的为主客，主客右手边的位子，则是主陪，以离主客的距离来区分，越靠近主客位子越尊，相同距离则左侧尊于右侧。如果在偏房安席，则没门、没窗的一方坐主客。如果为大宴（摆很多桌），桌与桌间的排列讲究首席居前居中，左边依次为2、4、6席，右边为3、5、7席，根据客人身份、地位、亲疏分别定座次。

四、伍家沟民间故事文化

1. 伍家沟民间故事村

地处汉水流域中游的丹江口市六里坪镇伍家沟村,紧靠丹江口水库的南岸,坐落在武当山北麓的深山峻岭中,是名扬中外的民间故事村。这里九沟十八洼,一百单八岔,岔岔有人家。该村散处于沟、洼、梁、岔之间,交通极不便利,是一个半封闭的山村,高山松柏,沟底梯田,村民仍过着日出而作、日落而息的旧式农家生活。村里幽静、清泰、安详、和平,人们总是和睦相处、笑脸迎客。这里古风依旧,许多古老的风俗,如先秦楚人的拜日、崇火、尊凤、招魂,与尚东、尚左的信仰与风俗,至今仍在百姓的婚丧嫁娶等活动中有所留存。进入该村,一片鸟语花香景象,大有世外桃源的感觉。

该村百姓,无论是耕地、割麦、插秧,还是打场、晒粮,或是在田头、地边歇息时,有的讲故事,有的唱民歌,有的吟民谣。遇上村民办红白喜事,村里就举办故事比赛会。冬闲时,老人们自发组织老人故事会。全村男女老少都会讲故事。其中70岁以上的老人,大都能讲100多个故事;7岁以上12岁以下的儿童也都能唱10多首民歌、讲10多个故事;村里青年男女都能讲50多个故事。村子里不但故事多,而且也是谚语、谜语、歇后语的密集地带。

1981年以来,民间文学家李征康对伍家沟民间故事进行搜集整理。1989年,经李征康录音整理,中国民间文艺出版社首次编辑出版发行了《伍家沟村民间故事集》,长江文艺出版社随后出版发行了《伍家沟村民间歌谣集》。不少专家、学者认为,《伍家沟村民间故事集》和《伍家沟村民间歌谣集》是民间文学的活教材。1991年,新华社向全世界发布了伍家沟村的消息报道,全国数十家报纸刊登了关于伍家沟村的文章。1992年,中国国际广播电台用43种语言向全世界报道了伍家沟村的情况。伍家沟故事被国内外有关专家称为"中国民间文化的活化石""中国民间故事的半坡遗址"。2001年,中国文化部授予伍家沟"中国民间故事村"荣誉称号。

2. 伍家沟民间故事类型

伍家沟民间故事内容十分广泛,从盘古开天辟地,女娲造人直到当代,上下五千年,无所不谈。一部部地方史、村史、家史,由民间故事展示出来,让人们在历史回味中得到享受。根据民间故事类型划分,伍家沟民间故事可以分为以下12类。

第一类是神话,诸如《人是泥巴做的》《风云雷电雾》《太阳和月亮》等,就是此类的代表佳作。

第二类是历史传说,诸如《姜子牙保周朝》《闯王旗》《李自成学打铁》《二洗均州》《吴三桂的传说》《何九爷偷印》等,就是此类的代表佳作。

第三类是武当山传说,诸如《张三丰度亲家》《邋遢张种芝麻》《邋遢张过黄河》《朝武当得个金黄牛》《祖师爷修行》《花脸和尚》《翠花街》等,就是此类的代表佳作。

第四类是地方传说,诸如《狮子沟遭大劫》《烟沟》《伍家人姓项》《均州西门为啥不准开》《挖断岗》等,就是此类的代表佳作。

第五类是动植物传说,诸如《蚕姑娘》《寒露虫》《桑树为啥黑心》《烟叶本是石头精》等,就是其中的代表佳作。

第六类是其他传说,诸如《梁山伯与祝英台》《孟姜女》《牛郎星与织女星》《文章是蚊章》《杨四爷的胡子按不上》等,就是此类的代表佳作。

第七类是幻想故事,诸如《前程景》《香棒槌》《鲁山与贤耳》《疙蚤与虱子吵架》《老虎精》等,就是此类的代表佳作。

第八类是神鬼精怪故事,诸如《会办事的土地爷》《糊涂阎王》《狼的医生》《老鼠精喊冤》等,就是此类的代表佳作。

第九类是生活故事,诸如《等等亲家》《公鸡叫鸣命不同》《难道前世没有天》等,就是此类的代表佳作。

第十类是风俗、俗语故事,诸如《端公戏神,放牛娃坐上席》《好儿不吃分家饭》《贵脚不踏贱地》《路遥知马力,久后见人心》《八月有场洗河水》等,就是此类的代表佳作。

第十一类是寓言,诸如《三个人猜蛋》《嘴》等,就是此类的代表。

第十二类是笑话,诸如《对骂》《好喝酒的人》等,就是此类的代表佳作。

3. 伍家沟村民间故事家族和故事家

据了解,该村有"民间故事篓子"、民歌手70余人。年龄最大的92岁,最小的6岁。其中罗成双肚子里装着2000多个故事,会唱上百首民歌。村民们称他是村里的民间故事家,1998年,被联合国教科文组织与中国文艺家协会联合授予"中国十大民间故事家"称号。

李德富,1929年生,男,汉族,丹江口市武家沟村人,小学文化程度,当过短期生产队长,一生埋头在深山沟里务农,基本未出过远门。性格开朗,人缘好,记忆力强,善于表达和表演,每逢红白喜事,大家常请他做"支客"。他能讲300多个故事,部分作品已被选进了《伍家沟村民间故事集》,比较出色。所讲故事题材广泛,形式多样。其中,情节曲折、篇幅较长的占较大比例。他讲述时善于绘形绘声,常辅以手势和表情,非常自然,毫不做作,让人如临其境。在这个著名的民间故事村中,他是公认的故事王。李德富讲故事主要靠家传。他的外祖父、两个舅舅和母亲都是"故事篓子"。晚辈又接了他的班,侄儿、侄媳、侄孙和侄孙女也已成了讲故事的能手,可谓故事之家。

五、吕家河民歌文化

与中国北方著名的汉民族民歌村河北耿村相比,吕家河民歌村的民歌存在着六大突出而罕见的特色。

1. 歌王歌后,歌天歌地

从民歌演唱的主体和参与的热情来看,吕家河村自古以来就有乐歌爱歌、逢事必唱的悠久唱歌传统和独特的以唱歌为乐、以唱歌为快、以唱歌为美的文化审美背景。据目前调查统计,全村能连续唱两个小时以上民歌的歌手占总人口的十分之一。其中能唱千首以上民歌者有4人,如此一个小村庄就集中了这样多的歌手,堪称奇特。不仅歌手特多,一般村民也普遍爱唱民歌。如遇学者或民间文学专业学生实习采风要采访录音时,人们随叫随唱,毫不扭捏作态,甚至争先恐后,以唱歌为荣,行走乡间,随时可闻歌手们自然地引吭高歌。在这里,唱歌可以表达快乐,可以表达忧伤,歌是绵绵不绝的符号,更是生生不息的文化密码……男女老少都爱唱民歌,劳动时唱,休憩时唱,逢年过节时唱，婚丧嫁娶时唱，甚至吵架争执时也唱。无论春夏秋冬，这个村子里总有歌声飘荡。

从民歌的存量看，此村不仅歌手多，民歌蕴藏量也颇大。民歌村目前的收集工作以民间文学先行，自1999年至今，已开展为时多年的采集整理。仅北京大学中文系师生2002年7月8日至14日，经过七天采集工作，便采集到4000余首民歌。仅李征康先生一人收集的不同唱词作品已有5卷1000多首。四川音乐学院蒲亨强教授是音乐界最早介入吕家河民歌研究的学者，仅数天工夫，他和李征康先生就共同收集了有不同曲调的72首民歌。估计这还不是全部，但就一个不足千人的小村庄而言，放眼全球范围，恐怕也是很少的了。

从民歌艺术魅力的辐射半径来看，吕家河民歌村及其民歌一经发现和传播，迅即声名远播，魅力四射，惊动了全球文化艺术界。自1999年至今，已有美国、法国、英国、德国、加拿大、日本、意大利、新加坡、菲律宾、韩国、秘鲁、巴西等十多个国家的数十批文化艺术界专家学者前来采风考察，上述国家的几十家媒体和国内的《人民日报》《光明日报》《文汇报》等近200家新闻单位来吕家洞村进行了采访报道，以北京大学为首的众多国内外大学的民俗专业和音乐专业的专家学者和学生前来采风研究。据蒲亨强教授介绍，吕家河村不仅歌手、歌曲数量多，唱歌水平也相当高。从听过的七八个歌手来说，个个演唱音准无误，节奏稳定，发音洪亮，音色坚实悦耳，演唱富于激情和感染力。这对未接受专门教育的农民来说，不能不称奇。

2. 俗歌雅歌，五音杂汇

从民歌的曲目和体裁来看，吕家河村民歌曲目五音杂汇，兼融东西南北中。中国各地民歌的丰富性，多指其题材、体裁和唱词内容数量上的巨大惊人。如就一村范围内民歌腔调而言，则一般数量很少。即使以能歌善舞的少数民族地区来说，一村的民歌腔调，往往也不过几个，多也不过十来个。蒲亨强教授调查后指出，相比之下，吕家河民歌村的歌调数量十分引人注目，从已收集的70多首曲调看，其音乐材料也很丰富。既有当地民歌的音调，主要用于阴锣鼓（丧歌类）、阳锣鼓（田歌类）等体裁中，在小调中则很少用，只有一首《十绣》是用当地音调，但与杨匡民教授所总结的湖北五大色彩区的五首同名曲调仍有差异，体现了地方个性；也有大量外来音乐腔调，主要用于小调体裁，如明末清初广泛流行于我国北方的俗曲《剪剪花》，又名《剪靛花》《靛花开》《剪靛花调》，主要用于私情类小调曲目，如各类《闹五更》以及《打牙牌》《倒贴》《调兵》《单探子》等曲目，可看出北方、东北地方音乐的影响。另有一些歌曲明显具有陕西秦腔、河南豫剧唱腔的风格，慷慨激昂。如《占花墙》《武腔》《汉八腔》《绣香袋》《阴歌》《起歌头》《姑娘闹五更》《蔡蜜蜂辞店》等曲目，体现出西北中原音乐的风采。江南小调的曲调也很突出，如《孟姜女》一曲基本上照搬江南小调《孟姜女春调》的曲调。《孟姜女春调》又名《春调》《尼姑思凡》《十杯酒》《梳妆台》等，它的基本曲调形态特点是，五声徵调，规整的起承转合式四句体结构，旋律流丽婉转，感情细腻深切，旋法以级进为主，具有典型的江南音乐色彩。江明敦先生认为，此曲调最早来源于江浙一带的"小山歌""春调"（苏南农村欢庆春节时的演唱形式），后流传到全国各地，形成多种变体，但民歌村的《孟姜女》曲调却比较完整地保留了它的基本形态。对此，蒲亨强教授感叹不已，在交通不便的一个深山汉族小村中，竟兼收并蓄如此丰富多彩的外地民歌腔调，确是罕见的现象！

3. 南歌北歌，阳刚阴柔

从民歌的风格色彩来看，吕家河村民歌的音乐风格是五彩斑斓，刚柔并举。曲调形式因素与演唱处理的综合作用而造成一种独特的审美体验。中国各地民歌大都具有鲜明的当地色彩，由此形成大大小小的色彩区、块。一般而言，北方色彩区面积大，如信天游、花儿、爬山调等歌种，流行数省，其形态风格大体相似。南方色彩区面积较窄，省区之间，市地间以至县镇间，都有不同色彩变换。"锣鼓不出乡，各是各的腔"说明了民歌地方风格的彰显和多样性。色彩区、块的风格差异主要体现于腔调特点上。色彩区之间具有不同的个性，色彩区内部则比较统一单纯。这是中国民歌风格的基本定律。以此而论，民歌村民歌的审美风格就呈现出比较奇特的样式。一方面，它的腔调并不单纯限于当地风格，而是综合了多种外地民歌的元素，尤其江南音乐和西北音乐的元素特别多，总体上呈现为黄河音乐与长江音乐风格的交融形态。也就是说，民歌的腔调不能单纯地体现地方统一性。但另一方面，在审美体验上，我们则又能明显感受到它具有强烈的统一的慷慨阳刚气质，这就构成了一种奇妙的风格现象，即腔调杂糅南北东西，风格气质则偏于北方阳刚。其达到地方统一性的个中奥妙就在于演唱处理上，以激昂刚劲的美学风格作为统一主线，将多种外来曲调熔于一炉，化为一体。歌手演唱处理特点具体表现为：演唱富于激情，发音硬挺洪亮，音色坚实，吐字咬字清晰有力，强调字头喷口重音；句式节奏处理上特别强调乐句乐节重音，句读分明，唱句短促，节奏顿挫铿锵，富于力度感。这些独特的唱法处理，体现出当地人的心理特点和审美情趣，由此化外地音乐为自身性格，顿显北音慷慨激昂雄风，一扫南乐妩媚柔软情调。例如《孟姜女调》，本是吴歌南调，风格柔婉哀伤，但同样曲调经民歌村的人一唱，竟变成阳刚有力的进行曲风格。以往音乐风格学研究多聚焦于音乐形态的文本因素，而对表演美学特点的影响一直未给予足够重视。民歌村音乐风格的这一独特现象启示我们，在研究音乐风格特点时，必须充分注意表演美学的二度创造，因为音乐毕竟是听觉艺术，音乐作品只有付诸唱奏的声音表演形态后，我们才能感受到音乐的美。同样的文本，因唱者美学情趣和唱法的不同，而可能造成迥然不同的风格气质。

4. 甜歌苦歌，阴阳交融

从民歌的风味和情调来看，吕家河村民歌小调体裁颇多，有甜歌，有苦歌，甜酸苦辣杂集，阳刚阴柔交融。民歌是劳动人民最直接、最真实、最质朴的心声咏发，也是劳动人民最自然、最本色和最纯真的人性流露。正如蒲亨强教授所指出的，一地民歌体裁歌种的分布是一定题材内容和历史地理文化条件的反映，也是体现民歌地方色彩的因素之一。如汉族多号子，少数民族多舞，江南东北多小调、灯调，西南中南则多田歌、风俗歌，等等。一般汉族农村地区，多以山歌、田歌、号子、风俗歌为主，小调较少，即或有之，也多是当地农村题材的小调。而城市小调主要由职业艺人和文人创作表演传唱，多分布于通都大邑的城镇。但武当民歌村虽地处荒山僻野，其民歌体裁中小调却有较大比重，如东北的《五更调》及其变体《月亮闹五更》《新媳妇闹五更》《姑娘开五更》《征兵闹五更》《小姑娘闹五更》《陪郎五更》《老奶奶闹五更》等，江南的《孟姜女》及其变体《送郎》《打牙牌》《十八摸》《张生跳粉墙》《十月探妹》等，这些反映情感题材的小调多属外地城市小调，却较多出现于偏僻农村，的确是比较奇特的现象。这种现象的出现，除了必然有某种特定的历史文化背景之外,更多的则是当地的世情人心和民风民俗使然。

5. 习歌传歌,任重道远

从民歌传承的角度看,吕家河村民歌歌手习歌练歌、唱歌传歌别有妙法,歌人任重而道远,歌路悠久而宽广。民歌村公认唱得最多最好的歌王姚启华,其所唱千余首民歌曲目中有见于唐代敦煌曲子词的《五更调》,有明清时期就广泛流行的《剪剪花》《孟姜女调》,也有流行全国城镇的《满江红》曲调,还有《秧歌调》,仅一个歌手所唱曲目腔调就跨越如此大的时空范围,实属罕见。他究竟是怎样学会并忆唱如此多歌曲呢?音乐学专家蒲亨强教授对此专门作了调查。调查发现,歌王姚启华学歌主要有三个来源。其一,七岁放牛唱"战歌"(即"盘歌")时掌握了一些简单的民歌音调,这部分歌曲主要是当地民歌音调,也可能有即兴创作成分。其二,家族内听学的曲调,如所唱儿歌《我家有个胖娃娃》,曲调基本照搬杨荫浏用元代古曲填岳飞词的《满江红》,是听外祖母唱而学会的。唱词是地方化、儿歌化的,可以说是他填词改编之作。又如《小白菜》一曲,基本保留了河北同名民歌的词曲框架,是听母亲唱而学会的。这些歌曲都是近现代在北方城镇颇为流行的,这部分歌调数量虽不大,但较有特色。其三,在打工,游历,观看跳丧、婚嫁等民俗活动时听各色人等唱歌而学得,这部分歌曲数量大、品种多,是歌王姚启华储存民歌的主要来源。现歌王仍保留了家族传唱民歌的传统,他的下一辈大都会唱民歌,儿子和两个外甥都是民歌村的一流歌手,连5岁的孙儿也会唱,他们都是受歌王影响耳濡目染学会的。这样,歌王承前启后传唱民歌的线索已有六代,成为民歌传承的一个活标本。从中可以考察民歌传承的具体途径和方式,并得到一些新的启示。过去音乐界一直认为民歌传承方式主要是"口传心授",但歌王的"剽学"民歌则对此定论提出了挑战,虽然两者都是口头性的,但习得方式却有重要区别,"口传心授"强调师徒教习关系,对象明确,是有意识、有目的的教学行为。但歌王所说的"剽学"实为"偷听而学",是"唱者无心,听者有意"的学习,并无明确师承关系,亦非有意识、有目的的传习行为。值得注意的是,这种"剽学"方式不仅是歌王一人如此,民歌村的歌手大多如此。多年前蒲亨强教授调查当地音乐,著名法师喇万慧说他掌握的大量经韵也是"剽学"而得的。可见"剽学"方式有广泛意义,这种不同于"口传心授"的方式应该引起重视,特别对于下层民间音乐文化来说,"剽学"很可能是更重要、更普遍的传承方式,而"口传心授"则更多存在于职业性较强的音乐品种中。认识到这点,将有助于更真实准确地理解民歌发展的某些规律。

6. 金歌银歌,歌声珍重

从民歌传播学和价值学的角度看,吕家河村被称为我国汉族的"最后一个民歌部落",吕家河村民歌被称为我国"民间音乐宝库",是研究我国民歌发展史的一个活标本、活化石,可谓金歌银歌,特别宝贵,特别令人珍重。"小调一曲值千金""唱支小曲金不换",类似唱词,初听上去,好像是许多民歌常见的自标身价和自恃傲人的表述方式,其实大为不然。如果对吕家河村民歌进行深入研究,便会发现远远不止如此。它除了一般民间文化的民俗价值、娱乐价值、历史价值及传播知识价值外,尚有多项值得专家学者们研究讨论的课题。此外,其还有巨大的习俗传承价值、伦理教育价值、历史认识价值、社会心理价值和美学认同价值等。真可谓字字珠玑,一字千金。因而,挖掘、整理、保护好吕家河村民歌,并进而认识、利用、传承好吕家河村民歌,不仅对于抢救、挖掘、整理、保护、传承、利用地方文化具有示范作用,同时,对于在全球化背景下重新辩证深入全面地认识和分析中国传统文化的价值,实现中国传统文化的科学持续发展,不仅具有深远的历史文化价值,而且更具有直接巨大的现实社会价值。

六、郧阳文化的特征与地位

每一种文化都有很多层面,第一层是这种文化高度概括出的精神要义,我们称之为民族精神;第二层是在特定文化背景下形成的行为思维方式,我们称之为民族心理;第三层是这种文化的物质产品方面,我们称之为物化文化,包括作为物态形式的哲学、文学作品。郧阳文化内容广泛,笼统谈其特征是难以揭示其博大内涵的。但郧阳文化在上述三方面都表现了自己独特的个性,具有鲜明的区域文化特征。

1. 郧阳文化的根源性

在郧阳文化的众多特征中,郧阳文化区别于其他区域性文化最鲜明、最本质的特征是它的根源性。所谓根源性,一是指在诸种文化中发端时间最早,对文明肇始和发展方向具有基础作用和引领作用;二是指作为该文化核心的思想富于原创性。

郧阳文化的根源性首先表现在对文明肇始和发展方向具有基础作用和引领作用,其集中表现是郧阳不仅是生命起源、物种起源和人类起源的重要地域之一,而且还是中国南方文化的核心代表、楚文化的源头之一。具体地说,青龙山、草庙岭、李营、黄龙洞等地先后出土的恐龙骨骼化石和恐龙蛋化石群，以及数百千种代表性动植物化石，充分表明了郧阳是地球生命起源、物种起源的重要地域之一；在郧阳，先后发现的郧县猿人遗址（梅铺猿人遗址）、郧西猿人遗址（白龙洞猿人遗址）、郧县人遗址、郧西人遗址（黄龙洞遗址）等四大遗址（时代上，郧县人遗址最早，距今约100万年；梅铺猿人遗址距今约75万年；郧西猿人遗址其次，大约与南京猿人的时代相当，距今约20万年；郧西人最晚，距今约5万年），又充分表明该地区自更新世早期至全新世，一直是古人类长期频繁活动的主要区域。从人类演化观点看，郧县人、梅铺猿人属直立人，白龙洞猿人与北京猿人在时间上前后相同，推测也属于直立人；郧西人属晚期智人。由此认为，在人类演化的最关键的百万年中，郧阳发现的4处古人类遗址基本构成了一条在世界上罕见的相对完整的古人类发展链条。郧县人遗址是直立人文化遗址，是直立人文化的源头，是研究人类起源、进化的重要参照，是判定汉水流域是人类发祥地的可靠依据。"郧县人"作为100万年前的人类先祖，已经完全具备人类学上起源的原发价值。

从文化结构学的角度看，郧阳文化的根源性还突出表现在郧阳文化在中华文明结构板块的独特地位上。著名学者钱穆先生认为：中国民族之本干，在春秋时代的人口里，常称为诸华或诸夏，"华"与"夏"在那时人的观念里，似乎没有很大的分别。据有些学者的意见，"华"与"夏"很可能本是指其居住的地名。在《周礼》和《国语》两书里，华山是在河南境内的，很可能便是今之嵩山。古之夏水即今之汉水。华夏民族，很可能指的是今河南省嵩山山脉西南直到汉水北岸一带的民族。著名学者吕思勉先生也认为，夏为禹有天下之号，夏水亦即汉水下流。由此可见，先秦时代的"中国人"，称作"夏"或"华夏"，是与汉水有关的。郧阳正处在汉水北岸，生活在这块土地上的庸人和濮人是最古老的族群之一，而建立在这块土地上的庸国和麇国则是"西土八国"的中坚——最古老的方国之一。

郧阳文化的根源性还表现在郧阳文化的核心思想富于原创性意味，其集中体现在"寄死窑"所折射出的古老的生命观和死亡观、汉民族史诗《黑暗传》和《创世歌》、武当道家文化等郧阳文化根源性的文化符号和标志上，其思想元素的原创性是郧阳文化根源性的又一有力证明。

郧阳文化的根源性还表现在其辖域内古老方国所创造的辉煌的古代文明上。一是早在夏商时代其已经开始了青铜的开采和冶炼，锡穴古铜矿遗址的发现是这一论断的坚实的考古支撑。二是其辖域的古老方国庸国一度达到当时文明的顶峰，其强盛发达得需要楚国、秦国和巴国等三大国联手才能将其制服。

最新研究成果证明，郧县辽瓦店子遗址是楚文化的源头。该遗址总面积为 20000 平方米，已发掘面积为 6600 平方米。重要的遗迹有房基址、墓葬、小井等，出土了大量的鼎、盘、釜、斧、锛、凿等，时代涵盖新石器晚期、夏、商、周、汉、唐、宋、清等时期，涉及多个文化类型，可谓一处跨越 4000 年的古人类地下通史遗址。专家们认为，辽瓦店子遗址的西周时期遗存，是鄂西北、陕东南一代发现的一种新的区域文化类型。这一区域正是早期楚人的活动范围。因此，专家将辽瓦店子遗址确定为楚文化的发源地不无道理。

考古成果和文献记载表明，古郧县一带文化和文明发育得比较早，这与该地域的人类没断代、文化没断层有直接关系和必然联系。这里有早期文明的村落、古城和建筑，有绘画、雕刻、作坊和草药医术，有夏代用以占卜的卜甲、春秋时期的骨尺、汉代应用的鸳鸯火锅和流传在民间记数的肉码子以及后期发明的竹编纤绳、辫子钱等。这里还有不同的原始宗教和早期信仰与崇拜的遗痕,在丧葬习俗上表现得尤为明显。这里丧葬习俗独特多样,有崖葬、瓮葬和瓦棺葬等。崖葬可能缘于石头崇拜,瓮葬则可能缘于生殖崇拜。瓦棺葬是埋葬婴儿的特别方式,婴儿死后用两片大瓦合着盖起来埋在自家的墙基下,这和今天的东南亚一带房屋一侧做墓地的丧葬习俗似乎有一种隐隐约约的联系。在同一个地域里有多种丧葬习俗,表明早期这里有多个不同的族群。正是基于此,傅广典先生指出,这里不仅是人类通史地域,还是人类文明的"百科全书地域"。

2. 郧阳文化的多元性

从世界范围看,人类文化的起源是多元的,它不仅发轫于欧亚大陆,而且也产生于非洲和美洲,说明中华文化的起源本身就具有多元性。

文化的多元性,既是指构成某一文化元素的丰富复杂性,也是指不同文化的不同特色。历史事实证明,世界各民族、地区和国家在各自发展过程中所形成的文化均具有自己的特色,并为人类文化的发展作出了独有的贡献。例如,古代两河流域人民在法律建设和天文学方面的成就、古埃及人在文字和建筑艺术上的成就、古代中国人的智慧与儒学思想成就、古希腊人的哲学、古罗马的法律和中世纪阿拉伯人的辉煌文化成就等,都以各自鲜明的地区文化特色丰富了世界文化。

郧阳文化是一种典型的多元性文化。特色鲜明的文化单元使郧阳文化多元性显得异彩纷呈。一是以中国古老的大江汉江为依托,以郧县人、梅铺人、白龙洞人、黄龙洞人为代表的古人类文化。他们为中国古人类演化模式提供了根据,也为中华文明演进模式提供了佐证。正是

"汉江人"的生存方式和生产活动，开始以大河文化为郧阳文化奠基。同时"汉江人"也在赖以生存的秦岭和巴山创造着山地文化，并且也以这种山地文化为郧阳文化奠基。这两种奠基的文化，是郧阳文化的底蕴，是郧阳文化的内核，也是郧阳文化的动脉。辽瓦店子遗址和青龙泉遗址，是郧阳地域最具代表性的文化遗址，它们记录了远古的"汉江人"在这里生息繁衍、生存发展的历史信息和文化序列。二是以青铜冶炼、青铜制器、青铜器物的使用为基本内容的文化遗存，它们构成了郧阳青铜文化的完整体系。三是以麇国、庸国为代表的方国文化，它们凝聚着古老的麇人族群和庸人族群的奋斗、创造和对人类文明发展不灭的贡献。四是以码头、商船、河运、纤夫、纤夫号子、滨江古城为文化符号的商埠文化，它们阐释着郧阳文化的灵动达观和沧桑厚重。五是抚治文化。明中期以后，在郧阳设立抚治，辖八府、九州、六十五县，先后有100多名三品以上的巡抚在此任职，前后达204年。地域拓展，文化升华，抚治辖域将关中文化、汉中文化、荆襄文化、南阳文化、江汉文化、三峡文化等数个大文化板块有机联结起来，构成了大郧阳文化板块，形成了在全国地域文化中颇具影响力的大郧阳文化。六是以汉水流域为载体，以武当山为平台，以回归自然、天人合一为终极诉求的武当道家文化，它是折射郧阳文化灵魂、闪光点的另一面镜子。

形成郧阳文化多元性的原因有五点。一是与郧阳的地理环境有关。二是秦汉以来，郧阳是历代流放皇室贵族的重要地区。这些流放者，来自京域，有较高的文化素养，有开阔的眼界，他们带来了京师较高的生产技术，带来了先进的文明信息。三是移民的大量进入，这是郧阳文化多元性的一个重要原因。各地移民大量进入郧阳，不仅带来了大批劳力和先进的生产技术，也带来了新的生活习惯、方式，促进了郧阳山区的开发和社会的发展。四是古代朝廷对郧阳的关注，以及所采取的政治、经济、军事措施，对郧阳文化多元性的形成提供了有力的支撑。五是开放大度的民风，是郧阳文化多元性的内在原因。郧阳山民朴实、憨厚、热情、好客、谦和、善良，这样的心理因素促使其形成了开放大度的民风。没有排他性，不墨守成规，形成了你中有我、我中有你的融合局面，从文化角度来看，自然具有多元性。

3. 郧阳文化的普世性

所谓普世性，即具有人类性和世界性的普遍价值。普世性与普适性不同，有着内涵和外延上的质的区别。普世性针对价值观而言，强调价值观适用于每个国家；普适性针对真理而言，强调真理适用于一切科学领域，因为科学和技术具有普适性、可验证性、统一性的基本特征。

文化的普世性则是指一种文化具有全世界或全人类、全国或全民族的共同性。这种共同性表现在许多方面，如全世界或全人类、全国或全民族都共同接受的标准或尺度、难以忘怀的历史进程和难以磨灭的深沉记忆、共同追求的目标和价值、赖以生存和发展的共同历史文化基础、遵循的伦理法则和道德律令等。总之，它是一种被普遍认同、普遍接受、普遍推崇并被永久珍视和发扬光大的东西，不仅具有永恒的价值和意义，也具有永恒的功能和作用。

郧阳文化恰恰具备这种特质。对郧阳文化的这种特质，傅广典先生有着深刻、精准的把握。他认为，郧阳文化的普世性表现在以下五个方面。第一，郧阳文化具有地域文化学意义上的板块价值。所谓地域文化学上的板块价值，指的是一种文化自成体系、具有一定的认同空间并与其他文化板块相互关联，而且在更大文化体系和文化板块中能够成为组成部分和构成成分的价值。汉水是中华民族的发祥地之一，汉水文化是中华民族文化的主体成分、核心部分，而郧阳文化则是汉水文化的主体成分、核心部分。第二，郧阳文化具有人类学意义上的原发价值。第三，郧阳文化具有历史学意义上的通史价值。辽瓦店子遗址是典型的"人类没断代，文化没断层"地域的文化遗址，具有人类历史发展源流的通史价值，它不仅展示出人类发展的完整链条，也反映出人类发展阶段互为因果的演进关系。这对于研究人类发展轨迹和社会发展规律，具有重要的历史学和文化人类学价值。第四，郧阳文化具有重新认定汉水文化在中华文化中地位的尺度价值。在汉水流域考古的人有一个共识：以往对汉水不甚了了，只讲黄河和长江，现在才发现汉水也是人类文明的重要发祥地，汉水文化也是中华民族的文化源头之一。就"人类没断代，文化没断层"，具有人类通史价值而言，这是其他文化难以比拟的。郧阳文化中的直立人文化成分、聚落文化成分、渔耕文化成分、窑陶和青铜文化成分等，也是认定汉水文化是中华民族文化源头的价值尺度。第五，在当下郧阳文化还具有文化产业价值。

第四节　南阳文化

　　南阳头枕伏牛，足蹬江汉，东扶桐柏，西扼秦岭，是中国最东端的一块盆地。这里似乎自古就是适宜人类生存的地方。南阳，古代称为"宛"。南阳市地处南阳盆地，三面环山，"宛"字反映出了南阳的盆地地貌。

　　在中国区域性的文化中，南阳文化总是让人刮目相看的。

一、蕴藉深厚的南阳先楚文化和《诗经》文化

1. 南阳先楚文化

在我国近 5000 年的文明史上，南阳有着极其辉煌的成就。早在人类初始的旧石器时代就有先民在南阳繁衍生息。历新石器时代，至夏、商、周，文化遗址繁多，名人辈出。夏、商、周时代南阳盆地有吕、申、谢、邓、唐等国，春秋、战国时归楚国所有。

在楚国的历史发展进程中，留在南阳盆地的足音深重而遥远。战国以降，楚国在南阳的地位日渐式微，先是北部的韩、魏等国不断南侵，继而西边日渐强盛的秦国不断兵临于楚。公元前 312 年，秦楚丹阳之战，楚军大败，被斩首 8 万。楚失去淅川以西地区及汉中郡。公元前 298 年，秦发兵攻楚，夺取 15 城而去，此时内乡县以西归秦，楚顷襄王降，秦攻楚取宛，南阳全归秦有。

楚昭王时，吴军一度占领郢都，蹂躏江汉平原。南国盆地此时仍为楚军所据守，吴军不敢问津，不过半年多，楚军在秦军援助下，击退了吴军，恢复了失地，怀王、顷襄王时，失去了南阳盆地。从此，楚国一蹶不振，以至郢都陷落，南楚灭亡。有人说江汉平原是楚的腹心，那么，南阳盆地就是楚的咽喉。咽喉气畅则生气健旺，咽喉丧失则性命丧亡，所以，楚得南阳盆地则国存，楚失南阳盆地则国亡。

南阳境内的现存比较有名的历史文化城邑遗址有 3 处，分别是宛城、龙城、析邑。

宛城的前身是申城，即周宣王封其舅申侯于南阳时所筑的申城，楚

灭申后设申县，为申县治地，至春秋晚期开始逐渐改为宛城，秦汉为南阳郡治，汉宛城较大，是在楚宛城或申城的基础上扩筑的，楚宛城较小，约在汉宛城的北部。

龙城，位于淅川县李官桥盆地丹江东 2800 米，南距丹、汉汇流处 30 多千米，现被丹江口水库淹没。据调查，20 世纪 70 年代一次库水下落刚露出城墙时，龙城东墙长 730 米，南墙长 1030 米，西墙长 915 米，北墙长 974 米，墙宽约 8 米，残高 1～3.3 米，夯土筑，夯层厚 7～10 厘米，平面圆夯，夯窝直径 8～10 厘米，夯土中含西周时期的陶鬲、陶罐，以及其他绳纹陶片。汉代的板瓦、花纹砖散见地表。此城可能曾是楚国最早的都城——丹阳。

析邑故城，位于西峡县城东北的莲花寺岗上，该土岗南北向，西临淅水。城平面呈长方形，东墙长 700 米，南墙长 500 米，西墙长 750 米，北墙长 400 米。夯层厚约 8 厘米，城内文化层厚 1 米多，有战国时期的板瓦、筒瓦、瓮、罐等，经常在城周发现铜镞，有时铜镞成束，每束 10 枚，在北部发现战国时墓葬，出土有铜鼎等，此城为楚析邑，又名白羽城，时代为春秋。

2. 南阳《诗经》文化

在《诗经》时代，南阳是《诗经·周南·召南》所产生的地区。所以，在我国第一部诗歌总集《诗经》中，就有不少诗篇与南阳有关。如《崧高》：

> 崧高维岳，骏极于天。维岳降神，生甫及申。维申及甫，维周之翰。四国于蕃，四方于宣。亹亹申伯，王缵之事。于邑于谢，南

国是式。王命召伯,定申伯之宅。登是南邦,世执其功。王命申伯,式是南邦。因是谢人,以作尔庸。王命召伯,彻申伯土田。王命傅御,迁其私人。申伯之功,召伯是营。有俶其城,寝庙既成。既成藐藐,王锡申伯。四牡蹻蹻,钩膺濯濯。王遣申伯,路车乘马。我图尔居,莫如南土。锡尔介圭,以作尔宝。往近王舅,南土是保。申伯信迈,王饯于郿。申伯还南,谢于诚归。王命召伯,彻申伯土疆。以峙其粻,式遄其行。申伯番番,既入于谢。徒御啴啴。周邦咸喜,戎有良翰。不显申伯,王之元舅,文武是宪。申伯之德,柔惠且直。揉此万邦,闻于四国。吉甫作诵,其诗孔硕。其风肆好,以赠申伯。

诗篇大致是说西周时,南阳称"申",是申伯的封国,申伯是当时的周厉王之妻申后之弟、周宣王的母舅(舅父)。西周都城为镐京(在今陕西省西安市)。周宣王在政治上特别依靠申伯,而南阳当时是南北交通要冲,也是吕国(申之前)的政治、文化、经济中心。申伯久居京都,不愿回自己的封国。所以周宣王就命大臣召伯虎给申伯修筑谢城,还为申伯建立府宅让他在南阳治理一方,并希望申国成为南方遵王化的典范,从而使周王朝在南阳的政治地位不断得到加强。此篇就是周宣王的大臣尹吉甫赠送给申伯的诗。诗中记载了这一事件的全过程,具有极高的史料和文学价值。

有的诗则是深情的思乡曲,流露出对故乡难以抑制的牵挂、怀想,如《王风·扬之水》,其诗云:"扬之水,不流束薪。彼其之子,不与我戍申。怀哉怀哉!曷月予还归哉?扬之水,不流束楚。彼其之子,不与我戍甫。怀哉怀哉!曷月予还归哉?扬之水,不流束蒲。彼其之子,不与我戍许。怀哉怀哉!曷月予还归哉?"同时记载类似事件的诗还有

《小雅·黍苗》，此篇是一个驻守在申国的士卒的思乡曲，也从一个侧面反映了当时申国的重要地位，反映了这里的文化积淀之深厚。

中国文学史上有名可考的女诗人和最早的书信体散文作家，恐怕都要追溯于南阳了。春秋时楚国宛邑（今南阳市）人、秦相百里奚之妻杜氏，因思念丈夫写了一首如泣如诉的《炭廖歌》。她可算作是南阳较早的女诗人了。而春秋末年楚国宛人范蠡（字少伯）写给朋友文种的一封信《遗大夫种书》，则是我国最早的书信体散文。

二、南阳汉文化

南阳汉文化享誉古今，驰名中外。

南阳汉文化的繁荣发达，与其独特的政治经济地位是紧密相关的。两汉时期的南阳为南阳郡，郡治宛，下辖36县。西汉时期，郡城周长达18千米，被封在南阳的王侯有20多人。著名的有冠军侯霍去病、博望侯张骞、新都侯王莽。南阳郡可谓"商遍天下，富冠海内"的天下名都。

东汉时期的南阳极尽繁华。光武帝刘秀生于斯，起兵于斯，辅佐他打江山的文臣武将大多是南阳人。追随他的28位著名将领多出于宛县、湖阳、冠军、新野一带，刘秀有7位公主被封于南阳，另有25人被封为侯王，其他还有皇亲国戚以及出身大家的功臣、名将等。当时的南阳城内，皇亲国戚，络绎不绝，王侯将相，第宅相望——这就是人们又称其为"帝乡"的原因。两汉时期南阳的达官贵人们，追求极度奢华的生活，声色犬马，宴饮游猎。这种特殊的社会状况为后世留下了众多的文物实证。

雄厚的经济基础是南阳汉文化繁荣的重要保证。战国时期南阳冶铁业就很著名，可造出锋利的铁制工具。秦末迁"不轨之民"于南阳，促进了南阳经济的发展和对外交流。宛孔氏在冶铸及商业经营方面取得显著成就。南阳郡治宛是全国五大都市之一。南阳为设铁官的49处之一，同时为全国设工官的9个地区之一。得手工业、冶铁业之利，南阳水利工程召父渠及池陂的兴修又极大地推动了农业发展。商业也在此基础上活跃起来。汉代画像石墓在此期兴起和流行，与当时的社会物质财富积累、生产力发展水平是相一致的。

文化底蕴的深厚、经济的繁荣和政治地位的特殊造就了灿烂富丽的南阳汉文化。在经济学、天文学、医学、建筑、文学、乐舞、杂技、绘画、雕塑、陶塑等方面，南阳在当时都独领风骚。譬如张衡的科学、文学成就举世称誉，以医圣张仲景著作为代表的中华医药学文化至今仍闪耀着无与伦比的光彩。法学家张释之，经济学家孔仅，水利专家召信臣，汉王朝重臣左雄，学者朱穆等，都以自己的独特创造泽被后人。南阳汉文化的繁荣，还可以从文物考古资料中得到实证。《汉书·食货志》记载，汉武帝新辟南方17郡，其财资和铁器等物品靠南阳和汉中铁官提供和调运。文物考古研究方面发现带有"阳二"铭文的铁制工具在东南豫章郡（今江西清江）、右扶风（今陕西永春）均有发现。可见当时南阳不仅自身手工业、商业、农业发达，还为汉王朝开疆拓土、维护王朝统治提供了必要的保障。南阳境内存在众多的汉代城址、水利遗迹，无不证明汉文化的繁荣。丰富的汉代遗物在南阳境内大量存在。大量的汉代画像石墓、画像砖墓从另一个侧面证明了汉文化的昌盛。

南阳的汉文化遗存，当以画像石、画像砖、陶狗等为代表。

1. 南阳画像石

南阳市汉画馆馆藏汉代画像石2000余件，属全国之冠，且多为汉代雕刻艺术最为成熟时期的作品。

从其表现的题材内容看，大致在四大方面。一是对神话传说的复现，如对人首蛇身并交尾在一起的伏羲、女娲神话的描绘。二是对汉代贵族阶层生活的描绘，是南阳汉画像石的主要表现对象。无尽的重楼高阁，骈驾飞驰的轺车，满案的山珍海味，成群的奴婢侍从，其排场与骄奢，被表现得淋漓尽致。三是表现升仙思想的画像石占有最大比例，共有400余石。其情其景告诉人们，仙界并不遥远和虚幻，只要你跨上龙、鹿或者虎，飞云走雾，顷刻即可到达。其中，《鹿车圈》画像石，雕刻着三只鹿驾着一辆云车，车中即将升天的主人颇为洋洋自得的情景；《虎车图》画像石，雕刻着三只飞虎正拉着升天的主人奔驰遨游于太空的情景。显然，这些神仙和神兽，表现了人类朝气蓬勃的渴望和追求，是人类精神的外延和象征。四是对日常世俗生活情景的表现，如舞蹈、音乐、百戏、建筑、风俗等，《蹴鞠图》就是其代表作。

汉朝，国雄、士雄、文雄，画亦雄。从升腾欲飞、气势热烈昂扬的汉画像石中，我们可以感受到荡漾其中的汉代社会博大雄浑的文化精神以及中华民族生生不息的强大生命力。

在艺术气质上，南阳汉画像石总体上不重视再现而重表现，通过广泛运用夸张、变形和抽象三种艺术手法，为我们创造了一个如诗如画、如梦如幻的印象艺术世界。人面兽身，人身兽面，动物有些部位被大比例地强调，有些部位则略而不计。如《蹴鞠图》中的舞伎，腰部拉长得只成一根线，长袖则变成很长很细的两条线，人物的细节则全部省略，给人以极震撼的印象。这种形式的运用，使南阳汉画产生了强烈的力量感、运动感和生命感。

主题鲜明，画面构图单纯，是南阳汉画像石与其他地区汉画像石的一个显著区别。南阳汉画像石没有繁密的位置布局，没有分层分格的图案排列，也没有把不同的题材罗列在一起，而是一个画面只表现一个主题。构图疏朗明晰，画面的情节关系非常鲜明，这种鲜明的美术个性，奠定了中国画的基本法则和规范。

在艺术精神上，南阳汉画像石明显地浸润着楚文化奇幻、浪漫、雄丽的情思。走进南阳市汉画馆，如同走进一个梦幻的世界。人与神同登一台，仙与凡共处一堂。上极苍天九重，下接冥界黄泉，连接生死，沟通古今。极致的夸张，奇丽的想象，把人的精神气质表现得那么玄妙、幽深、奔放、洒脱，把人的本质力量表现得那么尖锐、犀利、结实、厚重。之所以如此，是因为南阳作为楚国旧地，其文化中必然会沉淀着深厚的楚文化的因子，因而，《楚辞》中"前望舒使先驱兮，后飞廉使奔属""乘水车兮荷盖，驾两龙兮骖螭"等上天入地、驱虎驾龙的奇幻意象，都可在南阳汉画像石中找到。

现当代，南阳汉画像石受到了前所未有的关注和推崇。鲁迅先生生前对南阳汉画像石极为关注，托人收集拓片200余幅。他曾说："唯汉人石刻，气魄深沉雄大。"一代著名美术大师吴冠中先生自述平生激动过三次，第一次是在法国看一个印象派大展，第二次是看西安霍去病墓前石雕，第三次是参观南阳市汉画馆。当代中国美学开山祖师之一的美学家王朝闻先生则称南阳汉画像石为"难以匆匆理解的文化现象"，并认为这一艺术宝库的价值在未来将更加光辉。而一向严谨求实的历史学家翦伯赞则从历史的角度高度赞誉其为一部"绣像汉代史"。

在这个意义上，我们可以毫不夸张地说，南阳市汉画馆是一个艺术的宝库。

2. 南阳汉画像砖

南阳出土的400多块汉代画像砖，是南阳汉文化的又一"绝"，现集中收藏在南阳市文物考古研究所和新野县汉画像砖博物馆里。这些画像砖多为东汉中、晚期的作品，以其内容的丰富、独特而闻名于世。其中反映汉代社会精神文化生活题材的画像砖最多，如舞蹈、音乐、百戏、建筑、神话、历史故事等，其中一些画像砖如《戏车》《胡汉战争》等为其他地方所少见，是国内的孤品。再如新野出土的《斜索戏车》《平索戏车》《双索戏车》等画像砖表现了汉代杂技艺术的辉煌成就。这些画像使其由平地上升到空中，由固定的形式变为飞动的形态。这些画像形象地反映了汉代社会的历史以及当时人们的思想观念和生活风貌。

汉画研究者认为，南阳汉画像砖与国内其他地区相比，在艺术上更为简约，更为抽象，更强调线条的表现力，是对汉画像石艺术的拓展和延伸。

在审美追求上，南阳汉画像砖讲究大、简、拙、朴四大原则。一是追求大的印象，以大为美。南阳汉画像砖不注重细节的着意修饰，通过运用对比、对称、均衡、穿插交错等手法和对事物的典型性的、高潮性的瞬间状态的刻画，表现出力量、运动、速度以及由此而形成的气势美。小小的画面，总能给人以大空间、大气势、大意境的感觉。《泗水取鼎》《胡汉战争》《平索戏车》这种表现复杂场面的画像砖，整个画面铺天盖地，满贯全幅，显得空旷而深远；就是只表现一两个人物或动物的画面，也能使人感觉到那种扑面而来的宏大气势。但南阳汉画像砖这种"大气"，比起南阳汉画像石的磅礴之气来，似乎显得温和多了。这大概与东汉中、晚期时代精神的变化有关。二是讲究艺术材料和表现手法的简约，以简为美。南阳汉画像砖的用笔都非常简约。不少画像砖都将形体化繁为简，只用几根线条去表现，给人一沙一世界、一叶一天国的印象。三是崇尚稚气和天真，以拙为美。大多数南阳汉画像砖初看上去稚拙意味十足，如儿童画，总给人一种不尽精致、完美的感觉，甚至感觉它对世界和生活的判断过于幼稚和简单，甚至武断，但细品深意，其个中三昧便会让人着迷，你会发现，其中既凝聚着人类本性的天真和善良，又浸透着人类本能的机趣和诙谐，流露的是人类纯净的童真。可以说，南阳汉画像砖是人类用天真之心审视世界的结果。四是忌讳繁文缛节，以朴为美。南阳汉画像砖以砖为艺术载体，以线条为表现手段，以简略的构图和形体来表达对世界和人、事的判断，以单一突出的某一印象来表现某一典型的时代精神和民族气质，笔墨简略到极致，形体粗疏到极致，意蕴丰富到极致，大俗而后大雅，大朴而后大文，它所呈现出来的是一种建立在简约、洗练、稚拙基础之上的朴素之美。

3. 南阳的陶狗及其他

走进南阳市博物馆展厅，一只只姿态生动的陶制动物，特别是数百只栩栩如生的陶狗，给我们展示了一个神奇久远的世界。南阳出土的陶狗品种繁多，造型极其生动。写实与夸张、变形并用的手法，使南阳陶狗呈现出一种稚气和"大"气，令人感悟到一种生命的外射和汉代先民开拓进取的时代精神，也为我国现今的雕塑创作提供了一个不可多得的艺术范例。

南阳陶狗的大量出土，有其直接的社会历史原因。两汉时南阳经济极尽繁盛，表现在随葬品上，达官贵族除了继续随葬生活用具外，模型明器亦日益增多。特别是地主庄园经济的发展，致使狗十分盛行，地主贵族生前视狗为珍玩，殁后也以陶狗为明器。这样陶狗便成了汉墓中最富特色的随葬品之一。考古表明，这里近几年发掘的较大、较完整的汉墓中一般都有陶狗出土。

除陶狗以外，南阳汉文化遗存异常丰富。南阳汉文化遗产传续至今的既有《东京赋》《西京赋》《灵宪》《七弁》《伤寒杂病论》《金匮要略》等经典著作，又有张仲景碑、李孟初神祠碑等碑碣资料。大量陶、玉、铜、铁器以其精美的造型，数量的繁多展示了汉代社会生活的多个层面。

众多的汉代城址中，以宛城遗址和新都城遗址保存较好。宛城遗址为省级文物保护单位，现存古宛城东北角一部分，呈曲尺形，城基高出地面5～7米，长约1400米，系夯土构筑。在断崖处尚可看到明显的夯窝。城基外为护城河遗迹。近期经过文物钻探又发现西北角及西部城墙基址局部。在古宛城北部（今南阳市瓦房庄）的汉代冶铁遗址东西长600米，南北宽200米，总面积12万平方米。遗址经1959年发掘发现熔炉基址17座，窑址4座。炉膛内发现铁块300千克，出土陶范300多块及坩埚、残鼓风管等。锻制铁器有刀、镰、斧、锤、凿、锹、矛、环等。冶铸技术已达相当高的水平。1991年发掘的制陶作坊区，出土大量的实用陶器和冥用器物。

据文物专家考证，新都城遗址位于新野县东南45里。现有城垣一周，呈正方形，每边长700米。城西北为墓葬区。城南曾出土铁器、云母片等遗物，可能为作坊区。城垣内外汉代遗迹遗物很多。农耕区常见到下水道管、排水沟、房基、水井、石磨、铜镜、新莽时期货币、板瓦、筒瓦、瓦当等。可见，该遗址是一处保存较好的、汉文化遗物丰富的汉代城址。依《汉书·地理志》《汉书·王莽传》及《明嘉靖南阳府志校注》等所载,新都城是王莽被封为新都侯时的城邑,现为省级文物保护单位。

此外,还有阳城、安众城、博望城、冠军故城、乐乡古城、郦城等十余座汉代城址。唐河上下堰陂古水利工程、新野召父渠遗址、镇平沿陵河水利遗迹、邓州大门堤、唐河千百堰等水利工程遗迹。张衡墓、汉司徒邓君之舍、杜茂墓、湖阳公主墓等众多中小型汉代墓葬,蕴藏着更多的汉文化信息。张衡墓位于今石桥镇小石桥西,历史文献多有记载,为国家级文物保护单位。南阳汉文化的遗物非常丰富,除省市文博单位收藏品外,汉代绳纹砖、花纹小砖、陶器残片在南阳城乡广有所见。

三、"南阳四圣"及其历史文化名人举要

南阳自古山清水秀,人杰地灵,有"南都帝乡"之称。在历史上,南阳孕育了无数的文化名人,其中"南阳四圣"就独步千古,让人敬仰,他们分别是医圣张仲景、科圣张衡、商圣范蠡和智圣诸葛亮。

1. 一代医圣张仲景

张仲景,名机,东汉末年南阳涅阳人,相传曾举孝廉,做过长沙太守,所以有"张长沙"之称。

张仲景生活于东汉末,当时,连年战乱,疫疠流行,曹植在《说疫气》中有记述,建安二十二年(217年),疠气流行,家家有僵尸之痛,室室有号泣之哀。或阖门而殪,或覆族而丧。张仲景称其宗族原有人丁200余口,自建安以后的不到十年间,死亡者有三分之二,而死于伤寒

的竟占十分之七。张仲景有感于宗族的衰落和人口的死亡，加之世俗之弊，医家之弊，医道日衰，他感往昔之沦丧，伤横夭之莫救，于是，发愤研究医学，立志做个能解脱人民疾苦的医生。上以疗君亲之疾，下以救贫贱之厄，中以保身长全，以养其生。当时，他的宗族中有个人叫张伯祖，是个极有声望的医生。张仲景为了学习医学，就去拜他做老师。张伯祖见他聪明好学，又有刻苦钻研的精神，就把自己的医学知识和医术，毫无保留地传授给他，而张仲景竟尽得其传。何颙在《襄阳府志》一书中曾赞叹说："仲景之术，精于伯祖。"他悉心研究医学，勤求古训，博采众方，研究前代医籍如《素问》《九卷》《胎胪药录》等，又结合个人临证之经验，编成了《伤寒杂病论》。

《伤寒杂病论》确立的辨证论治的原则，是中医临床的基本原则，是中医的灵魂所在。在方剂学方面，《伤寒杂病论》也做出了巨大贡献，创造了很多剂型，记载了大量有效的方剂。其所确立的六经辨证的治疗原则受到历代医学家的推崇。这是中国第一部从理论到实践确立辨证论治法则的医学专著，是中国医学史上影响最大的著作之一，是后学者研习中医必备的经典著作，广泛受到医学学生和临床大夫的重视。

《伤寒杂病论》是我国最早的理论联系实际的临床诊疗专书，被后世医家誉为"万世宝典"。它系统地分析了伤寒的原因、症状、发展阶段和处理方法，创造性地确立了对伤寒病"六经分类"的辨证施治原则，奠定了理、法、方、药的理论基础。书中还精选了300多方，这些方剂的药物配伍比较精练，主治明确。如麻黄汤、桂枝汤、柴胡汤、白虎汤、青龙汤、麻杏石甘汤这些著名方剂，经过千百年临床实践的检验，都证实有较高的疗效，并为中医方剂学提供了发展的依据。后来不少药方都是从此发展变化而来的。名医华佗读了这本书，赞叹说："此真活人书也。"喻嘉言高度赞扬张仲景的《伤寒杂病论》，"为众方之宗、群方之祖","如日月之光华,旦而复旦,万古常明"。历代有关注释、阐发此书的著作,竟达三四百种之多。它的影响远远超出了国界,对亚洲国家如日本、朝鲜、越南、蒙古等国的影响很大。特别是日本,历史上曾有专宗张仲景的古方派,直至今天,日本中医界还喜欢用张仲景方。

张仲景对外感热病与杂病的认识和临证治疗的指导思想与方法,被后世概括为辨证论治体系,其在药剂学方面的成就,对后世医学的发展产生了巨大的影响,宋代之后的医学家多尊称其为"医圣"。

张仲景的著作除《伤寒杂病论》外,见于文献著录的尚有《张仲景五脏论》《张仲景脉经》《张仲景疗妇人方》《五脏营卫论》《疗黄经》《口齿论》等。张仲景弟子有杜度、卫汛,俱为当时名医。

后人为了纪念张仲景,曾修祠、墓以祀之。明清以来留下的有关文物胜迹较多。河南南阳的医圣祠始建于明代,有清代石刻"医圣祠"(1727年)、"医圣张仲景故里"(1900年)。据明代《汉长沙太守张仲景灵应碑》记载:"南阳城东仁济桥西圣庙,十大名医中有仲景像。"清代《南阳县志》记载:"宛郡(南阳)东高阜处,为张家巷,相传有仲景故宅,延曦门东迤北二里,仁济桥西,有仲景墓。"河南南阳的医圣祠经明清以后屡次修葺(其间也有毁坏),保存比较完整。分布各地的十大名医祠中都供有张仲景的塑像,反映了中国民间对张仲景的崇敬与缅怀。南阳医圣祠于20世纪50年代以后经不断扩建增修,今已焕然一新,1988年被列为全国重点文物保护单位。

2. 一代科圣张衡

张衡,东汉建初三年(78年)生,永和四年(139年)卒,字平子，南阳西鄂（今河南省南阳市卧龙区石桥镇）人。

相传，阳嘉元年（132年），张衡在太史令任上发明了最早的地动仪，称为候风地动仪。据《后汉书·张衡传》记载，地动仪用精铜铸成，圆径八尺，顶盖突起，形如酒樽。中有大柱，傍行八道，安关闭发动之机。它有八个方位，每个方位上均有一条口含铜珠的龙，在每条龙的下方都有一只蟾蜍与其对应。任何一方如有地震发生，该方向龙口所含铜珠即落入蟾蜍口中，由此便可测出发生地震的方向。经过试验，与所设制，符合如神，自从有书籍记载以来，是没有过的。曾经一龙机发，地不觉动，学者都责怪不足信，几天之后，送信人来了，果然在陇西地发生地震，众人于是都服其神妙。自此之后，朝廷就令史官记载地动发生的地方。

关于地动仪的结构，流行的有两个版本。一种模型是王振铎模型，即"都柱"是一个类似倒置酒瓶状的圆柱体，控制龙口的机关在"都柱"周围。这一种模型基本已被否定。另一种模型由中国科学院教授冯锐提出，即"都柱"是悬垂摆，摆下方有一个小球，球位于"米"字形滑道交会处（即《后汉书·张衡传》中所说的"关"），地震时，"都柱"拨动小球，小球击发控制龙口的机关，使龙口张开。另外，冯锐模型还把蟾蜍由面向樽体改为背向樽体，并充当仪器的脚。该模型经模拟测试，结果与历史记载吻合。国外真正能用仪器来观测地震，是19世纪以后的事。张衡的候风地动仪是世界上的地震仪之祖。虽然它的功能尚只限于测知震中的大概方位，但它却领先世界科技的发展约1800年。

张衡在西汉耿寿昌发明的浑天仪的基础上，根据自己的浑天说，创制了一个比以前精确、全面得多的浑天仪。漏水转浑天仪是一种水运浑象。用一个直径四尺多的铜球，球上刻有二十八宿、中外星官以及黄赤道、南北极、二十四节气、恒显圈、恒隐圈等,成一浑象,再用一套转动机械,把浑象和漏壶结合起来。以漏壶流水控制浑象,使它与天球同步转动,以显示星空的周日视运动,如恒星的出没和中天等。它还有一个附属机构即瑞轮蓂荚,它是一种机械日历,由传动装置和浑象相连,从每月初一起,每天生一叶片;月半后每天落一叶片。它所用的两级漏壶是现今所知最早的关于两级漏壶的记载。正如钱伟长所指出,张衡创浑天学说,制浑天仪,其精巧为以前中外所未有。张衡不仅是优秀的天文学家,也是卓越的文学家和艺术家。他死后崔瑗为之撰碑,称他"数术穷天地,制作侔造化"。

张衡是一位具有划时代意义的科学家。他是我国东汉时期伟大的天文学家、数学家、发明家、地理学家、制图学家、诗人,为我国天文学、机械技术、地震学的发展作出了不可磨灭的贡献。为纪念他,联合国天文组织于1977年将太阳系中的1802号小行星命名为"张衡星"。

3. 一代商圣范蠡

范蠡(公元前536—公元前448年),字少伯,楚国宛地三户(今河南省南阳市淅川县滔河乡)人。春秋末期政治家、军事家、经济学家。

范蠡为中国早期商业理论家、楚学开拓者之一,被后人尊为"商圣","南阳四圣"之一。他虽出身贫贱,但是博学多才,与楚宛令文种相识、相交甚深。因不满当时楚国政治黑暗、非贵族不得入仕而一起投奔越国,辅佐越王勾践。传说他帮助勾践兴越国,灭吴国,一雪会稽之耻。功成名就之后急流勇退,化名为鸱夷子皮,遨游于七十二峰之间。期间三次经商成巨富,三散家财。后定居于宋国陶丘(今山东省菏泽市定陶区南),自号"陶朱公"。后世之人概括范蠡生平指出,忠以为国,智以保身,商以致富,成名天下。后代许多生意人皆供奉他的塑像,尊之为财神。范蠡是范姓始祖范武子的玄孙,并被视为顺阳范氏之先祖。

范蠡一生留下了不少传世佳话和榜样事迹。其中,"鸟尽弓藏"是范蠡透辟世相、穷尽物理的警世、醒世之言。范蠡在帮助越王勾践取得成功之后,立刻离开了越国。他从齐国写信给文种说:"飞鸟尽,良弓藏;狡兔死,走狗烹。越王为人长颈鸟喙,可与共患难,不可与共乐。子何不去?"(《史记·越王勾践世家》)大意是说:飞鸟射杀完了,好的弓箭就会被收起来。狡猾的兔子捕完了,猎狗就会被煮掉。越王为人阴险,工于心计。可以与他共患难却不能同享乐。你为什么还不快离开呢?文种在收到信后便称病不上朝,但最终仍未逃脱被赐死的命运。而范蠡却早早料到这一点,不得不说,这是他的过人之处啊!而"鸟尽弓藏"自此以后便成了一个成语,比喻事成之后,把曾经出过力的人一脚踢开或加以消灭。后代诸多名臣都以此为警诫。

4. 一代智圣诸葛亮

诸葛亮(181—234年),字孔明,号卧龙,徐州琅琊阳都(今山东省临沂市沂南县)人,三国时期蜀国丞相,杰出的政治家、军事家、外交家、文学家、书法家、发明家。由于他在军事、外交、治国理政、道德修养等方面均有很高的造诣和成就,被后人誉为"智圣"。

诸葛亮散文代表作有《出师表》《诫子书》等。诸葛亮具有高超的军事才能和丰富的政治经验,特别擅长治军,陈寿在《三国志·蜀志·诸葛亮传》中就曾提到,诸葛亮"治戎为长"。诸葛亮也曾说:"运筹策于帷幄之中,吾不如子初远矣!若提枹鼓,会军门,使百姓喜勇,当与人议之耳。"可见，诸葛亮治军有方。在军事和政治方面，诸葛亮一生留下了许多脍炙人口的智慧佳话，其中三顾茅庐、隆中决策、初出茅庐、赤壁斗智、定鼎益州、舌战群儒、先主托孤、北出中原、六出祁山、孔明借箭等，无不让人叹为观止，拍案叫绝。

在法制建设方面，诸葛亮倡导立法公开、执法公平、依法治国。诸葛亮入蜀之初便与法正、刘巴、李严、伊籍等人增删秦汉旧律，共同制定了蜀国的法典《蜀科》。此外，他还亲自起草了各种科条律令数十则，其内容包括《八务》《七戒》《六恐》《五惧》等条规。他说："三纲不正，六纪不理，则大乱生矣。"他一再告诫、反复强调法在治理国家过程中的重要性："夫一人之身，百万之众，束肩敛息，重足俯听，莫敢仰视者，法制使然也。"

在廉政建设方面，诸葛亮在蜀汉上层创造了一种"鞠躬尽瘁，死而后已"、兢兢业业、廉政奉公的政治氛围，蜀国官员以诸葛亮为榜样，为官节俭，力戒奢华，造就了一个廉政时代。身为丞相，诸葛亮深知，屋漏在下，止之在上，上漏不止，下不可居也。他不仅带头廉政为官，树起一面旗帜，同时还把廉政作为一项重要的政治、法律建设来抓，对蜀汉政治、经济、军事、文化的方方面面，都产生了重大影响。诸葛亮时期的廉政建设，首先表现在对蜀汉宫城规模和惠陵规模的严格控制上。

在科学技术方面，诸葛亮也有惊人的造诣。相传，他曾发明木牛流马、孔明灯等，并改造连弩，叫作诸葛连弩，可一弩十矢俱发。诸葛亮一生鞠躬尽瘁，死而后已，是中国传统文化中忠臣与智者的代表人物，诚如宋代大文豪苏轼对他的评价：密如神鬼，疾如风雷。进不可当，退不可追。昼不可攻，夜不可袭。多不可敌，少不可欺。前后应会，左右指挥。移五行之性，变四时之令。人也？神也？仙也？吾不知之，真卧龙也！

5. 一代杰出史家范晔与《后汉书》

范晔出生在一个著名的士族家庭。高祖范晷为西晋雍州刺史,加左将军。曾祖范汪入仕东晋,官至晋安北将军、徐兖二州刺史,晋爵武兴县侯。祖父范宁先后出任临淮太守、豫章太守。父范泰仕晋为中书侍郎,桓玄执政时被废黜,徙居丹徒。刘裕于京口起兵灭桓玄,控制东晋政府实权后,范泰重新被启用,出任国子博士、南郡太守、御史中丞等职。他为东阳太守时,因开仓供粮和发兵千人,助刘裕打败卢循有功,被加官为振武将军。从此,范泰受到刘裕的信任,屡被升迁,先后担任侍中、尚书常侍兼司空等职。宋代晋后,拜为金紫光禄大夫散骑常侍,少帝时加位特进。

范晔的家庭有着正宗的家学传统。曾祖范汪博学多通,善谈名理,撰有《尚书大事》20卷,《范氏家传》1卷,《祭典》3卷以及属于医学棋艺的著作《范东阳方》105卷、《棋九品序录》1卷等。祖父范宁尝作《古文尚书舜典》1卷,《尚书注》10卷,《礼杂问》10卷,《文集》16卷,尤其是《春秋谷梁传集解》12卷,因其义精审,为世所重。父范泰也有《古今善言》24卷及文集等多种著述。受到家庭的影响,范晔从小好学,再加上天资聪慧,因此尚未成年,便以博涉经史、善写文章而负盛名。

范晔一生最大的贡献是撰写了被后人称为前四史之一的《后汉书》。《后汉书》记事上起汉光武帝刘秀建武元年(25年),下讫汉献帝建安二十五年(220年),囊括东汉一代196年的历史。范晔原计划写十纪、十志、八十列传。十志,他委托谢俨代撰。谢俨搜撰完毕,卷入统治阶级内部斗争,与范晔同以谋反罪名被杀。志稿与范晔所写的序例随之散佚。以后梁人刘昭注《后汉书》时，因范晔曾称赞过西晋人司马彪的《续汉书》，遂取其八志以补范书之缺，故今仍称此志为《续汉志》。

范晔曾讲过，他编撰《后汉书》的目的是，欲因事就卷内发论，以正一代得失。这样明确地提出写史为政治服务，可以说是历史上的第一人。因此，范晔特别重视史论。他采用论赞的形式明文评论史事，把史论作为重心，成为《后汉书》的一个特点。

范晔还继承了司马迁"通古今之变"的编撰思想。他在很多序、论中，打破朝代的断限，尽量把某一历史现象的发生、发展及其结果描述清楚，力图有所归纳。虽然他所找到的事物内在联系大多是浮浅的，甚至有的是错误的。然而这种从历史形势发展层面论述古今变异，总结历史发展规律的史学研究方法是可取的。例如，在《党锢列传》序中，范晔详细论述了从春秋到汉末士风的变迁：战国时期重计谋、尊说士，因而诱导很多人饰巧驰辩进行钓利；汉高祖文礼简阔，引起人们的轻死重义，怨惠必仇；武帝崇尚儒学，又出现了党同伐异的纷争；到桓灵之际，主荒政谬，宦官当权，则造成清议的流行。他认为，上好则下必甚，矫枉故直必过，其理然矣。表明范晔看到了某些历史现象向矛盾的对立面发展，他企图用"理"来概括说明。在《党锢列传》序中，范晔还用四组矛盾的事物来比喻党锢问题所面临的矛盾，阐述了作者的朴素辩证法思想，这在过去的史书上是极少见的。

范晔对《后汉书》的体裁问题是动过一番脑筋的。据《隋书·魏憺传》记载，范晔著书时曾对纪传体和编年体进行过比较。他说："《春秋》者，文既总略，好失事形，今人拟作，所以为短；纪传体，史班之所变也，网罗一代，事义周悉，适之后学，此焉为优，故继而作之。"这表明在他看来，采用纪传体写史比编年体更能全面地反映历史的本来面目，能给后人提供更多的东西。

《后汉书》大部分沿袭《史记》《汉书》的现成体例，但在成书过程中，范晔根据东汉一代历史的具体特点，又有所创新，有所变动。首先，他在帝纪之后添置了皇后纪。东汉从和帝开始，连续有六个太后临朝。把她们的活动写成纪的形式，既名正言顺，又能准确地反映这一时期的政治特点。其次，《后汉书》新增加了"党锢""宦官""文苑""独行""方术""逸民"和"列女"七个类传。范晔是第一位在纪传体史书中专为妇女作传的史学家。尤为可贵的是，《列女传》所收集的17位杰出女性，并不都是贞女节妇，还包括并不符合礼教道德标准的才女蔡琰。范晔首创《文苑列传》，更是把握了汉代文学的发展趋势，将孔门四科中地位最低的文学摆到了应有的位置。此外，《党锢列传》《宦者列传》都是为反映一代特点、概括一代大事而设立的。最后，《后汉书》突出了"论""赞"的地位。司马迁、班固和陈寿在他们的著作中也都明文评史，只是具体名目不同。《史记》称"太史公曰"，《汉书》为"赞"，《三国志》曰"评"。"论""赞"在《后汉书》中的重要性远在前面三书之上，因为范晔不但利用这种形式评论史实，还对某一历史人物或事件进行综述，从几个方面反复地进行分析，对本传起到题解作用。《后汉书》的"论"一般是指纪传后面的"论"，差不多每篇都有一首或一首以上。"论"中又有序论，也称作序，是在《皇后纪》和杂传的前面。"论"多是评论历史问题和历史人物，有时也采取讽喻或感慨的形式。"赞"在每篇纪传后面都有一首，一律用四字一句的韵语写成，或概括史实，或另发新意，多可补"论"的不足。"赞"的语言凝练，用意很深。如从《光武帝纪》到《献帝纪》的"赞"，概括了东汉建立、发展和衰亡等不同阶段的政治大事。把九首"赞"合起来看，简直是一篇用韵语写的东汉政治史略。在《胡广传》中，范晔写了一个以苟合取容又无可短长的官僚的升迁史，"赞"曰："胡公庸庸，饰情恭貌。朝章虽理，据正或桡。"透露了范晔对这类人物的指责和义愤。

范晔作史，十分讲究文采，对于《后汉书》的文章，他自己评价很高。确实，范书文辞优美，简洁流畅，不仅为史学名著，也称得上是文学名作。但有的地方，范晔过于重文，对于史的记载不免有所亏损。

元嘉二十一年（444年），刘义康的几位心腹筹划政变。由于范晔掌握禁军，有盛名，又多年在刘义康的部下为官，所以刘义康的几位心腹在网罗党羽时候，范晔成了他们注意的对象。他们通过各种方法拉拢范晔，刘义康也因宣城之贬向他频致歉意。最初，范晔不同意参与，对方用朝廷拒绝联姻一事相激。考虑到自己的处境，范晔终于参加进来。他们商定次年九月起事，刘义康的党羽孔熙先兄弟俩事先写好檄文，并要范晔以刘义康的名义起草政变宣言。这年十一月，刘义康的一个党徒徐湛之向宋文帝告密，并声称范晔是政变的主谋。于是，范晔被捕，于元嘉二十二年（445年）惨遭杀害，时年48岁。

6. 唐代古文运动领袖、唐宋八大家之一的韩愈

韩愈，字退之，唐代文学家、哲学家。自称"郡望昌黎"，世称"韩昌黎"。因官至吏部侍郎，又称"韩吏部"。韩愈自幼孤贫，刻苦好学，德宗贞元八年（792年）中进士。曾任监察御史、吏部侍郎，死谥文公，故世称"韩吏部""韩文公"。在文学成就上，同柳宗元齐名，称为"韩柳"。他是唐代古文运动的倡导者，苏轼称其"文起八代之衰"，是唐宋八大家之首。

韩愈是唐代散文家兼诗人。他和柳宗元都是古文运动的倡导者，为了整顿旧时秩序和振兴儒道统而提倡学习古文，又为了宣传古道而写作

古文。他对古文创作的要求是，"必出入于仁义""文从字顺各识职"(《南阳樊绍述墓志铭》)、"唯陈言之务去"(《答李翊书》)、"师其意不师其辞"(《答刘正夫书》)。因忠于古文，其成果颇硕，《原毁》《进学解》《送李愿归盘谷序》《送孟东野序》《祭十二郎文》《张中丞传后叙》等都是优秀作品。在诗歌方面，他推崇陈子昂、李白和杜甫，是韩孟诗派的代表人物之一。他的诗，或反映时事，或写中下层文士的政治失意和个人遭遇，都很有特色，如《汴州乱二首》《八月十五夜赠张功曹》《山石》《左迁至蓝关示侄孙湘》《次潼关先寄张十二阁老使君》《早春呈水部张十八员外》等。古诗往往规模宏大，才气纵横，气势雄伟。

在文学创作理论上，他认为道（即仁义）是目的和内容，文是手段和形式，强调文以载道，文道合一，以道为主；提倡学习先秦两汉古文，并博取兼资庄周、屈原、司马迁、司马相如、扬雄诸家作品；主张学古要在继承的基础上创新，坚持词必己出、陈言务去；重视作家的道德修养，提出养气论，"气盛则言之短长与声之高下者皆宜"(《答李翊书》)；提出"不平则鸣"的论点，认为作者对现实的不平情绪是作品思想深刻的原因。在作品风格方面，他强调"奇"，以奇诡为善。

后人对韩愈评价颇高，尊他为唐宋八大家之首。杜牧把韩文与杜诗并列，称为"杜诗韩笔"；苏轼称他"文起八代之衰"。韩柳倡导的古文运动，开辟了唐以来古文的发展道路。韩诗力求新奇，重气势，有独创之功。韩愈以文为诗，把新的古文语言、章法、技巧引入诗坛，增强了诗的表达功能，扩大了诗的领域，纠正了大历（766—779年）以来的平庸诗风，但也带来了讲才学、发议论、追求险怪等不良风气。尤其是以议论为诗，甚至通篇议论，把诗歌写成押韵的理论，对宋代以后的诗歌产生了不良影响。

总之,韩愈是一个有远大抱负的文人。韩愈一生为实现自己的理想而奋斗,这种精神,可以说是留给后人的一份宝贵的精神财富。韩愈的政治品德,是儒家师徒的基本内容,使其成为一代师表,他在文学和哲学上的成就及才华使其教育思想大放异彩,开启了宋明理学的前导。

四、当代"南阳作家群"

南阳,不仅山水秀美,而且人才辈出。近年来悄然兴起的"南阳作家群",以其阵容整齐、人数众多、作品品位高而异军突起,让全国文坛对他们刮目相看。

"南阳作家群"形成于20世纪80年代中期,从人数到作品都已达到一定的规模并且具有较高的水平,其成就在全国地市级行政区域中首屈一指。这个创作群以乔典运(已故)、二月河(已故)、周同宾等为领军人物,影响、凝聚、带动着一批热情执着、才情如虹的中青年作家,他们始终以对民族盛衰、国家兴亡和社会进退的深沉关注为己任,坚持从现实和历史等不同角度进行深层的描述与剖析,写出了一大批浓厚凝重、意蕴久远的精品佳作。二月河的"帝王系列"、周大新的《第二十幕》、柳建伟的《北方城郭》《突出重围》和乔典运的《林魂》《满票》等作品为全国文学读者奉献了深沉厚重、别有可观的璀璨华章,更有一批骨干人物,如行者、周熠、廖华歌、秦俊、马本德、殷德杰等,群星闪耀,赢得了来自神州四方的尊敬。

"南阳作家群"实力雄厚,阵容强大。目前拥有中国作家协会会员10余人,省作家协会会员近百人。其中有老作家乔典运等,有20世纪60年代起与文学结缘、新时期大放异彩的文坛宿将张一弓、周同宾等,有与改革开放春风同行的二月河、田中禾、周大新、柳建伟、行者、周熠、廖华歌、马本德、殷德杰等。其中,二月河如一匹横空出世的"黑马",给文坛带来了强大的冲击波,引起了出版界、影视界、文学评论界及广大读者的关注。

在"南阳作家群"中,二月河特别令人瞩目。在14年时间里,二月河皓首穷经,写出了《康熙大帝》《雍正皇帝》《乾隆皇帝》三部大作。谈及其间的艰难辛苦,二月河说每写一部都是穿越一片大沙漠。二月河原名凌解放(1945—2018年),河南南阳人,1984年起着手撰写《康熙大帝》,1990年至1992年,他又创作了《雍正皇帝》3卷共140余万字。1994年至1996年,他又以惊人的速度,向读者推出了"帝王系列"第三部《乾隆皇帝》前3卷(《风华初露》《夕照空山》《落日长河》)共130余万字。2000年,二月河获得美国中国书刊、音像制品展览会——海外最受欢迎的中国作家奖。随后,相继出版《二月河语》《密云不雨》《佛像前的沉吟》等散文随笔集多部。其笔下的"帝王系列"(《康熙大帝》《雍正皇帝》《乾隆皇帝》)三部作品,被海内外读者熟知,在全省、全国乃至海内外华人世界享有广泛的声誉和影响。

"南阳作家群"中周同宾以散文创作蜚声文坛。他于1958年开始发表作品,先后在全国百余家报刊发表散文、随笔1400余篇,约300万字,先后出版散文集《乡间的小路》《葫芦引》《铃铛》《绿窗小品》《唱给文学的恋歌》《情歌·挽歌》《皇天后土——99个农民谈人生》《桥的呼唤》《豆的系念》《古典的原野》《乡关回望》《还乡杂碎》《周同宾散文自选集》《周同宾散文》等多种。其中百余篇作品被《新华文摘》《读者》《书摘》《中华文学选刊》《散文选刊》《杂文选刊》《作家文摘》《青年文摘》《东西南北》《散文海外版》等选刊类报刊选载,收入近百种全国性散文选本,被编入大学及中学教材。《人民日报》《中国青年报》《光明日报》《工人日报》《中华读书报》《文艺报》《河南日报》等多家媒体报道、评介其文学创作情况,数十家文学期刊及学术期刊发表了有关周同宾散文的评论文章。在各级文学作品评奖中获奖30余次。

作为一位官员作家,李天岑在南阳享有较高的声誉。李天岑长期从事行政工作并业余从事文学创作。1978年开始在文学刊物发表作品,先后在《奔流》《西湖》《河南日报》《牡丹》《躬耕》《青年文学》《长江文艺》等报刊发表短、中、长篇小说及报告文学30余(部)篇,200余万字。短篇小说集《月牙弯弯》于1995年由河南人民出版社出版。中短篇小说集《找不回的感觉》于2005年由作家出版社出版。长篇小说《人精》于2006年由作家出版社出版,并被改编为20集电视连续剧《小鼓大戏》,2009年连续在中央电视台电视剧频道、娱乐频道及部分省卫视播出。2010年4月由河南文艺出版社出版长篇小说《人道》。

行者,本名王遂河。1954年生,1981年毕业于郑州大学中文系,1982年开始发表作品。曾在《花城》《人民文学》《十月》《中国作家》《收获》《山花》《莽原》《长江文艺》等杂志上发表短、中、长篇小说。作品结集有《行者小说自选集》《浪游者》《大化之书》《美人市场》《有关小说写作的几个问题》等,出版有长篇小说《非斯》《爱谁是谁——一个青年艺术家的成长史》。曾被评为20世纪80年代以来中青年小说家50强,多次获得河南省优秀文学艺术成果奖。行者的小说具有强烈的超验性、先锋性和个性色彩,在南阳乃至全省、全国都有很大的影响。

女作家廖华歌以其标新立异以及独特的散文笔调让人过目不忘。自1978年来,在全国多家报刊共发表各类文学作品500余万字,作品多次被选刊选载,并被数十家出版社选入多种全国性的集子,获省级以上文学创作奖30余次。已出版诗集《忘川行》《梦痕》,散文集《华歌集》

《蓝蓝的秋空》《泥路的春天》《微雨霏霏》《廖华歌散文自选集》《廖华歌散文新作》《七色花树》《细节》《消失或重生》等,散文诗集《朦胧月》,长篇小说《玉皇岭》,等等。

以从事地方史研究见长的秦俊,发表文章近百篇,出版长篇历史小说12部,有《汉高祖刘邦》《汉武大帝》《光武帝刘秀》《汉宫残阳》《混世奇才庞振坤》《中国第一霸:齐桓公》《伤兵东四郎》……其中,有5部被改编为电视连续剧,特别是由《乱世枭雄:别廷芳演义》改编的14集电视连续剧《别廷芳传奇》,以及由其《伤兵东四郎》改编的12集电视连续剧《警世情缘》,受到了国外同行的好评。

以人生阅历丰富著称的马本德,于20世纪70年代末期开始文学创作,多年来,在《奔流》《莽原》《上海文学》等刊发表中、短篇小说百余篇。其中短篇小说《女教师日记》曾引起较大反响,先后被《小说选刊》《作品与争鸣》等杂志转载、评论;中篇小说《秋天的太阳》《在城市屋檐下》分别获河南省《莽原》文学奖。迄今已相继出版中、短篇小说集《淘金部落》《马本德小说自选集》。2005年出版长篇小说《望城》,这部40余万字的长篇小说以广阔的城市生活为背景,从不同视角描写了一群农民进城以后的种种命运,具有较强的现实主义感染力和较高的思想和艺术水准,是南阳现实主义题材长篇小说中的杰出作品。2008年,马本德开始尝试电视剧创作,与他人共同改编创作了20集电视剧《小鼓大戏》,此剧获得全国改革开放三十年农村题材电视剧二等奖。

殷德杰思想深沉,文笔老辣,作品人物鲜活,故事生动,韵味隽永,充满悲剧意蕴,在南阳农村题材小说创作中,具有极大的潜力和优势。1979年开始文学创作,第二年写出短篇小说《儿子》(《汾水》1981年第4期)、《院墙内外》(《人民文学》1981年第8期)、《八月十六月不圆》(《萌芽》)、《银河西瓜》(《东京文学》)等。其中《院墙内外》获河南省首届优秀文学作品奖。之后又写出中短篇小说《鼠·猫·人》《开山的女人》《歪歪井有个李窑主》《村路》《磨盘村的诅咒》等。其中《开山的女人》被改编为彩色宽银幕电影。1994年出版小说集《女人的阴谋》（河南人民出版社），1998年出版《殷德杰小说自选集》（河南文艺出版社），2005年出版《老南阳：旧事苍茫》（河南人民出版社）。2007年完成长篇小说《无弦》。2009年完成长篇小说《百年灵异》。

南阳社旗作家苗恒，是"80后"青年作家，有诗文430余篇在《人民日报》《光明日报》《中国青年报》《北方作家》《花火》等报刊发表，先后被《读者》《意林》《青年文摘》等转载，入选参编30多种图书，总字数逾100万字，文章获奖100余次。2005年出版个人文集《青春的胴体》。2012年在国家级出版社——中国华侨出版社出版长篇小说《泪水飞扬》。16万字的校园青春小说《泪水飞扬》以21世纪为写作背景，创作出了"90后"学子积极向上的风貌，笑中含泪，让人回味无穷。另著有长篇小说《房奴时代》等。

而军旅作家柳建伟，在不到两年时间里就推出两部长篇力作《北方城郭》《突出重围》，以其强烈的忧患意识在中国军人、军队以及全民族中产生了巨大的震撼力。

"南阳作家群"不仅独树一帜，各领风骚，而且人才济济，辐射面广。他们中有历史小说家，有先锋小说家，有散文家，有诗人，有曲艺家，有剧作家。他们的新作品有对南阳淳朴民风的描绘，有对南阳人美好人性的赞扬，有对南阳历史文化的展现，不管题材如何，"南阳作家群"从不忘给予社会以人文关怀，把最好的精神食粮奉献给南阳人民，以优秀的作品鼓舞人。在面向世界、面向中国的同时，"南阳作家群"

更用自己的创作成果丰富着人文南阳的内涵，潜移默化地塑造着南阳人的人格和品格，为南阳内在精神的孕育，为构建南阳内在独有的文化气质做出了独特的贡献。

"南阳作家群"不仅繁荣了南阳文化，已经成为"人文南阳"建设中的一支生力军，而且，从某种意义上说，他们也是当代南阳文化的象征。

第五节 襄阳文化

一、襄阳的历史文化地位

襄阳城为全国历史文化名城之一，地处湖北省北部，汉水中游。襄阳位于襄水之阳，故名。战国时楚置北津戍，始为军政重邑。汉时置县，三国时置郡，此后历代为州、郡、府治所。汉唐两代，襄阳城处于历史上的鼎盛时期。据史书记载，东汉时襄阳经济繁荣，文化发达，城南一带号称"冠盖里"。汉献帝初平元年（190年），刘表为荆州刺史，将州治从汉寿迁至襄阳，使襄阳城由县级治所一跃升为京城以下州的首府，地辖今湖北、湖南两省及河南、广东、广西、贵州等省的一部分，成为当时中南地区的政治、经济、军事、文化中心。唐代襄阳城为山南东道治所，辖区扩及今陕西、四川的部分地区。明末李自成攻占襄阳城，并在此建立国家政权，自称"新顺王"，改襄阳为襄京。

襄阳城的建置起止却让人扑朔迷离。襄阳建城的说法主要有三个。第一，襄阳上古为襄国。襄阳上古时期确有许多小国，如商周时期就有卢、彭、罗、濮、邓等。卢国在南漳县境武安镇西，罗国、濮国在宜城、钟祥境内，彭国在今谷城境内，邓国在今襄阳市内。可是，却找不关于襄国的记载。第二，襄阳的前身为古邓国。襄阳城凤林关以北是古邓国的地盘，楚国的北部边境在这一带。但邓国原在黄河流域，是夏以前的古国，西周时期才迁到汉水中游今襄城区一带，那这之前的襄阳与哪个古国有关呢？第三，襄阳古为"方城"。杜棣生据《竹书纪年》《诗经》等典籍考证是西周周宣王的大将方叔创建了襄阳，名为"方城"，地点在万山附近，万山原先也叫"方山"。万山至襄阳城之间有"大城西垒"，即楚国的"北津戍"旧址。现在的襄阳城是汉宋时奠定的规模格局。

那么，襄阳城又是如何得名的呢？襄阳城的得名也有三种说法。第一，一般人认为，汉水经过襄阳这一段，名叫"襄河"（流传在天门仙桃一带的小调《玉娥郎》有唱襄河的内容，名叫《襄河谣》）。第二，《荆州记》中说驾山而下谓之"襄"，襄阳城南岘山北麓的十里小河因而名叫"襄水"，襄阳城因此而得名。东汉应劭也这样解释，襄阳城在襄水之阳。第三，襄阳城的得名可能与牛郎织女在天河的浪漫神话传说有关。汉水和天河在先秦时期人的口中都叫"汉"，在他们的心目中，汉水和天汉是一回事。襄阳段汉水基本是东西走向，使襄城区与樊城区隔江相望。这一段汉水的走势与天上的牛郎织女隔天河相望十分类似。牛郎、织女的名称，目前可见的最早出处为《诗经·小雅·大东》。襄阳和襄河的"襄"字，与《诗经·小雅·大东》中的"虽则七襄"同用一个"襄"字，可能有内在联系。

襄阳自古以来就是南北经济文化的交融之地。春秋战国时期，襄阳是大国楚和中原周天子交往的通道。两汉至隋唐时期，从京城长安、洛阳经襄阳到江陵的驿道，是沟通南北政治、经济的大动脉，加上长江最大的支流汉水在此与唐白河汇合，襄阳就成了"南船北马"的汇集地。盛唐诗人张九龄写道："江汉间，州以十数，而襄阳为大，旧多三辅之家，今则一都之会。"杜甫的诗句"即从巴峡穿巫峡，便下襄阳向洛阳"，白居易的诗句"下马襄阳郡，移舟汉阳驿"，生动地描绘了襄阳"南船北马"、交通便利的繁荣景象。明清以来，襄阳的商业经济辐射到黄河上下，长江南北，在襄阳建立了山陕会馆、河南会馆、江苏会馆、浙江会馆、徽州会馆、抚州会馆、黄州会馆、福建会馆、武昌会馆、江西会馆、湖南会馆等全国20多个地区的商业办事机构。

在文化方面，襄阳南北文化交融的特点更为显著。上古北方的中原文化和南方楚文化在这里交融。这里既受到"文王化南国"的中原文化的熏陶，又受到"听歌知近楚"的南方文化风俗的深刻影响；这里既散发着孔子所崇拜的仲山甫的风范之光，又是文采风流的楚歌流传之地。东汉末年，文化中心南移，北方士人集团大量流寓襄阳，与本地的知识集团相结合，掀起了一次以政治为中心的思想学术与文化高潮，出现了一大批以诸葛亮、庞德公为代表的政治、军事、文化人才。唐以后，襄阳往来行舟，夹岸停泊，千帆所聚，万商云集，以至骚人墨客纷至沓来，流连忘返。著名诗人李白、杜甫、王维、欧阳修、苏轼等，都曾游历襄阳，写下了脍炙人口的不朽诗章。在艺术上，襄阳也是南北戏曲交流的通道，襄阳花鼓是南北戏曲与本地民间曲调融合而成的具有独特风格的地方剧种。

二、襄阳万山与汉水神女

古人以为，是山都有精神，是水都有灵性。从江河来说，长江有巫山神女，黄河有洛河女神，湘江有湘水神女，汉水也有汉水神女。汉水神女据说就活动在以襄阳万山为中心的汉水之滨。

汉水神女第一次登台亮相是在《诗经·国风·周南·汉广》中,她被称为汉水游女,是以一个樵夫心上人的身份出现的。这首诗是这样写的:"南有乔木,不可休思。汉有游女,不可求思。汉之广矣,不可泳思。江之永矣,不可方思……"这首诗写得非常缠绵、忧伤,也很哀婉,可以说深情无限,诗意大致是这样的:南方有棵高大的楠树,我却不能在树下休息;汉水边有位美丽窈窕的少女,我却不能向她倾诉心意。碧波荡漾的汉水无限宽广,难以飞越,我恨不能生出一对翅膀;无边无际的汉水无限悠长,无法泳渡,让人无限哀伤。姑娘啊,我的姑娘,我愿变成一匹忠诚驯服的马驹,一生一世蹲伏在你的身旁,我愿生出日行千里的马蹄,奔走在到你家的路上。

这是一首以砍柴、卖柴为生的樵夫唱给心上人的山歌,它表达的意思与西部歌王王洛宾的《在那遥远的地方》有异曲同工之妙:"我愿抛弃了财产,跟她去放羊……我愿她拿着细细的皮鞭,不断轻轻打在我身上。"这位砍柴的樵夫也是一样,一见到这个姑娘,就愿变成一匹忠诚驯服的马驹,一生一世守在她的身旁,愿自己生出日行千里的马蹄,奔走在到姑娘家的路上。柴不砍了、家不要了、日常的营生也不搞了,就甘愿去做姑娘的奴隶!

在如此热烈、深情的爱情表白下,汉水游女的反应又是什么样的呢?汉水游女留给小伙子的不是含情脉脉、幸福羞涩的爱情承诺,也不是桑间濮上、幽期蜜会的甜蜜,而是悄无声息的沉默。

在这里,作者告诉了我们四个信息。第一,从"汉有游女"的"游"字上,可以确定汉水的这位神女,她是经常活动在汉水两岸。第二,她美丽无比,美丽得让人迷失了自我,无法自持。第三,她是可望而不可即、可思不可求的,矜持、骄傲、高贵,无论你怎么热恋、怎么追求,还是千呼万唤,都得不到她的回应。第四,她是一个砍柴人的心上人,出现在砍柴人的睡梦和畅想中。

汉水神女第二次登台亮相是出现在《韩诗外传》中,在《韩诗外传》中就有这样的一个场面。孔子南游楚国,来到了一个阿谷之隧的地方,穿过长长的隧道般的山谷,就来到了汉水边上,看到了两位戴着璜的少女,正在江边洗衣服。两位姑娘清丽窈窕,勤劳利索,这让孔子看上去心有所动。他就让自己的弟子上前交谈,送上了两份礼物,但是被这两位洗衣的女子拒绝了:"无功不受禄,无缘不受赏。先生,我们谢谢您了。"那么在这个场景中出现的汉水神女,是有见识的、知礼节的,是勤劳的,是廉洁的。

据文献记载,汉水神女流传在春秋战国以前,在汉水上游的汉中,中游的襄阳,下游的沔阳、天门都留下了神女活动的遗迹。这个活动遗迹以襄阳为中心,她的影响是遍及汉水流域的。

在上游,郦道元的《水经注》中有明确的记载,汉水向东流经汉庙堆下,这里就是从前汉水神女出没隐现的地方。那么汉庙堆就是专门为了纪念、祭祀汉水神女而建的。到后世,在襄阳、沔阳一带,还修建了不少纪念汉水神女的建筑。在沔阳范溉关有解佩亭,在襄城西也有解佩亭,在宋朝祝穆《方舆胜览》中,记载了汉水神女在天门附近活动的情况。

汉代以来,汉水游女的形象慢慢开始被神化。神化的手段之一,就是汉水游女的典故被反复地引用,出现在各种典籍中,被各大家反复地称颂。在《水经注》里面,在张衡的《南都赋》中,在孟浩然、李白的诗歌中,在很多很多作家的诗词曲赋中,都引用到汉水神女的典故。

汉水神女的传说,在汉水流域上下广泛流传,不仅融入了人们的生活,同时成了人们永远无法释怀、向往不已的一个美梦。可以说对汉水神女的形象,没有一个可以确定下来的原型。

在《诗经》中,她美丽、矜持、高傲,可望而不可即、可遇而不可求,她是一个砍柴人心中的美梦,是他的心上人;在孔子面前,她们是汉水渔家女儿,是勤劳而又廉洁的洗衣女;在刘向的《列仙传》里面,又是两位飘忽不定、行踪隐秘,既温柔宽容又机智理性、刚柔相济的神女;在前秦人王嘉的《拾遗记》中,她们又被视为陪伴周昭王南征,却不幸被淹死的美女。

对于这样的四种角色,究竟该认同哪一角色为汉水神女呢?这个问题恐怕永远都无法回答。笔者认为,汉水神女是汉水千万女儿的象征,她是对汉水流域有史以来,平民女性典型化、概括化的结果。从汉水神女身上折射出来的是汉水平民女性的智慧、平民女性的品德、平民女性的风采和平民女性的做派。同时,在汉水神女的身上,寄托着汉水两岸人民的一种向往、一种期待、一种理想,即对高贵美丽、芳洁自持、机智理性、刚柔相济女性美的想象和向往。

三、襄阳先楚文化

1. 楚国地望荆山

若将楚国的历史按 800 年计算,那么,它在南漳荆山立国的时间就将近占了一半。可以说,楚国是封于斯、立于斯、成于斯、兴于斯,在这里走过了自己的童年期、少年期和青年期,有过成长的幼稚、奋斗的艰辛和发展的激情,留下了异常深重、永远不可磨灭的历史足迹。也正是在这个意义上,我们说,南漳荆山是楚国的神圣之地——国之地望。

2. 沮水巫音

巫音，又称呜音，被史学界称为楚乐的活化石。巫音被称呜音，是就其音乐发音特色而言的；呜音被称巫音，是就其文化背景而言的。巫音是楚国故地——鄂西北地区流行较广的民间音乐形式，但各地的缘起、流传、形式、调式都不一样。

巫音产生在荆山、沮水一线的南漳、保康一带，并流衍到远安等地。位于鄂西北的荆山主脉自西南折北向东，绵亘昔日楚国故地。这里层峦叠嶂，沟壑幽深，林繁树茂，河流纵横。发源于荆山主峰景山的沮水，流经欧店、歇马、马良、重阳等乡镇。

荆山是楚文化的重要发祥地和传播地。"巫"是楚文化的灵魂。据史料记载，巫风源于殷商，巫风即巫音。熊绎被封为楚君，遂将巫风携入荆山，于是，荆楚大地，巫风盛炽，巫音弥漫。当吴人来攻时，楚灵王因未完成对神灵的祈求而不予迎战。这个历史记载典型地表明，巫音在当时极大地影响着楚国的政治、军事、生活等各个方面。《吕氏春秋》载："楚之衰也，作为巫音。"可见巫音影响楚国宫廷上下的深广程度。

巫音是楚人与神灵沟通的语言，这种精神追求和原始信仰，已深深嵌入了楚人的心田。沮水巫音是古楚巫音一脉相承的延续，依然承袭了其严谨规范的形式，保持着清丽诡奇的风格。在音乐上是由长号、喇叭、战鼓、边鼓、钩锣、包锣、马锣、引锣、镲子、木鱼、竹笛等器乐组成的吹打乐。巫音乐班一般由6人、9人或12人组成。巫音喇叭比普通喇叭长而厚，发出的声音更低沉。庄严肃穆、诡谲幽暗的巫音，适用于祭祀、丧葬、朝山进香等活动。其中巫音喇叭最特别，它形似唢呐，比唢呐大，杆上只有6孔，而后孔一般不用。如远安巫音留传下来的曲谱有 50 多个。曲调古朴无华、浑厚而幽雅，起伏较大，跳进居多，高音缥缈，慢吹繁击。所有演奏的唢呐筒音均带有微升音效果，在吹奏中形成了多种不同的音列。许多音阶的排列，用现在的五声音阶、七声音阶与十二平均律难以准确记载，音程关系特殊。同时，巫音的联曲程序十分规范。开始的开套就是一个完整的结构。而作为巫音主体部分的"长调"（一批独立曲牌的总称）更为严谨。从欢快热烈进入悠长、虚渺、肃穆，最后回到炽热、明快的情绪。在演奏技巧方面，巫音强调"口中带韵，手上带花"。巫音喇叭喜用"闪音"与"鸣音"，前者如民歌的波音，后者似箫声，还有"喉音""打音"等的技巧。

巫音靠艺人"嗯唱"传谱，用手指二关节摸音，讲究韵口儿。闪音、跳音如轻云飘忽不定，又如寒气阴森袭人。偷换气、甩马锣是吹奏巫音的传统技法。作为表达楚人心声的巫音文化，在其千百年的传承中，原始巫音有所变异，由主要用于祭祀事神向庆典娱人方向转化，开始出现在红、白喜事场面，从而具有了娱人、事神的双重功能。

巫音喇叭演奏曲牌遵循着严格的祖训，即"进门不吹叶叶落，出门不吹上山坡"，须按喜事的规矩和既定套路演奏，不得逾越。从曲调上，除《靠锅》《叶叶落》两个乐曲专用于白事外，其他乐曲均可用于红事。白事喜办，也是楚人的习俗。人过花甲称为长寿，入土为安是喜，亡者为大，孝家也必当喜事操办，所以白事也称为喜事。红事吹号五声："哈哈哈……"白事吹号三声："呜呜呜……"红事长号系红绸，白事长号系白巾，将红、白喜事从内容和形式上区分开。常用曲牌分两种情况：一是喜事用喜调，如《娶亲调》《虎报头》《何仙姑》等；二是丧事用悲调，如《上山坡》《叶叶落》《普天落》等。

据马良镇赵家山巫音老艺人王作玉所说，巫音起于春秋战国，乃鲁太师之乐。店垭镇天星村巫音艺人李宗保认为,巫音是春秋时代著名的宫廷音乐师师旷传下来的,其家大门上贴有"尧舜师旷为吾师曲歌盛世,楚水景山显瑞色乐具太平"的对联。

江汉沮漳,楚之望地。荆山地望,古风犹存。沮水流域的山民依然沿袭楚先民对巫音的尊崇。当地打调班子很多,乐班聚会,论次排位,巫音在前,座位靠左,响匠百家,巫音为大。当地山民将巫音座位称为"云台",巫音乐师被称为"云台师傅",以示巫音在山民心目中的地位高耸入云。

目前,活跃在峡口一带的巫音喇叭班主要是刘氏家庭班,已传承6代,在与南漳接壤的荆门、远安、保康一带颇有影响。20世纪80年代,省市专家学者亲临峡口对其进行挖掘整理。

深山大谷的庇护,山民信巫重祀的古之遗风,为巫音提供了生存的土壤和空间,巫音才如亘古不息的沮水以顽强的生命力存活于民间。从20世纪80年代起,保康县有关部门就开始开展针对巫音的保护工作,为巫音乐班发放演出许可证。21世纪初,保康成立了民间文化艺术保护抢救中心。

沮水巫音是楚文化瑰宝,其奇异、诡谲、典雅的音调,古朴、严谨的结构形态,反映了楚人的生活情绪、精神面貌,沉淀着楚文化厚重奇丽的文化底蕴。

3. 卞和与和氏璧

卞和(又作和氏)是春秋时代楚国地望荆山(今襄阳保康)人。卞和献玉说的是卞和与和氏璧的故事。传说荆山出产美玉,只是很难找到,而且很难辨识,玉在石中叫"璞",外表虽然是顽石,内里却是美玉，全凭丰富的经验，即使善于雕琢的玉工也未必有这个眼力。

楚厉王在位时，荆山东麓的一位青年农民卞和有见璞知玉的本事。他在荆山采得一块外表同普通石头差不多的璞，知道其中藏着极为珍贵的玉，高高兴兴地跑到丹阳去，把这璞献给楚厉王。楚厉王见了这块其貌不扬的璞，不知是石是玉，叫玉工来鉴定，玉工看过后说："这是石头。"楚厉王大怒，以为卞和有欺君之罪，砍断了他的左脚，和氏无以自明，只得含垢忍辱。

楚厉王死，武王立。和氏抱着璞，跛着脚，又到丹阳去，把这璞献给武王，不料悲剧重演，武王也叫玉工来鉴定。玉工仍说那是石头，执法官把卞和的右脚也砍掉了。

楚武王死，文王立，卞和至少也有七八十岁了。回顾往事，不胜伤感，抱着璞在荆山东麓号啕大哭。这一哭，就一连哭了三天三夜，哭得眼里流血，有人把这事报告给楚文王，文王觉得蹊跷，派使者去查问，使者对卞和说："天下受刑的人多的是，为什么唯独你哭得那么悲痛呢？"卞和回答说："我不是因为受了刑而痛苦，而是因为宝玉被叫作石头，好人被当成骗子，才痛苦啊！"使者回报文王，文王命令玉工剖开卞和所献的璞石，结果正如卞和所讲的，石中有举世罕见的宝玉。文王叫玉工把这块玉雕琢成一块璧，取名为"和氏璧"，以纪念这位村野细民卞和。

战国时期，楚国为联赵抗秦，不惜割爱，把和氏璧送给了赵惠王，秦昭王闻讯表示愿意用15座城交换和氏璧。成语"价值连城"就是出于这个典故。蔺相如奉璧入秦又完璧归赵，名垂青史。历经数千年，可惜，这块堪称古玉之王的和氏璧早已不知去向。

和氏璧失踪已千年有余，它究竟属何种宝玉，已成疑案。多年来，白玉、独山玉、蓝田玉、玛瑙、岫玉、月光石、拉长石、翡翠诸说，真是众说纷纭，莫衷一是。但有两点是可以肯定的，一是此种宝玉极稀少，且色彩绚丽。二是此璧代表了皇权。但它既不能让封建帝王"受命于天"，也不能使封建社会"即寿永昌"，真正留给世人的是卞和求真务实的高贵精神及相玉鉴定的高超技艺。卞和被世人尊为"白玉祖师"，奉为"白玉真人"。

那么，和氏璧产于何处呢？《韩非子·和氏》一文中，已经说明"得玉璞楚山中"，"抱其璞而哭于楚山之下"。而在古文中，荆楚互用，楚山即荆山。然而，历史上的荆山，既有具体山名的概念，又有山脉的概念。况且史籍中还有南条荆山、北条荆山、中条荆山与西条荆山之说。卞和得到和氏璧的荆山，应该就在襄阳市保康县。

四、襄阳的政治军事地位与襄阳围城之战

顾祖禹在《读史方舆纪要》中论湖北形势时说："湖广之形胜，在武昌乎？在襄阳乎？抑在荆州乎？曰：以天下言之，则重在襄阳；以东南言之，则重在武昌；以湖广言之，则重在荆州。"此论非常精辟地指出了湖北地区的三个重心和各自的战略意义。这三个重心得以形成，源于历代的经营，而历代的经营是以地理形势为基础的。湖北主要是通过东、北、西三个方向与其他战略要地发生联系的。这三个方向均有延绵的山脉为险阻，将湖北相对完整地围起来，长江和汉水向这三个方向延伸至境外，成为它与外部的往来通道，从而形成能进能退、可攻可守的态势。

作为历史重镇，襄阳的地位具有全局性的战略意义。在中国地理格局的大形势中，襄阳既是东西之间的一个联系枢纽，又是南北之间的一个重要接触部。襄阳所处的南阳盆地具有东西伸展、南北交融的

特点，无论是东西之争，还是南北之争，南阳盆地都是必争之地。襄阳地处南阳盆地的南部，依托湖北，通过汉水和长江，东连吴会，西通巴蜀；由南阳盆地，可以北出中原，西入关中，还可经汉中而联络陇西。古代南北对抗时，南方的军事防御线东西延绵三四千里，襄阳便处在这条漫长战线的东南段与西北段之间的连接点上。因此，襄阳作为湖北境内的战略重心，实已超出了局部地域性而具有了全局性的意义。

无论是对于南方还是对于北方，襄阳的归属与经营得是否得当，足以决定其在战略上是主动还是被动。南方如欲向北方进取或抵御北方的进攻，必须重视对襄阳的经营。经营好襄阳，足以协调整个战线。襄阳战区可在东西战区之间左右伸缩，配合呼应，协同作战。桓温、刘裕、岳飞、吴拱等都曾凭借襄阳而有所作为，李纲、陈亮等人也曾建议当政者经营襄阳，收复中原。对于北方来说，控制襄阳则可获得两个决定性的效果：一举截断南方漫长的防线；控制长江上游之势。西晋灭吴，萧衍甚至自襄阳举兵东下，取南齐而代之。隋灭陈大大得益于对襄阳的控制和经营。曹操、苻坚、拓跋宏也都曾试图争襄阳而图江南。

历时6年的襄阳围城之战就是在这种战略情势下展开和结束的。此战是元灭南宋关键性的一战。元军取胜的主要原因是作战方略正确，指挥得当，适时克服了缺乏水军的弱点，加强了作战能力。南宋失败的根本原因是朝廷腐败，救援无力。襄阳失守后，南宋军队的战斗力急剧下降，促使忽必烈下定灭宋的最后决心。没了"铁打的襄阳"，南宋显得那样不堪一击。

五、襄阳历史文化名胜

1. 襄阳城

襄阳城雄踞汉水中游，位于汉水南岸，与北岸的樊城隔江相望，整个城区微呈方形，城池高大壮观，古朴多姿。它的北面有滔滔汉水作天堑，南面和西南有岘山、真武山等诸山作屏障，实为汉水之锁钥，江汉之屏障，历来为兵家必争之地。因整个襄阳城布局严谨，形势险要，城墙坚固，城高池深，易守难攻，素有"铁打的襄阳"之称。襄阳城三面环水，一面靠山，不仅是历代区域性政治、经济、文化的中心，更是一座古今闻名的军事重镇。历史上，襄阳一直是群雄角逐的重要战场，战争的硝烟不断弥漫在它的上空。如今，这里尚存许多军事遗迹。襄阳城始筑于汉，唐宋年间改为砖城，增设垛堞，新建城楼。明洪武年间重筑，并在城的东北角新添一段城墙，取名新城。全城周长7322米，原有6座城门，分别为阳春、西成、临汉、拱宸、震华、文昌。因西门（西成门）是朝拜真武祖师庙的必经之路，故又称为"朝圣门"。每座城门设有瓮城或子城，城四隅设有角台，沿线分设敌台和烽火台，城垣上设置垛堞4000多个。城墙最低处7米，最高处11米。

襄阳城六门城楼高耸，四方角楼稳峙，王粲楼、狮子楼、魁星楼点缀十里城郭，金瓦琉璃，高墙飞檐，煞是壮观，整个城池都和谐地融为一体，给人以古朴典雅的感受。襄阳市政府近年来下了很大功夫修复古城，采取了一系列的措施，保留了襄阳古城墙古朴的原貌。

明人李言恭诗赞襄阳城："楼阁依山出，城高逼太空。"襄阳城据山临水，蔚为壮观。城北、城东、城南由滔滔汉水环绕，西靠羊祜山、凤凰山诸峰。城墙始筑于汉，后经历代整修，现基本保存完好，墙体高约10米，厚1.3～1.5米，周长7.4千米。

环绕襄阳城的古护城河是古城美景之一。其宽度在180米以上，最宽处超过250米，是我国最宽的护城河，人称"华夏第一城池"，现被原样保存。绕城泛舟而游，但见城垣高筑、垛堞处处，垂柳掩映、灌木葱茏，仿佛置身于画中，美不胜收。

"楚塞三湘接，荆门九派通。江流天地外，山色有无中。郡邑浮前浦，波澜动远空。襄阳好风日，留醉与山翁。"（王维《汉江临眺》）作为一座巍峨雄丽的古城，襄阳以悠久的历史、灿烂的文化、丰富的文物古迹、壮丽的山川河流而闻名遐迩，古往今来不知多少骚人墨客在此驻足，写下了壮美动人的诗篇，激人千古遥诵，发思古之幽情，抒激烈之壮怀！

2. 襄阳岘山

中国有很多叫岘山的山，但唯有襄阳岘山，是一座丰隆的历史文化名山。岘山位于襄阳城西南1千米处，东临汉水，与一水相隔的鹿门山形成东西对峙之势，俨如扼守在江汉平原北部的两扇大门。襄阳岘山俗称"三岘"，包括岘首山（下岘）、紫盖山（中岘）、万山（上岘），它背靠巍巍大荆山，环抱"铁打的襄阳"，遥控"纸糊的樊城"，峰岩直插滔滔汉水，雄踞一方。

岘山是一座发人幽思的历史名山。唐代大诗人孟浩然有诗："人事有代谢，往来成古今。江山留胜迹，我辈复登临。水落鱼梁浅，天寒梦泽深。羊公碑尚在，读罢泪沾襟。"（孟浩然《与诸子登岘山》）这是一首吊古伤今的诗。所谓吊古，是凭吊岘首山的羊公碑。据《晋书·羊祜传》，羊祜镇荆襄时，每逢良辰美景，常到岘山置酒咏诗。有一次，他对同游者喟然叹曰："自有宇宙，便有此山，由来贤达胜士，登此远望如我与卿者多矣，皆湮灭无闻，使人悲伤！"羊祜生前颇有政绩，死后，襄阳百姓于岘山建碑立庙，"岁时飨祭焉。望其碑者，莫不流涕"。现在人们一登上岘山，见到羊公碑，自然会想到羊祜。由吊古而伤今，就不由得感叹起自己的身世来。历史上流传下来关于岘山的诗多不胜数。而实际上，这位来自襄阳鹿门山的孟浩然可以说是古往今来以诗描写岘山最多的诗人。

岘山，浑身上下都被名胜古迹包裹着：刘备马跃檀溪处，凤林关射杀孙坚处，羊祜的堕泪碑与杜预的沉潭碑，刘表墓与杜甫墓，张公祠和高阳池，王粲井，蛮王洞，等等。登临岘山顶往南看去，楚皇城、宋玉故里以及张自忠将军殉国处历历在目。朝东方向，鱼梁洲与山水田园派诗的开创者——孟浩然的隐居地鹿门山隔汉水相望。向北远眺，襄阳米芾纪念馆、古邓国和关羽水淹七军遗迹尽收眼底。注目西去，孔明躬耕地——古隆中烟雨朦胧。

岘山盛产名石。在岘山腰岩上有一块苍劲的"岘石"就是极品古石。凤凰山出的襄阳石，宋代的《云林石谱》中已有记载。经考证，随州擂鼓墩曾侯乙墓出土的编钟，是用岘山的石片磨成的。三千里汉水，流到这儿被岘山迎头一挡，拐出了一个大大的急转弯。岘山美石不断被冲进汉水，在鱼梁洲形成了汉水第一大卵石滩，无数的水墨石、火爆石、梨皮石、血石和蜡石，像一粒粒珍珠，散落在纯洁的白沙中，醉倒了一个个的石痴，吸引了一队队的石友。仰望幽幽岘山，伴陪沧沧汉水，醉赏浑浑美石，当此美景雅趣，应该是人生一大至乐。

3. 广德寺与多宝佛塔

广德寺原名云居寺。在襄阳城西约 13 千米。四周呈方形，面积约 30000 平方米，有一条宽约 10 米的小溪环绕。殿宇林立，古树参天，苔藓匝地，异常幽静。

寺始建于唐贞观年间（627—649 年），名"云居禅寺"，明成化年间（1465—1487 年）由隆中迁此，因宪宗御笔亲赐"广德禅林"，遂一直沿袭至今。寺内原有天王殿、大雄宝殿、伽蓝殿、韦驮殿、观音殿、藏经楼、方丈房等建筑，现仅存天王殿、藏经楼、方丈房和多宝佛塔。天王殿为硬山顶，因人为破坏，已改原有风姿，内部完整，外部改成民用建筑。藏经楼为重檐硬山顶式，系清代重修。

多宝佛塔建于明弘治七年（1494 年）至弘治九年（1496 年）间，为砖石仿木结构，通高约 17 米，由塔座、塔峰两部分组成。塔座高 7 米，成八角形，上迭浅檐，下奠矮基，砖砌角柱，石雕龙首。各墙均设有壁龛，上供石雕跌坐莲台佛像一尊，各壁设有石雕券门 4 个，正门上方石匾横书"多宝佛塔"4 字，下置 3 个"佛"字，严谨浑厚，苍劲有力。塔峰置 5 座小塔，居中者为喇嘛塔，高 10 米，下置须弥座，上置莲台，与覆钵式塔肚承接；上置相轮，顶置铁空盖。主塔四周有 4 座六角形 5 层密檐式砖塔，并设有佛龛。塔的上下内外共嵌有石雕坐佛 45 尊，故称多宝佛塔。古塔旁有银杏一株，4 人合抱，高约 35 米。明嘉靖帝曾效汉武帝封松柏故事，赐以"大将军"封号；以后，清乾隆帝又加封为"感应大将军"，树旁尚有碑刻以记其事。多宝佛塔现已被列为全国重点文物保护单位。

六、襄阳历史文化名人

古襄阳历史悠久,辖地广阔(唐代时古襄阳城辖地最大,相当于当今三个省的地盘)。南北交会的地理位置和丰厚的文化底蕴,使襄阳自古就是藏龙卧虎栖凤之地,孕育出许多卓越的政治家、军事家、文学家、史学家、书法家等。

襄阳自古以来才子荟萃,群星璀璨。战国时期,宜城人宋玉,是屈原的弟子、著名的辞赋家。东汉时枣阳学者刘珍著有《东观汉记》,长达140多卷。宜城人、文学家王逸《楚辞章句》,开注释《楚辞》之先河。三国时期,"襄阳才子"庞德公与王粲、司马徽、诸葛亮等或切磋诗文,或议论时事。王粲的《登楼赋》、诸葛亮的《隆中对》即诞生于此。东晋史学家习凿齿,著有《汉晋春秋》《襄阳耆旧记》。

在襄阳出生的北宋书画家米芾,与苏轼、黄庭坚、蔡襄并称"宋四家"。此外,刘表、司马徽、羊祜、刘弘、山简、牛序、释道安、释慧远、萧统、欧阳修、岳飞、李自成等一大批过境襄阳的历史杰出人物,都在这块土地上留下了光辉的足迹。

1.《楚辞》的最早注释者——宋玉与王逸

宋玉,字子渊,襄阳宜城人(也有称归州人的),相传他是屈原的学生。曾事楚顷襄王。好辞赋,为屈原之后辞赋家,与唐勒、景差齐名。所谓"下里巴人""阳春白雪""曲高和寡"的典故皆出自宋玉的作品。

关于宋玉的生平,据《史记·屈原贾生列传》载:"屈原既死之后，楚有宋玉、唐勒、景差之徒者，皆好辞而以赋见称。然皆祖屈原之从容辞令，终莫敢直谏。"记述极为简略。《韩诗外传》有"宋玉因其友而见楚相"之言。刘向《新序》则作"宋玉因其友以见楚襄王""事楚襄王而不见察"，同时又有"楚威王（襄王的祖父）问于宋玉"的记载。王逸在《楚辞章句》中则说他是屈原的弟子。晋代习凿齿《襄阳耆旧记》又说："宋玉者，楚之鄢人也，故宜城有宋玉，始事屈原，原既放逐，求事楚友景差。"总之，关于宋玉的生平，众说纷纭，至今难分晓。大体上说，宋玉当生在屈原之后，且出身寒微，在仕途上颇不得志。

宋玉的成就虽然难与屈原相比，但他是屈原诗歌艺术的直接继承者。在他的作品中，物象的描绘趋于细腻工致，抒情与写景结合得自然贴切，在楚辞与汉赋之间，起着承前启后的作用。后人多以"屈宋"并称，可见宋玉在文学史上的地位。

王逸，字叔师，襄阳宜城人，是最早注释《楚辞》的学者，东汉文学家。王逸在东汉安帝时为校书郎，顺帝时官至侍中。所作《楚辞章句》，是现存最早的《楚辞》注本，也是第一部《楚辞》全注本。王逸认为《九歌》的前身就是当时楚国民间的祭祀歌词，经过屈原的整理改编，才成为今天所看到的《九歌》面貌。王逸所作有赋、诔、书、论等21篇，《汉诗》123篇，今多亡佚。明人辑为《王叔师集》。

2. 中国最早的人物志作者之一——习凿齿

习凿齿，东晋文学家、史学家，字彦威，襄阳人。少年胸怀大志，发愤读书，博学多闻，以文章著称于世。桓温为大司马时，习凿齿深受桓温信任，承担处理机要的重任。后来桓温企图称帝，习凿齿便著述

《汉晋春秋》，希望以此规制桓温的野心。后来因为患有脚疾，便辞官还乡。所著《襄阳耆旧记》是中国最早的人物志之一。

十六国时，前秦国王苻坚南下进攻西晋，功陷襄阳，当时习凿齿在家闲居，苻坚素慕他的才学与名望，曾派车马将他请去，遗赠颇多。不久，他假称脚有病，仍回襄阳。习凿齿著有《汉晋春秋》54卷。该书上起东汉光武帝刘秀，下迄西晋，记了近300年的史事。他在叙述三国历史时，以蜀汉刘备为正统，而以曹魏为篡逆。他认为晋司马氏虽受魏禅，但应继承汉祚，不应继魏。因而，晋朝国统不正，不能昭示后世。正因为习凿齿以蜀汉为正统，所以他对诸葛亮深怀敬仰之情。他曾专程前往隆中凭吊孔明故宅，并写了《诸葛武侯宅铭》，记叙了孔明故宅的情景，论述了孔明志在复兴汉室、统一中原大业的抱负，颂扬了孔明公正无私、执法严明、"鞠躬尽瘁，死而后已"的优秀品质。在他的著作中，还收录了孔明的《后出师表》，对考证此文提供了有力的佐证。因此，在四川成都的武侯祠里，后人留下这样一副对联：异代相知习凿齿，千秋同祀武乡侯。

3. 唐代第一个倾力写作山水诗的诗人——孟浩然

孟浩然，唐代诗人，名浩，字浩然，号孟山人，襄州襄阳（今湖北襄阳）人，世称"孟襄阳"。因他未曾入仕，又被称为"孟山人"。襄阳南门外背山临江之涧南园有他的故居。他曾隐居鹿门山。40岁时，宦游长安，应进士举不第。曾在太学赋诗，名动公卿，一座倾服，为之搁笔。他和王维交谊甚笃。传说王维曾私邀入内署，适逢玄宗驾临，孟浩然担心惊扰圣驾，情急之下回避于床下。王维不敢隐瞒，据实奏闻，玄宗便命令孟浩然出来相见。孟浩然自诵其诗，诵读至"不才明主弃"之句，玄宗自觉有牢骚不满之意，很是不悦，说："卿不求仕，而朕未尝弃卿，奈何诬我！"随之下诏将孟浩然放归襄阳。此后，孟浩然漫游吴越，穷极山水之胜。开元二十二年（734年），韩朝宗为襄州刺史，约孟浩然一同到长安，为他延誉。但他不慕荣名，至期竟失约不赴，终于无成。开元二十五年（737年），张九龄为荆州长史，将孟浩然招致幕府。不久，仍返故居。开元二十八年（740年），王昌龄游襄阳，访孟浩然，相见甚欢。适孟浩然病疹发背，医治将愈，因纵情宴饮，食鲜，而疾发逝世。

孟浩然生当盛唐，早年有用世之志，但政治上困顿失意，以隐士终身。他是个洁身自好的人，不乐于趋承逢迎。他耿介不随的性格和清白高尚的情操，为世人所倾慕。李白《赠孟浩然》云："吾爱孟夫子，风流天下闻。红颜弃轩冕，白首卧松云。醉月频中圣，迷花不事君。高山安可仰，徒此揖清芬。"王士源在《孟浩然集序》里，说他"骨貌淑清，风神散朗，救患释纷，以立义表。灌蔬艺竹，以全高尚"。王维曾画他的像于郢州亭子里，题曰"浩然亭"。后人因尊崇他，不愿直呼其名，改作"孟亭"，成为当地的名胜古迹。可见他在古代诗人中的盛名。王维、李白、王昌龄都是他的好友，杜甫、皮日休等人也与他关系甚好。

孟浩然是唐代第一个倾大力写作山水诗的诗人。其诗今存200余首，大部分是他在漫游途中写下的山水行旅诗，也有他在登临游览家乡一带的万山、岘山和鹿门山时所写的遣兴之作。还有少数诗篇是写田园村居生活的。

山水景物是南朝诗歌最重要的题材，经历长期发展，取得了显著的成就。到孟浩然，山水诗又被提升到新的境界，这主要表现在：诗中情和景的关系，不仅是彼此衬托，而且常常是水乳交融般密合；诗的意境，由于剔除了一切不必要、不协调的成分，而显得更加单纯明净；诗的结构也更加完美。

孟浩然山水诗的意境以富于生机的恬静居多，但是他也能够以宏丽的文笔表现壮伟的江山。如《彭蠡湖中望庐山》曰："太虚生月晕，舟子知天风。挂席候明发，渺漫平湖中。中流见匡阜，势压九江雄。黯黮凝黛色，峥嵘当曙空。香炉初上日，瀑水喷成虹……"清人潘德舆以此诗和《早发渔浦潭》为例，说孟诗"精力浑健，俯视一切"（《养一斋诗话》），正道出了其意兴勃郁的重要特征。

盛唐著名诗评家殷璠喜用"兴象"一词论诗，在评述孟浩然的两句诗时，也说"无论兴象，兼复故实"（《河岳英灵集》）。所谓"兴象"，是指诗人的情感、精神对物象的统摄，使之和诗人心灵的颤动融为一体，从而获得生命，具有个性和活力。重"兴象"其实也是孟浩然诗普遍的特点。

孟浩然诗歌的语言，不钩奇抉异而又洗脱凡近，"语淡而味终不薄"（沈德潜《唐诗别裁集》）。他的一些诗往往在经纬绵密处似不经意道出，表现出很高的艺术功力。

孟浩然诗多以山水田园为题材，是盛唐主要的山水田园诗人，与王维齐名，合称"王孟"。

4. "宋四家"之一的米芾

米芾（1051—1107年），字元章，时人号海岳外史。祖籍山西，迁居襄阳，有"米襄阳"之称。史传他个性怪异，喜穿唐服，嗜洁成癖，遇石称"兄"，膜拜不已，因而人称"米颠"。

米芾一生官阶不高，这与他不善官场逢迎、为人清高有关。米芾是一个有真才实学的人，不善官场逢迎，使他赢得了很多的时间和精力来玩石赏砚，钻研书画艺术，他对书画艺术的追求到了如痴如醉的境地，他在别人眼里与众不同、不入凡俗的个性，也许正是他成功的基石。他曾自作诗一首："柴几延毛子，明窗馆墨卿。功名皆一戏，未觉负平生。"（《题所得蒋氏帖》）他就是这样一个把书画艺术看得高于一切的恃才傲物之人。

在书法上，他是"宋四家"（米芾、苏轼、黄庭坚、蔡襄）之一，其书体潇散奔放，又严于法度，苏东坡盛赞其真、草、隶、篆，如风樯阵马，沉着痛快；另一方面，他又独创山水画中的"米家云山"之法，善以"模糊"的笔墨作云雾迷漫的江南景色，用大小错落的浓墨、焦墨、横点、点簇来再现层层山头，世称"米点"，为后世许多画家所倾慕，争相仿效。他的儿子米友仁，留世作品较多，使这种画风得以延续，致使文人画上一新台阶，为画史所称道。米芾究竟以书为尚，还是以画为尚，史家各有侧重。

米芾集书画家、鉴定家、收藏家于一身，收藏宏富，涉猎甚广，加之眼界宽广，鉴定精良，所著遂为后人研究画史的必备用书。有《宝章待访录》《书史》《画史》《砚史》《海岳题跋》等。

米芾平生于书法用功最深，书法成就以行书为最大。书法作品留存较多。南宋以来的著名汇帖中，多数刻其法书。可见其书法流播之广泛，影响之深远。康有为曾说："唐言结构，宋尚意趣。"意为宋代书法家讲求意趣和个性，而米芾在这方面尤其突出，是北宋书法家的杰出代表。米芾习书，自称"集古字"，虽有人以为笑柄，也有人赞美说"天姿辕轹未须夸，集古终能自立家"（王文治）。这从一定程度上说明了米氏书法成功的来由。根据米芾自述，在听从苏东坡学习晋书以前，大致可以看出他受五位唐人的影响最深，分别为颜真卿、欧阳询、褚遂良、沈传师、段季展。米芾有很多特殊的笔法，如"门"字右角的圆转、竖钩的陡起以及蟹爪钩等，都集自颜之行书；外形竦削的体势，当来自对欧字的模仿，并保持了相当长的一段时间；米芾大字学段季展，"独有四面""刷字"也许来源于此；褚遂良的用笔最富变化，结体也最为生动，合米芾的脾胃，曾赞其字"如熟驭阵马，举动随人，而别有一种骄色"。

米芾作书十分认真，不像某些人想象的那样，不假思索，一挥而就。米芾自己说："余写《海岱诗》，三四次写，间有一两好字，信书亦一难事。"（明范明泰《米襄阳外记》）一首诗，写了三四次，还只有一两字自己满意，其中的甘苦非个中行家里手不能道，也可见他创作态度的严谨。

米芾对书法的分布、结构、用笔，有着他独到的体会。要求稳不俗、险不怪、老不枯、润不肥，大概姜夔所说的"无垂不缩，无往不收"也是此意。即要求在变化中达到统一，把裹与藏、肥与瘦、疏与密、简与繁等对立因素融合起来，也就是"骨筋、皮肉、脂泽、风神俱全，犹如一佳士也"。章法上，重视整体气韵，兼顾细节的完美，成竹在胸，书写过程中随机应变，独出机巧。米芾的用笔特点，主要是善于在正侧、偃仰、向背、转折、顿挫中形成飘逸超迈的气势、沉着痛快的风格。字的起笔往往颇重，到中间稍轻，遇到转折时提笔侧锋直转而下。捺笔的变化也很多，下笔的着重点有时在起笔，有时在落笔，有时却在一笔的中间，对于较长的横画还有一波三折。勾也富有特色。

米芾的书法中常有侧倾的体势，欲左先右、欲扬先抑，都是为了增加跌宕跳跃的风姿、骏快飞扬的神气，以几十年集古字的浑厚功底作前提，故而出于天真自然，绝不矫揉造作。学米芾者，即使近水楼台者也不免有失"艰狂"。宋、元以来，论米芾书法，大概可区分为两种态度：

一种是褒而不贬,推崇甚高;一种是有褒有贬,而褒的成分居多。持第一种态度的,可以苏轼为代表。

米芾富于收藏,宦游外出时,往往随其所往,在船上大书一旗"米家书画船"。

米芾嗜石,《宋史》本传记有其事。元倪瓒有《题米南宫拜石图》诗:"元章爱砚复爱石,探瑰抉奇久为癖。石兄足拜自写图,乃知颠名传不虚。"据此诗,米芾对此癖好自鸣得意。传说米芾一生非常喜欢把玩异石砚台,有时到了痴迷之态。据《梁溪漫志》记载,他在安徽无为做官时,听说濡须河边有一块奇形怪石,当时人们出于迷信,以为神仙之石,不敢妄加擅动,怕招来不测,而米芾立刻派人将其搬进自己的寓所,摆好供桌,上好供品,向怪石下拜。此事后被传出去,由于有失官方体面,米芾被人弹劾而罢了官。但米芾一向把官阶看得并不很重,因此也不怎么感到后悔,后来就作了《拜石图》。这可以看出米芾对玩石的投入与傲岸不屈的刚直个性,大有李白"安能摧眉折腰事权贵,使我不得开心颜"的胸怀。米芾对奇石十分专注,总结出了鉴石的四大要诀——瘦、秀、皱、透,开创了玩石的先河。后世画家亦好写此图。

米芾还爱砚。在"装癫索砚"一节中可读出其中三味。传说米芾喜爱砚台至深,为了一台砚,即使在皇帝面前也不顾大雅。一次宋徽宗让米芾以两韵诗草书御屏,实际上也想见识一下米芾的书法,因为宋徽宗也是一个大书法家,他开创的"瘦金体"也是很有名气的。米芾笔走龙蛇,从上而下其直如线,宋徽宗看后觉得果然名不虚传,大加赞赏。米芾看到皇上高兴,随即将皇上心爱的砚台装入怀中,墨汁四处飞溅,并告皇帝:此砚臣已用过,皇上不能再用,请您就赐予我吧。皇帝看他如此喜爱此砚,又爱惜其书法,不觉大笑,将砚赐之。

砚是"文房四宝"之一,为书画家必备之物。米芾于砚,素有研究。

著有《砚史》一书，据说对各种古砚的晶样，以及端州、歙州等石砚的异同优劣，均有详细的辨论，倡言"器以用为功，石理以发墨为上"。

米芾晚年居润州丹徒（今属江苏），有山林堂。故名其诗文集为《山林集》，有100卷，现大多散佚。目前传世有《宝晋英光集》。

米芾的书法作品，大至诗帖，小至尺牍、题跋，都具有痛快淋漓、敧纵变幻、雄健清新的特点。米芾自称自己是"刷字"，明里自谦而实点到精要之处，"刷字"体现他用笔迅疾而劲健，尽兴尽势尽力。从现存的近60幅米芾的手迹来看，"刷"这一个字正将米字的神采活脱脱地表现出来，无怪乎苏东坡说："米书超逸入神。"米芾的书法影响深远，后世评价极高。明代董其昌《画禅室随笔》谓："吾尝评米字，以为宋朝第一，毕竟出于东坡之上。即米颠书自率更得之，晚年一变，有冰寒于水之奇。"明末，学米芾者甚众，像文徵明、祝允明、陈淳、徐渭、王觉斯、傅山这样的大家也莫不从米芾中取一"心经"，这种影响一直延续到现在。

第六节　汉派文化

一、汉派文化的历史演变

1. 武汉和汉派文化

武汉由汉口、武昌、汉阳三镇构成。武汉地方建制始于西汉，为江夏郡沙羡县地。东汉末年，在今汉阳先后兴建却月城和鲁山城，在今武昌蛇山兴建夏口城。当时荆州牧刘表派黄祖为江夏太守，将郡治设在位于今汉阳龟山的却月城中，却月城遂成为武汉市内已知的最早城堡。

从人文地理的角度看，武汉是江汉朝宗，擘三镇鼎立之格局；龟蛇夹持，执楚天吴地之钥匙。武汉拥江抱湖环山，因水而兴，缘水而盛，并在当今世界城市之林中彰显出少有的空灵与大气。

现在的武汉位于长江中游，是我国中部地区的中心城市，常住人口近1400万，地域面积8569.15平方千米，坐拥两江六湖，有"江城"和"百湖之城"的美誉，人均水资源占有量居世界城市前列。公路、铁路、航空和水运便利。京港澳高速公路、沪蓉高速公路等交会于此，京广高速铁路、沪汉蓉高速铁路等横贯城区。

汉派文化是武汉地区人民有史以来在社会历史发展过程中所创造的物质财富和精神财富的总和。它是一种以现代工商业文明为先导，富有深厚历史积淀、富于鲜明区域特色、东西合璧、江海汇融、兼容并包的码头性都市文化。从主要的方面看，汉派文化属于近世以来在传统文化和地域文化基础之上发展起来的工商业都市文化的一种，是以武汉为核心的城市群体价值取向为代表的。

汉派文化的主源有四：一是史前三苗土著原始耕织文明，二是以中原文化为代表的中国传统文化，三是楚文化，四是近现代的工商业文化。这四者之间碰撞、交融所产生的文化潜移和文化整合，构成了今日极具平民意识、码头意识、江湖意识、商业意识、开放意识和现代工业文明意识的汉派文化的主源。

汉派文化是历经几千年积淀而成的独特地域文化，有着江汉汇通、楚风汉韵、兼容并包的鲜明个性。唐宋以来，武汉成为中原文化、巴蜀文化、吴越文化、齐鲁文化、秦晋文化、岭南文化等多种文化的交融之地。近代又有西方文化的渗透融合，从而赋予武汉文化兼容并包、多元复合的特征。其中,"江汉汇通",不仅是一个自然地理概念,更是人文意义上之汇聚通达、汇通衔远;"楚风汉韵",既展示先楚凤蠚文明之影响和积淀,也揭示出汉唐遗风乃至辛亥革命精神之雄强奋发、敢为人先之传承和光大;"兼容并包",道出地理生态与人文传承共同孕育的文化个性:开襟博纳、开放畅达、开明睿智。这"三开"不仅是一种文化个性,也是武汉走向未来所迫切需要的人文精神。

2. 汉派文化的历史

汉派文化的历史发展,大致可分为孕育期、滥觞期、交融期、滞缓期、转折期、勃兴期和东西合璧期。这七个阶段的划分,的确很符合汉派文化发展的实际。兹将各个时期介绍如下:

第一,在距今8000~6000年的新石器时代,武汉先民就在这片水网泽国,缘水而行,傍水而居,凭智慧奋斗探索,用石器拓荒创世。汉派文化步入孕育期。

第二,大约距今4100~3100年,先楚时期,中原文化开始与土著文化进行整合。汉派文化步入以土著文化为基础,以中原文化为主导,在相互融合中发展的千年萌芽期。距今3500年的盘龙古城,标志着武汉地区率先跨入城市文明之门,该时期是城市文明和商业文明的滥觞期。

第三,距今310~2220年,伴随着殷商的逐渐衰落,周逐渐崛起,楚日益兴旺。在与中原文化频繁、强劲的交流中,汉派文化爆发出前所未有的蓬勃生长力,异军突起,迅速发展,最终形成以楚文化为主导的地域文化的主源,该时期是汉派文化的交融期。

第四,公元前210—公元185年,一方面,随着汉王刘邦入主中原,汉派文化遍地开花。另一方面，楚汉大战之中项羽败亡，楚地元气大伤，所以，文化发展速度受到抑制，形成汉派文化发展的滞缓期。

第五，185—589年，即东汉末至南北朝的400余年间，是汉派文化的重要转折期。这一时期，战乱所形成的城港一体化军事要塞孕生武汉之城港文明，奠定三镇之城郭，其军事、政治、经济和文化地位快速提升，文化影响日益重要。

第六，唐宋至明清，是汉派文化的勃兴期。唐宋后，全国经济重心南移，武汉天然商港地位显现。明清时期，三镇鼎立格局形成，独特的"码头位置"吸纳四方，从而形成上承土著文化、中原文化、楚文化滋养，下融百家之长的独特地域文化——汉派文化，其独特个性可归纳为12个字：江汉汇通、楚风汉韵、兼容并包。其中，码头文化、军事文化、商业文化、市民文化已经成为汉派文化的重要内容。

唐中期，江夏为鄂州治所，当时江面船帆如织，号称"东南巨镇"。李白有诗为证："万舸此中来，连帆过扬州。"（《经乱离后天恩流夜郎忆旧游书怀赠江夏韦太守良宰》）两宋时期，长江主泓左移，鹦鹉洲等相继并岸，政区扩大，人口骤增，成为"市邑雄富，列肆繁错"（陆游《入蜀记》）的大都会。

明成化年间，汉水改道，汉口从汉阳析出，泊岸码头应运而生，商贾云集，帆樯相属，不分昼夜。此时的汉口，繁盛一时，与河南朱仙镇、江西景德镇、广东佛山镇并称"中国四大名镇"。

第七，东西合璧期。汉口开埠与张之洞新政，使武汉地区五方杂居，其文化广吸博纳、兼容百家，南北文化在此交会，中西文明在此相融。其特征可用8个字概括：南北兼容、中西合璧。1862年，汉口正式对外开埠，18国来汉通商，12国在汉建领事馆，汉口成为内陆最大通海商埠，与上海、天津、广州并称四大口岸、四大金融中心，与上海、天津、广州、青岛并称五大商埠。外商接踵而至,江海直航;随后京广、沪汉蓉铁路的铺设,更使武汉四通八达。

二、汉派文化的古今代表事项例举

1. 九头鸟

九头鸟事实上是由凤鸟扭曲而来。

凤出现在许多典籍中。《艺文类聚》引《庄子》中老子之语:"吾闻南方有鸟,其名为凤。"《山海经》有曰:"南禺之山,有凤凰鹓雏。"《易林》则称:"凤生五雏,长于南郭。"这些典籍足以表明,凤是南方神鸟,在中原之南。《白虎通义》有载,南方之神祝融,"其精为鸟,离为鸾"。"鸾"是凤的别称,亦是祝融的化身。《楚辞·抽思》则写得更具体:"有鸟自南兮,来集汉北。"点明凤生长于汉水流域,与楚地密不可分。

作为楚人图腾,凤集所有美好愿望于一身。楚人把一切美好的特征都附丽于凤身上,把凤作为吉祥幸福的象征。《山海经·南山经》中说丹穴之山"有鸟焉,其状如鸡,五采而文,名曰凤皇……自歌自舞,见则天下安宁"。《尔雅·释鸟》中郭璞注:"凤,瑞应鸟。"

与凤之名先后出现并长期混用的有玄鸟、鸶鸟、大凤、大鹏,以及后来的黄鹄、黄鹤等。这些鸟都是凤的变形图腾,同具凤的特征。

凤也是四方神灵——青龙、白虎、朱雀、玄武中朱雀之化身。朱雀本虚无,是神的化身,以朱雀替代凤,使凤更加神秘。《后汉书·张衡传》中李贤注:"朱鸟,凤也。"

正是基于此，楚人常以凤自喻。楚庄王自喻是一只大凤，"三年不飞，飞将冲天；三年不鸣，鸣将惊人"。后来果然一鸣惊人，一度问鼎中原。也正因为此，湖北人，尤其是武汉人，尊鸟崇鸟的风尚世代相袭，久盛不衰。武汉民间一直视鸟为吉祥之物，以画绘之，以词赋之，以歌颂之，以物塑之，以楼名之……这不仅有诸多的史料记载，而且武汉三镇多处地名以"鸟"命名，如凤凰山、黄鹄矶、放鹰台、白鹤嘴、黄鹂湾、莺坊巷、鸿翔巷、鹦鹉洲等，不胜枚举。

直到今天，凤依然受到武汉人的至高礼遇，并在不经意间就表现出对它的神化。在东湖磨山立有一对巨型凤标，其形由出土楚文物虎座凤架鼓演化而来。但见巨凤脚踏双虎，怒目圆睁，振双翼，拂尾羽，周身洋溢着作为楚人灵物的威武浩然与目空万物之气，其状其神令人肃然起敬。

但就是这只凤，在漫长的历史长河中，不仅完全丧失了神圣性，而且随着时间的推移成了一只怪鸟、鬼鸟或妖鸟，甚或今天的大多数文人还被蒙在鼓里。

凤演化为丑陋邪恶的九头鸟有着深刻复杂的历史文化原因。

一是源于楚人的九凤神鸟。最早记载九头鸟形象的文献是《山海经·大荒北经》："大荒之中，有山名曰北极天柜，海水北注焉。有神，九首，人面，鸟身，名曰九凤。"从中可以看出九头鸟的原型即"九凤"。

"九凤"所居"大荒"，系楚人之先帝颛顼与九个嫔妃所葬之处。《山海经·大荒北经》开篇就说："东北海之外，大荒之中，河水之间，附禺之山，帝颛顼与九嫔葬焉。"《山海经·海内东经》则说："汉水出鲋鱼之山，帝颛顼葬于阳，九嫔葬于阴，四蛇卫之。"附禺即鲋鱼，古字通用。屈原在《离骚》中也说自己是"帝高阳之苗裔"。高阳即帝颛顼。颛顼葬于汉水，九凤与颛顼同在一地，可见九凤是楚地之神鸟。再则,九凤之高贵还可以从"九"字中看出。九,是楚人尊崇之数。在楚地"九"是阳数之极,天高曰九重,地深曰九泉,疆域广曰九域,重量大曰九钧,危险多曰九难……寓博大精深之意,也含美好吉祥之义。《楚辞》中用了很多"九"字,如九天、九州、九疑、九重、九首、九衢、九合、九逝、九关等,连帝颛顼的后宫,也是"九嫔"。可见"九"在楚地影响之大。

二是文字和文化上的异延。有学者曾提出,古时"九"与"鬼"曾一度通用,故作为神鸟的九凤,便被易名为妖怪式的"鬼鸟"了,这与九头鸟由神演化为妖的历史事实相契合。又如"乳母鸟""女鸟"之名,皆以九头鸟为女性。从秦汉至唐宋时期,北方政权以龙为尊,龙图腾高高在上,凤图腾只是一个附属。龙为皇帝的象征,凤则被用于皇后,并泛指女性。古代,男为尊,女为卑。由此,把九凤神鸟说成是"乳母鸟""女鸟",也就不足为奇了。

三是源于历史误会。《史记·蒙恬列传》中有周公奔楚之典故,说的是周武王死后,其子年幼,由弟周公旦摄政七年后还政于侄儿,即周成王。当时有人进谗言说周公欲篡位。年轻的成王信以为真,想加害周公,吓得周公逃往楚国避难。后来周成王从周公的一份祭天祷词上,发现周公的忠心,便把周公从楚国接回。楚国让周公避难,周王朝误以为楚国肯定是别有用心,干扰其内政,必然迁怒于楚;恶人及乌,于是,便由怒楚发展为厌恶楚人的图腾——九凤神鸟,并进而去妖化、丑化它。

或许只有湖北人自己才知道作为族群图腾的九头鸟的内涵。武汉民间更视九头鸟为至尊之神鸟,智慧与力量之化身。据传,昔日九头鸟曾与大鹏鸟相遇,大鹏鸟咬其一头,九头鸟迅即长出一头继续厮杀,直至被咬九头,血流不止,仍顽强抗争,绝不服降。

或许正是九头鸟这种百折不挠、永不服输的品格，才激起了武汉人对它的敬仰之情，并日渐养成具有九头鸟性格特征的秉性。纵观楚地及武汉历史，武汉人的所作所为无不显现出一种与九头鸟性格特征相吻合的个性。千百年来，九头鸟的血液已经溶进武汉人的血脉，演化为一种"九头鸟精神"：百折不挠、敢为人先、永不服输。

2. 黄鹤楼

恐怕最能让武汉人引以为自豪骄傲，同时也最为国内外游人所知晓的武汉古名胜遗存就是黄鹤楼了。有人曾这样评价黄鹤楼：长江没有她，江水将黯然失色；武汉没有她，历史将缺少一页，特别是诗词文化的历史。的确，这座诞生了盛唐"七律之首"，令一代"诗仙"李白多次吟咏的千古名楼，既是武汉人乡愁之载体、心灵之托物，也是历代墨客骚人寄托情感与志向之"心楼"。兴废交织越千年的黄鹤楼，自古凌黄鹄之巅，控龟蛇对峙，扼江汉合流，渊临鹦鹉，俯瞰晴川，巍然矗立，着实气势恢宏。而黄鹤楼、晴川阁与滔滔汉水、莽莽龟蛇共同构成的一幅江山楼阁奇景图，更是美轮美奂，可谓举世罕见之"天下绝胜"！如此绝胜，足以让这座城市飘溢出无尽的风骚与儒雅，尤其是充盈其间的那灿若星河的诗词文化。

的确，"瞰三江而吞七津，控西蜀而踞东吴"的黄鹤楼，自古就是人们"临高台而极目"的胜地。登临黄鹤楼极目远眺，但见楚天辽阔，爽气西来，大江东去，云横九派，势连衡岳。这样的壮观胜景曾引得多少墨客骚人诗情大发，鸿篇迭出。

楼因文名。江南的三大名楼无不是因名人而名。滕王阁得名于《滕王阁序》，王勃的"落霞与孤鹜齐飞，秋水共长天一色"一联使其秀绝天下；岳阳楼得名于《岳阳楼记》，范仲淹的"先天下之忧而忧，后天下之乐而乐"名句使其名垂千古；而黄鹤楼则得名于崔颢。崔颢的那首集登临、览胜、怀古、思乡及生命之玄思于一体的七律《黄鹤楼》，使得黄鹤楼成为江南"三大名楼"之首。

黄鹤楼名噪四方，还得益于唐代浪漫主义大诗人李白与黄鹤楼的终身情结。李白一生中至少三登黄鹤楼，多次吟诵黄鹤楼。李白的"黄鹤楼中吹玉笛，江城五月落梅花"，使武汉首度有了"江城"之别号。

此外，历代文人墨客留下的黄鹤楼诗赋灿若星河。仅唐宋两朝，就有13位名士吟咏之，除崔颢、李白外，还有杜牧、白居易、刘禹锡、王维、孟浩然、贾岛、顾况、宋之问、岳飞、陆游、范成大等登楼吟诗。历代有关黄鹤楼的诗、词、曲、联、文、赋，其数量之多，神韵之美，意境之深，流传之广，可谓汗牛充栋，令人叹为观止。

黄鹤楼名噪四方更为深刻的原因还在于它是楚地崇凤文化的最典型的物化物，在她身上不仅寄托着楚人族群对祖先图腾本能的追怀和崇敬，更附丽着楚人对世界、对未来至真、至善、至美的信念和理想。中国古老的图腾文化可概括为凤翥龙腾。北方尊龙，谓之龙腾；南方（尤其是楚地）崇凤，谓之凤翥。长期以来，南北两大图腾"龙凤呈祥"，并驾齐驱。远古楚人尤崇凤。楚人凭借其丰富的想象力，塑造出一只身披五彩、鸣若箫笙、非梧桐不栖、非醴泉不饮的大凤鸟，以寄托远大的志向与高洁的抱负。因而在楚民心目中，"魂兮归来，凤凰翔只"（《楚辞·大招》），凤是图腾崇拜，是至真、至善、至美的象征，是导引人的精魂"飞登九天、周游八极"的载体。

黄鹤原本是凤图腾化身之一。黄鹤之"黄"寓"吉祥美好"之意。故黄鹤之黄，并非鹤之色，而是先民图腾的一种理念。是故，武汉民间一直视黄鹤为吉祥美好之鸟，道人（仙人）之化身，冀望黄鹤给世间带来吉祥与安宁。于是,这只精神飞鸟——黄鹤,便缥缥缈缈、一代复一代地飞翔在武汉人心空的无边天幕上。

其实,黄鹤楼的"三大传说",非常形象地传达了武汉人的这种希冀和梦想。一是仙人子安曾跨黄鹤过此楼。二是三国时费祎得道成仙后,常骑黄鹤到此憩息。三是说辛氏卖酒,有道人饮酒临别时取橘皮画鹤于壁上,告之客至拍手引之,鹤即显身飞舞助兴劝酒,辛氏遂致富。一日,道人复至,吹起笛子,须臾白云自空中飞起,鹤亦自壁上飞下,道人跨鹤飘然而去。于是辛氏就在此地建黄鹤楼。"三大传说"事实上传达了武汉人的三个共同诉求:个人的自由飘逸、社会与生活的吉祥幸福、人类与自然的和谐和乐。

正因为如此,黄鹤楼成了武汉人独特的希冀与梦想,并进而成为太平盛世的象征,所以,每次劫难过后,必定重修。史载黄鹤楼自223年孙权筑瞭望台始,先后修建、修缮30余次,南北朝、唐、宋、元均有重建,明、清两朝更是七度兴工重建。

这样说来,真正意义上的黄鹤楼就应该是两座了。一座是视觉之楼,因山而名。另一座是心中之楼,因仙而名。从这个意义上讲,黄鹤楼是一座"心楼":历代文人吟诗于楼,泼墨于楼,寄心于楼;民间百姓则寄托黄鹤楼给世间带来吉祥与安宁。

黄鹤楼,是武汉人的诗,是武汉人的画,是武汉人的光荣与尊严,更是武汉人对于宇宙世界、人类人性和生活未来的希冀与梦想。

3. 古琴台

古琴台又名伯牙台,曾与黄鹤楼、晴川阁并称"武汉三大名胜"。古琴台始建于北宋,历代屡毁屡建。其现址在月湖侧畔,三面环水,遥对龟山。现主体建筑为单檐歇山顶，前加抱厦式殿堂，堂前汉白玉方形石台，传为伯牙抚琴处，整个建筑保留古建筑风貌。

古琴台的建设源于《吕氏春秋》中所记载的一个传说："伯牙鼓琴，钟子期听之，方鼓琴而志在太山，钟子期曰：'善哉乎鼓琴！巍巍若太山。'少选之间而志在流水，钟子期又曰：'善哉乎鼓琴！汤汤乎若流水。'钟子期死，伯牙破琴绝弦，终身不复鼓琴，以为世无足复为鼓琴者。"

这就是流传千古的"摔琴谢知音"的故事。从此，人们以"高山流水"象征深厚友谊，把"知音"喻作知心朋友。中国古人将"相知"分为三重境界：恩德相结，谓之知己；腹心相照，谓之知心；同气相求，同声相应，心有灵犀，心心相印，这才可称之为知音。前二者成于生活与道德规则的引导，后者则诞生于人性的天然禀赋，可见知音是相知的最高境界，更是人类梦寐以求的崇高情谊。正是基于此，有诗《高山流水觅知音》："势利交怀势利心，斯文谁复念知音！伯牙不作钟期逝，千古令人说破琴。"

故事中的伯牙，姓伯名牙，后人常讹称其为"俞伯牙"。伯牙本为晋人，后来加入楚籍。伯牙是春秋战国时期著名乐师，曾学琴于成连，三岁学成，琴艺精湛，荀子《劝学》篇中就有明确的记载："伯牙鼓琴，而六马仰秣。"

楚人为纪念此事，在伯牙、钟子期相会之处，筑馆其上，建成汉上琴台，又称古琴台。

古琴台及其传说的产生与流传，折射出了汉派文化三个方面的文化底蕴。

一是楚人是一个爱好并擅长音乐的族群，楚国是一个音乐之乡。武汉地区出现钟子期这样的音乐大师，绝非偶然。钟氏家族中谙通音乐的也绝非钟子期一人。张正明先生认为,钟子期系楚国音乐世家钟仪、钟健之族人。钟仪曾受楚国之封,当过郧县的行政长官。钟健系楚国乐尹,地位颇高。钟仪既懂音乐,还会打仗,在晋楚交兵时,他率军出战,成了俘虏。他居然用晋琴为晋景公奏出了楚曲,景公深受感动,放他回国,遂促进了晋楚相和。琴台知音的美好传说,应该说与楚时江汉地区古乐兴盛不无关系。楚人崇巫尚卜,把巫视作全智全能、预知吉凶、把握命运的智者。巫以神秘的面容参与政事,兼事行医。巫医驱病,又蒙上主宰生命的另一种神秘色彩。是故,楚人重祭祀尚卜巫,祭祀成泛。神秘祭祀与巫医驱病,便离不开音乐。巫的口中念念有词,亦歌亦舞,形成所谓"巫音"。巫音普及民间,渐成楚人尚乐风俗。当年楚国的郢都即音乐之城,楚王喜好音乐,宋玉识音而善文,襄王好乐而爱赋。郢中"下里巴人"之歌唱,和者常达数千之众。可见当时音乐文化广受欢迎、广泛普及的情形。所以说武汉地区能演化出一个琴台胜迹,与楚人好乐之风密不可分。先秦之世,江汉地区的乐器,主要为钟与磬,也有竹、革制成的乐器。随州出土的大型编钟,是楚地音乐发展水平的见证。武汉江夏湖泗也曾出土过大、中、小青铜角钟三件,为西周器物。武汉附近的孝感,宋时就出土过楚钟。

　　二是尊重诺言、讲求信义是楚人至为重视的美德。"摔琴谢知音"的故事除体现了双方同声相应、惺惺相惜的知音之情外,还体现了双方重诺言、讲信义。假如没有钟子期筑坟江边、至死实践诺言,没有伯牙的如约前来,那震撼人心的摔琴相谢就不会发生。重诺守信是古今社会的传统美德,有所谓"君子一言,驷马难追""一诺千金",有所谓"君子吐然诺,五岳为之轻",讲的就是重诺守信的原则、要求和做派。而重诺言、讲信义对楚人和武汉就更为重要。因为,国无信难存,人无信不立。只有重诺守信,才能建立互相信任的关系,维持交往秩序,保障正常而长期的交往，促成自我约束，进而促进地方经济社会的繁荣和发展。也许，正是基于这种认识，古琴台才在武汉的沧桑岁月中屡毁屡建，千秋不倒，而"摔琴谢知音"的故事也才得以在武汉地区与时俱进，常说常新。

三是珍重友谊、珍视相知、渴求知音是楚人和汉派文化亘古至今的强烈诉求。历史上，楚国与所属历代王朝及周边诸侯国都存在着不同程度的隔膜。楚国文化底蕴渊博深厚、文明贡献卓尔不群，国势一度辉煌并形成了对周王朝及周边诸侯国的挑战和压力。对只是偏居一隅、桀骜不驯的楚国，周王朝及周边诸侯国先是漠视、轻慢，继而警惕防范。

这种历史隔膜使楚人或汉派文化产生了两种截然相反的文化心理。一是立足于族群历史文化的自豪和自信，凭着一腔孤愤，顶着"九头鸟"的恶名和误解，不解释、不辩白，任人评说，摆出是非功过自有历史定论的架势，不管不顾，奋然前行，表现出的是楚人或汉派文化顽强、执着、自信的一面。二是在整个族群集体和文化心理深处，又强烈地渴求能沟通、被理解、被承认、被接纳，甚至被尊重、被关爱。正因为如此，我们甚至可以这样说，珍重友谊、珍视相知、渴求知音是楚人和汉派文化没有高喊出来，但却至为迫切的历史最强音，是楚人和汉派文化亘古至今的强烈诉求和梦想。这里表现出的是楚人或汉派文化柔性、温情和软弱的一面，其实，也是学术界、历史界应该客观、理性正视和还其公道的地方。这也是为什么在武汉，会有古琴台这样浪漫高雅、精致隽永的名胜和故事的原因所在。

第四章
汉水流域特色文化

汉水流域特色文化形态主要表现为楚文化、三国文化、武当文化、孝文化等，这些特色文化形态构成汉水文化的博大精深的底蕴、底色和文化标格，绽放出一朵朵璀璨耀眼的文化奇葩，放射出洞穿时空、照亮古今的夺目光辉。

第一节　楚文化

一、楚国的兴起及楚文化的形成

楚文化是一种地域性文化。就广义而言，它是南楚文化形态。起源于荆山，即今湖北西部的武当山东南、汉水西岸一带，后随楚国疆域的不断开拓，其覆盖区域扩展至长江中下游及以南地区，东北端达山东南部，西南端达到现在的广西西北部。

楚人早在商代就开始在汉水流域活动。早期在汉水以北，丹水之阳。据《史记》等文献及出土文物可知，西周之初，周楚关系密切。周昭王时期，周楚交恶，楚人被迫退向汉水流域，至周夷王时，楚人占领江汉间，开始了在江汉地区的大发展。春秋之初，楚文王迁都于郢，楚人从此主要在汉水以南活动。楚国在汉水南岸是先向北后向东扩张的，它先控制了汉水上游的原生部落方国，东渡汉水，开始了对"汉阳诸姬"的争夺。在对北方中原方国的不断兼并过程中，楚既把楚文化带到这一地区，也从这一地区取得了中原文化的先进经验，并且把它们融入自身的文化体系当中。随着楚人的东进,楚文化从汉水传播到淮水,从长江中游传播到长江下游。也就是说,楚文化既包括中原文化的成分,也包含了南方原生部落的文化成分。

楚文化的崛起与楚国的崛起是同步的。春秋时,楚国开始由小变大,由弱变强,称雄于江汉之间,但楚人并不以此为满足。楚武王转战汉水西东,为楚人留下肥沃而安宁的江汉平原。其子楚文王北渡汉水,东进方城,深入中原,使中原为之震动。楚文王之子楚成王更是出入中原,擒纵淮夷,无霸主之名而有霸主之实。此时,楚文化已经形成了完整的形态和鲜明的风姿,开始在中华大地上独树一帜。楚人开疆拓土,所倚仗的不仅有占优势的武力,而且也有占优势的文化。楚文化在播散的同时,也积极吸收先进的文化。楚人博采众长,独创一格,至迟在春秋晚期而形成了博大精深的楚文化体系。直至战国晚期,楚文化始终是长江文化的先进代表。

文化的包容性必然形成文化的多样性。我们常说荆楚文化异彩纷呈,就是指的这种多样性。如在图腾崇拜上,包容多样,楚人既崇凤,又敬龙,对虎也不排斥;在文学创作上,庄骚文学并驾齐驱;在思想领域中,除了道家、农家源于楚国外,其余各家也杂糅其间,并占有一席之地。构成楚文化的核心内容,大体上也包含了三种文化因素:楚自身的文化因素,中原文化因素,汉水文化因素。楚文化是多元文化融合的结果,它并不是单一发展的,而是随着楚的不断强大,吸收了其他文化因素逐渐形成的。

二、楚文化形成前的文化遗存

史前时代的荆州所涵盖的范围,在我国最早的地理学著作、大约成书于战国时代的《禹贡》中就有记载。据《禹贡》记载，荆州为大禹时的九州之一，"荆及衡阳惟荆州"，意思是北起湖北省南漳县一带的荆山，南到湖南省南岳衡山的广大地区都是古代荆州的范围，也就是说大致包括今天的湖北和湖南两省。从历史的角度来看，在古人的心目中，"荆"与"楚"是不可分的。由于楚子（楚国国君为子爵）被分封在古代荆州的范围内，所以，在先秦典籍中，楚人有时也被称作"荆人"，楚国有时也被称作"荆国"；而在西周金文中，一再反抗周王朝的楚国人有时也被称作"楚荆"或"反荆"。近年来，在荆州市及周边地区的史前时代考古发掘中，曾发现两例刻写在陶器上的陶文。这两例陶文的写法与西周金文中"荆"的写法非常相似，因此我们认为它们应该是"荆"字最早的起源。

1. 史前时代的荆州

旧石器时代（距今300万—1万年）是人类制作和使用打制石器的时代。荆州市内的旧石器时代遗址目前发现很少，最著名的是位于荆州古城北面约5千米的鸡公山旧石器时代遗址。鸡公山旧石器时代遗址面积约1000平方米，在这里发现了远古人类的居住遗迹和石器制作场，距今约四五万年。鸡公山旧石器时代遗址，地层关系明确，文化遗物丰富，遗迹关系清楚，特别是原始人类的居住遗迹、石器制作场等，是中国迄今发现最早的旧石器时代的远古人类在平原地区的活动遗迹。它的发现为研究长江中游地区旧石器文化区系类型的特点以及我国南、北方旧石器文化的关系提供了非常宝贵的资料。有鉴于此，鸡公山遗址的发掘被评为1992年全国十大考古新发现之一。1996年该遗址被国务院纳入第四批全国重点文物保护单位。

新石器时代（距今1万—4000年）是人类制作和使用磨制石器的时代。荆州市的新石器时代可分为大溪文化、屈家岭文化和石家河文化三个大的具有相互传承和发展关系的阶段。荆州市范围内的新石器时代遗址有50多处，多分布于靠近河流或湖泊的岗地上，比较著名的有阴湘城遗址、走马岭遗址、鸡鸣城遗址等。

2. 商代文化

荆州先后发现了周梁玉桥遗址、官堤遗址、梅槐桥遗址、荆南寺遗址和岑河庙兴八姑台遗址等商代遗址。在这些遗址中，发现了多处祭祀坑，有"人祭坑""铜器祭祀坑""燎祭坑"三种类型。发掘时，在一土坑内发现一具完整人骨架。按商代习俗，殉葬者可能为奴隶。在梅槐桥遗址中，发现了较多的牛、羊、猪等动物骨骼，表明荆州在商代时已有较发达的畜牧业。在岑河庙兴八姑台、周梁玉桥遗址中发现了铜渣，后又相继出土了一批大型青铜礼器。这些遗址的发现和发掘，表明了商代时的荆州人过着定居的生活，且人口密集；盛行巫风，崇尚巫术；奴隶制盛行；有着较为发达的畜牧业和青铜业，基本上能满足人们的生活需求。

3. 楚文化发展期文化遗存

楚都纪南城又称"纪郢"，因在纪山之南而得名，故址位于今荆州城北5千米处。纪南城是楚立国后兴建的最大都市，是战国时期我国南方政治、经济、文化的中心，是楚国崛起江汉、称雄南方的历史见证。纪南城虽历尽沧桑，但城墙仍保存完好，被世人誉为"南国完璧"。现已被列为全国重点文物保护单位。郭沫若先生为保护标志亲笔题书"楚纪南故城"。纪南城遗址是楚国强盛时期的都城,是楚国的政治、经济、军事和文化中心,具有重要的历史、艺术和科学研究价值。

三、楚国的文学与艺术

1. 《楚辞》

《楚辞》又称"屈骚",分为"离骚""九歌""天问""九章""远游""卜居""渔父"等。在《楚辞》中,诗人对国君的思念和忠君的表白言辞随处可见。《楚辞》是我国诗歌史上的丰碑,受到历代文人的敬仰,它是屈原带自传性质的长篇政治抒情诗,也是中国古代抒情诗中独一无二的鸿篇巨制,还是"前世莫闻,后世莫继"的千古奇文。这部伟大作品的形成,除了屈原超人的天赋和强烈的激情及痛苦的经历外,也是战国时期南北文化交流与融合的结果。

2. 楚国民歌

商周之交的荆楚大地,由于脱离原始社会不久,处处都散发着浓厚的神秘气息,人们本来就崇神信鬼,加之又受到殷商巫文化的巨大影响,因而巫风在楚地大行其道,以至"崇巫"成为楚国的一大文化特征。正是这种长期盛行于楚地的"巫风",推动了楚歌楚舞的迅速发展和广泛传播。"巫风"培养了一代又一代的民间歌手,传播了一首又一首的民间歌谣,而且那千奇百怪的神话故事,也为楚国民歌提供了取之不尽的演唱内容,那遇事必祭的民间习俗终于孕育了"楚人善歌"的民族性格。楚国民歌可分为劳动歌、仪式歌、爱情歌、时政歌。楚国民歌的文学艺术特征主要是大量运用方言土语，常用七言句式，结构上多用重章叠句的形式，普遍采用比兴手法。从"二南"之歌到春秋战国时期的《楚辞》，再经汉代乐府民歌的相和歌、南朝乐府的西曲歌到唐宋时期的竹枝歌，形成了我国民歌发展史上的一个完整的体系——楚歌体系，它是我国民歌历史上极有影响力的组成部分，与吴歌体系东西并存、争奇斗艳。楚歌体系不仅顺应了我国民歌由四言到杂言、由杂言到五言，再由五言到七言的发展趋势，而且为这种潮流提供了动力，其贡献将永远彪炳于中国文学史。

3. 楚国的建筑与雕刻艺术

楚人的建筑，特别是楚国的宫室建筑，无论在形制上，还是在建筑技术上都是极为先进的。楚国建筑的先进性主要体现在：建筑选址极富智慧、营造方式独具匠心、造型装饰卓越绝伦。

楚国的雕刻艺术既是物质文化进步与发展的显著标志，也是丰富的精神文化的体现。雕刻艺术虽是楚人手工工艺的具体体现，但它涉及楚人的方方面面，是一个极为复杂而广博的课题。它包括楚国的陶器、青铜器、漆木器、玉器等方面的雕刻艺术，甚至楚国建筑上的雕刻艺术，也属雕刻艺术的范畴。从楚墓中出土的大批漆木器看，上自春秋中期，下至战国的楚式漆木器中，漆器雕刻品类型齐全，雕刻艺术上乘，是楚文化或楚国艺术的一大特色。随着生产力的发展和人们的消费观念、审美意识、伦理追求的改变，楚国的髹漆工艺日渐兴旺发达，大量的彩绘漆木器逐渐进入贵族甚至平民的生活领域，形成了新兴的漆器文化。这一点，也是楚文化区别于其他文化的重要标志之一。

4. 楚文化流播期文化遗存

公元前278年,秦将白起拔郢之后,纪南城东南隅的高岗地凤凰山即成为当时和稍后的秦代人最理想的墓地。目前,在荆州共发掘近500座中小型秦墓,其年代包括公元前278年秦拔郢并设置南郡之后的战国晚期和秦代两个时期。这些墓多为竖穴土坑墓,少量洞室墓,大多数无封土堆和墓道。墓坑中填土为五花土和青灰泥,葬具为木棺椁,可以看出受到楚文化的影响。有些墓坑还设有二层台或四角有足窝,具有关中秦墓的文化特点。从这些墓的总体文化特征分析,它们受秦文化的影响非常深刻,主要特征与关中地区秦墓基本相同,但仍受到楚文化的一些影响,形成了湖北地区秦墓的文化特点,而与关中及其他地区秦墓存在一些差异。

秦简是一个比较广泛的概念,既包括秦代的简牍,也包括战国时期秦国的简牍。从1975年湖北省云梦县睡虎地首次发掘秦简以来,迄今为止,已经有八批秦简相继出土。而荆州更是独领风骚,出土了四批。由于历史的原因,秦简的内容存在某些局限性,但提供给我们的信息十分广泛,内容非常宝贵。概括起来,秦简的内容有法律文书、语书与家书、为吏之道与政事之常、编年记与历谱、日书、病方、归藏等。

四、楚文化的六大支柱及其精神特质

楚人创造了古代世界第一流文化。楚人的遗留物表明,楚文化达到当时世界文明发展的最高峰。这些遗留物中,有被誉为"地下乐宫"的曾侯乙墓出土的大量古乐器，有被誉为"丝绸宝库"的马山楚墓出土的精美无比的纺织品，有在历史学和古文字学上具有重要价值的楚国竹简，还有在天文观测和研究方面居于世界领先地位的杰出战果。对此，王生铁深有研究，他指出，最能突出楚文化成就和影响力的，是楚文化的六大支柱及其四大精神特质。楚文化的主要构成可概括为六大支柱：青铜冶铸、丝织刺绣、木竹漆器、美术音乐、老庄哲学及屈骚文学。从目前的考古成果来看，最先进的青铜冶铸出自楚国，最早的铁器在楚国，先秦漆器的数量之大、工艺之精莫过于楚漆器，最富有创造力的丝绸刺绣出自楚国，先秦金币、银币无一不是楚币。哲学有老庄，文学有屈骚，戏剧的鼻祖是楚人优孟，养由基是楚国著名的神箭手，楚国的音乐、舞蹈、绘画、雕塑超凡脱俗，楚乐"八音"是指金、木、土、石、丝、竹、革、匏。楚国的编钟乐舞水平之高，举世公认。在政体创新上，楚人最早在今湖北荆门设立县，将其列为一级行政区划，改变了贵族分封制度，进而引发了军事、土地、赋税改革。在天文、历法、数学等方面，楚人都有独特的贡献。总之，在采矿、冶炼、丝绸、漆器等方面，楚人取得了举世无双的成果，而老庄哲学、屈骚宋赋也成为显学。

　　王生铁进一步指出，楚文化除了以上六大支柱外，还有以下四种非常明显的精神特质。一是筚路蓝缕即艰苦创业、自强不息的进取精神。探寻楚人先辈艰苦创业的历程，可以追溯到公元前11世纪。夏商更替之际，战火连年，楚人先祖辗转迁徙到了荆楚地区。到西周末年，楚人还是一个弱小的部落。熊绎成为部落首领后，率部族居江上，筚路蓝缕，以启山林。正是这种筚路蓝缕的精神成为楚国强盛的立国之本，也成为中华民族史上艰苦创业的典范。周初，周成王盟会诸侯，熊绎出使受到冷遇。熊绎回来后告之群臣，立志发愤图强，发展生产，扩大疆土。通过几代人的努力，从熊绎到熊渠，疆域不断扩展，国力不断增强，由一个方圆不足百里的小国发展成泱泱大国。春秋时期，楚庄王饮马黄河，问鼎中原。楚国经济得到空前发展，当时楚国都城是"车毂击，民肩摩，市路相排突，号曰朝衣鲜而暮衣敝"（桓谭《新论》）。正是凭着艰苦创业的精神，楚国才能在强国如林的夹缝中求生存、求发展，由小到大，由弱变强，创造了先秦发展史上的奇迹。

二是追新逐奇即锐意进取、不断开拓的创新精神。关于楚人的创新精神有很多记载：楚君熊通自行称王，首创县制。楚国灭了权国，便设县治之。秦国设县，在楚国之后。早于商鞅变法的吴起变法，是楚国历史上的一次悲壮的革新运动，也是一次大胆的改革运动。楚人在科学技术、哲学思想、文学创作方面都作出了杰出的贡献。以文学而言，庄周的散文奇诡莫测，变化无穷，气势浩荡，意象峥嵘。屈原是《楚辞》的宗师，后人对屈原作品的评价是"气往轹古，辞来切今，惊采绝艳，难与并能"，它道出了《楚辞》惊世骇俗的奇异之美。楚人大胆革新，创造了灿烂辉煌的楚文化。

三是兼收并蓄即融会南北、海纳百川的开放精神。在先秦的诸民族中，楚人的民族偏见最少，主张民族融合，强调兼收并蓄，能够融合其他民族、国家包括来自南洋、西方的文化。在这方面突出的事例不少，比如称作"蜻蜓眼"的玻璃珠源于地中海东部，其风格似乎凝聚了地中海绚丽的蓝天白云、青山白石、碧波白帆和绿窗白墙。这种玻璃珠和淡绿色的玻璃一起，由南亚传入楚地，成为迄今为止中国最早的中西文化交流的实例。在初创时期，楚王没有与周王室的血缘姻亲关系可依，没有辽阔的疆域可恃，只有积极主动地学习他人之长，补己之短，学以致用，以独立强盛为目标，因而楚文化表现出极大的开放性、多元性和务实性。这些特征多基于楚人的善于学习、包容众长的博大胸襟。青铜冶炼正是楚人学习吴越地区人民的技术发展起来的。楚国曾经兵伐鲁国，鲁国为了避免战事，奉送楚国100名刺绣工、100名木工和100名纺织工。楚国接纳了这300名技艺高超的工匠，迅即退兵。这300名工匠传授了先进的技术，对楚国的手工业发展起到了很大的作用。这些事例充分体现了楚人兼收并蓄，学他人之长，补己之短，发展楚国的可贵精神。

四是崇武爱国即崇尚武装、热爱祖国的爱国主义精神。楚人有尚武之风，如荆州博物馆有一种叫"连发弩"的文物，李白有一首五言绝句，写到秦始皇，其中有"连弩射海鱼"的诗句。连弩可以连发十箭，可见楚人很早就在研究发明武器了。在丰富的楚文化中，有很多例子反映了楚人的爱国主义精神。如申包胥为了求得秦国发兵救楚，在秦国朝廷中哭了7天7夜，终于感动了秦王；楚将屈瑕战败，感到对不起家乡父老，以死谢罪，体现了非常坚定的爱国主义精神。更有代表性的是屈原，屈原有这样的诗句："鸟飞返故乡兮，狐死必首丘。"屈原是爱国主义诗人，其精神千秋万代为世人景仰，成为民族脊梁的象征。楚被秦灭时，楚人南公说："楚虽三户，亡秦必楚。"这不仅是预言，也是誓言。果然不过十六七年，秦国就被以楚国后裔为主要力量的联盟所推翻。楚人的这种爱国主义精神，超越了时空，融入中华民族的血脉之中，代代相传。

第二节 三国文化

一、何谓三国文化

近年来，关于什么是三国文化，争论颇多，说法不一。在诸多意见中，笔者认为四川省社会科学院文学所所长、研究员沈伯俊先生的观点是较为全面科学的。他认为，三国文化应该有三个层面上的界定：第一个层面是历史学的"三国文化"观（或曰狭义的"三国文化"观），认为"三国文化"就是历史上的三国时期的精神文化。第二个层面是历史文化学的"三国文化"观（或曰扩展义的"三国文化"观），认为"三国文化"就是历史上的三国时期的物质文明与精神文明的总和，包括政治、军事、经济、文化等领域。第三个层面是大文化观视野下的"三国文化"观（或曰广义的"三国文化"观），就是认为"三国文化"并不仅仅指、并不等同于"三国时期的文化"，而是指以三国时期的历史文化为源，以三国故事的传播演变为流，以《三国演义》及其诸多衍生现象为重要内容的综合性文化。不过，对于"以三国故事的传播演变为流"一语，应该略加补充，改为"以三国故事和三国精神的传播演变为流"。

沈伯俊很透彻地交代了自己主张大文化观视野下的"三国文化"观的理由。他认为，较之前面两个层次的"三国文化"观，广义的"三国文化"观具有更大的涵盖性和更广的适应性，更便于认知和解释很多复杂的精神文化现象。譬如，历史人物诸葛亮，确实是三国时期杰出的政治家和优秀的军事家，他高瞻远瞩，励精图治，清正廉明，克己奉公，"鞠躬尽瘁，死而后已"，不仅在当时极被敬重，而且在后世深受推许。不过，客观地说，历史人物诸葛亮的文治武功是相当有限的，就历史功绩、历史地位而言，数千年中国史上超过诸葛亮的政治家、军事家至少可以举出几十个；然而，要论在亿万人民群众中的知名度和影响力，文武周公姜尚管仲也好，秦皇汉武唐宗宋祖也罢，谁也比不上诸葛亮。原因何在？可以说，在很大程度上是由于魏晋南北朝以来民间传说故事的世代讲述，由于唐、宋、元通俗文艺的多方刻画，特别是《三国演义》

的成功塑造，以及根据《三国演义》改编的戏曲、曲艺等多种艺术形式的反复渲染和广泛传播，才使诸葛亮的形象越来越丰满，越来越美好，家喻户晓，备受热爱。这样的诸葛亮形象，与历史人物诸葛亮虽有联系，但已有了很大距离。正是由于文学艺术对史实的融合、改造和创新，以及广大民众伦理观念和审美理想的渗透，诸葛亮成为古代优秀知识分子的崇高典范，成为中华民族忠贞品格和智慧的化身，成为后人景仰的不朽形象。

再譬如风行海内外的"关羽崇拜"现象。历史上的关羽，号称"万人敌"，确是一员虎将、勇将和名将；然而，他还算不上军事家。就历史功绩而言，历代超过他的名将比比皆是，如唐代平定安史之乱的主要统帅郭子仪，功劳就比他大得多。但是，在后人的心目中，关羽的地位却凌驾于所有武将之上。其原因，除了历代统治者的层层褒扬和极力抬高之外，《三国演义》和民间三国传说故事的美化与渲染起了很大作用（一般人印象中的关羽的赫赫战功，相当大一部分，如"温酒斩华雄""诛文丑""过五关斩六将""斩蔡阳"等，都是《三国演义》虚构的），而根据《三国演义》改编的戏曲、曲艺等艺术品种，又不断地强化关羽的超人形象。正是多种社会因素的合力，把关羽推上了神的高位，让芸芸众生顶礼膜拜。这样一个关羽形象，与历史人物关羽实在相去甚远，只能用大文化的观点来诠释。

其实，大文化观视野下的三国文化的定义，也更与遍布中华大地的三国文化遗迹、三国故事流传和三国人物崇拜的实际非常吻合。对此，沈伯俊先生有过专门研究，认为三国文化的宽泛性，也表现在众多的三国遗迹上。根据笔者的初步统计，全国至少有20个省、市、自治区留存有三国遗迹，总数多达几百处。这些遗迹大体上可以分为四类：第一类，少数由三国时期遗存至今的古迹，如许昌的汉魏许都故城遗址、南京的石头城遗址和成都的惠陵等。第二类,虽然出自三国历史,或与三国史实大致相符,但或多或少渗入了《三国演义》和民间三国传说的内容。比如大名鼎鼎的成都武侯祠,被公认为最有影响的三国遗迹之一,但它并非三国时期的旧物,而是始建于公元4世纪的成汉时期的纪念性祠庙,以后历代又迭经兴革补充,现今能看到的则是清代康熙年间所重修的;祠中人物塑像的设置介绍和有关陈列虽然基本上依据三国历史,但人物的造型、服饰、兵器则显然受到《三国演义》和三国戏曲的影响。这类遗迹,在全部三国遗迹中占了很大比重。第三类,虽有一点历史的因子,却因《三国演义》和民间三国传说的影响而与史实大相径庭,甚至面目全非。如四川广元被称为"汉将军关索夫人"的"鲍三娘墓",经考古鉴定,确系东汉晚期墓葬,但关索和鲍三娘却是民间三国传说虚构的人物,这种张冠李戴的现象就很有代表性。第四类,出自对史实的附会,或者纯系《三国演义》和民间三国传说的产物。例如江苏镇江的甘露寺始建于唐代,却因《三国演义》中"甘露寺相亲"的动人情节而被视为有名的"三国遗迹";又如历史上的诸葛亮南征时并未进入永昌郡(治所不韦县,即今云南省保山市),但当地却长期流传有关诸葛亮南征的故事,早在唐代就建起了武侯祠,1000多年来屡毁屡建,至今犹存。四川、陕西、湖北、云南等省,因《三国演义》和民间三国传说而形成的"三国遗迹",随处可见。所以,我们通常所说的"三国遗迹",大部分并非严格意义上的"三国时期的遗迹",而是在漫长的历史过程中逐步形成的"与三国有关的名胜古迹"。尽管它们不能与三国历史画等号,但却寄托了历代人民对三国史事和三国人物的追慕和缅怀,表现了人们的爱憎、理想和愿望;它们的形成演变本身,也已成为历史,从一个侧面反映了我们民族心灵变迁的历程,具有丰富的文化内涵和巨大的研究价值。因此,从大文化的广阔视野进行观照,人们所说的"三国文化"实际上是一种世代累积型的文化,它是漫长历史时期中民众心理的结晶,对中华民族的精神生活和民族性格产生了十分深远的影响,在世界各地也广泛传播。

二、三国文化与汉水的关系

古老神奇的汉水是浇灌哺育三国英雄的乳汁和沃野,是传承展示三国文化的大舞台。

汉朝与汉水水乳交融、息息相关。公元前206年,刘邦被封为汉王。刘邦正是以汉中为基地,筑坛拜将,明修栈道,暗度陈仓,击败项羽,建立西汉政权。西汉末年,刘秀兄弟以南阳为基地起兵反对王莽,逐鹿中原,于公元25年建立东汉政权。可以说,汉水流淌的是汉朝和汉文化的血液和精魂。

所以,提起三国,人们便想到汉水;说到汉水,人们又会想起三国。在三国时代,以汉水流域为中心的荆州是三国争夺的焦点,荆州之争是决定国家分合命运的关键。从三国形成之初到国家重新统一之时,围绕荆州归属展开的三国争夺一直没有停息,荆州之争的情势在很大程度上关系到三方力量的消长和三国历史的进程。一些脍炙人口的三国故事,诸如刘备借荆州、关羽守荆州、吕蒙袭荆州等,都发生在荆州;三国时期涉及三分形势形成与发展、变化的一些重要事件,如赤壁之战、夷陵之战以及关羽北攻襄阳失荆州等,也都以荆州为中心舞台。文学名著《三国演义》,以大量篇幅生动描绘了三国荆州之争,全书120回,计有三分之二的回目直接或间接写到荆州。三国与荆州如此紧紧相连。三国与荆州的特殊关系,是在特定的社会历史条件下形成的,也跟荆州在当时所处的重要地位分不开。而魏、蜀、吴三方围绕荆州归属展开的激烈争夺，则是构成这种特殊关系的基本因素。汉代荆州，所辖地域包括今湖北、湖南两省全境，河南南阳盆地，广东、广西和贵州边缘地区，大致与上古荆州之域相当。下领七郡：南郡、江夏、南阳、武陵、长沙、零陵、桂阳。汉献帝时从南阳郡分设章陵郡，增至八郡，史称荆州有"百城八郡"。汉代荆州，地跨大江南北，幅员辽阔。它前有长江天然防线，后有荆襄门户与汉水之阻，西有夷道三峡之险，地势险要，能攻可守，加之经济、社会发展水平较高，军需充裕，作战给养可靠，是举足轻重的战略要地，为三国政治家、军事家所格外看重。

汉水流域有三个地方不容忽视：汉中、南阳和襄阳。刘邦崛起汉中，刘秀兴起于南阳，诸葛亮龙腾于襄阳，鞠躬尽瘁于汉中。南阳城下，张绣偷袭曹营，曹操溃不成军，折了长子曹昂、侄儿曹安民，曹操也差点被俘。刘秀兴起于南阳，开创了一统天下的伟业。襄阳城外，关羽水淹七军，擒于禁，斩庞德，威震华夏。汉中定军山下，老将黄忠刀劈夏侯渊于阵前，骁将赵云大破曹兵于汉水之滨，刘备获胜，自称汉中王。智慧之星诸葛亮，隐居襄阳躬耕十年，作《隆中对》，规划三分天下蓝图。为辅佐刘备灭曹复汉，诸葛亮在汉中屯兵八年，六出祁山，北伐曹魏，鞠躬尽瘁。最终归葬于汉中勉县定军山下。汉水将这三地的文化血脉融通在一起，形成了两汉三国文化一脉相承的历史轨迹。的确如此，汉水流域正是三国时期遍地英雄隆重登场的大舞台，也正是汉水这条神奇的河流，滋润养育了这些时代英雄，丰满其筋骨，孕育其智慧，增长其才干。

诸葛亮本是徐州琅琊阳都（今山东省临沂市沂南县）人。他自幼父母双亡，14岁时，其叔父诸葛玄到豫章任太守，不久被贬职，到荆州投靠刘表，诸葛亮和弟弟诸葛均及两个姐姐，也一起到荆州。公元197年，诸葛玄去世，17岁的诸葛亮移居隆中，从此过着边耕地、边读书的生活，直到他27岁时，刘备三顾茅庐诚恳请他出山。隐居隆中的十年中，他通过广泛交友，既切磋了学问，又扩大了自己的影响，为司马徽、徐庶先后向刘备推荐自己打下了基础；通过与黄氏联姻，诸葛亮自己在襄阳士林中进一步扎下根。正是襄阳这片文化源远流长、人才辈出的沃土，滋养了我国历史上这颗璀璨千秋的智慧之星，造就了三国时代这位杰出的政治家、军事家。襄阳，应该说是诸葛亮的第二故乡，是成长之根。他对襄阳的看重与称赞，除了政治家的眼光外，很可能还有一种乡土之情。这是他与其他三国名人与荆州的关系的不同之处。

关羽文化在汉水流域的广泛播撒、根深蒂固，是三国文化突出的地域性特征。刘、关、张结义，体现了作为中国传统伦理观念的义，又突出地体现在关羽身上，并成为关羽文化的核心内容。由三国文化所衍生的关羽文化现象，是三国文化与中国传统文化熔铸的一大文化特色，也是荆州所蕴含的三国文化的一大特色。关羽镇守荆州达十年之久，是他一生事业的巅峰。

三国时代魏、蜀、吴荆州之争，本是一幅波澜壮阔的历史画卷，文学名著《三国演义》对此进行艺术加工、创造，成为全书最精彩的篇章，其中不少篇幅着重塑造了关羽形象，使关羽的忠义武勇形象更为丰满、完善。关羽死后被奉为关帝、武圣，有深刻的社会原因和文化原因，同时，也跟关羽与荆州的特殊关系分不开。抛开关羽与荆州的特殊关系来看待关羽文化现象，看待关羽的被推崇、尊奉，就失去了一个基本前提。从关羽文化的形成来看，荆州是关羽信仰的起始之地，最早的关庙也建于荆州。

三、汉水流域三国文化的特征

对三国文化深有研究的雪年先生指出，三国文化是荆州的一大特色文化，现在已日益成为人们的共识。从历史本身而言，三国时代虽然短暂，但它是中国历史上一个很不平凡的时代。面对统一的中央集权的封建帝国之后汉王朝出现的国家分裂的状态，面对社会的急剧变革，国家的动乱不止，人民的深重苦难，历史的责任感、使命感呼唤着时人为国家的命运而奔走呼号、奋起搏击，特定的社会历史条件造就了群雄角逐、人才辈出的客观环境，形成了云蒸霞蔚、波澜壮阔的社会画卷，中华有志之士斗智斗勇，各显其能，从而使我们民族的思想、品格、精神、情操迸发出绚丽的光华、夺目的异彩。这是三国文化魅力无穷、经久不衰的根本原因。三国文化的强大影响力主要表现在以下几个方面。

1. 三国文化具有鲜明的民族性，充分反映了我们民族传统的文化心理

中国古代思想文化的主流是儒家文化。儒家文化的伦理道德集中体现了我们民族的文化心理和素质，是我国民族文化的基本内涵。三国文化主要传承于儒家文化，是儒家文化在春秋战国时代形成之后首次全面而生动的曝光。由于汉武帝罢黜百家、独尊儒术，汉代儒学独领风骚，三国文化以儒家文化为主导，更是历史的必然。传承于儒家文化的三国文化，是我国民族文化的缩影，它最集中、最突出地反映了我国民族文化的一些基本理念、基本内涵，体现出我国民族文化的精华。如在政治理念方面，体现了期望结束战乱、追求天下统一的大一统国家观，以仁德为怀、施惠于民、反对肆虐百姓的仁政观，治国理政既重德教又重法

治的治国观，等等。在思想观念方面，体现了治国平天下、"以民为本"、重视民众作用的民本观，争相求贤纳才、注重选贤任能的人才观，注意"修身""躬行"、克己正身、强调做人道德的人格观，张扬忠义、矢志如一、坚贞不渝的忠义观，君臣坦诚相待、荣辱与共、鱼水相谐的君臣观，等等。在价值观念方面，体现了为国家兴亡而驰骋疆场、视死如归的英雄观，为实现自己的政治理想而奋斗不息、矢志不移的人生观，恪守信义、不为利禄所动、一身正气的义利观，等等。所有这些，都是我们民族精神、民族性格的生动写照，最能撞击人们的心灵，激起人们的共鸣，在社会生活中具有永恒的价值。在三国争雄中，有志之士所反映出的智谋韬略，也表现出我们民族固有的聪明才智，同样是中华民族永恒的精神财富。当然，作为一种传统文化，三国文化也有消极的一面和时代的局限，我们主要是就其积极的意义来论述的。

2. 三国文化有着广泛的民众性，集中体现了我国人民大众的文化心理

越是民族的，就越是大众的，因为文化的民族性与大众性总是紧密相连的，加之三国文化在其演变过程中经历了广泛传播，注入了人民大众自身的理想和愿望，从而使三国文化更富有民众性，具有最广泛的群众基础。这是三国文化一个突出的特点，是其他一些历史文化所难能相比的。三国文化源于三国历史，而三国故事自三国末期起就开始在民间流传，至宋代有了专说三国的说话艺人和话本，元代不仅有说三国的评话，还有表现三国故事的戏曲。到明初，在三国故事已流传1000多年的基础上，产生了艺术性地反映三国历史的文学名著《三国演义》，从而使三国故事更加深入群众，家喻户晓。在三国故事的流传过程中，人民群众把他们对社会、对人生的理解和认识，把他们朴素的爱憎观、价值

观融入三国故事之中，融入他们理想中的人物身上，使一些三国故事源于历史而又不等同于历史，发挥了艺术的想象和创造，丰富了三国文化的内涵。历史小说《三国演义》，就是在深厚的民众性基础上的集体创作，是中国大众文化的结晶。它集中体现了人民群众的文化心理，因而受到人民群众的广泛欢迎和喜爱。而人民群众对三国文化的一些认识，也正是主要以《三国演义》和据其改编的戏曲、影视作品为媒介的。尽管仅靠文艺的途径来了解三国文化是远远不够和不全面的，但其对三国文化的普及无疑起到了十分重要的作用。从三国历史到三国故事传说、到《三国演义》及其他表现三国的文艺形式，都使三国文化更富于民族性、大众性，更具有普及性和广泛的影响。

3. 强烈的英雄主义色彩是三国文化突出的外观印象

三国时代是个英雄辈出的时代。这一时代的"英雄"往往是指那些具有文韬武略和理国才干的诸侯以及卓尔不群的名士。三国"英雄"几乎遍地开花：刘备、曹操、吕布、孙权、周瑜、赵云、吕蒙、陆逊等都曾被时人称为"英雄""枭雄"。如许劭即说曹操是"治世之能臣"；刘备一生英武坚韧，志在匡复汉室，生前被人称为"枭雄"，死后又被史家评论为有"英雄之器"；孔融"负其高气，志在靖难"，也被时人评为"英雄特杰"。至于《三国演义》中曹操与刘备"煮酒论英雄"的佳话则更是脍炙人口，英雄崇拜与英雄自诩成为三国时代一种普遍的社会精神风尚。

三国英雄普遍怀有豪情壮志。三国时代是社稷倾覆的多事之秋，时人大多不喜清议空谈和穷经诵典，而是志存高远，少好任侠，广交豪杰，意气风发，不拘礼节，如刘备"不甚乐读书，喜狗马、音乐、美衣服……好交结豪侠，年少争附之"；曹操"少机警，有权术，而任侠放荡，不治行业"；吕布"便弓马，膂力过人，号为飞将"；陈宫"刚直壮烈，少与海内知名之士皆相连结"；陈登"忠亮高爽，沈深有大略，少有扶世济民之志"。诸葛亮早在隐居隆中期间虽曾留心经典，但读书只是"务观其大略"，每以管、乐自比，抱膝长啸，志在兼济天下；鲁肃"少有壮节，好为奇计。天下将乱，乃学击剑骑射"，"尔时天下已乱，肃不治家事，大散财货，摽卖田地，以赈穷弊结士为务"，终成孙吴一代名臣，在赤壁之战中力主联蜀抗曹，立下赫赫战功。

三国英雄的气度风采，浸染着浓厚的中国传统英雄主义色彩，表现为典型的传统中国英雄形象：英烈刚猛、伟岸高大。譬如诸葛亮，"少有逸群之才，英霸之器，身长八尺，容貌甚伟"。赵云"身长八尺，姿颜雄伟"。关羽容貌伟俊威严，尤以美髯突出闻名，以至于马超来蜀后受隆重礼遇引起关羽不平，诸葛亮巧妙称赞其"美髯"而化解之。到了《三国演义》及三国戏中，关公则进一步被描绘成面如红枣、眉似卧蚕、美髯如瀑的伟男形象。周瑜，《三国志》本传记载他"长壮有姿貌"，或许就是《三国演义》中那个风流倜傥、英俊潇洒的周公瑾的原型，因此宋代苏轼词中称他是"雄姿英发"的千古风流人物。东吴老臣张昭，"容貌矜严，有威风"，"辞气壮厉，义形于色"。即使女性人物也是别具一番飒爽豪气，如孙权的妹妹"才捷刚猛，有诸兄之风"，并善习功练武，嫁刘备后，"侍婢百余人，皆亲执刀侍立，先主每入，衷心常凛凛"。三国文化中的英雄主义还表现在淡化礼教、豪迈自由的时代精神和悲壮、赤诚的精神气质。其中不乏悲歌慷慨、震撼人心的英雄志士。曹操对酒当歌，横槊赋诗，诸葛亮悲歌《梁父吟》、抱膝长啸，关羽刮骨疗毒、饮酒谈笑，赵云血战重围、背雏救嫂；张飞雷吼长板、吓退曹兵等脍炙人口的故事，折射出的是一种豪迈磅礴的英雄气魄。

　　三国文化中的英雄主义精神还表现在重义轻生的侠义精神。桃园三结义，关羽不为曹操重金所留，过五关、斩六将誓归刘备的故事之所以流传甚广，为人们津津乐道，实质上仍是春秋战国时代孔、孟的"忠勇""信勇"思想与侠义观念深入人心的反映。三国时期是我国古典英雄主义精神大发扬的时代，既是对东汉末年人性觉醒的强劲呼应，又是人性自由的大展示，既是时势与英雄的风云际会，也是英雄砥砺功名、建功立业、纵情发挥的时代。

4. 三国文化的突出魅力在于它的尚智性，表现为崇尚智谋、智慧至上的价值判断取向

　　无论是《三国志》还是《三国演义》，从其描写的内容上看，大多记载的都是智能之士安身立命、经邦济世的史实，智慧谋略和智慧文化在三国文化中占有很大的比重。三国文化中的智慧层面大致可分为三种：政治智慧、军事智慧与人生智慧。可以说，智慧文化是三国文化留给后世的一笔珍贵的文化遗产。

　　最让人津津乐道的是三国文化中的军事智慧。军事智慧在三国文化中有多方面的体现，《三国志》或详或略记载了许多运用军事谋略的真实战役过程，而《三国演义》则可以看成是一部中国古代军事战争的百科全书。三国时期由于战争频仍，兵学乃当时显学，曹操、诸葛亮、法正、马谡、姜维、周瑜、陆逊、司马懿等都精通兵法，曹操、诸葛亮还曾注释古代兵书或著有军事理论著作以及发明攻守战阵等。曹操对《孙子兵法》研究很深，著有《孙子略解》，自己曾说："吾观兵书战策多矣，孙武所著深矣。"诸葛亮精研战国兵书《六韬》，著有《诸葛亮兵

法》一书，清张澍汇编的《诸葛亮集》中也收有诸葛亮多种"军令"；此外，诸葛亮在战争实践中还创造了著名的"八阵图"，以及木牛、流马及十发连弩三种重大军事发明，被后世叹为科技奇迹。袁绍、曹操等则在战争中分别创造了"楼车""发石车"（又称"霹雳车"）等大型杀伤性武器。孙权"至统事以来，省三史、诸家兵书，自以为大有所益"；姜维也是"甚敏于军事，即有胆义，深解兵意"。正因为三国时期军事家们个个皆精通兵学，因此在他们指挥的各次战役中，兵学理论与军事智慧得到充分发挥。在三国时期100多次大小战役中，心战、奔袭、设疑、离间、火攻、空城计、美人计、苦肉计等各种军事奇计纷纷被运用，特别是三国三大战役官渡之战、赤壁之战与夷陵之战，无论是军事谋略还是战术兵法都可圈可点，可究可品，不仅对战争的胜负起着决定性的作用，而且意味深长，体现出鲜明的谋略至上的文化价值判断。

最能给人启迪的是三国文化中的政治智慧。从政治智慧来说，诸葛亮无疑具有超人的政治智慧，西晋时士大夫评价他"权智英略，有逾管、晏"。一篇《隆中对》即是青年诸葛亮对汉末三国天下形势绝妙的分析与预见。后来他主持实施的联吴抗曹、平定南中、治蜀理政、严明吏治的外交内政屡见功效，使蜀汉境内一度"吏不容奸，人怀自励，道不遗拾，强不侵弱，风化肃然"，充分显示了一代政治家诸葛亮非凡的政治才干。曹操挟天子以令诸侯的惊人之举就是汉末三国初最成功的政治策略。曹魏集团能在群雄并起、军阀混战中由弱转强、统一北方，曹操的政治军事智慧谋略起着决定性作用。孙策、孙权兄弟也能正确审时度势，较早定鼎江左，成就东南霸业。尤其孙权外稳魏、蜀，内修政理，平定山越，礼贤下士，广罗人才，使孙吴一度颇为昌盛，在魏、蜀、吴三国中吴延祚最长。无怪南宋辛弃疾十分思慕孙权，发出"生子当如孙仲谋"的感叹。

中国古代的政治智慧包括形势分析、政治预测、处理君臣关系、治吏理民、外交羁縻、军政大事决策等诸多方面，三国历史中这方面的事例多不胜举，成败得失皆有之。三国文化中的政治智慧集中体现在两个方面：一是准确的政治预见：鲁肃、诸葛亮等都在汉末大乱之际准确预见了三国鼎立局面的出现，这种预见与那些方士占卜之流的玄秘预测不同，是建立在对天下形势与发展趋势的理性判断之上的。曹操曾断言"设使天下无有孤，不知当几人称帝，几人称王"，既是蔑视群雄而自负的表现，也是对当时形势的正确判断。二是平乱称霸、理政治军的智慧谋略。曹操堪称三国人杰，连诸葛亮都佩服他的谋略过人，《隆中对》中即说"曹操比于袁绍，则名微而众寡。然操遂能克绍，以弱为强者，非惟天时，抑亦人谋也"；多年后诸葛亮还说曹操"智计殊绝于人"。

随着三国文化的广泛传播，三国文化中的智慧谋略就成为后世政治家、军事家的一大智囊库。魏晋南北朝时谢安、王猛等都曾竭力效仿诸葛亮治政理民；唐太宗与魏徵、房玄龄也曾多次讨论诸葛亮的理政智慧，对曹操的政治才干也称赞不已。毛泽东酷爱《三国演义》早已众所周知，特别在革命战争年代，一部《三国演义》几乎一直随他转战南北，他不断从中汲取政治军事智慧。

最能引人深思的是三国文化中的人生智慧。汉末三国时期正当乱世，战火频仍，人的生存、抉择、发展、功名成败等诸多重要层面都受到了全面的考验。众多的三国人物中，有的善于审时度势、审慎抉择，终建辉煌功业，如刘备、诸葛亮、鲁肃、马超、司马懿、吕蒙、姜维；有的则或因性格偏激，或因抉择失误丧身殒命，或终生暗淡无闻。人生智慧的第一要素在于抉择，择业、择主、择偶、择友乃至选择人生归宿地——择墓,都集中反映着人的生存智慧。在这方面,诸葛亮的人生历程堪称智者的人生选择,从择隐到择业、择主,无不显示了其惊人的智慧。汉末大乱,他随叔父流寓襄阳选择隐士为进取途径,巧妙为刘琦出谋划策;不就近投靠刘表、曹操、孙权,而毅然为弱小的刘备效忠效力,打下蜀汉江山,一直到临终遗命葬汉中定军山,都折射出其超人的智慧。对古代乱世士人来说,择主至关重要。关于诸葛亮择刘备为主,已有不少学者作过专题论述。如果诸葛亮投靠了刘表或猛将如雨、谋士如云的曹操、孙权集团,极可能不会有加盟刘备集团所带来的辉煌功业和成功人生。

与诸葛亮相反,杨修、田丰、沮授等人的命运悲剧就从另一侧面反映了人生选择的失误所造成的严重后果。这几个人皆聪明有才之士,而且杨修还聪明过人,不幸的是他非但不为主子曹操所相容,反而却因聪明多才丢掉了性命。但即使是老谋深算的曹操本人,尽管为曹丕等奠定了曹魏帝业基础,最后却让司马懿篡夺了江山,也是始料未及的,用人的失察终于使其后代付出了惨重的代价。当然,人的智慧毕竟是有限的,三国人物也不例外,刘备为关羽报仇败亡于夷陵,诸葛亮六出祁山终未成功,以及曹操第二次征汉中的失败,说明历史过程中有的事态实难逆转,即使智者也无力回天。这又充分说明,人生境界的高低往往决定了人生抉择的正误,而抉择的正误则直接决定人生的成败。

第三节 武当文化

武当文化是中国传统文化的一部分。武当文化是指历史上产生在以武当山为核心区域、以武当道家文化为核心构成的区域性文化现象,是有史以来武当山周边人民所进行的社会实践活动所创造的物质财富和精神财富的总和。它包括了政治、经济、历史、哲学、文学、艺术、建筑、地理、风俗、武术、医药、饮食等各个方面,并在历史发展的过程中逐渐形成了自己的特征。

一、武当武术

在中国历史上,尽管武术界武术门派众多、高手如林,但一直以来,都认同一个结论:在武术界有南北两尊,北尊少林,南尊武当;南拳北腿,南剑北杖。少林武术阳刚威猛,气势逼人,武当武术道法自然,出神入化。

据传,张三丰是武当武术的创始人,他"仰观浮云,俯视流水",创造出以柔克刚的武当拳法、剑法、阵法,以天、地、人为师,故能得其大道,使武当山顶松柏常青。

1. 武当武术简介

下面,着重介绍几种武当武术特色功夫。
(1) 太极拳
武当武术最有代表性的拳种当属太极拳。
太极拳的具体原理是:运用传统中医经络学说,拳势动作采用螺旋缠绕式的伸缩旋转方法,要求以腰为轴,内气发于丹田,通过缠绕运动,达于任督两脉,布于周身,从而达到"以意用气,以气运身"的境地。其技击特点为:虚灵顶劲竖项,沉肩坠肘坐腕,含胸拔背实腹,松腰敛臀圆裆，心静体松意注，呼吸深长自然，势势意连形随，轻沉虚实兼备。

(2) 形意拳

形意拳，取其以心行气之义，又称"行意拳"或"心意拳"。此拳讲究"象其形，取其意"。以五行生克为指导，以劈、钻、崩、炮、横五拳分属金、水、木、火、土五行，外五行为五拳，内五行为五脏，顺应自然长寿之本。要求"心意诚于中，肢体形于外"。内意与外形高度统一，故名形意拳。其运动特点：手到脚到，齐起齐落，三尖相对，三节相通。内外六合，动静相间，节奏明显，劲力充实，象形取意，刚柔相济。

(3) 八卦拳

八卦拳，"八卦"最早见于《易经》，"两仪生四象，四象生八卦"。八卦拳是以八卦学说为理论依据，以掌法变换和行步走转为主的拳术。内含五行生化之理，阴阳消长之道。由于其运动时纵横交错，分为四正四偶八方位，与《周易》的卦象相似，故称为八卦掌。其运动特点是：沿圈走转，随走换势，行如趟泥，身捷步灵，势势相连，摆扣清晰，纵横交错，协调圆活，心无杂念。

2. 武当武术之特色

对于武当武术的特色，一代武当武术理论研究家谭大江提出了著名的"五以说"，分别从神、技、德、规、韵等五个方面对此作了由浅入深、鞭辟入里的阐释，既是对前人相关认识的概括和总结、丰富和补充，更是别具慧眼，厘清了武当武术独特的风神气韵和武德传统。这里，将其观点简述如下：

第一,以道理为指导。武当武术的产生不是经验主义的产物,而是理性的产物。武当武术的理论基础就是道家哲学。道家哲学是中国古代一部分哲学家,为了最完美地解决人类的生存问题,通过对天(宇宙自然)、地(地球自然)、人(以人为代表的地球生物)相互关系的观察研究分析,所获得的一种宇宙、世界、社会、人生整体统一辩证的哲学观念。

道家哲学自然不是专为道家拳术创立的理论。然而,武当武术创造发明于道家,在于道家哲学可广泛运用于道家生存的每一个领域(道家也认为道家哲学可供人类普遍运用于任何领域之中)。道家比一般人更注重保存自己,因此也必须掌握防卫术。于是,剖析社会流行的防卫利弊,以道家哲学原理为指导的道家防卫术——武当拳法便自然产生了。道家哲学的本体是"道",认为天、地、人之间有一个永恒的"道"存在。它孕育演化万物,而又制约万物。它的存在是无形无象、无始无终;它的行为是处柔守雌、无为不争;它的表现是柔、静、虚、空、圆、中、正、和等。这些都可用太极、阴阳、五行、八卦来概括表示。这些哲学基本原理用于指导武当拳法,与其他一些武术相比,可以收到事半功倍的效果。

第二,以养生为宗旨。修炼者修炼的最基本目标就是获得养生之益。

第三,以技击为末学。"以技击为末学"是武当拳派的价值观选择,其根本原理还是根自道家哲学的"道"。一则,道的本原是个混沌体,在混沌体里不存在矛盾和对立。反映在道家的社会观念上,就要求人与人之间应以"混沌"而处之,不应发生矛盾,闹对立。大家要和平共处,那么战争就是不文明、不道义的行为。所以,道家从来宣扬的就是和平的道,以理服人,而不以力服人。因而,技击理所当然地被视为

"不急之末学"。二则,凡是战争,无论双方怎样施展技巧,最终都是要保存自己,削弱或消灭对方,所以对抗性很强。即便爱好和平的一方竭力首先克制、回避,但若对方一味进犯,最终还是要短兵相接,进行"量"与"速"的殊死较量。所得后果,要么两败俱伤,要么一死一活,这样的斗争是伤害于人的。道家要的是养生,而不是伤生,所以尽量避免和人争斗,自然要把技击视为"不急之末学"。

第四,以戒律树门风。历代武当武术门派的传人都很看重门派门风的养成和捍卫。所谓门风,就是指本门本派所推崇倡导的精神境界和道德风气。历代开派祖师为了养成和捍卫本派本门的门风,都为门徒和信众制定了相应的戒律。作为一个武当武术的继承人,必须"克己复礼",遵守公共道德。这些戒律,有三戒、五戒、八戒、十戒不等,如十戒:一戒违戾父母师长反逆不孝;二戒杀生屠害割截物命;三戒叛逆君王谋害家国;四戒淫乱骨亲及其他妇女;五戒毁谤道法轻泄经文;六戒赤膊露三光厌弃老病;……九戒耽性狂酒恶语粗言;十戒凶豪自任自作威利。其他还流传有12戒、27戒、180戒等,甚有最多者戒律达1200多条。徒弟犯戒者,当然是不能传其衣钵的。不仅如此,犯戒者轻者斥责、罚跪,重者则杖责或驱逐出山。

强调道德家风,在历史上不仅使武当道人持身清正、道德高尚,而且使武当武术口碑崇高、誉满天下。

第五,以圆为神韵。武当派拳法以柔绵见长,处处体现出圆、圈、旋的有机交合运化之势。如八卦掌沿圆走转、纵横交织、随走随变、左右旋转、式式连绵;形意拳之"如水流之曲曲弯弯,无孔不入","其形似闪",内旋回带,势如连环;太极拳以腰为轴,带动周身四肢百骸处处画圆运动,大弧带小弧,大圆套小圆,周身形成平圆、立圆、斜圆、八字圆、云圈圆等。这些圆的运动,表现着一种力的含蓄柔韧美,也表示着一种无穷的生机和活力。

二、武当文学艺术

对武当武术和武当文化宣传、传承贡献最大的当属中国武侠小说。众所周知，几乎所有有重大影响的武侠小说作家和武侠小说，没有不涉足武当武术和武当派的，也几乎所有有重大影响的武侠小说作家和武侠小说，没有不把武当武术和武当派作为其武侠小说重中之重的。单以当代著名的武侠小说作家来看，梁羽生(《白发魔女传》)、古龙(《陆小凤》)、陈青云(《武当争雄记》)及金庸等武侠小说名家都浓墨重彩、铺天盖地地写过武当武术和武当派，特别是金庸在其笔下三部小说《书剑恩仇录》《笑傲江湖》和《倚天屠龙记》(以下简称《倚》)中更是将武当派作为武术和武侠世界的中流砥柱而大写特写，其中尤以《倚》笔力最集中。张永禄曾在其《金庸笔下的武当》一文中写道，金庸先生虽未曾亲临武当，但凭着他对中国传统文化的精通和一枝生花妙笔，用英雄传奇这一文学样式艺术地再现了武当风采和神韵。作为生于斯长于斯，受武当文化浸润和泽被的武当人，读到这些灵动的文字，看到亲切的地名，遇到熟悉的人物和邂逅喜爱的武术，自当感到格外的亲切。

张永禄先生在《金庸笔下的武当》一文中，对金庸笔下的武当武术作了很精辟的分析，兹录于此，与诸君共赏：

> 在金庸小说的武当世界里，尽情展示了武当武术的轻功、太极拳、太极剑、虎爪手擒拿法和"真武七阵"等。限于篇幅，这里仅举太极拳和太极剑。张三丰在传授太极拳和太极剑时说："我这套

太极拳和太极剑，跟自来武学之道全然不同，讲究以静制动，后发制人。"拳术的决（诀）窍是"虚灵顶劲，涵（含）胸拔背，松腰垂臀，沉肩坠肘"十六个字，"纯以意行，最忌用力，开（形）神合一"，所以在"使太极拳时，心中要虚，想太极图圆转不断，阴阳变化之意，一个左圆右圈，一个圆圈跟着一个圆圈，大圈，小圈，平圈，主圈，正圈，斜圈，一个个太极圆发出，节节贯串，如长江大河，滔滔不绝"。至于太极剑，和太极拳有异曲同工之妙："张无忌的一柄木剑在这团寒光中画着一个个圆圈，每一招均是以弧形刺出，以弧形收回，他心中竟无半点渣滓，以意运剑，木剑每发一招，便似放出一条细丝，要去缠在倚天宝剑之上，这些细丝越积越多，似是积成了一团团丝棉（绵），将倚天剑裹了起来……这路太极剑法只是大大小小、正反斜直各种各样的圆圈，要说招数，可说只有一招，然而这一招却永是应付不穷。"（第二十四回）从这段文字和张三丰教授的过程来看，太极剑的关键在于"神在剑先，绵绵不绝"。故张三丰教无忌时，两次招数绝不重复，而且要无忌忘记了招式，才能和对手过招。这里张三丰传的是剑意而不是剑招，招术是死的，剑意才是精髓，学得招术只能得其形，学得剑意才能得其神似。金庸先生不会武功，对竞技不精，故对武功描写则充分进行艺术化、学术化、寓言化及哲理化处理，他笔下的武当武术就包含了极深的学术意义、哲理道理及思想价值。通（经）过文学处理的武当太极拳和太极剑里让我们更加真切、直观地理解了武当武术。武当武术的"重内功，尚以柔克刚，以静制动"精义，蕴含了深刻的"道"之哲理。另外，张三丰教张无忌求剑意而忘剑招，也似乎隐喻了对武术和当代教育中形式主义和教条主义风气的揶揄。对于武当武术的艺术化处理主要体现在武术与书法的合一上。在第四回，张三丰见武当爱徒俞岱言惨遭暗害四肢残废后，心事悲痛手指当空写的"武林至尊，宝刀屠龙。号令天下，莫敢不从。倚天不出，谁与争锋"。只见"那二十四字翻来复去的（地）书写，笔画越来越长，手势却越来越慢，到后来纵横开阖，宛如施展拳脚一般。张翠山凝神细看，心下又惊又喜，师父所写的二十四个字合在一起，分明是套极高明的武功，第一字包含数招，便有数般变化。'龙'字和'锋'字笔画甚多，'刀'字和'下'字笔画甚少，但笔画多的不觉其繁，笔画少的不见其陋，其缩也凝重，似尺蠖之屈，其纵也险劲，如狡兔之脱，淋漓酣畅，雄浑刚健，俊逸处如风飘，如雪舞；厚重处如虎蹲，如象步"。这是论书法，亦是论武功，以书法入武功，令人想起唐代书法家张旭从公孙大娘舞剑之中领悟书法。张三丰的武当功夫从书法中创立，使武术艺术化，这是武当武术的又一特征。①

此外，武当文化在碑刻、书法、雕塑、绘画、茶艺、武术器艺等艺术领域，都达到了很高的艺术造诣，留下了丰富而宝贵的文化艺术遗产。

三、武当建筑艺术

武当的建筑，从早期隐士借以隐身的简单的石门、石室，到皇朝投资巨万、历时经年建成的规模恢宏的建筑群落，都呈现出独特的建筑特征。早期的建筑，或依山而筑，或傍岩石而修，或结草为庵，大

---

① 张永禄. 金庸笔下的武当[J]. 郧阳师范高等专科学校学报，2001（5）：8—11.

都依山就势，一任自然，人工草草，因陋就简，表现为简陋简单、自然质朴的风格，反映出隐士和修炼者们随遇而安、返璞归真的人生理念。同时，这些早期的隐士或修炼者的建筑成果，为武当山的建筑艺术打下了较为典型的道家文化根基，染上了较为浓重的道法自然、回归自然色彩。

真正意义上的武当的建筑艺术始于唐代。唐代，姚简建"五龙祠"，后有"太乙""延昌"等庙宇，还有其他建筑，如庵、兰若寺等。宋代建"真武祠"，升"五龙祠"为"五龙观"，创建紫霄宫。元代建九宫八观，九宫为：五龙宫、紫霄宫、真庆宫、王母宫、太和宫、紫虚宫、紫极宫、延长宫、天宫；八观为：佑圣观、元和观、云霞观、威烈观、回龙观、仁威观、太玄观、三清观。还有其他规模的庙、庵、殿、院。

至明代，帝王为统治需要大建武当山到了登峰造极的地步，耗倾国之财，享皇室家庙之威。这一时期是武当山建筑的顶峰，建成了9宫、9观、72岩庙、36庵堂的大型建筑群，总面积达160万平方米。其建筑规模之宏大、建筑艺术之高超、规制之严谨、布局之精妙，是中国乃至世界建筑史上的奇观。一时间，天下之大，群山之雄，武当山为至尊，所以有大岳武当之称。

现在武当山古建筑群主要包括太和宫、南岩宫、紫霄宫、遇真宫4座宫殿，玉虚宫、五龙宫两座宫殿遗址，以及各类庵堂祠庙等共200余处。建筑面积达5万平方米，占地总面积达100余万平方米，规模极其庞大。

1. 太和宫

太和宫位于武当山主峰天柱峰的南侧，建于明永乐十四年（1416

年），正殿为朝圣殿，供铜铸鎏金真武坐像，下列雷部六天君，正殿前为拜殿，周列石碑，左右为钟鼓楼。

2. 南岩宫

南岩宫始建于元代，明永乐十年（1412年）扩建。位于独阳岩下，山势飞耸，状如垂天之翼，以峰峦秀美而闻名。建筑面积3505平方米，占地9万平方米。有天乙真庆宫石殿、两仪殿、皇经堂、八卦亭、龙虎殿、大碑亭和南天门等建筑。主体建筑天乙真庆宫石殿，面阔11米，进深6.6米，通高6.8米，梁、柱、门、窗等均以青石雕凿而成。顶部前坡为单檐歇山式，后坡依岩，做成悬山式，檐下斗栱均为两跳，为辽金建筑斗栱的做法。龙头香，长3米，宽仅0.33米，横空挑出，下临深谷，龙头上置一小香炉，状极峻险，具有较高的艺术性。

3. 紫霄宫

紫霄宫位于武当山东南的展旗峰下，是武当山八大宫观中规模宏大、保存完整的建筑之一。现存有建筑29栋，建筑面积6854平方米。中轴线上为五级阶地，由上而下递建龙虎殿、碑亭、十方堂、紫霄大殿、圣文母殿，两侧以配房等建筑分隔为三进院落，构成一组殿堂楼宇、鳞次栉比、主次分明的建筑群。宫的中部两翼为四合院式的居所。宫内主体建筑紫霄殿，是武当山最有代表性的木构建筑，建在三层石台基之上，台基前正中及左右侧均有踏道通向大殿的月台。大殿面阔进深各五间，高18.3米，阔29.9米，深12米，面积358.8平方米。共有檐柱、金柱36根，排列有序。大殿为重檐歇山顶式大木结构，由三层崇台衬托，比例适度，外观协调。上下檐保持明初以前的做法。柱头和斗拱显示明代斗拱的特征。梁架结构用九檩，高宽比为 5：2.5，保持宋辽以来的用材比例。殿内金柱斗拱，施井口天花，明间内槽有斗八藻井。明间后部建有刻工精致的石须弥座神龛，其中供玉皇大帝，左右陪侍神像均出自明人之手。

紫霄殿的屋顶全部盖孔雀蓝琉璃瓦，正脊、垂脊和戗脊等以黄、绿两色为主镂空雕花，装饰多彩华丽，为其他建筑所少见。

4. 金殿

金殿是明代铜铸仿木结构宫殿式建筑，位于天柱峰顶端的石筑平台正中，面积约 160 平方米，朝向为东偏南 8°。金殿面宽与进深均为三间，宽 4.4 米，深 3.15 米，高 5.54 米。四周立柱 12 根，柱上叠架、额、枋及重翘重昂与单翘重昂斗拱，分别承托上、下檐部，构成重檐庑殿式屋顶。正脊两端铸龙对峙。四壁于立柱之间装四抹头格扇门。殿内顶部做平棋天花，铸浅雕流云纹样，线条柔和流畅。地面以紫色石纹墁地，洗磨光洁。屋顶采用"推山"做法为特点。殿内于后壁屏风前设神坛，塑真武大帝坐像，左侍金童捧册，右侍玉女端宝，水火二将，执旗捧剑拱卫两厢。坛下玄武一尊。坛前设香案，置供器。神坛上方高悬鎏金匾额，上铸爱新觉罗·玄烨手迹"金光妙相"四字。殿外檐际，悬盘龙斗边鎏金牌额，上竖铸"金殿"二字。殿体各部分构件采用失蜡法铸造，遍体鎏金，无论瓦作木作构件，结构严谨，合缝精密，虽经 500 多年的严寒酷暑，至今仍辉煌如初，显示我国铸造工业发展的高超水平，堪称现存古建筑和铸造工艺中的一颗灿烂明珠。

5. "治世玄岳"牌坊

"治世玄岳"牌坊建于明嘉靖三十一年（1552年）。位于武当山镇东4000米处，为进入武当山的第一道门户，又名玄岳门。此牌坊系石凿仿大木建筑结构，为三间四柱五楼牌坊，高11.9米，阔14.5米。明间与次间之比为5:3。坊柱高6.4米，柱周设夹杆石以铁箍加固。柱顶架龙门枋，枋间嵌夹堂花板，构成明间高敞、两侧稍低的三个门道。正楼架于龙门枋上，明间左右立枋柱，中嵌矩形横式牌匾。次间各分两层架设边楼、云板与次楼，构成宽阔高耸的正楼、边楼，由上而下，逐层外展的三滴水歇山式的坊楼，中嵌横式牌匾刻嘉靖皇帝赐额"治世玄岳"。此坊结构简练，构件富于变化，全用卯榫拼合，装配均衡严谨，坊身装饰华丽，雕刻精工，运用线刻、圆雕、浮雕等方法，雕刻了人物、动物和花卉图案等，是南方石作牌楼之佳作，也是明代石雕艺术珍品。

6. 武当山古建筑群的主要特征

武当山古建筑群历经沧桑，在布局、规制、风格、材料和工艺等方面都保存了原状。建筑主体以宫观为核心，主要宫观建筑在内聚型盆地或山助台地之上，庵堂神祠分布于宫观附近地带，自成体系，岩庙则占峰踞险，形成"五里一庵十里宫，丹墙翠瓦望玲珑"的巨大景观。武当山古建筑群在建筑艺术、建筑美学上达到了极为完美的境界，有着丰富的中国古代文化和科技内涵，是研究明初古建筑的实物见证。武当山古建筑群具有以下主要特征。

第一，充分体现了道家道法自然、天人合一的哲学理念。如大岳武当从建筑选址上看，就显得大气磅礴，匠心独运，富有深厚的哲学理念。道家认为"水"与"火"就是这个世界诸多元素中的一个对立统一体，它们相生相克，互为"阴阳"。由于地球造山运动，从整个山体形制上说，武当山呈现出"七十二峰朝大顶"的奇观，即武当山系几乎所有的山体都向着武当山的主峰金顶，既像是一朵盛开的莲花，又像是一簇熊熊燃烧的火焰，因此武当山也被人们称为"火焰山"。于是大家就请来了北方的一位水神——真武大帝，据说这样就可以镇一镇这座旺盛的火山，使之阴阳和谐，水火既济，可保得天下风调雨顺、世界太平。

第二，规划严密，建筑杰出。武当山古建筑群分布在以天柱峰为中心的群山之中，总体规划严密，主次分明，大小有序，布局合理。建筑位置选择注重环境，讲究山形水脉疏密有致。建筑设计的规划或宏伟壮观，或小巧精致，或深藏山坳，或濒临险崖，达到了建筑与自然的高度和谐，具有浓郁的建筑韵律和天才的创造力。

第三，高超的技术与艺术成就。武当山古建筑群类型多样，用材广泛，各项设计、构造、装饰、陈设，不论木构宫观、铜铸殿堂、石作岩庙，还是铜铸、木雕、石雕、泥塑等各类神像都达到了高度的技术与艺术成就。

第四，反映出我国古代科技的伟大成就。武当山金殿及殿内神像、供桌等全为铜铸鎏金，铸件体量巨大，采用失蜡法（蜡模）翻铸，代表了中国明代初年（15世纪）科学技术和铸造工业的重大发展。

武当山古建筑中的宫阙庙宇集中体现了中国元、明、清三代建筑的艺术成就。古建筑群坐落在沟壑纵横、风景如画的湖北省武当山麓，在明代期间逐渐形成规模，其中的部分建筑可以追溯到公元7世纪，这些建筑代表了近千年的中国艺术和建筑的最高水平。

四、武当文化特征

武当文化特质与武当山独特的地理位置及地貌特点有密切关系。武当山矗立在鄂、豫、川、陕四省交界处，历史上陆路、水路交通比较发达，某种程度上可称作是联系南北东西的交通枢纽。加之地貌特点突出，处在我国地势由第二阶梯到第三阶梯的过渡交接地带，东面是一望无际的江汉平原，西北和南面是重峦叠嶂的秦岭山脉以及高大巍峨的大巴山脉东部主峰，是中原与南方之间的一道天然屏障。因此，从战国时代开始，中国历史上每至分裂战乱时期，它就成为兵家必争之地。与这一地理位置和地貌特点相联系，武当文化实际上孕育和成长在华夏文化的两支（荆楚文化——长江文化——南方文化与中原文化——黄河文化——北方文化）的分界线和交融地带。而在南方文化的体系中，它又处在江汉、巴蜀、吴越、湘滇等文化的相融激荡的地带。因而武当文化形成了明显区别于其他地区文化的特征——开放性、兼融性、延续性和辐射性。其中，开放性与兼融性是其核心精神，延续性和辐射性是开放与兼融的必然结果。

第四节　孝文化

一、中华孝文化的历史发展及其内涵

孝文化是指中华民族在历史长河中所创造的一切关于孝的思想观

念、理论制度、行为规范、文艺作品、民风民俗以及相关器物设施等物质财富和精神财富的总和。孝文化是中国传统文化的重要组成部分，是具有鲜明的汉民族特色的伦理道德文化。

"孝"字源于甲骨文，是一个会意字。金文的"孝"上部像戴发老人，是"老"字的本义，下面是"子"，即由"老"怀抱着"子"、由"子"搀扶着老人之意，其原意为"父慈子孝""奉先思孝"，它是对人类原始血缘本能升华的结果，血亲之爱、伦常之亲等文化大义就蕴含在这一特殊字形结构中。

孝的核心意义是"善事父母"。它是家庭发展到一定阶段的产物。孝观念形成于商代。自春秋战国到两汉时期，孝观念走出家庭，进入社会生活和国家政治领域，成为中国传统政治文化的一个重要组成部分。从孔子的儒家学说开始，孝文化被多次进行理论改造，成为历朝历代社会政治伦理和道德风尚的重要基础。先秦是孝观念形成的时期。当时，"孝"对于家庭，有三个层面的意思：第一是继承祖业。如子承父业、兄终弟继。第二是生儿育女，繁衍子孙。第三是祭拜祖先。

经历代思想家之发明、提倡，统治者之推行，群众之实践，慢慢地，孝文化成为中华传统文化中的核心内容之一。孝行被看成是民族根本的道德原则，躬行孝道是民族德行的最高表现，甚至已经成为很多家庭道德规范的最高原则和最集中的表现，渗透到民间生活的各个角落和政治生活的方方面面。经过不断地弘扬与发展，"孝"已具有丰富的文化内涵。

孝文化主要具有10种内涵，兹综合并简述如下：

第一是"亲亲"。从体悟父子血缘亲情出发，亲爱、敬爱、感怀、关心自己的双亲。"亲亲"最重要的是发自内心的伦理自觉，是一种感恩图报的天性流露。

报养父母生养之恩是人的自然属性，是以血缘为基础的，是人类区别于一般动物的显著特征。"上有天大，下有父尊""跑到南海拜佛，不如堂前孝母"等都是讲父母之恩大无比，要孝敬父母。

第二是"事亲"。孔子曰："孝子之事亲也，居则致其敬，养则致其乐，病则致其忧，丧则致其哀，祭则致其严。"（《孝经》）孟子也说："孝子之至，莫大乎尊亲。"（《孟子》）要求人们对父母既养且敬，使其终生愉悦。因为父母不仅给了子女生命，而且为了子女的成长，付出了一辈子的艰辛与爱。作为子女，不仅要在物质上赡养父母，而且还要在精神上赡养父母。孔子曰："今之孝者，是谓能养。至于犬马，皆能有养。不敬，何以别乎？"（《论语》）乌鸦有反哺之义，羊有跪乳之恩，有思维的人类，不应仅仅对父母止于口腹之养，还应包括"养志气"，即精神上给老人以愉悦、尊敬、体贴、爱护老人。

第三是"孝悌"，即孝亲敬长。孔子教弟子的第一件事就是："入则孝，出则悌……"（《论语》）在同一章中又说："其为人也孝弟①，而好犯上者，鲜矣；不好犯上，而好作乱者，未之有也。君子务本，本立而道生。孝弟也者，其为仁之本与！"这段话就是说，在家能敬养父母、尊敬兄长，在外就不会犯上作乱、胡作非为。可见，孝敬父母、尊敬兄长不仅是一种社会行为准则，也是做人的根本所在。对此，朱熹注曰："善事父母为孝，善事兄长为弟。""孝"讲的是父子关系，"悌"讲的是兄弟关系。《汉书·武五子传》中载："阴阳不和则万物夭伤，父子不和则室家丧亡。"传统的孝悌观，肯定了亲子、兄弟之爱，强调要善待亲人。

第四是"追孝"。传统的"孝"要求祭祀与崇拜死去的先人，并且

---

① 弟（tì）：同"悌"，遵从兄长。

依祖制行事，把祖先的事业向前推进。《中庸》中说："夫孝者，善继人之志，善述人之事者也。"意思是说，孝，就是善于继承先人的志向，善于光大先人的事业。孔子对"服孝三年"这个礼仪所做的解释是："子生三年，然后免于父母之怀。夫三年之丧，天下之通丧也。予也有三年之爱于其父母乎？""追孝"主要是对死去的人的功德的承认。对此，孔子也有专门论述："父在，观其志；父没，观其行；三年无改于父道，可谓孝矣。"（《论语》）也就是说，对先祖的怀念，还要体现在具体的行动上，即完成先祖最后的心愿，将祖上的事业发扬光大。

第五是"立身"，即显扬父母。成家立业，修身行道，效忠君国，扬名后世，即《孝经》中的"孝之终"。儒家主张"读书志在圣贤，为官心存君国"，以孝敬父母之心来忠君爱民，光宗耀祖，大孝显亲，"以孝立身"强调修身养性，认为子女干出一番事业是对父母最大的回报。

第六是"博爱"。"教以孝，所以敬天下为人父者也；教以悌，所以敬天下为人兄者也；教以忠，所以敬天下为人君者也。"（《孝经》）孟子曰："老吾老，以及人之老；幼吾幼，以及人之幼。"从敬亲、养亲，发展到爱亲、爱家、爱国，进而爱天下。孝文化的灵魂是"博爱""德义"和"敬让"。孝行要"先之以博爱，而民莫遗其亲；陈之以德义，而民兴行。先之以敬让，而民不争；导之以礼乐，而民和睦；示之以好恶，而民知禁"（《孝经》）。

第七是"谏诤"。父母并不是完人，父母也有过失，对于父母不应一味顺从。做子女的完全有义务给父母提出合理的、可以被接受的建议。子女给父母提建议的方式，也是孝道的一个部分。因为长幼尊卑有序，子女不可僭越本分。对此，孔子说："事父母几谏，见志不从，又敬不违，劳而无怨。"（《论语》）可见，孝道要求子女在父母有过失时，可以委婉地提出建议。如果父母不听劝谏的话，子女也不能胡乱埋怨。

《孝经》中将"谏净"的理由说得就更为充分了:"昔者,天下有争[①]臣七人,虽无道,不失其天下;诸侯有争臣五人,虽无道,不失其国;大夫有争臣三人,虽无道,不失其家;士有争友,则身不离于令名;父有争子,则身不陷于不义。故当不义,则子不可以不争于父,臣不可以不争于君,故当不义则争之。从父之令,又焉得为孝乎!"谏净是善意的,当别人有不义之举时,不听之任之,而以谏净的形式予以劝谏,使他们往好的方面发展。

第八是"齐家"。"齐"是整治管理的意思,齐家就是管理建治家庭家业,调顺理畅各种家庭关系,建立和乐亲爱、奋发向上的家庭环境。"齐家而后治国","欲治其国者,先齐其家"(《大学》)。对此,蔡元培先生在《中国伦理学史》一书中有精辟的解释:"人之令德为仁,仁之基本为爱,爱之源泉,在亲子之间,而尤以爱亲之情之发于孩提者为最早。故孔子以孝统摄诸行。言其常,曰养、曰敬、曰谕父母于道。于其没也,曰善继志述事。言其变,曰几谏。于其没也,曰干蛊。夫至以继志述事为孝,则一切修身、齐家、治国、平天下之事,皆得统摄于其中矣。故曰,孝者,始于事亲,中于事君,终于立身。是亦由家长制度而演成伦理学说之一证也。"[②]人有管家才能、治家德行,才可以治理国家。一个连家庭都管治不好的人是不可能管理好国家的。将孝家的行为推及他人,"人人亲其亲,长其长,而天下平"(《孟子》)。孝文化倡导以孝治国,推崇以孝为本,要恪守父子、长幼、上下之序,"移孝作忠",孝治天下则"先于四海,无所不通"。孝文化把修身、齐家看作治国、平天下的基础。

第九是"讲信修睦",即讲究诚信,推恩及众,亲爱人民,建立友

---

① 争,通"净"。争臣,指能直言谏净之臣。
② 蔡元培. 中国伦理学史 [M]. 北京:商务印书馆,1999:11.

爱和谐的社会。"大道之行也，天下为公。选贤与能，讲信修睦。故人不独亲其亲，不独子其子，使老有所终，壮有所用，幼有所长，矜、寡、孤、独、废疾者皆有所养，男有分，女有归。"（《礼记》）古人提出天下为公，要选用贤人、能人，人与人之间要讲信用，要相互关爱、和睦相处，事实上也是"孝"的思想的进一步延伸，是孝的精神和灵魂在社会生活各个层面的泛化。

第十是"父慈"。儿女对父母是一种上报的爱，名之曰"孝"。父母对儿女是一种下倾的爱，名之曰"慈"。"父慈"是生命的自然延伸而产生的情感。孝道不仅强调子女对父母要"孝亲"，而且要求父母对子女要"慈幼"，要求父母对子女要尽抚育之责。

二、汉水流域孝文化的流变

孝文化在汉水流域具有非常丰富而厚重的文化资源和非常悠久辉煌的文化传统，并成为汉水流域独具神韵、异彩纷呈的特色文化事项。

孝感有宝贵的孝文化人文景观和丰厚的孝文化物质资源。孝感之所以能够成为孝文化重镇，第一是得名于"孝"。孝感的第一个名称为"孝昌"，其来历不同寻常。据史料记载，南朝宋世祖孝武帝刘骏（453—464年在位）是文帝刘义隆的第三个儿子，初受封为武陵王，驻西阳（今湖北黄冈东）。元嘉三年（453年）文帝长子刘劭杀父篡位，改年号为太初，刘骏率部进行讨伐，讨"逆"成功，取得皇位。刘骏为了巩固皇权，倡导孝行，改年号为孝建，并下令嘉奖有孝行的人，"孝悌义顺，赐爵一级"。随即，于孝建元年（454年），刘骏在孝子辈出、孝名远扬的安陆东境、郧县南境置一新县，命名为"孝昌"，以褒扬此地孝行之昌盛，同时也表明其以孝治国的决心。至五代后唐时期，庄宗李存勖为避其祖父李国昌的名讳，于同光二年（924年）改孝昌为"孝感"，意指孝亲之情感天动地，此名一直沿用至今。这个名称的由来，充溢着孝感独具的孝文化的鲜明色彩。

第二是孝子辈出。1000多年来，孝感这块土地上出了不少孝子，东汉前后的黄香、董永和孟宗是其中的代表人物。他们以孝行而感天动地的故事，在民间广为流传，并被元朝人郭居敬辑入《二十四孝》之中，成为伦理道德的典范。

第三是孝址众多。孝感为董永故里，其遗址甚多，现在可查可见的就有十多处。一是故里碑。孝感城北门外有一古碑，碑身由青石砌成，碑文为"汉孝子董永故里"七个正楷大字。此碑是董永故里的见证。二是董公墓。孝感城关东南5千米处有一董永湖，湖边汤家老屋村的北面有两座并立的古墓，左边是"汉孝子董公永先代之墓"，右边是"汉孝子董公永墓"。两墓皆有高耸之石碑，为清代所立，是古孝感八景之一。三是孝子祠。孝感城关小东门处建有"孝子董公永祠"，原祠正堂立有董永塑像。据县志记载，孝子董永祠最早建于城关北门，明代迁至文庙东面，与唐代忠臣张汴合祀，改名"孝祠"。清代改建于文昌殿西北门，立匾为"孝子董公永祠"。现孝子祠在董永公园内，祠内以浮雕形式展示民间传说的16个孝子、孝女的故事，集孝子事迹之大成。四是董永公园。园址在孝感城北付家冲南端，相传为董永卖身的付员外的家址。公园占地72亩，以仿古建筑为主，根据神话故事设置了瑶池仙境、槐荫古树、理丝桥、升仙台等景观，美好的景观展示了董永孝敬老人、勤劳朴实、热爱生活的精神风貌，使人流连忘返。此外，近年来，孝感市还以孝文化为品牌，开展文化招商活动，先后有孝文化城、双峰山孝文化主题公园、湖北天仙园等投资项目落户孝感，还有全国老年爱心护理院等一批项目正在落实之中。

第四是孝俗感人。孝感人有重孝道的淳厚民风，年俗、婚俗、丧俗、节俗等都体现了这种精神。在日常生活中，每户人家，不论贵贱，堂屋正中都有"天地君亲师"的牌位，把先人放在第四位而加以尊崇。民间有"上有天大，下有父尊""跑到南海拜佛，不如堂前孝母"之说，表示了尊重父母的真诚之心。父母在，子女活到100岁在家里也不能称老人。父母亡，要葬之以礼，守孝3年，供饭3年。在守孝期间，子女不能穿红戴绿，赴宴不能坐上席；过年贴对联，第一年为白色，第二年为绿色，第三年为黄色，满三年后才能用红色。在民族的重大节日里，如过年拜年，先要在家向祖先、向长辈、向父母拜年，然后再出门，初二向舅父拜年，初三向岳父拜年，初四向姑母拜年，事事体现了对长辈的尊重。

第五是孝艺丰硕。据初步考察，孝感民间文艺品种有11种之多，它们中的大多剧目、曲目、节目，都有一个明确的主题，就是宣扬孝文化，宣传父慈子孝、尊老爱幼、忠孝双全的孝亲之情，用孝行来教育孝感的老百姓。由孝感花鼓戏而成长起来的湖北楚剧，其百演不衰的《槐荫记》《百日缘》等保留剧目，歌颂董永品德，宣传董永精神，使董永这个人物家喻户晓。根据黄梅戏拍成的电影《天仙配》，更是把董永故事推向了全国乃至世界。黄孝大鼓、汉川善书的优秀曲目，如《天雷报》《清风亭》《琵琶记》等，唱的是孝子事迹，劝的是行善精神，也表明孝文化已深深扎根在人们的心中。

此外，以表现董永、七仙女、黄香等人物故事为主题的竹简、膏塑、织锦、剪纸等文化产品也摆上了商家柜台，有的产品已走出孝感，走向全国。

第六，孝文化研究如火如荼。为弘扬和传递孝文化精神，这些年来，孝感市调动政府部门和民间两方面的积极性，对孝文化进行深入发掘和研究，先后成立了湖北省孝文化研究会和孝文化研究基地，开展多种形式的孝文化研讨活动。如今，已出版《中华孝文化研究》《孝文化研究》《孝感文化研究》《千古孝子黄香》等书籍几十部，有的文稿还入选中小学地方教材。

该市成功举办了孝文化艺术节，与中央电视台联合举办"孝感动苍穹"大型文艺演出，还开展了评选新时代孝子、评选十大爱心小天使等活动，同时，利用邮票、城市雕塑、剪纸、皮影戏、连环画、戏剧、文学创作等多种形式，传承孝文化精神。

三、汉水流域古代孝文化的典型代表人物及故事

（一）白发苍颜、扮童娱亲、曲意尽孝的"老小子"——老莱子

一般认为，道家的始祖为老子，但是老子是谁，千百年来一直是个谜。有人说是老聃，有人说是老莱子，也有人说是两人学术著作的全称。无论怎样考证，在荆沙古地域上生活的老莱子在道家形成的过程中发挥过重要作用，这一点是可以肯定的。因为他的生活年代与老聃同时，其影响深远，堪称一代杰出的思想家。

老莱子（约公元前599—约公元前479年），春秋晚期著名思想家，道家人物。楚国人，出生于楚康王时期，卒于楚惠王时期。著书立说，传授门徒，宣扬道家思想。

老莱子不愿"受人官禄、为人所制"，隐居山林。楚惠王五十年（公元前479年）发生"白公胜之乱"，继而陈国南侵，为避乱世，他偕

妻子逃至纪南城北百余里的蒙山之阳,"葭墙蓬室,木床蓍席,衣缊食菽,垦山播种"。楚惠王自驾车前往,迎接老莱子到郢都出任官职,辅助国政。他谢绝说:"仆山野之人,不足守政。"为避免楚惠王再来聘求,他弃去茅舍,渡过长江,至江南地区栖身,过着"鸟兽之解毛,可绩而衣之。据其遗粒,足以食也"的隐居生活。今荆门城西象山的老莱山庄,传说就是老莱子隐居之处。

遗著有《老莱子》,有少数言论在《子书》《战国策》等书籍中有所收录,从中可以管窥其生平和思想观点。

老莱子是中国历史上著名的孝子。自己70岁时,为了使老父母快乐,还经常穿着彩衣,做婴儿的动作,以取悦双亲。后人以"老莱衣"比喻对老人的孝顺。唐代诗人孟浩然曾作诗曰:"明朝拜嘉庆,须著老莱衣。"民间流传的《二十四孝图》中有一幅《老莱娱亲》,讲的就是70岁的老莱子,为取悦年迈的双亲,穿戴孩童的彩衣花帽,手里摆弄着小拨浪鼓,手舞足蹈地在父母面前嬉笑耍乐,玩弄小鸡小鸭,做出小童天真无邪的活泼样子。

(二) 卖身葬父、孝感天地的董永

据民间传说,汉朝时,有一个闻名的孝子,姓董名永,是青州千乘(今山东省博兴县)人,早年丧母。汉灵帝中平年间(184—189年),黄巾起义爆发,渤海周边发生骚乱,为了避乱,董永带着年老的父亲迁来孝感。因家道贫困,常常衣食不周,董永只能靠替财主打工耕地来供养父亲。不久,父亲病亡,董永身无长物,竟然穷得连一副棺材也买不起。为了尽到安葬父亲的孝心,董永找到当街姓裴的富人借钱,愿意一辈子卖身为奴来偿还债务。安葬父亲后,董永就径直去姓裴的富人家做家奴。路上,意外地遇见了一位青春貌美的女子,愿意做他的妻子。董永想起家贫如洗,还欠地主的钱,就死活不答应。那女子左拦右阻,说她不爱钱财,只爱他人品好。董永无奈,只好带她去地主家帮忙。那女子心灵手巧,织布如飞。她昼夜不停地干活,仅用了一个月的时间,就织了三百尺的细绢,还清了董永欠地主的债务,替董永赎了身。在回家的路上,他们走到一棵槐树下时,那女子便辞别了董永。相传该女子是天上的七仙女,因为董永心地善良,七仙女被他的孝心所感动,遂下凡帮助他。

今孝感市,存有董永墓、槐荫树等古迹,建有董永公园,立有董永与七仙女的雕像,有以槐荫、仙女等命名的城区道路,永远纪念着这位古代的著名孝子。

这位淳朴而憨厚的农夫和美丽的七仙女脍炙人口的故事被编成楚剧、川戏、黄梅戏,乃至拍成影片《天仙配》,可谓家喻户晓,以至今人以"董永故里"作为孝感的代称。

(三) 扇枕温衾、体贴入微、忠君爱民的名宦孝子黄香

东汉大臣黄香,安陆人(今湖北省云梦县)。九岁时母亲去世。他尽心侍奉父亲。酷夏时,为父扇凉枕席;寒冬时,用身体为父亲温暖被褥。少年时即博通经典,文采飞扬,京师遍传"天下无双,江夏黄童"。曾任魏郡太守,时逢水灾,黄香尽其所有,赈济灾民。集孝子、清官、贤相于一身。著有《九宫赋》《天子冠颂》等。《三字经》中的"香九龄,能温席。孝于亲,所当执",就是黄香小时候的孝道事迹。

(四)哭竹生笋、感动天地、父母至上的少年孝子孟宗

三国时,江夏鄂城有一位孝子,姓孟,名宗,字恭武,从小就失去了父亲,家里十分贫寒,母子俩相依为命。孟宗平日对母亲十分孝敬。他长大后,母亲年迈,体弱多病,不管母亲想吃什么,他都想方设法满足她。

传说,一次母亲病重,想吃竹笋煮羹,此时冰天雪地,风雪交加,哪来的竹笋呢?孟宗无可奈何,想不出什么好的办法,就跑到竹林抱竹痛哭。哭了半天,只觉得全身发热,风吹过来也是热的。他睁眼一看,四周的冰雪都融化了,草木也由枯转青了,再仔细瞧瞧,周围长出了许多竹笋。原来,他的孝心竟然感动了天地,长出了竹笋。他让母亲吃了竹笋,母亲的病就好了。

(五)舍生忘死、替父从军、忠孝双全的巾帼英雄孝女木兰

神州大地有关木兰的身世、故里、生卒年代等,多少年来一直争执不休,各陈己见。迄今仍至少有四个地方把木兰说成是自己家乡的英雄,有武汉黄陂说、河南虞城说、安徽亳州说、陕西延安说,且各有方志记载、遗迹所存。

事实上,木兰到底是否确有其人,又系何朝何方奇女子,实在难以用史料或实物予以确凿定论。但木兰的家国情怀和忠孝勇烈,却已深入民间百姓心中。唐代诗人杜牧曾游木兰山,并赋《题木兰庙》一首:"弯弓征战作男儿,梦里曾经与画眉,几度思归还把酒,拂云堆上祝明

妃。"诗诚挚地赞颂了木兰女扮男装、征战疆场的英雄气节和孝敬父母的传统美德。

四、汉水流域孝文化的当代价值

孝文化具有十分突出的当代价值。从孝文化的历史际遇中,我们看到,不论时代如何改变和进步,作为根源于人类血缘关系的孝,都在不同程度上发挥着作用。尽管它的具体内容和现实价值会随着时代的变迁而变化,但作为人类的一项基本道德规范,它在当今社会依然有十分突出的存在价值。

(一)孝文化能提高人们的思想认识,有助于当前的公民道德建设

人性的陶冶,依赖于良好的道德教育,而孝亲尊老教育应该是一切道德教育之基础。因为人生之初,接触最多的是父母,最先从父母那里感受到人间的爱,这种爱必然培养并生发出子女对父母以及对人类的爱。滴水之恩当涌泉相报,感恩是做人的基本道德准则。试想,一个连自己的亲生父母都不爱的人,又怎么会去爱他人、爱国家呢?

父母为抚养子女操劳终生,为社会做过贡献,当他们年老体衰、丧失劳动能力时,理应得到子女和社会的关心和照顾。孝亲尊老是我们中华民族的传统美德,对老年人的尊重和爱护,是文明社会的重要标志之一,是现代人的一种美德。"孝道"这一优秀的传统文化在现代社会并不过时,而应该作为社会主义精神文明的新风尚大力提倡。

(二) 孝文化有助于良好道德风尚的形成，促进社会主义精神文明建设

中华民族历来把忠孝作为重要的道德规范。善事父母不仅是养亲，更重要的是敬亲。我国的传统养老方式主要是家庭养老，而家庭养老赖以存在的思想基础就是传统的孝道观念。父母辛辛苦苦将子女抚养成人，子女知恩图报，是理所当然。很多时候，人们会把有能力回报父母视作心灵的慰藉和精神上的享受，认为孝亲是福，相反，"子欲养而亲不在"，却是子女心头永远无法弥补的缺憾和痛苦。

孝不仅仅停留在亲子之间，还贯穿于家庭各成员之间。古人讲以孝治家，要求父慈子孝，兄爱弟敬，夫和妻柔，认为父子笃，兄弟睦，夫妇和，家之肥也。就中国的现状来看，由几代兄弟和数对夫妻组成的中国传统式"大家庭"模式已很少见，而较为普遍的家庭模式在乡村主要是"三世同堂"，在城市则主要是同父母分而不离的两代人家庭。但不管是哪种家庭模式，其伦理关系不外乎亲子关系、兄弟姐妹关系（独生子女家庭例外）和夫妇关系。家庭道德风貌的优劣，家庭文明程度的高低，全在于这些关系处理得好还是坏。

孔孟提出"人不独亲其亲，不独子其子"及"老吾老以及人之老，幼吾幼以及人之幼"。如果提倡孝道，并推及他人，这对形成尊老、养老和慈幼、抚幼的社会风气，使整个社会文明有序地发展，无疑可以起到积极作用。传统孝文化所提倡的父慈子孝、夫和妻顺、兄友弟恭、待友诚信、谦和好礼、尊老爱幼等道德规范，在客观上起到了协调人际关系、净化社会风气、形成优良道德风尚的作用。家家有老人，人人都要老，人人孝敬父母，个个尊老爱幼，社会精神文明建设就有了稳固的基础。不难想象，要是我们每一个人都能像爱自己的

父母那样去爱他人、爱人民、爱国家，多尽爱的责任，那么整个社会便会少很多纷争，而更加团结与和谐。

(三) 孝文化有助于培育爱国主义精神，增强民族凝聚力

孝是民族传统凝聚力的核心，也是爱国主义的传统情感基础。孟子指出，"天下之本在国，国之本在家，家之本在身"，"人人亲其亲、长其长，而天下太平"。人们由对父母、家庭的爱而推及对祖国的爱的情感升华，必然构成报效祖国的行为基础。如果一个人能爱父母，进而也能够爱兄弟、朋友及社会、国家，自然也会"推恩及四海"，为民族、为国家的振兴而努力，这是水到渠成的逻辑。历史上的巾帼英雄花木兰，在国家有难之时替父从军、保家卫国就是一个很好的例子。

孝意识的现实强化推广，有助于爱国主义精神的发扬光大。试想，希望祖国强大繁荣、渴望祖国统一完整，不正是由爱小家到爱大家的自然升华吗？此外，"忠孝一体"还有助于增强民族凝聚力和民族责任心，使中华儿女在孝文化的陶冶下，更加热爱中华民族，齐心协力地进行社会主义现代化建设，自觉地为民族复兴作出贡献。

五、对孝文化的扬弃与创新

人的生命受之于父母，承受父母的抚育与关爱，有此恩情，子女报之以孝，合乎情理，天经地义。只是中国古代特别强调孝，把孝看作整个道德体系中的主德，看作整个道德体系得以建立的根基，渗透到社会

生活的各个方面，以至把孝由人的天性扩展为一种系统性的文化——"孝文化"，这便是中国传统文化的特色。对这种孝文化中的合理部分，我们今天应该继承，因为善事父母对道德的建设、家庭的和睦、社会的安定、民族的凝聚，乃至爱国主义精神的发扬光大都会起到有益的作用。但是，几千年来，孝文化受某些因素的影响，其中也有许多东西不能适应今天社会生活的需要，我们应以民主、科学、法制为指针，对它进行改革和创新，剔除其封建落后的糟粕，并使其现代化。

对孝文化的扬弃与创新，关键在于要正确处理好以孝为轴心的几组关系。

一是树立"公民意识"，厘清私德与公德的关系。道德有两类：私德和公德。私德是私人之间相处应遵行的道德，公德是所有社会成员都应遵行的公共道德。一个人必须既讲私德又讲公德。但是，自古以来多数中国人都生活在相对狭小而孤立的环境里，从生到死的生活圈子都超不出家族与邻近村庄的范围，"家族"观念和"乡土"观念浓厚，而"公共精神""公民意识""社会服务"等观念一直缺乏。人们考虑较多的是家人、亲戚、朋友这些有特殊关系的熟人之间相处的道德，而不大考虑与包括陌生人在内的整个社会成员相处的道德，即重私德而轻公德。古人把"孝"——子女对父母的爱，强调为一切道德的根本、一切道德的出发点，就是过分强调了私德，把私德放在公德之上。过分强调"孝"，强调私德，可能有利于家庭，却不利于社会、国家。一个在家中是孝子的人，未必是一个有社会公德的人。随着中国从农耕社会向新型工业化社会转型，经济活动和社会结构愈来愈复杂，家庭对人们生活的影响也愈来愈小，人们认识到，除了家庭亲情之外，对社会大众——包括素昧平生的陌生人也应给予公正的对待而不应歧视，社会公德的重要性愈来愈得到人们的重视。我们今天建设的道德体系，其重点就是公德建设。因为公德是群之所以为群、国之所以为国的道德，它包括经济道德、政治道德、职业道德、科技道德、环境道德等方面，因而它比"孝"这样的私德适用的范围更广、层次更高。尽管私德和公德都重要，二者各有其有效范围，但在二者发生矛盾时，我们应更看重公德，把"孝"置于公德之下，在讲公德的前提下讲"孝"，更不能以"孝"妨害公德。

二是大力构建以"共同成长"为核心的新型孝慈理念，厘清孝与民主的关系。封建孝道有一个重要的内容就是单向服从。许多人执迷于父母生我乃是"昊天罔极之恩"，因而认为自己生命的意义就在于对父母报恩还债，以父母的意识为意识去生活，以泯灭自我意识为代价去换取父母的"顺心"。西方人教育子女总是启发子女发表自己的独立见解，而中国人教育子女总是诱导子女追随父母的看法，常用"听话"来评价一个好孩子，这种听话的好孩子我们就说他"孝顺"。还有"天下无不是的父母""孝子不非其亲""善则称亲，过则称己"之类说法，一讲"孝"就不能批评父母，美名总是归于父母而子女永远要承担过错。在这种"孝"的重压下，子女对父母敬畏有余而亲密不足，亲子感情被扭曲，阻碍了子女独立人格的发展。这些都是违背现代民主精神的。我们应该既承认父母有许多长处，又承认子女也有许多长处，建立起一种民主的、感情上自愿的慈、孝亲密关系，把家庭建设成一种学习型的新家庭，父母与子女都树立一种"共同成长"的新观念。

三是建立科学的世界观和人生观，厘清孝与科学的关系。现代科学技术给人类提供的知识和方法，正在改变着人们的生产方式、生活方式和思维方式。今日世界的国家经济、民族文化、社会生活都与科学技术密切联系，受到科学技术的推动和引导。因此，结合科学技术来行孝也就十分有必要了。只有科学地行孝才能提高孝的质量，把孝提高到现代化水平。比如说，子女以食物孝敬父母，有个吃什么、吃多少的问题。为使父母饮食结构合理，这便涉及营养学；父母生了病，如何帮助父母看病，这便涉及医学……这都与科学有关联。子女行孝，希望父母健康长寿，那么，怎样才算健康长寿呢？得有科学的理解。传统的健康观念，就是到医院检查身体，体检表上各项都"正常"，没有生病就算健康。现代观念则认为健康既包括生理上的健全状态，也包括心理上的健全状态，因此子女孝敬父母，除了在物质方面满足父母需要外，还要给予父母更多精神抚慰。现代社会科技进步很快，知识翻番，生活多样化、快节奏，子女行孝就要帮助父母增加新知识，更换旧观念，调整人际关系，提高他们对现代化生活冲击的心理承受力，使他们能和谐地生活在日渐复杂的人际关系中，获得高科技与高情感的平衡、生活节奏与身心节奏的平衡。对"长寿"也应有新的观念。现代长寿不只是指活的岁数大，而主要是指老年生活有质量，不但要老有所养，而且要老有所乐、老有所学、老有所为。这样，子女要让父母长寿，除提供物质生活保障外，还要帮助父母参加各种有益身心的活动，包括文娱、旅游、科学与艺术创造、审美活动、爱情生活等，这才是科学的养老行孝。

第五章
汉水文化的精神要素分析

本章着重从汉水文化的本体建构进行理性层面的深层分析和深度阐发，具体分析其文化性格、文化心理和精神特质。

从其文化性格来看，主要表现为坚忍而刚毅、浑厚而精明、质实而空灵以及清通而清逸、大气而灵气（灵动、灵应、灵敏）、明智而睿智（大智慧与小智慧），具有相济相成、相得益彰的特点。

从其文化心理来看，主要表现为均平意识（经济上）、流聚意识（行为上）、生态意识（环境上）、兼容意识（文化上）、清美意识（审美上，以清为美）、尚智意识（思维上，以智为尚）、崇孝意识（伦理上）、重振再兴意识（价值上）等，以及特定的祖先崇拜、鬼神崇拜和水神崇拜，具有在吐纳中升华、在包容中超越的文化襟怀和人生境界。

从其文化精神特质来看，主要表现为敢为人先的首创首发精神、吞吐万方的兼容并包精神、独行独醒的主体自由精神、清灵清通的唯清是尚精神、灵动洒脱的浪漫超越精神、注重孝道的道德至上精神、不断进取的与世推移精神。这些精神特质一体化地标示了汉水文化的内在精神，为汉水文化的精髓所在。

从汉水文化的内在关系来看，主要表现为崇德与崇智、尚清与尚通、尚义与尚利、从经与从权的相兼相制，展现出圆通而又圆融的文化气质。汉水文化在其历史发展中，表现为多样与一体、传统与新变、本合与用异的关系，即共殊关系、延异关系、体用关系，并且在特定的历史条件下，鲜明地展示出文化通变规律、文化势差规律、文化创新规律。

这些文化性格、文化心理和文化精神特质，与汉水流域人民群众的生产方式、生活方式和思维方式密切相关；汉水文化本质上反映了人与河流的和谐相处。

第一节　汉水文化的特征

汉水文化是指汉水流域人民有史以来在社会历史实践过程中所创造的物质财富和精神财富的总和。汉水文化是融多边文化为一体，具有浓郁地方特色的区域性文化，是中国传统文化的重要组成部分。从文化的内容出发，可以将汉水文化主要划分为 14 个大的板块，它们分别是：①汉源文化；②汉中地区的汉朝历史名胜文化；③郧阳地区的迁徙文化；④炎帝神农文化；⑤荆楚文化；⑥汉水商旅文化；⑦山地文化和水文化；⑧茶文化；⑨医药文化；⑩盐道文化；⑪考古文化；⑫旅游文化；⑬孝感的孝文化；⑭汉水神话、民歌与民间文学。

汉水文化历史悠久，底蕴深厚，内容博大精深，影响无比深远。汉水文化的特征，自 20 世纪 80 年代以来，已经引起了不少相关专家学者的关注，并产生了许多富于启发性和建设性的重要观点，如陈继勇先生所概括的"悠久性、多元性、兼容性、泥土性和杰出性"新五性说，对汉水文化研究的开阔眼界、启发思维、拓展空间、立标定性等工作，具有重要的导向作用和牵引作用，并作出了力所能及的卓越贡献。这里，立足于上述及未述的汉水文化研究者所铺垫的坚实基础之上，笔者仅从学科的视野，力求尝试实现对汉水文化的特征作进一步的描述。从文化结构学、文化哲学和文化地理学、文化发生学和文化本体学、文化风格学的角度进行系统考察，笔者认为，汉水文化的主要特征着重表现在以下几个方面。

一、开放性与广适性

从文化结构学的角度看，汉水文化是沉积与辐射的统一，源远流长、丰富多彩，具有开放性和广适性。

首先，汉水流域本身有很深厚的文化沉积。中国民族之本干，在春秋时代的人口里，常称为诸华或诸夏，华与夏在那时人的观念里，似乎没有很大的分别。据某些学者的观点，华与夏很可能是指其居住的地名。在《周礼》和《国语》两本书里，华山是在河南境内的，很可能便是今之嵩山。古之夏水即今之汉水。华夏民族，很可能指的是今河南省嵩山山脉西南直到汉水北岸一带的民族。著名历史学家吕思勉先生也认为，夏为禹有天下之号，夏水亦即汉水下流。由此可见，先秦时代的"中国人"，称作"夏"或"华夏"，是因汉水而得名的。西周时汉水流域分布着褒、巴、蜀、酉、庸、濮、邓、楚、唐、骆、随等大大小小30多个方国，大致属于周南、召南之域。大概正是由于汉水在南北文化交融过程中的特殊地位和重大作用，孟子才率先关注到汉水，指出"水由地中行，江淮河汉是也"，在中国历史上，第一次把"江淮河汉"四大水并提，突出了汉水在中国大江大河中的突出地位。

楚国最早的立国之地在汉水流域南阳盆地西面丹水与淅水的汇合处——丹阳。此后，经过历代楚人筚路蓝缕、艰苦卓绝的奋斗，不断向东拓展，终于成就了800余年辉煌的业绩，创造了灿烂的楚文化。而作为楚文化源头的荆楚文化（即汉水文化的主干部分）尚比楚文化早1200多年。据中国科学院和武汉大学联合考古队2005年在汉水中游湖北省郧县辽瓦梁子最新考古发现，这里除了有从周代以后历朝历代的文物叠加层以外，还发掘有大量的夏商时代的鼎、鬲和更早时期的陶片、骨针等，这样，等到考古结论报告问世，汉水文化的历史又要向前推进数百年，甚至千年。

其次，汉水流域历史上是个移民地区。移民标志着文化的迁移和流动，移民的频繁和移民成分的复杂则意味着文化变迁的频繁和文化构成成分的复杂。多次大批的移民，使汉水流域文化积累深厚，层次丰富复杂。不仅巴蜀文化、秦陇文化、中原文化在这里交融，而且，西域文化、岭南文化、闽浙文化、江淮文化，甚至域外文化都在这里有典型的碰撞、沉淀和遗存。层次的深厚累积和来源的广泛复杂，使汉水文化具有极大的普适性和代表性。

最后，自古以来汉水流域都是重要的经济、文化、军事枢纽，西通巴蜀、云贵，北连甘陕，东接江淮和辽阔的中原大地，南控长江中下游沿线，以及江南的广大地区，触角一直延伸到海外。随着人流、物流、信息流的东来西往，以及接连不断的南征北战，交融汇集在汉水流域的汉水文化又被快速地、大范围地传播到东南西北，甚至顺着汉水，经由长江，远播到海外，形成空前的辐射效应。在东晋时，襄阳是著名的"互市"地之一，通过"互市"，商人们进行过境贸易，使传统的西北"丝绸之路"贸易由长安延伸到了襄阳。有了这样的经济基础，加上前述的重要交通地位，在唐代，襄阳地区的经济发展更是快。从晚唐诗人皮日休的记述中可以想见当日的盛景："处处路傍千倾稻，家家门外一渠莲。殷勤莫笑襄阳住，为爱南溪缩项鳊。"在动荡的晚唐时代襄阳尚且能称"鱼米"富足之乡，在和平安宁的唐前期当不至于比晚唐还差。但"鱼米"之乡还不足以完全描述襄阳地区独有的经济特色，其特色是在长期发展的基础上已开发出别人所不能取代的主导产业。该地盛产优质土漆,自楚国时起,其漆器就已驰名天下,唐人对此十分清楚,指出,"山南诸州,椒漆为利","襄州人善为漆器,天下取法,谓之'襄样'"。襄式漆器中以"库露真"尤为名品,北方游牧民族特别喜爱,常为买漆器而"所费如云屯"。漆器是丝路贸易中不可或缺的外贸品种,襄阳漆器既能领漆器行业之先,自当是贸易中的畅销货。所以,有人说,汉水流域是大封闭中的大开放,其文化具有高度的开放性,道理就在这里。

二、持久性与变化性

从文化哲学和文化地理学的角度看,汉水文化是厚重与灵动的统一,根深蒂固,历久弥新,具有持久性和变化性。

从地形地貌上看,汉水流域中上游山地纵横,大河中流,依山傍水,山环水绕;下游平原丘陵,沃野千里,车船舟楫,四通八达。这种山水相依、平原山地交接的地理条件,赋予了汉水文化独特的地域色彩。水性使人通,山性使人塞;水势使人合,山势使人离。孔子曾说:"知者乐水,仁者乐山;知者动,仁者静;知者乐,仁者寿。"(《论语》)地理文化学家认为,地表不仅直接影响人类的生产和生活,而且会通过气候、交通等因素的影响,综合形成区域的文化差异。腹地纵深辽阔深远,群峰绵延阻隔,交通信息相对迟缓,人员物流相对困难,这在客观上造成了汉水文化相对闭塞的一面,致使社会发展缓慢,经济不够繁荣,文化生活和文化观念相对单调和落后,古老传统思想根深蒂固,风俗习惯和道德价值观念冥顽不化,表现出历史文化的厚重固执性。一个民族就像一条河流。从某种意义上来说,大规模的流浪和迁移可能意味着开拓与裂变,而闲适安逸则可能意味着保守和自满。

另一方面,三千里汉水自西北向东南贯穿全流域,像一个喇叭一样从中游开始,渐开渐阔,最后,完全敞开,和广阔的江汉平原连成一气,驰骋东下,汇入浩瀚的海洋,加入宇宙的歌唱。从这个喇叭吹出去的是苍凉而古老的山风,而由这个喇叭吸进来的则是江风、海风、大洋的风、彼岸的风、世界的风。风进风出,鼓腾弥漫,交融激荡,便使沉寂闭塞的汉水流域不得不沸腾起来,不得不感应着世界的脉搏去歌唱、去跳舞。山生仁者,水生智者。奔流的大河带来灵动,带来变化,带来山外新的思想和观念,会像风一样,顺着汉水山谷,随着商队、军队、考察队、旅行队等,驻足每一个港口码头,飘过山间崎岖的小路,飘向汉水流域崇山峻岭的深处,在那里引起喧哗和骚动,在那里布云播雨。所以,在汉水腹地被认为最闭塞的地方也很难找到陶渊明笔下那种与世隔绝的桃花源,相反,倒是很容易发现被冠名为"小香港""小武汉""小上海"的小县城和乡镇,而这正是大山联系和感应山外世界神经和变化的地方,也正是汉水文化灵动性之所在。

三、丰富性与生长性

从文化发生学和文化本体学的角度看,汉水文化是独创性与兼容性的统一,厚积薄发,博大精深,具有丰富性和生长性。

从文化本体学的角度看,汉水文化是独创性与兼容性统一的结果。汉水文化处在巴蜀文化、秦陇文化、中原文化等三大文化的交会区,而且,西域文化、岭南文化、闽浙文化、江淮文化,甚至域外文化都在这里有典型的碰撞、沉淀和遗存,所以,其兼容性的特点很典型。对此,当代著名汉水流域文化小说代表作家王雄在其《阴阳碑》中对汉水有一个形象的阐释：汉水源远流长，它发源于陕西省宁强县的禹王山，这是一个因为传说太多而显得有些缥缈和迷幻的地方。汉水上游穿越在崇山峻岭之中，奔流到襄阳便是一马平川的江汉平原。宁强县是著名的羌城，相传羌族这个剽悍无比的游牧民族由北南迁于此，在这青山绿水中建立起了自己的美丽家园。汉水流域土肥水秀，多年来，两岸的人们习惯了富庶与田园诗般的生活方式。无论丰年荒年，汉水边上的人们向外流浪的要比任何一个地区的人都少。黄河文化与汉水文化也许正在这一点上分道扬镳。人们涌向富裕之地，汉水流域在接纳了众多的外来人口的同时，也接纳了外来文明，以此逐渐形成了南北交融、多方融合的汉水文化特征。

　　语言是文化传播的工具，汉水中上游的方言最能说明汉水流域南北文化兼容交会的痕迹。由于汉水上游在文化上"风气兼南北"，造成"语言杂秦蜀"，其声音山南近蜀则如蜀，山北近秦则如秦。例如，汉中地区大部分地方话接近成都等处的四川话，属于西南方言的范围。而洋县、城固县两地话，却是四川话与关中话融合后的变种。西乡县、勉县、略阳县三地话，保留关中话的特点较少，向四川方言靠拢程度较高。安康地区受湖北话的影响较大。柞水县、镇巴县两地，分别有几百人以上的壮族、苗族聚居点，素有壮乡、苗乡之称。这里既有楚汉文化的融合，又有巴蜀文化的浸润，"楚音""川语""秦腔"并存，"苗语""壮语"犹在，与关中、陕北方言内部大体统一的特色形成了鲜明的对照。在现代汉语中，河流的名称"江"与"河"在地理上有明显的差异，大致以长江为界，南方称"江"，北方称"河"。但是，汉水上游的人们把汉水称为"汉江河"。这种鲜活的大众文化，再形象不过地说明了汉水文化是南北文化交融、统一的结果,同时充分地显示了汉水文化的兼容性和丰富性。

四、过渡性与和谐性

从文化风格学的角度看,汉水文化是阴柔浪漫与阳刚峻拔的统一,阴阳交合,刚柔并济,具有过渡性与和谐性。

有四个主要的自然因素决定着人类文化的特质和人类的生活与命运,这就是:气候、食物、土壤和地形。受这四种因素影响,我国南北文化呈现出较为鲜明的差异,即所谓"白马秋风塞上,杏花春雨江南"。大体上,南方文化浪漫、秀媚、清新,具阴柔之美;北方文化刚健、凝重、典实,多阳刚之气。汉水流域处在中国南北连接带上,其气候、食物、土壤和地形都具有很强的过渡性、渐变性特点,南北杂糅,界线模糊。汉水流域这种地理地貌和物候特征反映在文化特质上就是南北文化风格的有机统一,即阴柔浪漫与阳刚峻拔的统一,优美绮丽与凝重典实的统一。

首先,这种统一通过《诗经》和《楚辞》而得以显现。众所周知,上古时期,《楚辞》和《诗经》都对后来的中国文化发生了深刻影响。产生于黄河流域的《诗经》和发轫于楚国的《楚辞》风格迥异,前者尚实质朴、阳刚峻拔,后者浪漫华丽、思幻情炙,极其生动地展示了两大地域文化风貌特质上的差异。但非常有意味的是,《诗经》和《楚辞》所描写的地域文化恰好在汉水流域重合。《诗经·周南·汉广》:"汉有游女,不可求思。汉之广矣,不可泳思。"《诗经·大雅·江汉》:"江汉浮浮""江汉汤汤"。《楚辞·九章·抽思》:"有鸟自南兮,来集汉北

（即汉水之北）。"《楚辞·九章·思美人》："指嶓冢之西隈兮，与纁黄以为期。"（嶓冢即汉水发源地嶓冢山）这些描写生动地反映了南北文化在汉水流域交汇融合的情形。显而易见，描写汉水流域的《诗经》篇章比起描写广大中原地带的《诗经》篇章的阳刚峻拔、凝重典实风格，多了几许婉转含蓄和浪漫惆怅，而描写汉水流域的《楚辞》篇章比起描写广大南方地区的《楚辞》篇章的阴柔浪漫、优美绮丽风格，也多了几许峻拔阳刚和开阔晓畅。在这里，南北文化艺术的交融渐变的过渡性与和谐性表现得特别突出。

其次，汉水文化将和谐精神注入了中华文明。秦汉时期是中华文明第一次大整合阶段，由于特殊的地理方位，汉水流域成为秦、楚、巴、蜀乃至三晋文化的交汇地带，特别是两汉时期，融合秦楚两大文化流风余韵而形成的刚健豪放兼激越浪漫风格的汉代民族精神成为中华文明的主旋律，而汉代文化精神的基调是楚文化，楚文化的基调根须则深深地植根在汉水文化之中。

最后，哲学精神是文化精神的灵魂。作为汉水文化哲学代表的道家文化，其主流精神是指向独立性、求真性和科学性的。道家文化精神的核心就在于太和。太和首先强调的是一种和，即崇尚天人合一，强调和谐——人与人的和谐、人与社会的和谐、人与自然的和谐。同时道家也追求贵人重生，要求世人关注苍生万有、热爱一切生命，普施人间大爱。其实，武当山的别名"太和"就是一个强有力的佐证。太，至高至大至重也；和，和平和谐也。"太和"，即至高至大至重的价值，就是和平和谐，此其一；如果直接按字面意思来解读，那么，"太和"，即太平和谐也——世界太平，社会和谐，此其二。在这里，汉水文化的和谐性更被昭示得淋漓尽致。

第二节 汉水文化的精神

土地的魅力在于盛开在土地之上娇艳的花朵,文化的魅力在于渗透在文化血脉中闪光的精神。所谓文化精神,是指一种文化中具有决定力的核心价值系统,它包括该文化的基本价值取向、理想人格、思维方式、伦理观念、审美趣味等内在精神品质,也包括在此基础上形成的文化主体的态度、评价、情绪倾向和行为方式等外在风神。王生铁同志的论文《楚文化的六大支柱及其精神特质》中列举的楚文化四大精神特质:一是筚路蓝缕,即艰苦创业、自强不息的进取精神;二是追新逐奇,即锐意进取、不断开拓的创新精神;三是兼收并蓄,即融会南北、海纳百川的开放精神;四是崇武爱国,即崇尚武装、热爱祖国的爱国主义精神。笔者非常赞赏王生铁同志的精辟论断,同时应该指出的是,作为楚文化渊源之一的汉水文化并不仅仅包含上述四种文化精神特质,并且,这些文化精神的渊源更为悠久、深远。可以毫不夸张地说,汉水文化巨大的文化魅力就在于其独特的文化精神,因为汉水文化精神是汉水文化的核心和灵魂所在。以下为笔者所总结的汉水文化精神。

一、首创首发、敢为人先的精神

提起汉水,谁都不会忘记神农架。在这里,神农氏不畏艰险、踏遍神农架山山水水,降青牛、收药狮、斗群蛇,遍尝百草,发明医药;始作耒耜，教民耕种；制麻为布，制作衣裳；削桐为琴，结丝为弦，作五弦之琴。是神农披荆斩棘，划破了愚昧落后的漫漫长夜，将文明世界的第一抹曙光带到了汉水之滨。他所体现的是典型的开辟创新、奋发图强的精神。以汉水为主要根据地起家的楚庄王那句流传千古的名言，更是这种开辟创新、奋发图强的精神的典型体现："不飞则已，飞将冲天；不鸣则已，一鸣惊人。"楚庄王在位时期，曾问鼎周室，饮马黄河，称霸中原，并国二十六，开地三千里，使楚国成为当时的强国；铜器冶铸、丝织品、竹简、帛画、编钟音乐、漆器、哲学、天文学等方面，都取得了极高成就。

汉水文化奋发图强、开辟创新的精神最典型的体现还在于它的一系列重大创造和突出成就对于中华传统文化的杰出贡献上。长期以来，我们一直认为黄河是中华民族的母亲河，黄河文化是中华民族的摇篮。但事实上远非如此。在这里，从汉水的纵深腹地莽莽林海走出的炎帝神农氏，成了中华农业、医药、纺织的开山祖师；春秋随国曾侯乙墓中精美绝伦的大型编钟，已被国内外考古学界公认为代表春秋音乐文化水平的绝响；鬼谷子揣摩天文地理、世风人情，穷尽人心机变，写就一部《鬼谷子》，玉成张仪和苏秦，搅乱战国走势，撼动天下风云；以《楚辞》及鲜明的楚地浪漫奔放民风为代表风格的汉水流域文化独领风骚，则构成色彩斑斓的先秦华夏文明的一大板块。刘邦正是以汉中为基地，筑坛拜将，明修栈道，暗度陈仓，击败项羽，建立西汉。逐渐形成汉中—汉朝—汉族—汉文化—汉学。这一系列"汉"之根就扎在汉水文化之中。

愈来愈多的考古发现证明了汉水文化不仅是楚文化的摇篮，而且在整个汉文化中，都有着举足轻重的地位。

二、国家至上、勇赴国难的爱国精神

爱国精神是浸透在汉水文化中的灵魂和精血。国家至上、勇赴国难、永远心系国家和人民，是汉水流域人民始终奉行的准则。这种原则在《楚辞》中的《离骚》和《九歌》中可以强烈地感受到，更能从《楚辞》的代表作者屈原的生平事迹中得到形象的解读。作为一个楚国诗人，屈原的一切都与楚国息息相关。诗人的政治理想与楚国的振兴富强紧密相连。他关心楚国的前途，所以"奔走以先后"。为改变楚国政治昏暗的局面，他不顾个人祸福荣辱，与楚国的敌人进行永不妥协、顽强持久的斗争。"岂余身之惮殃兮，恐皇舆之败绩。"他始终为楚国的富强而斗争，即使受谗见疏，也没有个人的愁思怨绪，始终以楚国的前途为念，强烈地关心楚国的命运，同情楚国人民的不幸遭遇。他总结古代兴亡盛衰的历史，以古论今，"一篇之中三致志焉"，希望楚王觉悟，改弦易辙，奋发图强，他明知"鲧婞直以亡身""謇謇之为患"，却拒绝女嬃明哲保身的忠告，始终是"忍而不能舍也"，表现了他对楚国的无限忠诚。在他上下求索、追求救国的理想破灭后，神巫指点他离楚远逝。但他始终不离开楚国一步，"既莫足与为美政兮，吾将从彭咸之所居"。最终他以身殉国，用高尚的节操、光辉的品格，表达了他对楚国的无限忠诚。他的爱国是无私、无求、无畏、无悔，坚定不移，发自内心的。

在楚国的大臣身上，我们强烈地感到，楚人忠君、爱国精神达到惊天地、泣鬼神的程度。

三、公而忘私、牺牲奉献的精神

西汉《淮南子》有载,神农氏"身自耕,妻亲织,以为天下先"。春秋五霸之一的楚庄王处处体恤民力,从不挥霍浪费,其"为飽居之台……用不烦官府,民不废时务,官不易朝常"(《国语·楚语上》)。被史学家称为楚国历史上"首屈一指的廉吏"的令尹子文,比孙叔敖早两个朝代。刚上任之时,令尹子文看到楚国百废待兴,财政极为困难,于是"自毁其家,以纾楚国之难"(《左传·庄公三十年》)。"毁家纾难"这一成语,就是高度赞扬令尹子文自愿、主动地献出自家的私财来缓解国家的困难,而不惜自己"有饥色,妻子冻馁"。这种大公无私、公而忘私的奉献精神,已成为中华民族最宝贵的精神财富之一。被楚庄王破格重用的令尹(宰相)孙叔敖曾被司马迁尊为"古来第一循吏",《韩非子》称孙叔敖当了令尹之后,出行是"栈车、牝马",食用"粝饼、菜羹、枯鱼",常常"面有饥色";孙叔敖死后家无余财,其妻子负薪以自给。正因为楚庄王以身治为国治之前提,才有了楚国的强大、楚民的富殷。

公而忘私、牺牲奉献的精神,既体现在历史上的精英人物和领导阶层身上,同时,也更广泛、更突出地体现在汉水流域广大人民群众的精神风貌之中。在我们生活的当代,提起汉水,人们都会不约而同地想起襄渝铁路、丹江口水库。数十万汉水流域人民义无反顾地选择了移民,离开了世世代代居住的祖屋,迁移到陌生的地方,重新创业。为了国家战略,为了全局利益,他们无怨无悔!这里所体现的正是典型的公而忘私、牺牲奉献的精神。这种精神使汉水文化极富凝聚力和亲和力、牵引力和推动力。

四、太和博爱、厚德载物的精神

太和博爱、厚德载物首先就要体现在对人民的观念上，因为人是万物之灵，民为邦国之本，能够做到爱民，才是抓住厚德载物、太和博爱的根本。5000年前的神农氏制耒耜，教民农耕；搭架采药，疗民疾患，一日而遇七十毒；制陶器，创纺织，兴集市，一心为民造福。另据《史记·楚世家》记载，鬻熊被周王室封于楚，成为楚国的最早缔造者。鬻熊提出的治国之道就是"以民为本"。"春秋五霸"之一的楚庄王则提出了"民生""民欲""民和""和众"等治国方略，认为"民生在勤，勤则不匮"（《左传·宣公十二年》）。楚国历史上第一位贤相令尹子文也提出了"夫从政者，以庇民也"的执政方针。贤相孙叔敖处处为民着想，一心为民造福，兴水利，救民困，不得罪楚之士民。正是在这批历史精英人物的身体力行和大力倡导下，重民、爱民才在汉水文化理念中蔚然成风，形成强大悠久的传统。

太和博爱、厚德载物的精神也体现在汉水文化哲学上。提起汉水，人们都会不约而同地想起巍巍太和山和武当道家文化，是巍巍太和山和悠悠汉水直接承载和浇灌了中国道家文化。这种太和博爱、厚德载物的精神使汉水文化极富人文性与和谐性。

五、注重孝道、道德至上的精神

"孝"字源于中国古代的甲骨文，距今已有4000多年的历史，其本义为"奉先思孝"。儒家道统认为"孝"是百行之首，《论语》载："孝悌也者，其为仁之本与！"在古代中国的二十四大孝子中，汉水流域就有五大孝子。其中，老莱子扮童娱亲出自荆门城西象山的老莱山庄，丁兰刻木像事亲出自襄阳的南漳县；而仅汉水流域孝感一地就独占三孝——汉代"卖身葬父"的董永和"扇枕温衾"的黄香，三国时"哭竹生笋"的孟宗。孝感，真可谓"孝子之渊薮也"。在孝感，上自耄耋老者，下至懵懂学童，问到"孝感"地名由来，都能娓娓道来："因为古代这里出了几个大孝子，孝行感天，所以叫'孝感'。"孝感在 1500 多年前建县时定名"孝昌"，乃"孝子多矣"；而后改名"孝感"，乃取董永行孝感天之意。"葬父贷孔兄，仙姬陌上逢；织绢偿债主，孝感动苍穹。"这是《二十四孝》中董永一节的记述，也是千百年来流传不息的"董永与七仙女"神话传说的古籍记载之一。根据这一美丽的传说，人们创作了楚剧《百日缘》、黄梅戏《天仙配》；"夫妻双双把家还"，更是传唱于民间的经典唱段。这个神话故事，反映了汉水流域人民对孝行美德的推崇和对美好生活的热爱。

除此之外，还有女扮男装、代父从军的大孝女木兰，被传为千古佳话、弃官事母的大孝子徐庶都生活在汉水流域。

演唱丧歌是汉水文化习俗的最重要的组成部分和最普遍的表现形式，几乎伴随着汉水流域民俗大礼——丧礼形式的每一过程。作为一个典型的汉水文化事项，汉水流域丧歌中蕴含着丰富而典型的孝文化、乐感文化和伦理习俗文化等中国文化的内核。迎来送往、养生送死、慎终追远、追根溯源等传统道德标准是汉水流域丧歌创作和流传的最深刻文化动因，而其巨大的习俗传承价值、伦理教育价值、历史认识价值、社会心理价值和美学认同价值则是其长期而广泛流传的最直接的现实动因。这种注重孝道、道德至上的精神使汉水流域孝子密布、孝风浓厚，使汉水文化极富传统伦理性和世俗持久性。

六、独立求真、不懈探索的精神

哲学精神是文化精神的灵魂。作为汉水文化哲学代表的道家文化，其主流精神是指向独立性、求真性和科学性的。主要理由有：第一，从道家立家创派的宗旨看，把握自然社会和人生规律是其根本目的。《汉书·艺文志》云："道家者流，盖出于史官（记事之官），历记成败、存亡、祸福、古今之道，然后知秉要执本，清虚以自守，卑弱以自持，此君人南面之术也。"第二，从道家的创始人老子对"道"的定义上看，道家认为，道是自然宇宙和人间社会的最高法则："人法地，地法天，天法道，道法自然。"道家的根本目标就是要把握自然社会和人生规律。"道可道，非常道；名可名，非常名。无名，天地之始；有名，万物之母。""道生一，一生二，二生三，三生万物。"道是万物之所从生者，德是万物之所以为万物者。在这里，道是世界的本源，也是宇宙运行的总规律。作为前者，道生万物；作为后者，道法自然。第三，与中国主流文化儒家文化相比，道家文化更富于批判性、叛逆性、挑战性和标新立异性，总是"反"字当头，"异"字领先：反传统、反世俗、反权贵、反压迫、反权威、反异化。

与中国主流文化儒家文化相比，道家文化这一特性可以得到鲜明的印证：在功用上，儒家的积极进取、脚踏实地、建功立业的壮志情怀是中国人在艰难的人生道路上挣扎的精神动力，而道家委运乘化、投身自然、隐逸出世、不求闻达的思想则是中国人在人生战场上掩护退却的盾牌。儒家激人奋发向前,"知其不可为而为之",强调责任感、义务感、使命感。道家要人安于现状,随遇而安,听天由命,知其不可而安之若素,"知其不可奈何而安之",强调人的自然性、自由性、自在性。在表现形式上,所有的中国人在成功时是儒家,失败时则是道家。在心理和灵魂的构成上,儒家及道家是中国人灵魂的两面。在精神取向上,可以说,道家肯定放弃,儒家肯定追求;道学是退守自保的哲学,儒学则是进取奋发的哲学;道家的精神实质在于放弃,也即道家所标榜的倾向自然、投入自然、回归自然的自然追求。在文化传统构成上,一个民族常有一种天然的浪漫思想与天然的经典风尚,个人、文化思想亦然。道家哲学为中国文化思想之浪漫派,儒家则为中国文化思想之经典派。在哲学的出发点上,儒家重人事,着重于探讨社会、人生的规则、规律,其以礼为行为规范,以仁为核心内容,以义为人格理想,企求建立一个和谐的大同世界。而道家则崇天道,着重探讨破解自然宇宙的奥秘,其以自然为行为规范,以道为核心内容,以自由逍遥为人生的理想境界,企求回归到人类的童年时代:小国寡民,无知无欲,无礼无法,纯朴自然的原始混沌状态。儒家崇尚文饰、文明,道家任自然。在服饰及举止上,儒家峨冠博带、文质彬彬、斯文有礼;道家则一无所忌,一任自然。儒家创造社会文明体制、礼仪制度,道家提倡无为。儒家尚刚强,道家贵柔弱。道家处处都在挑战权威,处处都在昭示着高度的独立自持和自尊自信。这种独立求真、探索真理的精神使汉水文化极富挑战性、自由性和独立性。

第六章
汉水文化个案解析

本章着眼于选择极富代表意义的汉水文化事项,从三个方面进行深入细致的个案研究,以期以斑窥豹,实现对上述研究内容的补充和深化。

第一节 汉水流域水利文化精神再认识[①]

汉水流域位于亚热带气候区,气候温和,降水丰沛,是天然的稻作农业区。但西部山区崇山峻岭,水稻生长旺盛期又恰值伏旱,如果没有堰渠灌溉设施,就会影响水稻收成。中华民族的母亲河长江和其最大的支流汉水在这里流淌交汇,在给这一地区带来航运便利的同时也时刻威胁着江汉平原的安全。5000 年来,劳动人民因地制宜,兴建了不少水利工程,也创造了令我们倍感自豪的水利文化。直到今日,中国最早、最大的两项水利工程都在汉水流域,赋予了汉水流域水利文化全新的时代内涵。

一、汉水流域以开辟创新为内在动力的水利建设文化

汉水流域是中华民族水利事业的发源地之一。传说早在 4000 多年前,中华民族的始祖炎帝就在随州发明了九井相连的水利灌溉技术。这种串联式灌溉系统很可能是当时最先进的水利技术,并在短时期内迅速推广。1956 年发掘屈家岭遗址时,考古人员在大片红烧土遗迹中惊喜地发现了炭化的稻谷颗粒,根据武汉大学生物学系和中国农业科学院的检验,这些谷粒属于粳稻,稻谷壳形状细长,颗粒较大,与今天在长江流

---

① 潘世东,左攀.论汉江流域水利文化中的人文精神维度[J].郧阳师范高等专科学校学报,2015(1):8-14.

域普遍栽培的稻种非常相近。试想如果没有先进的灌溉技术,怎么会有璀璨的稻作文明?上古传说和考古发现告诉我们,很可能汉江儿女以敢为人先的开拓精神创造了中国最早的水利工程。

更接近史实的是大禹治水的故事。陕西省旬阳市东小关铺,依山临水、风景秀丽,这里被称为"汉江第一湾"。汉江北岸的峭壁之上,有一个天然岩穴,高约8尺,深约丈余,上刻"禹穴"二字。直到今天,仍有虔诚的后人不远万里赶来祭拜。大禹是传说中夏朝的第一位君主,人们祭拜他就是因为他最卓著的功绩——治理滔天洪水,大禹治水为中华民族雄伟壮丽的水利史诗谱写了最早的篇章。其实,在广袤的荆楚大地上就留下了大禹治水的重要足迹——汉江三澨。据古文献资料记载,大禹的确对荆楚大地进行过考察和治理。《尚书·禹贡》是这样记载大禹对于汉水的功绩的:"嶓冢导漾,东流为汉;又东,为沧浪之水。过三澨,至于大别,南入于江。东汇泽为彭蠡,东为北江,入于海。"

约4000年以前,在华山、嶓冢山以南,岷山、蔡山以东,伏牛山以西,蒙山、荆山以北的广大区间,属于古梁州。汉水是古梁州最北面的一条大河。大禹荆州治水,从大别山下来后,西行经过内方山,到了大荆山。在这里,大禹发现了一条沧浪之水,从西北方向呼啸奔腾而来,经过荆山东北麓,直向东汹涌而去。这水因为碰到大别山山麓的阻拦,忽又折向南流,奔腾不息地流入云梦大泽,最后汇入长江。大禹继续察看水势,他发现,就在附近,除了汉水以外,还有自北而南的丹江和白水,也是水势汹涌。这三条河,其水患不仅威胁着河水两岸人民的生活,同时,对下游的荆州、扬州也构成很大的威胁。大禹治水历来是顺水之性,高者凿而通之,卑者疏而宣之,使河道畅通,东流入海。但在治理汉水流域三水的时候,大禹却出了"怪招":不是采取以往疏通河道的方式,而是命令众人横江修筑堤防。众人问,难道不怕水壅堤溃吗？大禹给出了令人信服的答案：汉水与黄河等河流大有不同。黄河上游流经黄土，携带泥土甚多，而下游又无大湖为之宣泄，修筑堤防之后，泥沙淤积，年深月久，必定溃决。而汉水流域三水，水清见底，水流平稳，在夏秋两季，上游水势上涨，地势又陡，流势因而迅疾。在这里用堤防一拦，使其就范，直向云梦大泽而去，这样人们才能安居乐业。于是，众人心悦诚服，汉水、丹江和白水上便多了三道大堤防，后来，人们便把这三道大堤防所在区域取名为"三潆"。直到春秋时期，古均州一带依然被称为"句潆"。

  如果说炎帝和大禹故事只是传说，那么孙叔敖的水利功绩则是见诸正史又有实物佐证的信史。孙叔敖十分热心水利事业，主张采取各种工程措施：宣导川谷，陂障源泉，灌溉沃泽，堤防湖浦以为池沼，钟天地之爱，收九泽之利，以殷润国家，家富人喜。他带领人民大兴水利，修堤筑堰，开沟通渠，发展农业生产和航运事业，为楚国的政治稳定和经济繁荣作出了巨大的贡献。期思陂建成后，安丰一带很快成为楚国的经济要地，为楚国打败实力雄厚的晋国军队奠定了基础，使楚庄王也一跃成为"春秋五霸"之一。孙叔敖修筑的期思陂，比西门渠、都江堰、郑国渠早200多年，是中国第一项规模化的水利工程。

  中国最早的人工运河也出现在荆楚大地上，这项工程比著名的都江堰还要早上约350年，史称"云梦通渠"。这项被称为"云梦通渠"的水利工程东通江淮，西通云梦，沟通了汉水和长江。这条运河又被称为杨水、子胥渎和江汉运河，开凿于公元前601年左右，东通江淮，西通云梦，西方一渠当为漾水，是沟通长江与汉水的一条人工运河。工程的关键是在郢都附近，拦截沮水与漳水作大泽，泽水南通大江，东北循漾水达汉水，所经过的地方正是当时所谓云梦，约在今荆州沙市到荆门沙洋一带。西晋时期，这条运河荒废，河床淤塞，《晋书·杜预传》记载，旧水道唯沔汉达江陵，千数百里，北无通路。遗憾的是，后来的人们至今未能确定这条最早运河的具体位置。人们只能在史料上闻知这个古老传说在汉水上演过，它是汉水文明的另一个标高，代表着人类征服自然的能力，摆脱火耕水耨，进入了更高阶段。

与云梦通渠异曲同工，白起长渠历数千年风雨沧桑直到今天还在造福一方苍生。据《长渠志》记载，公元前279年，白起率兵进逼鄢城，久攻不下之时，于距鄢城百里之遥的武安镇蛮河上垒石筑坝，开沟挖渠，以水代兵，引水破鄢。战后，当地农民用此渠灌田，"战渠"由此演变为灌渠。长渠历经沧桑岁月，依然默默养育着一方百姓。目前，宜城境内的长渠灌溉面积为30.3万亩，占全市农田面积的一半。因为长渠的作用，宜城自古被称为"天下膏腴"之地，中华人民共和国成立之初这里曾是全国有名的"吨粮田"。

永和元年（345年）至兴宁三年（365年），荆州刺史桓温见江陵城地东南倾，故缘以金堤，自灵溪始，建造了长江上的第一座堤防，经过历代修葺，造就了举世闻名的荆江大堤。荆州先进的水利技术也惠及周边地区。西汉时期，召信臣在南阳主持兴建六门堰和钳卢陂，以沟渠连接29个陂塘，形成"长藤结瓜"式灌溉系统，这种渠库结合的水利工程不正是炎帝和孙叔敖的发明创造吗？数千年来，一代代汉江儿女以"敢为人先，追求卓越"的开拓精神为我们留下了许多造福当地、惠及周边的水利工程，也留下让我们引以为傲的宝贵的精神遗产。

二、汉水流域以富强与敬业为核心价值的水利开发文化

国富民强是历代汉江儿女的不懈追求。楚庄王能以"不鸣则已，一

鸣惊人"的姿态成为春秋五霸之一,得益于一支强大的军队,养活军队的是背后的经济实力。而楚国的物质财富的积累无疑得益于孙叔敖的水利建设。明清以来,江汉平原的粮食生产跃居全国首位,若是没有水利建设,怎么会出现"两湖熟,天下足"的经济格局? 3000年前,楚人以"筚路蓝缕,以启山林"的艰苦奋斗精神创造了宏图大业,历史演进中,后人以同样的敬业精神创造财富。且不说自古繁华的江汉平原,鄂西北山区水利建设的奋斗历程,已足以让人为之动容。

鄂西北地区崇山峻岭,少有平地。地形条件限制了粮食作物的生产,但生物资源相当丰富,包括生漆、桐油、木耳、香菇、茶叶、药材在内的特产品种多,质量优,一直是当地农民维持生计的重要手段。康熙年间的郧西县令郑晃作《西山绘图记》称,西山一带水田绝无,间有沟田,多忧旱暵,其民困于赔累者十居八九。用于缴纳赋税和购买生活必需品的货币收入不过藉所出土产,如山果、木耳、五倍之类,赖有客商相与转移,故正赋不取给于田而取给于山。贫困的山区自然无法提供广阔的特产市场,再优质的特产只有运出山区方有收益。以多山著称的郧西没有发达的陆路交通,但江路南来通汉水,天桥西去逼商州。汉江及其支流天河是特产外销的交通命脉。天河源于商洛,为众水所会,经四十余里,南注入汉。然而断岩怪石,盘错渚道,水势多湍悍。是舟楫罔济,民艰运饷鲜货储,公私交困者几百年。打通天河黄金水道是郧西经济发展和财源稳定的客观要求。嘉靖二十七年(1548年),黄翊任郧西县令,见天河巨石连亘,流常壅塞,不禁感慨:此郧民无疆利泽也。遂决心疏浚天河,打破数百年来限制郧西发展的交通瓶颈。黄翊主持的天河水道治理工程役不及万人而功可大,费不及百金而利可久,可谓事半功倍的民心工程。治河如此成功首先归功于决排有方而不拂乃性,即在工程规划中尽量不改变河流原貌,努力顺应水流方向,这种治河理念与传统的道家思想和今天的生态文明不谋而合。除了方法得当,官民共有的敬业精神和两者之间的密切配合也是治河成功的关键因素。在工程建设过程中,郧西上下官民合力,勠力同心。全体官民有钱出钱、有力出力是天河水道成功开通的决定性因素,也从侧面印证了山区百姓改变闭塞状态的迫切要求。

正是这种以追求富强为目的的敬业精神打通了天河的"黄金水道"。通畅的天河极大地改善了郧西的发展条件和区位优势。交通的改善使山区人民种植经济作物的积极性迅速提高,"木耳、香菌,郧昔擅名",随着商标效益的推广,采摘的木耳、香菌供不应求,为提高产量渐渐转采集为人工培育。

类似天河水道治理工程这样全体官民有钱出钱、有力出力的水利建设场面在汉水流域屡见不鲜。看来汉水流域的水利建设从来不是闭门造车,而是本着友善的合作精神,以集体的力量追求共同富裕。

三、汉水流域以公正和法治为根本追求的水利制度文化

无论是水利建设还是日常维护,都离不开行之有效的管理制度。汉水流域的水利制度文化同样源远流长。据称,孙叔敖在兴修水利的同时已经开始制订相应的规则。汉水流域的传统水利管理制度最终走向成熟当在明清时期。官府制定水利制度,始终本着公平、公正的原则,依照"德主刑辅,礼法结合"的传统法治精神制定行之有效的制度法规。这种原则和精神,在朱衣主持的激瀿堰分水和赵贤始立的《堤甲法》中得到了具体的体现。

澺灂堰在郧阳府房县南十五里。世传为西周尹吉甫所凿，灌田万余亩。水源出自滴水岩，属泉水灌溉系统。其灌溉区域为长条形梯级谷地，按高下分三畈依次取水。如果上畈堵住水口则中、下畈无法得水，下畈为生存往往决口偷水，一旦成功，上畈必定干涸绝收。这种水利环境导致争讼不断，官府疲于应付。针对严重的争水矛盾，县令朱衣采取了三项措施。一是加固堰堤：环陂而圩之，毋使旁泄。二是加设石斗门为分水工具：凿石为斗门，大者三，小者三十有五，中为官七十余，上溢则版以障之，下涸则启以泄之。三是明确用水秩序。与守畈者约：其下畈当受水而不与水者，罚在上畈；不当与水而辄启水者，罚在下畈。有了完善的分水设施和相对完备的分水制度，杜绝了用水纠纷的发生。

如果说万历初年朱衣主持的澺灂堰分水是成功的分水案例，那么嘉靖年间赵贤主持制定的《堤甲法》则是一套十分完备的水利设施日常维护制度。明代中期，荆州屡屡遭遇洪灾，原因出在垸田的无序开发上。最初表现为主堤与客堤的矛盾。外来移民要想侵占江湖淤地植禾种稻，就要筑堤围垸以防洪水，久而久之，容水之区渐为耕织之所，如果遇到大洪水，主客之垸都要受灾，为了抵御洪水，主客民必须共修堤防。为了解决对公共工程相互推诿的问题，赵贤规定：每千丈堤老一人，五百丈堤长一人，百丈甲一人，夫十人。一应堤防事宜，官府责成于堤老，堤老责成于堤甲，堤甲率领堤夫守御。《堤甲法》的分工也十分明确：每一堤长管五百丈，辖甲五人，夫五十人，甲夫共五十五人。如此层层责成监督，分段管理，坚决贯彻"守堤有责"的原则。这种制度从明到清沿用数百年，足见其行之有效。

房县县令朱衣成功制定分水细则得到了上司的赞赏，在细则的字里行间，我们可以窥见传统中国"德主刑辅，礼法结合"的法治理念。赵贤主持制定的《堤甲法》明确规定，不论是军屯还是民田，不论是官府土地、王府庄田，都必须依照受利多寡，各自分堤防守。在汉水流域的大山腹地，在官本位的传统社会能够如此坚决地贯彻公平、公正的法治原则，实属难能可贵。

四、汉水流域以和谐与文明为基础理念的水利生态文化

汉水流域上游崇山峻岭，山高坡陡，如果不注意生态保护，极易发生水土流失。流失的水土顺流而下，势必抬高下游河床，一旦泛滥势必给地势低平的江汉平原造成巨大的灾难。由于生态文明建设的客观要求，以及南水北调工程即将建成通水的现实需要，汉水上游的生态保护受到政府和人民的高度重视。在传统社会，国家政权没有生态保护职能，但人们出于保护农田水利、培育木材、保护风水的需要，仍有朴素的环境保护意识。一些有识之士甚至将这种朴素的思想付诸实践，客观上起到了防止水土流失、保护生态环境的作用。此处仅以明代湖北省上津县为例，以求管中窥豹。

上津位于汉水支流夹河（今金钱河）下游东岸，上津城三面环山（至今尚存），由于土质疏松，近城地区时常发生地质灾害，知县胡岗调查发现：津邑东山，近城一带旧有水道。近城东山，颇为高广，一经涨涌，水势甚大。先是山有林木，及时疏浚，居民安堵。其后因民图利，陆续开垦，锄种麦黍。骤雨淋冲，则石泥滚壅，年复一年，失于浚导，以致漫没，为害匪细。

这位胡知县对地质灾害的认识是相当正确的。老百姓贪图小利而盲目毁林垦荒造成水土流失，流失的水土淤塞水道，以致漫没为灾，影响

到城池的安全。为了彻底解决问题,胡岗令业主冯激等各自歇荒,多蓄树木以供税粮。胡氏的做法与今日的退耕还林毫无差别,如此则水道疏通、城池完固,生民可免沉溺之患。胡知县的做法立足当下,放眼长远,以社会契约和政府强制相结合的方式解决生态灾害问题,在当时的时代背景下无疑是有远见卓识的举措。

该事件说明,早在明清时期,汉水流域子民已经认识到防止水土流失对于可持续发展的重要性。明朝末年徐霞客游历武当,在《游太和山日记》一文中记录太和山间"桃李缤纷,山花夹道,幽艳异常。山坞之中,居庐相望,沿流稻畦,高下鳞次",好一幅世外桃源景象。徐霞客行至均州,见"汉水汪然西来,涯下苍壁悬空,清流绕面"[①]。河流的含沙量最能集中体现流域内的水土流失和植被覆盖情况。关于汉水的水质,诗歌亦有诸多记载。以襄阳为例,俞吉士的《汉江鸭绿》云:"落日行大堤,爱此春江绿。谁云可染衣,华我襄民服。谁云可作醅,取我襄民足。临流不敢唾,聊以鉴眉目。"薛瑄《汉江晓泛》载:"城下扁舟发,江清宿雾消。"没有良好的水土保持,怎么会有如此清澈的江水?可见在几百年前,朴素的生态文明理念已经深入人心,汉水流域人民已经开始为保护生态环境、构建和谐家园而努力。

五、汉水流域以爱国与奉献为内在灵魂的水利移民文化

大型水利工程的建设,总会牵涉移民问题。大型水利工程移民不仅

---

① 徐宏祖. 徐霞客游记 [M]. 上海:上海古籍出版社,2016:25.

是淹没区社会生产力的空间转移和生产要素的重新组合，也是一次社会结构的重大调整。中国人素有安土重迁的传统，让数代安居的库区人民舍弃苦心经营的故土，背井离乡，无疑是牵动全局的世界性难题。丹江口水利枢纽和南水北调两项著名的水利工程都在汉水流域，其建设过程中数以百万计的汉江儿女发扬"舍小家，为大家"的爱国奉献精神，含泪离开难以割舍的故土，成功保障了两大水利工程的顺利进行。

值得一提的是，水利移民的成功落居，极大地促进了汉水文化的传播和不同地域文化的交流和融合。在中央政府的统一部署下，几乎每个受水省市都为南水北调水利工程移民提供了对口支援。水利移民在融入当地生活的同时，也将独具特色的汉水文化传播到中国的角角落落。移民所到即文化所及，水利移民极大促进了不同区域文化之间尤其是中原文化、巴蜀文化、荆楚文化、湖湘文化、关中文化的交流与融合。更重要的是，广大移民以汉水流域人民特有的筚路蓝缕、艰苦创业的进取精神艰苦创业，重建家园，让对口支援地区人民深刻感受到汉水文化的独特魅力，也让汉水文化在移民与创业中得以传承和升华。

以爱国与奉献为内在灵魂的汉水流域水利移民文化，是民族精神与新时代历史任务相结合的典范，在水利事业蓬勃发展的当下将这种精神发扬光大，对水利事业继续迈进和综合国力的提升无疑具有重要的指导意义。

综上所述，数千年来，一代代汉江儿女以"敢为人先，追求卓越"的开拓精神创造了无数伟大的水利工程和先进的水利技术。在历史的演进中，逐渐形成以富强与敬业为核心价值的水利建设文化，以公正和法治为根本追求的水利制度文化，以和谐与文明为基础理念的水利生态文化，以及以爱国与奉献为内在灵魂的水利移民文化。这些历史悠久且与社会主义核心价值观高度契合的优秀文化不仅是我们引以为傲的精神财富，也是推动人类水利事业继续向前迈进的强劲的精神正能量和厚重的历史文化支撑。

第二节 武当山特性之文化历史解读

  武当山，又名太和山、谢罗山、参上山、仙室山，古有"太岳""玄岳""大岳"之称。它既有泰山之雄、华山之险，又有峨眉山之秀、黄山之奇，并兼有青城山之幽静、五台山之神秘……在这里，到处奇峰高耸、险崖壁立，终年云雾缭绕、变幻莫测，景观奇特、风采绝美。宋代著名书画家米芾更将之题为"第一山"；明代著名地理学家徐霞客称赞它"山峦清秀，风景幽奇"；而明朝嘉靖皇帝更有"亘古无双胜境，天下第一仙山"之誉，将之推为"治世玄岳"，位列五岳之上。

  巍巍武当山，绵亘八百里，真可谓物华天宝，人杰地灵，令人心醉而倾倒，令人迷恋而景仰！然而，更让人深度震撼和肃然起敬的则是这座仙山、圣山神奇奥妙的文化历史底蕴和生生不息的独特魅力。

一、武当山是一座灵山

  "武当山灵！"这则旅游广告真可谓画龙点睛、穷形尽相，不仅道出了武当山气韵生动、呼之而出的形貌，更写足了武当山的精神、底蕴和魂魄。

  武当山首先"灵"在她渊源深厚的巫祝文化历史上。《山海经·大荒西经》说，有灵山：巫咸、巫即、巫朌、巫彭、巫姑、巫真、巫礼、巫抵、巫谢、巫罗十巫，从此升降，百药爰在。这座"灵山"何在？袁珂先生有考，认为就是巫山。华中科技大学张良皋先生认为，此巫山不是今巫山县以东的一座被称为巫山的高峰,而是广义的巫山,即以神农架、武当山为中心的巨大山岳。所以这座灵山,乃鄂豫陕川之间的巨大"灵山"。"十巫"就分布在这一巨大山区,俨然"分地而治"。

其中,巫咸是以盐得名,必在某个产盐中心,今巫溪大宁厂盐泉大有可能是巫咸的"圣域"。巫即就是"巫郎",或曰"巫巴",其圣域应在今大巴山主脉所在。巫册即"巫载民"(姓肟)所奉的神巫,其领地在今大溪一带的峡江两岸。巫彭应是管领"彭部落"的神巫。彭部落分布在今房县一带。巫抵应即巫氏,其后裔应即氐羌族之氐,在大巴山西端宁强县。巫谢、巫罗的圣域在今武当山区。武当山古名"谢罗山",以《山海经》中的巫谢、巫罗当之,比后起的解释更可信。巫真即巫山真人,即世所谓巫山神女也。巫姑,就是女娲。

《山海经》足以证明,在远古时代,以武当山、神农架为中心的这个巨大山岳,已经拥有非常悠久的巫祝文化传统和巫祝文化底蕴。在这里,巫氛浓重,祭祀风行,巫祝遍布,大巫与神巫云集。真可谓民神杂处,群仙环绕,仙风飘飘。这种情形一直影响到后来的楚人,并经楚人进一步加强和放大,以至于形成了"楚人信巫祝、重淫祀"的情况。

绵延不断的世俗肉口传播是武当山"灵"风行世界的群众基础,也是武当山之"灵"能最终被广泛认同的坚实根基。这要从姚简太守的求雨说起。当年正是唐太宗李世民即位的第八年,老百姓终于从隋末的战乱中休养生息过来,然而不巧的是这一年天下大旱,禾苗颗粒不收,蝗虫遍地,朝廷下旨命各方要员前往名山大川祈雨求福,但滴雨未下。无奈之下唐太宗想到了武当山。他派姚简前来求雨。姚简在五龙峰遇见了五个儒生,自称"五气龙君",他们说:"此山由玄武神守护,我们看你为人正直,特遵玄武之命前来相访。"随后大雨倾盆而下。于是武当山之"灵"就从这里开始慢慢演化为传奇。

因为祈雨灵应,武当山名声大噪,朝野叹服,民间便慢慢将此山视为一座神山、灵山和圣山,由祈雨为起点慢慢向一切泛化,开始了对这座山的无所不求。有的求官求禄,有的求福求寿,有的求子求运,有的求药求顺……也正因为如此,每当武当山主神真武大帝诞生和升天的三月三和九月九,还愿和进香的信徒便会从世界各地蜂拥而来,在武当山演绎"万国盛会",呈现出一种人潮如涌、地动山摇的景象。

文献记载,宋元明清各代,来武当山朝山进香、许愿祈福的民间传统宗教习俗,千百年来沿袭至今。民间信士"骈阗辐辏",像车轮的辐条一样,从四面八方向轴心会聚。人们坚信,只要登上武当山,通过虔诚地进香、许愿、做功德等途径寄于真武大帝的神佑,每个人对福、寿、康、宁、财、禄等的愿望理想,就能祈得实现。

细想一下,武当山真正是无处不"灵":武当景致如梦如幻,如诗如画,表现出的是一种神秘空灵;武当医药化腐朽为神奇,以草石点黄金、救死扶伤、出神入化,表现出的是一种神奇灵验;武当建筑返璞归真而又匠心独运、依山就势而又凌空飞动,表现出的是一种雄浑灵动;武当武术意出尘外而又气势如虹、轻盈潇洒而又外柔内刚,表现出的是一种飘逸轻灵;武当诸神神通广大、功德无量,承载着芸芸众生佑众显灵的潜在诉求;而博大精深、源远流长的武当文化,则是构成华夏魂灵的最坚实的内核之一。灵性弥漫,灵气灌注,使武当山在天下名山中一枝独秀,成为神山、圣山,也许正是因为如此,直到今天,还有不少人提议,将武当山命名为中国灵山、中国第一愿山。

二、武当山是一座福山

"福如东海""洪福齐天"可以说是最受中国人尊崇的世俗价值了,

而"五福临门"则是中国人最高的世俗理想。"五福"这个名词,原出于《尚书》。《尚书》上所记载的"五福"是:一曰寿,二曰富,三曰康宁,四曰攸好德,五曰考终命。"五福"的第一福是"长寿",第二福是"富贵",第三福是"康宁",第四福是"好德",第五福是"善终"。"长寿"是命不夭折而且福寿绵长;"富贵"是钱财富足而且地位尊贵;"康宁"是身体健康而且心灵安宁;"好德"是生性仁善而且宽厚宁静;"善终"是能预先知道自己的死期,临终时没有遭到横祸,身体没有病痛,心里没有挂碍和烦恼,安详且自在地离开人间。一旦"五福"俱全,人生就是圆满和成功的,不是神仙也胜似神仙了。

用传统"五福"的标准来衡量中国的名山大川,可以说武当山是一座极富代表性的福山。

一是武当山早在唐代就被视为洞天福地。洞天福地,多以名山为主景,或兼有山水。人们认为此中有神仙主治,乃众仙所居之地,道士居此修炼或登山请乞,则可得道成仙。分而言之,"洞天"即山中有洞室通达上天,贯通诸山。东晋《道迹经》云:"五岳及名山皆有洞室。"

五代末道士杜光庭在《洞天福地岳渎名山记序》中指出:"乾坤既辟,清浊肇分,融为江河,结为山岳。或上配辰宿,或下藏洞天……"在这里,洞天福地显示出五大特征:第一,其中有神仙主治,而且是众仙所居之地。第二,道士居此修炼或登山请乞,就可以得道成仙。第三,洞室四通八达,向上直通云天。第四,富丽堂皇,高贵珍奇:要么是玉宇金台、珠树琼林,要么是瑶池翠沼、灵宫阆府;神凤飞虬在这里繁衍,天麟泽马在这里栖息。第五,神通广大,造化无穷:含藏风雨,蕴蓄云雷,为天地之关枢,为阴阳之机轴。

二是武当山是国家和皇室的祈福之地。从唐太宗命令太守姚简到武当山五龙宫为天下祈雨开始,发展到后来,武当山紫霄宫就成了皇室的专门道场。皇帝或敕令，或派钦差大臣不远数千里之遥，来到这里祈福。皇帝的使者在这里不仅要祈求上苍降福，福佑天下风调雨顺、五谷丰登，同时更要祈求国泰民安、国运长久。天旱之年祈求普降甘霖，大涝之年则祈求晴空万里。

每到重大斋醮仪式，武当山全山上下都要紧张动员起来。有的洒扫庭除，铲除秽物，清洁道场；有的挂锣安鼓，设坛布台，排香制表；有的则占卜阴阳，择日定时；道士们则净面净身，素装隆礼，诵经念咒……一切是那么紧张繁忙而又热烈隆重，庄严肃穆而又虔诚恭谨！这不仅是武当山祈福法事科仪本身的严格要求所致，更为根本的是因为这种祈福事关天下国家福祉，事关苍生万民的命运。

一到吉日良辰，祈福活动便如期举行。这种祈福史不绝书，一直都有记载。2008年汶川大地震后，武当山摆起大道场，连续三天为逝者和生人举行了庄严肃穆的祈福法事。

三是武当山承载着阴阳合和、周济天下、平衡自然的自然使命，不仅要福佑国家、人民，同时更要泽被自然宇宙和苍生万物。在古人看来，武当山是调和宇宙自然的关枢所在。武当山山势徘徊如天关地轴之象。古人所称天关是蛇，地轴是龟。因为武当山的山势从大巴山蜿蜒曲折过来像一条蛇，而整个天柱峰和腹顶就组成一只龟。龟蛇合体被古人称为"玄武"。武当山因位于南方，南方在五行中叫火方，加之它的群峰又像一簇熊熊燃烧的火焰，中间火苗非常高，周围山峰都朝向大顶，武当山这个天关地枢之地就显得火势太盛。因为武当山地处中国地理的中央地带，这个地方如果阴阳失衡，将影响天下的稳定。在这个火非常盛的地方必须有一个水神镇压在山顶，水火既济、阴阳协调，天下才会太平。而玄武正是北方的水神。有玄武大帝在这里坐镇，自然才会平衡，阴阳才会合和，苍生万物才会各得其时。从这个意义上说，武当山是苍生万物的福星所在。因为，武当平稳，天下平稳；武当和顺，天下和顺。

四是武当山能给广大民众带来超乎寻常的幸福感。对于民众来说，武当山不仅是一个神秘而神奇的祈福祈运之地，更是一片舒缓紧张、释放压力、重振信心、坚守希望的乐土。在这里，美好的大自然会使每一个人获得全身心的放松，得到养怡之福。虔诚的祈祷和神秘的祝福会让每一个人暂时忘掉人世间的烦恼，放下各种沉重的包袱，进而得到心灵的安稳和平静，并获得一种无名的充实感和幸福感。

这种幸福感非常宝贵而难得。因为从社会学和心理学的角度看，很难从物质的多寡和地位的高低来给幸福确定一个标准。匪夷所思的是，幸福与否，往往取决于每个人的幸福感。而武当山恰恰能够给人带来幸福感。来武当山寻找幸福感、发现幸福感、获得并把握幸福感才是最重要的。

三、武当山是一座寿山

"五福寿为先"。在中国传统的"五福"中，寿是排在第一位的。人的幸福是以健康长寿为前提的，有寿即福，短寿者一切皆空。因此，中国人对寿文化的追求，无时不在；中国的寿文化，无所不至。

寿文化常见于书画中。画中男寿星的形象是白须老翁，头大额突，一手扶鹿杖，挂一宝葫芦，另一手托仙桃，身旁鹿鹤相伴，以喻长寿；女寿星则以《麻姑献寿图》中的麻姑为代表。据说，寿文化中的麻姑以灵芝酿成寿酒，敬献王母，王母封她为寿仙。除此之外，"上酒献寿"的佳作流传不少，如东汉壁画《夫妻宴饮图》以及魏末"竹林七贤"画像砖等。现代作品中，以寿为题材的书画，随处可见，松柏常青、龟鹤延年、福寿满堂都象征长寿吉祥。除书画外，大自然的日、月、山、川也被人们用来象征寿文化中的长寿，如天长地久、江山不老、与日月同寿和人们最常说的福如东海、寿比南山等。地名有长寿县、寿岳、寿山等。不仅如此，连百姓的日常生活也充满"寿"的文化，饮的有长寿酒，吃的有长寿面，赴的有长寿宴，寿文化无处不在，给中华民族追求生命长寿的文化注入了美妙的活力，真是人也寿、物也寿、山也寿、水也寿、吃也寿、玩也寿。

武当山生来就是一座寿山，首先是由于它本山的长寿。它诞生于13亿年前的沧桑巨变之时，中国名山中可以与之比肩的恐怕只有泰山、秦岭等山脉了，而赫赫有名的昆仑山和喜马拉雅山脉，在古老久远方面都无法与之相比。在漫长的沧海桑田变幻中，武当山采日月之精华、汇天地之灵气，以深厚渊博的底蕴将自己造化成了一座长寿之山。

作为寿山最为核心的表征就是，在武当山有一个千古不变、生生不息的古老信念和共同理想，那就是：惜生重生、贵生爱生、长生不死、得道成仙。武当山最大的石头宫殿就是万寿宫。它修建于元朝1286年，完成于1313年，整整修建了27年。修建者是张守清道士，他被元仁宗赐名为"体玄妙应太和真人"，是第一个由皇帝赐名的武当道士。而皇太后则将此宫赐名为"天乙真庆万寿宫"，并将之作为专门为皇室祈福祈寿的道场。受武当山影响，类似宫殿遍布汉水流域上下，仅汉中地区以"寿"命名的庙观就有八座之多。足见武当山长寿理念在民间的广泛影响。

武当山作为寿山还因为它是一座药山，漫山遍野长满奇花异果、珍奇药材。东晋武当山丹鼎派著名道人葛洪著《抱朴子·登涉》记述了在武当山的见闻："山精之形如小儿而独足。"同书《仙药》又记："行山中，见小人乘马车，长七八寸者，肉芝也。"多次到武当山采药的李时珍，在他的《本草纲目》中记载，黄精，又名救穷、黄芝。正因为有如此得天独厚的自然条件，所以才从客观上成就了神农氏在此遍尝百草、发明医药的千秋伟业。史料记载，明代医圣李时珍曾数次登临武当，居住在黄龙洞内。在《本草纲目》中，收录了武当山近400种中草药。

武当山作为寿山与十道九医密切相关。因为其与巫祝文化有着源远流长、水乳交融的历史渊源，因而，从一开始就像巫祝既巫且医一样，表现出对医疗的天然浓厚的兴趣。独特的高山峡谷地理环境造就的垂直气候让武当山成为药材宝库。人们几乎可以说出一草一木的药性、药理。比方说，狗心草能败火；锅烟灰能止血、消炎；大枣红糖可滋阴补血；生姜汤可以清热；生大蒜可以败毒；板蓝根可以清热清毒；绞股蓝、银杏叶可以减肥降压……也正是因为拥有这种浓厚的中医文化氛围和中医文化底蕴，武当山才得以牵动以孙思邈、李时珍为代表的一代又一代中草药大家和中医学大家的目光和脚步，使他们到这里来探索发现，挖掘中草药宝库。也正是因为拥有这种浓厚的中医文化氛围和中医文化底蕴，武当山周边地区早在汉代就走出了一代中医、中药理论的开山鼻祖张仲景，并有了中医、中药理论的奠基作《伤寒杂病论》。可以说，在武当山这个地方，无论是田边地头、山林水滨，到处都是草药，到处都有会治病的中医，这和十道九医是息息相关的。

据周力先生考证，武当山别名之一也叫万寿山，这一称呼早在元代就被朝廷命名。《道家金石略》记载，元仁宗与武当真武神同日生于三月三日，故每年"天子万寿节以期同"，并下旨赐武当五龙宫、南岩宫、紫霄宫为"万寿宫"，武当别称"万寿山"。后来，只是因为武当山作为仙山、道山、福山和灵山的名气太大，加之"寿比南山"的南岳专打长寿牌，久而久之，人们竟然将武当山别名之一的万寿山给淡忘了，这不能不说是一件憾事。

四、武当山是一座德山

面对中国和世界,纪录片《问道武当》是如此推介武当山的:"武当山是一座具有传奇色彩的大山。它在地球神秘的北纬30度线上与玛雅古建筑、埃及金字塔等许多业已消失或仅存遗迹的文明奇观共生共荣。它是中国土生土长的道教的圣地,一个中国版的梵蒂冈、麦加和耶路撒冷。"其实,武当山不仅神奇神秘,它更具有一种壁立千仞而又绕指不折的道德韧性,是一个宗教圣地,更是一座道德的圣山。

"道德"二字,在武当山具有至高无上的文化哲学地位。一则因为将"道德"视为圭臬的《道德经》是武当山的文化根基所在,二则因为好德、重德、积德、守德是武当山的镇山之宝。离开了千古不变的道德严守和持之以恒的道德传承,武当山就无法确立其在本土宗教和传统文化上的崇高地位。

作为德山的首要表征在于,武当山自古以来就力倡好生之德。首先,武当道家是惜生重生的。他们认为人生可贵,生命神圣。万物之中,人最为贵;人所贵者,莫贵于生。生命对于人来说是最宝贵的,不仅对人具有唯一性,也是不可重复的;一旦失去,便永不复得。正因为生命如此宝贵,所以才应该乐生养生,实现生命的最高价值。武当道家提倡乐生、养生之说,其出发点就在于希望人们尊重他人的生命,尊重万物的生存权利。

作为德山的基本表征是武当山道士的好德、重德、积德、守德,而廉洁清静、行善抑恶和积德积善则是他们为道修行的基本原则。在武当山,作为一个有道行、有德性的道士,必须以七个基本原则约束自己:

一是忠孝为先的原则,强调学道之人必须力行忠孝。二是诚信不欺的原则,强调诚信既是学道修道的基础,也是做人做事的根本。三是乐人之吉的原则,就是希望他人远离凶害,要有同情心。《太上感应篇》说:"宜悯人之凶,乐人之善,济人之急,救人之危。见人之得,如己之得;见人之失,如己之失。"四是利人利己的原则,强调要"度己度人",度己就是要学道修行,修炼身心,度人就是在自己修炼有所得的基础上,尽己之力去帮助他人,济世利人。五是正心去欲的原则,强调去除欲望的干扰而使人心离恶就善,并通过去除欲望而回归本心,这是修行的第一步。六是齐同慈爱的原则,强调对所有的人,不分亲疏贵贱,都要一体兼爱,要将心比心,要待人如己。要不杀不害,对他人的成功不嫉妒。同时还要善待一切生命,《洞真太上八素真经三五行化妙诀》要求人们慈爱一切,不异己身,对于一切人和物,"心恒念之与己同存,有识愿其识道,无识愿其识生"。故《太上妙法本相经》中曾说:"善人如水,利人一切。"七是劝善度人的原则,强调道门中人不仅要提升自己的道德修养,还要积极行化世间,劝善度人。

不难看出,这七大原则塑造出的不是谦谦君子,就一定是道德标杆了;而用这七大原则规范约束自身的人所在的地方,即使不是逍遥自在的神仙乐土,也一定是其乐融融的世外桃源了。

作为德山最重要的表征,应该算是武当山立山以来就始终秉持的苍生之念和济世情怀了。

最根本、最隐秘的道德是要上承天心、下顺民意,只有这样,国家才能长治久安。

武当山的这种近乎终极的品质和德性可以从它劝善度人的原则中见出一斑。劝善度人的最佳典范就是吕洞宾。吕洞宾已九转丹成,却不愿上升天界,而是以"度尽众生"为宏愿,行化世间,劝善度人,造福苍生万有。吕洞宾向世人展现的是一种悲悯苍生的情怀和以劝善度人为己任的使命感。

武当山的这种近乎终极的品质和德性是从它的别名"太和山"中彰显出来的。太和首先强调的是一种和，即崇尚天人合一，强调和谐——人自身的和谐、人与人的和谐、人与社会的和谐、人与自然的和谐。同时武当道家也追求贵人重生，要求世人关注苍生万物，热爱一切生命，普施人间大爱。其实，"太和"二字蕴含了其全部玄机。太，至高、至大、至重者也；和，和睦、和平、和谐者也。"太和"的意思就是，宇宙人类间至高、至大、至重的理想和价值，就是和睦、和平、和谐，此其一。如果直接按字面意思来解读，那么，"太和"就是太平和谐的意思——世界太平，社会和谐，人类和睦，此其二。在这里，武当道家把太和博爱、厚德载物的精神和对世界的祝福给人们昭示得实实在在、旗帜鲜明。

这种太和博爱、厚德载物的精神德宏泽广、源远流长，是武当山这座德山的真正涵养和最深魅力之所在。因为，人为万物之灵，德为万灵之魂。灵无德而不正，人无德而不立。领略武当山及其文化底蕴，假如没有得到这座德山的感化和泽育，所有的思考和感悟不仅表面、肤浅和枉然，更是不得要领和自欺欺人，弄不好会误人误己。

除了上述灵山、福山、寿山、德山之外，武当山更有仙山、圣山、武术名山、健康之山等称号。这些称号，既是武当山沧桑历史、光荣与梦想的深重回响，也是亘古以来苍生信众对这座大山的期盼、诉求和感恩，更是传统文化的深厚积淀和掩抑不住的璀璨光芒。

第三节　从文化根部激扬中国文化梦
——六集纪录片《汉江》学术顾问、第一撰稿人潘世东教授访谈录

　　三千里汉水，从悠久绵长的五千年历史深处流来，流出了灿烂辉煌的文化和文明、神话和历史、艺术和文学、精神和传统，同时也流出了科技与创新、开拓与奋斗、斗争与牺牲、和平与美丽，流成了一条奔腾不息、蕴藉深厚、泽被久远的文化之河、历史之河，流成了一条充满了奇迹和谜团的魅力之河。由湖北省委宣传部、湖北广播电视台等出品的六集纪录片《汉江》在中央电视台纪录片频道和湖北卫视联袂播出，汉水这条神奇、神秘、神圣的母亲河，将迸发出永久伟大的、不可掩抑的历史文明魅力。

1. 作为学术顾问和第一撰稿人，谈谈您对《汉江》纪录片思想艺术价值和现实价值的看法。

　　潘世东：近日，六集纪录片《汉江》在中央电视台纪录片频道和湖北卫视联袂播出，网络好评如潮。《汉江》的播出具有深远的历史文化意义和经济社会发展的现实意义。一是对长期受到漠视甚至被遗忘的汉水流域历史文化进行刮垢磨光，恢复其本来的面目；二是充分展现了汉水文明的丰功伟绩和伟大历史贡献；三是从历史深处实现了对中国力量和传统核心价值观的深度发掘和生动表达，是传统资源现代转化的成功尝试；四是这是对汉水流域的一次大宣传，对汉水文化的一次大普及，有力地提升了流域文化的自信心和文化尊严感，极大地提升了汉水流域的知名度、美誉度和文化影响力。

在艺术造诣上，《汉江》更是匠心独运、大气磅礴。一是其具有世界历史文明背景和国际文化视野。在古今联通、东西文明比照中，往往让人出乎意料，惊讶莫状，给人带来一种强烈的纵横捭阖、犀利尖锐的冲击感。二是其具有强烈的史诗色彩。这不仅体现在《汉江》追根溯源还原真相的深沉严肃诉求上，也体现在其所昭示的伟大人物、伟大创造、伟大思想精神等宏大对象和主题上，还体现在其凝练庄重的语言风格、雄浑阔大与色彩浓重的电视画面，以及浑厚深沉的播音效果上，这种宏大的电视艺术叙事风格，让人肃然起敬，给人带来一种强烈的肃穆神圣感。三是其具有强烈的理性哲思色彩。与《楚国八百年》浪漫美艳、亦真亦幻的文字与画面不同，《汉江》更注重真史、真事、真人和真景的挖掘，将镜头对准寻常的百姓生活和已为陈迹的历史旧故，以及眼前喧嚣沸腾的经济社会，甚至市井细民的一个风俗民情细节，着意抚开细水微澜，去惊现水底的万丈冰山，着意切开生活之树琐碎平凡的表层，昭示其郁勃旺盛、石破天惊的精髓，于沉寂处见神奇，于平凡处见神圣，显示出一种思考发现的智慧和一种思想哲理的力量，给人带来一种厚重强烈的思辨感。四是其具有明丽生动、清新自然的审美色彩。就《汉江》纪录片电视画面而言，无论是绿波万顷的江汉大平原的稻浪，还是汉水流域两岸高高低低、起伏连绵的苍翠群山，无论是清澈见底、白浪滔滔的汉江河水，还是蓝天白鸥、东方宝玉朱鹮，都昭示着汉水的高贵圣洁、勃勃生机和无穷魅力。它不但折射出人类对生态文明的强烈诉求，更闪耀着自然之美的璀璨光芒。

2. 谈谈您对汉水流域和汉水文化的总体认识。

潘世东：汉水流域在中国历史文化和经济社会发展中具有不可替代

的重大作用和崇高地位。

汉水流域地处黄河、长江两大水系之间。汉水河谷自古以来就是我国西部高原通向中部盆地和东部平原的走廊，流域内的汉中盆地、南阳盆地是我国西部和中部地区南北交通的要道。由于特殊的地理位置和优越的自然环境，汉水流域的历史是中国历史发展的一个典型的地域缩影，浓缩了中国广袤大地数千年来的治乱兴衰。

汉水流域和汉水文化的原创力与文明贡献首先表现在它四大发祥地的历史文化地位上。

第一，汉水流域是地球古老生命的重要发祥地。汉水是中国最古老的大河，在自然年龄上比长江黄河还要早7亿多年，堪称中国的"祖母河"。在战国《禹贡》九州导山导水示意图和北宋沈括的《禹迹图》中，黄河与长江的流向都与如今所见并不相同，中途几经改道，唯有汉水，在这两幅地图上的描绘与今天的地图几乎一样。人类在2500年前就认识了汉水，在1137年前认识了黄河，在400年前还不知道长江源头在青海省。人类对于汉水的认识，要早于长江与黄河。汉水流域既有今4.3亿年前海百合、笔石等大量海生物的发现，更有世界上规模最大、数量最多、分布最广、龙蛋共生的恐龙蛋化石群的出土，它们距今约6500万年，还是当今中国最大的动植物物种宝库之一，其总数达到5000余种，其动物的红化、白化现象至今是世界罕见之谜。而据人类学家断言，大批恐龙生存繁衍的地方，便是最适宜人类诞生、繁衍之地。

第二，汉水流域是人类的重要发祥地。这里是世界东方从距今100万—5万年的古人类演变完整链条化石群的所在地。汉水之滨出土的郧县人化石距今100万—80万年，梅铺猿人牙齿化石距今75万年，白龙洞猿人距今20万—10万年，而黄龙洞猿人则距今5万年。在古人类的发现上，其他地方的猿人发现都是孤例，唯独"郧县人"遗址构成了由猿到人最重要阶段的 100 万年间的一个完整链条。

  第三，汉水流域是中华民族的重要发祥地。据吕思勉、钱穆和石泉等人的观点看，古代民族往往因他们居住的地区而得名。古老的华夏民族主干最早就生活在汉水流域。他们认为，华夏族就是生活在华山以南、夏水两岸的民族。而古代华山就是现在的河南嵩山，夏水就是今天的汉水。这说明，汉水流域是中华民族古老的发祥地。

  第四，汉水流域是中华文明的重要发祥地。三皇在这里留下了伏羲画卦、女娲补天、神农尝百草的神话。中国最美丽、最古老、最有影响力的神话传说牛郎织女、嫦娥奔月、汉水神女、大禹治水等在这里诞生，人们在商洛阳墟山发现了早期文字，在钟祥发现了中国最早的稻作遗址，在武汉发现了中国最早的盘龙城，在随州发现了春秋时期世界上最先进的乐器编钟……

3. 谈谈您对汉水流域和汉水文化开发与研究现状的总体认识。

  潘世东：汉水文化在自身的历史进程中处于南北文化激荡交融的锋面，吸纳了黄河文化和长江文化的优长，具有兼容汇通、独树一帜的特色，是得天独厚、不可替代的流域文化范型。事实表明，汉水文化，对于探索中华文明起源、文化的演进，对于从整体上认识汉水在中华文明史上的地位和作用，把握汉水的历史和现实、政治和经济、民族和文化，以及研究它与环太平洋地区的古今文化交流，都有着极为重要的意义，具有非常广阔的前景。从某种意义上说，对汉水文化的观照和审视，就是对中华文化的重心和关节点的观照和审视。

  作为我国流域文化中具有典型意义的特殊文化范型的汉水文化，近些年来开始引起人们的关注，但由于受行政区划、经济发展水平、思想观念、研究习惯等因素的制约，对这一地域的人文社科研究还很不够。尽管在史前考古、农业水利、经济开发、人口演变、历史地理、环境变迁等外围研究上取得了一定的研究成果，为本体研究打下了初步基础。但就汉水文化的本体研究而言，目前尚处于起步阶段。就一般研究所见，陕西学者的视野主要局限于汉水中上游，湖北学者多定位于汉水中下游，而河南的学者则只青睐南阳盆地，缺乏全方位、多向度的探索和系统性的本体研究。具体说来，主要有以下几个方面：第一，缺乏组织性、计划性和全局性的观念，大多是单线深入，没有号令全流域的权威的学术组织，没有定期的学术会议，没有共同的攻关项目，没有深厚的理论基础。第二，缺乏广泛的联系沟通和交流讨论，往往形成单兵作战、画地为牢、闭门造车、重复研究的不利局面。第三，缺乏产业化、市场化意识，从理论到理论，研究成果除了在学术圈子流传外，直接转化程度低，经济效益较差。第四，缺乏具有现代意识的研究人才和足够的资金支持。第五，缺乏大文化建设和开发的政策、宣传舆论氛围，缺乏一个大的文化展示舞台。第六，缺乏跨省、跨区域的有效的合作机制。这些局限使汉水文化研究陷入了进退维谷、支离破碎的窘境。

4. 您首次为纪录片撰写解说词，相信并不是一件十分容易的事情，您当时是怎样立意的？为什么会这样来创作？

潘世东：这次为《汉江》撰写系列解说词，的确不是一件十分容易的事情。但是和中国著名纪录片导演夏骏的合作是一个难得的机会。通过长达两年的创作拍摄过程，我从他和他的团队身上学习到了纪录片的叙事方式。诚挚地感谢夏骏先生和他的团队！诚挚地感谢湖北省委宣传部和湖北电视台的领导，感谢他们给予的高度信任和宝贵的平台！

汉水历史源远流长，汉水文化博大精深。要在短短六集纪录片中展示汉水的历史文化的确不是一件易事。按照领导的指示，经过《汉江》编创团队反复研讨，最后确定了《汉江》的核心主题：回望汉水流域的历史文化，寻绎中华文明最为古老、最为久远的根须，挖掘当代中国力量和中国梦最为坚实牢固、最为深远强大的传统根基；凸显汉水流域历史文明的丰功伟绩，彰显汉水流域的文化光彩、文化尊严和文化自信；告别漠视与遗忘，还原汉水历史文明的崇高地位，还原汉水母亲河的历史本色，正如王茂亮先生所言："发掘母亲河，传播母亲河，礼赞讴歌母亲河。"

5.《汉江》究竟讲了什么？想表达什么？在撰写过程中，您觉得最有价值的内容是什么？

潘世东：汉水所涉内容博大精深，不突出重点会陷入史料的汪洋大海之中。因为此前我已完成《汉水文化论纲》《汉水文化概论》《明代汉江文化史》等著作，对汉水文化有了全面的、完整的了解，领悟了汉水文化的历史发展、整体风貌、文化特色、精神灵魂，在同夏骏导演和他的创作团队多次沟通协商的基础上，决定从六个横断面入手，实现对汉水流域历史文化、政治军事、经济科技、商旅航运、民俗风情等方面的宏观扫描和深入剖析，从文化根部和历史深处展示汉水流域历史文明的核心传统和伟大魅力。

第一集《源远流长》，凸显汉水流域的历史文化地位——四大重要发祥地：生命、人类、民族、民族文化。从距今80万年的郧县人头骨化石和陕西汉水源头说起，汉水如同一位温柔慈祥的母亲，千万年来滋润着这方水土，养育了一方儿女。

第二集《文明纽带》，凸显汉水流域勾连南北、兼容汇通的包容性与开放性。从西北黄土高原的古代帝国政治中心与南北丝绸之路，到江南乡村的富庶之地，汉水以其海纳百川、包容万象的气度，成为盛世汉唐享誉海外的标志。

第三集《兴国之本》，凸显汉水流域富甲一方、惠施天下、高度发达的农商文明。以汉水流域的远古农耕文明屈家岭文化遗址出土的稻谷，连接起"湖广熟，天下足"的粮仓，解密古代汉水一线农业、商业兴盛的传奇。

第四集《魂济中华》，凸显汉水流域文化特性的刚柔相济、仙风道骨。汉江之水化为道家鱼形八卦，从文化精神层面探讨汉江南北交通、文化交融，为中华文明基因不断注入生命活力，进而影响民族性格与精神气质。

第五集《灿若星河》，凸显汉水流域人杰地灵、群星闪耀，带领大家在汉中探问蔡伦造纸的灵感，在南阳感怀张仲景的回春妙手，在襄阳欣赏诸葛亮的大智大德、品味孟浩然的飘逸洒脱，在安陆赞美李白的豪放浪漫。

第六集《天下之中》，凸显汉水流域居中扼要，撼动天下的重要政治、经济、军事战略地位。从历史上西汉的龙兴之地，到大唐雄风的丝路万里，汉水将这片土地上的南来北往、东成西就在这个区域内富集、浸润，从而涌动出勃勃生机。

6. 在这部片子中，哪些内容是与湖北相关的？您为什么会选择用这些内容来展示汉江，反映湖北？

潘世东：《汉江》是一部回望汉水流域历史文明的全景式的人文纪录

大片，在宏观上着眼于流域的全面性和整体性，没有厚此薄彼之分，这也是陕西、河南，包括重庆与甘肃都比较满意和认同的地方，这也是一部大片和一个编剧应有的文化气度和情怀。但由于汉江在湖北境内河流主干长度和流域面积占有五分之三之多，所涉文化事象自然就比其他省区要多。

列入《汉江》的湖北历史文化内容都是顶级的经典所在。一是伟大的物质文明创造，如神农对农业、中药的发明，屈家岭遗址对中华稻作文明的影响，曾侯乙编钟对人类音乐文明的贡献，等等；二是伟大的精神文化贡献，如道教崇尚自然、自由浪漫、知足淡泊、天人合一的精神，与儒家文化一起构成了中国人灵魂和心理的两个方面；此外还有关羽、诸葛亮、范蠡、张居正、张之洞等人所代表的忠义、爱国、诚信、改革、感恩精神等；三是顶级的世界文化遗产，如武当山、明显陵、竹山绿松石等；四是伟大的历史人物，如刘秀、屈原、关羽、诸葛亮、张衡、张仲景等。这些是汉江文明的创造标高所在，是汉江儿女灵性智慧的闪光所在，是构成文明基础和历史动力的核心所在，更是湖北文明创造和文明价值的典范代表所在。随着这些内容的推出，湖北高度、湖北精神、湖北力量、湖北风采便能落地生根、闪耀而出。

7.《汉江》这部纪录片播出面世，您付出了辛勤劳动和贡献。能否谈谈您对汉水文化研究的情况，以及您此时此刻的感想？

潘世东：作为一个生长在汉水流域土地上的人，我对这条历史文化大河满怀着深深的痴迷和依恋之情，立志要为汉水这条母亲河做点什么。随着多次学术交流活动的开展和多次田野调查活动的深入，在多次徒步沿汉水之滨行走并洒下无数汗水和辛劳之后，我对汉水的骄傲自豪有了坚不可摧的认识基础。在这个基础之上，20余年来，我将汉水彻底地融入自己的人生和事业中。作为主编，我首先在《郧阳师范高等专科学校学报》开设了"汉水文化研究"专栏；作为教授，我率先将汉水文化引入大学课堂，先后在郧阳师范高等专科学校（今汉江师范学院）中文系和政史系开设了"汉水文化研究"的选修课；作为一个研究者，我完成了《汉水文化概论》和《汉水文化论纲》等教材、专著。鉴于我对汉水文化的执着，2008年"荆楚讲堂"赴郧阳师范高等专科学校，专请我开坛讲论汉水文化，一举拍成四个系列18集节目，使汉水文化完成了从平面媒体向多媒体的飞跃，不仅飞出了汉水，而且飞出了湖北和更远大辽阔的空间。我的初衷非常简单，就是想以自己的辛劳和智慧对生我、育我的汉水做出自己稚拙的歌唱和感恩戴德的奉献，并进而让世人、让我们的子辈后人去了解汉水、认识汉水、热爱汉水、保护并开发建设汉水。

我对于汉水文化的执着和深情赢得了业界广泛的认同和好评。著名东方审美文化专家、华中师范大学博士生导师邱紫华教授指出，我的著作，立足于文化历史学、文化哲学和文化地理学等学科背景，着眼于全面性、典型性、学术性和普及性等写作定位，运用现代学术规范，首次从六个层面系统地梳理了汉水文化的形成和发展的古今概貌，揭示了汉水文化的基本内涵和特征，全面地描绘了汉水流域具有典型意义、异彩纷呈的文化事项和民风民俗，填补了地域文化研究、流域与河流文化研究，乃至中国传统文化研究的一大空白。

面对业已播出的《汉江》，我深感我的汉水文化梦已经梦想成真。我心中充满感激。作为一个汉水文化的普通研究者，我要感谢那些长期以来高度重视、关心支持，并参与汉水文化研究的领导和同志们，是大家共同的智慧与合力促成了《汉江》的问世。

参考文献

[1] 李绍六. 流动的文明[M]. 北京：中国社会出版社，1997.

[2] 石泉. 古代荆楚地理新探[M]. 武汉：武汉大学出版社，1988.

[3] 饶春球，李峻. 汉江流域近百年考古新探[J]. 郧阳师范高等专科学校学报，2003(1)：24-28.

[4] 武仙竹. 汉水流域旧石器时期的远古居民与生态环境[J]. 文物世界，1997(3)：23-26.

[5] 王雄. 汉水文化探源：一个河流守望者的文学手记[M]. 北京：中国青年出版社，2007.

[6] 钱穆. 中国文化史导论[M]. 郑州：河南人民出版社，2017.

[7] 吕思勉. 中国民族史[M]. 长沙：岳麓书社，2010.

[8] 张良皋. 巴史别观[M]. 北京：中国建筑工业出版社，2006.

[9] 左丘明. 左传[M]. 武汉：崇文书局，2017.

[10] 班固. 汉书[M]. 西安：三秦出版社，2009.

[11] 许慎. 说文解字注[M]. 上海：上海书店出版社，1992.

[12] 张国雄. 长江人口发展史论[M]. 武汉：湖北教育出版社，2006.

[13] 王常则. 孟子[M]. 太原：山西古籍出版社，2003.

[14] 章开元，张正明，罗德惠. 湖北通史·晚清卷[M]. 武汉：华中师范大学出版社，2018.

[15] 李学勤. 东周与秦代文明[M] 北京：文物出版社，1984.

[16] 司马迁. 史记[M]. 长沙：岳麓书社，2001.

[17] 摩尔根. 古代社会[M]. 南京：江苏教育出版社，2005.

[18] 陈放. 炎帝与炎帝文化[M]. 武汉：湖北人民出版社，1991.

[19] 徐旭生. 中国古史的传说时代[M]. 北京：文物出版社，1985.

[20] 罗运环. 楚国八百年[M]. 武汉：武汉大学出版社，1992.

[21] 郭璞. 山海经[M]. 上海：上海古籍出版社，1989.

[22] 吕不韦. 吕氏春秋[M]. 上海：上海古籍出版社, 1989.

[23] 湖北省社会科学院历史研究所. 湖北简史[M]. 武汉：湖北教育出版社, 1994.

[24] 王国维. 观堂集林. [M]. 北京：朝华出版社, 2018.

[25] 柳长毅, 匡裕从. 郧阳文化论纲[M]. 武汉：湖北人民出版社, 2012.

[26] 黄德馨. 楚国史话[M]. 武汉：华中工学院出版社, 1983.

[27] 张正明. 楚文化史[M]. 武汉：湖北教育出版社, 2018.

[28] 李敖. 淮南子·论衡·柳宗元集[M]. 天津：天津古籍出版社, 2016.

[29] 王雄. 阴阳碑[M]. 北京：中国文联出版公司, 1997.

[30] 陈振. 宋史[M]. 上海：上海人民出版社, 2003.

[31] 左鹏. 汉水[M]. 南京：江苏教育出版社, 2006.

[32] 湖北省房县志编纂委员会. 房县志[M]. 北京：中国文史出版社, 1991.

[33] 程昌明. 论语[M]. 太原：山西古籍出版社, 1999.

[34] 王生铁. 楚文化的六大支柱及其精神特质[J]. 世纪行, 2004(6)：3-4.

[35] 张永禄. 金庸笔下的武当[J]. 郧阳师范高等专科学校学报, 2001(5)：8-11.

[36] 神龙架林区非物质文化遗产保护中心. 黑暗传[M]. 武汉：湖北人民出版社, 2014.

[37] 万全文, 院文清. 荆楚百件馆藏瑰宝[M]. 武汉：湖北教育出版社, 2010.

[38] 潘世东. 汉水文化论纲. [M]. 武汉：湖北人民出版社, 2008.

[39] 李峻, 饶春球. 武当山近50年考古新发现[J]. 郧阳师范高等专科学校学报, 2000(5)：1-5, 60.

[40] 冀昀. 尚书[M]. 北京：线装书局, 2007.

[41] 庄适. 后汉书[M]. 王文晖, 校订. 武汉：崇文书局, 2014.

[42] 邹衡. 夏商周考古学论文集[M]. 北京：文物出版社, 1980.

[43] 李泰, 等. 括地志辑校[M]. 贺次君, 辑校. 北京：中华书局, 1980.

[44] 李遇春. 嘉靖略阳县志[M]. 上海：上海古籍书店, 1962.

[45] 刘向. 战国策[M]. 耿天勤, 注译. 武汉: 崇文书局, 2020.

[46] 皇甫谧. 帝王世纪[M]. 宋翔凤, 钱宝塘, 辑. 沈阳: 辽宁教育出版社, 1997.

[47] 郦道元. 水经注[M]. 陈桥驿, 点校. 上海: 上海古籍出版社, 1990.

[48] 湖北省地方志编纂委员会办公室影印. 湖北通志(民国十年版·影印本)[M]. 武汉: 湖北人民出版社, 2010.

[49] 韦昭. 国语[M]. 上海: 商务印书馆, 1935.

[50] 吕思勉. 先秦史[M]. 上海: 上海三联书店, 2020.

[51] 常璩. 华阳国志校补图注[M]. 任乃强, 校注. 上海: 上海古籍出版社, 2009.

[52] 陈寿. 三国志[M]. 宋艳梅, 杨秋梅, 选注. 太原: 山西古籍出版社, 2004.

[53] 李勇先.《舆地纪胜》研究[M]. 成都: 巴蜀书社, 1998.

[54] 詹杭伦. 孝经[M]. 南京: 江苏人民出版社, 2019.

后　记

　　一次偶然的阅读,彻底改变了我对这个世界的印象。在有关江河固有的知识中,我对"江河淮汉"的排序是深信不疑的。殊不知,不断涌现出的新的考古发现,在突然之间就颠覆了我对已有知识的绝对信任。著名的汉水文化散文作家李绍六先生在《流动的文明》一书中,更是言之凿凿地指出,在中国的大江大河中,汉水曾是最古老、最宽阔、最浩大的一条大江!

　　李绍六先生的发现,让一个生长在汉水流域土地上的人惊讶兴奋不已,更是骄傲自豪无比!这种骄傲自豪使我陷入了对汉水文化深深的痴迷。这次经历发生在1997年。

　　伴随着10多年青春岁月的流逝,在多次沿汉水之滨行走之后,我对汉水的骄傲自豪有了坚不可摧的认识基础,并在这个基础之上,先后在郧阳师范高等专科学校(今汉江师范学院)中文系和政史系开设了"汉水文化研究"的选修课,完成了《汉水文化概论》和《汉水文化论纲》等教材、专著。我的初衷非常简单,就是想以此拙著作为对生我、育我的汉水的稚拙的歌唱和感恩戴德的奉献,并进而让世人、让我们的子辈后人去了解汉水、认识汉水、热爱汉水、保护并开发建设汉水。

　　在本书即将付梓之际,首先我要感谢的是教我历史、古代文学和古文字学的匡裕从、于宝成、喻斌、尚永亮、张新科、曹伯庸教授,是他们的传道、授业给了我考古文献学和田野调查的基础。我还要感谢研究中国武当道教文化的权威人士杨立志教授,是他鼓励我,并第一次将我带入十堰市汉水文化研究会参加会议,使我从那时起,就开始与汉水文化结下了不解之缘。同时,我还要诚挚感谢汉江师范学院的党委书记杨鲜兰同志,以及学校领导班子全体同仁,没有他们的支持和鼓励,就没有本书的顺利问世!

　　同根谊重,师生情深。在华中师范大学文学院和华中科技大学教育科学研究院，我的硕士生导师邱紫华教授和博士生导师张应强教授不仅给我以严格的要求和训练，更将理性的思维和宽阔的学术视野带给了我，使我能够走出藩篱，得以鼓足勇气在知识的大海里起帆。此外，一批才德齐高、声名远扬的老师都给了我无私的关爱，教会我素养，让我受益终身，其中，王先霈、黄曼君、王忠祥、曾祖荫、王又平、孙文宪、胡亚敏、赖力行、尤西林、畅广元、吕培成等教授都对本书的写作给予了直接或间接的指导，在此，让我对他们一齐说一声：老师，谢谢！

最后，我要特别感谢的是武汉理工大学出版社。他们不仅大力支持我校图书馆建设，专程给我校捐赠了数以万计的图书，给广大师生送来了科学技术和知识智慧，更以敏锐的眼光发现了我校地方文化研究的独特历史文化和经济社会价值，当即果断出手，决定助推我校湖北省高校人文社科重点研究基地——汉水文化研究基地的系列研究项目。尤其是出版社的党总支书记、前社长田高，前总编辑杨学忠，科学与艺术事业部主任杨涛，他们给了我难得的指导和极大的鼓励。他们严肃的政治站位、高超的选题策划艺术、精湛的审稿编辑水平、强烈的爱岗敬业意识、对人文科学的敏锐眼光和献身热情，以及成人之美的人格魅力，更让我崇仰有加。

潘世东
2020年12月于汉江师范学院图书馆502室